语文拓展性课程设计

——课程规划与课程实施

汪 潮 主编

中国文联出版社
http://www.clapnet.cn

图书在版编目（CIP）数据

语文拓展性课程设计：课程规划与课程实施 / 汪潮
主编 . — 北京：中国文联出版社，2017. 12
ISBN 978-7-5190-3337-8

Ⅰ. ①语…　Ⅱ. ①汪…　Ⅲ. ①小学语文课－教学研究
Ⅳ. ① G623.202

中国版本图书馆 CIP 数据核字（2017）第 312409 号

语文拓展性课程设计：课程规划与课程实施

作　　者：汪　潮			
出 版 人：朱　庆			
终 审 人：朱彦玲		复 审 人：王　军	
责任编辑：刘　旭		责任校对：傅泉泽	
封面设计：人文在线		责任印制：陈　晨	

出版发行：中国文联出版社
地　　址：北京市朝阳区农展馆南里 10 号，100125
电　　话：010-85923043（咨询）85923000（编务）85923020（邮购）
传　　真：010-85923000（总编室），010-85923020（发行部）
网　　址：http://www.clapnet.cn　　http://www.claplus.cn
E-m a i l：clap@clapnet.cn　　liux@clapnet.cn

印　　刷：北京市金星印务有限公司
装　　订：北京市金星印务有限公司
法律顾问：北京天驰君泰律师事务所徐波律师
本书如有破损、缺页、装订错误，请与本社联系调换

开　　本：710×1000		1/16	
字　　数：544 千字		印　　张：26.25	
版　　次：2018 年 4 月第 1 版		印　　次：2018 年 4 月第 1 次印刷	
书　　号：ISBN 978-7-5190-3337-8			
定　　价：84. 00 元			

目　录

第三部分　语言文学

第四部分　语言文化

前　言

从教学思维走向课程思维，从国家课程走向拓展课程已是大势所趋。关于小学语文拓展性课程设计有以下三方面的思考。

一、基于语文学理的课程思想

语文课程是语文教育思想、课程思想的具体体现。课程思想决定着语文课程的目标、内容、设计和实施。构建拓展性语文课程，迫切需要树立符合语文学理的课程思想。

1. 课程概念

课程主要由课程目标、课程内容、课程实施、课程评价四个要素组成。"课程"的概念与"教育""教学""活动"等概念密切联系，但是内涵和外延都是不同的。根据概念的范围排列是教育＞课程＞教学＞活动。一般来说，"课程实施"相当于传统观念中的"教学"，而"活动"只是"教学"的一个组成部分。课程的主体是解决教育过程中的内容问题，而教学的主体是解决教育过程中的活动方式问题。这种对概念的辨析应作为构建语文拓展性课程体系的基本出发点。

2. 课程理想

新课程的构建既要适应小学语文的教学现状，也要顺应小学语文教学发展的方向。课程的构建不能满足于"实然"，而应追求"应然"。它要按照课程发展规律超越眼前而树立起追求未来的理想，包括学校培养目标、价值取向和课程理想。课程理想实质是学校根据现实而对未来美好状态期望的心理状态，是课程不断追求的远景和蓝图。所以，课程理想永远是一种进行式。语文拓展性课程体系的构建正是当前小学语文课程变革的一种理想化调整。正因为如此，语文拓展性课程体系比传统的语文课程结构显示了更为理想的优势。

3. 课程理据

（1）课程整合。课程整合有广义和狭义之分。狭义的课程整合是指一种特定的课程设计方法。从广义上讲，课程整合不仅是一种组织课程内容的方法，还是一种课程设计的理论以及与其相关的学校教育理念。整合在宏观上涉及学校教育系统的各个要素，在微观上涉及人的认知、情感、技能、需要、兴趣，以及知识的各个方面。课程的整合有利于培养学生的综合素养，是学校课程改革的大势所趋，也是构建语文拓展性课程体系的前进方向。整合包括学科内整合、学科间整合和学科内外整合。

（2）跨界学习。课程的学习方式是多种多样的。语文拓展性课程体系折射的是一种跨界学习的思想。跨界学习就是跨越边界的学习。而这里所说的"跨界"，可以是非常广义的，包括跨学校、跨老师、跨学科、跨文化甚至是跨时空。所以，跨界学习是学生跨越语文的边界，向外界学习并寻求多元素交叉的新型学习方式。更确切地说，跨界学习是一种学习思路，根据学习主题，整合学习资源，采用多种学习方式，以求达到最优学习效果。

跨界学习意味着学校学习不再是唯一的语文学习场所，还包括家庭学习、社会学习乃至自然界学习。

跨界学习意味着语文老师不再是唯一语文课任教师，还包括其他学科老师、家长乃至社会人士。

跨界学习意味着语文课本不再是唯一的课程资源，还包括互联网络、自然风景乃至文化娱乐。

（3）课程制度。构建课程体系要重视课程制度建设，形成有利于每个学生发展的课程建设制度和管理制度。

从本质上说，课程建设是为学生发展服务的，要有利于学生的全面发展、个性发展、差异发展和可持续性发展。如果说，传统的语文课程较多地关注学生的共性发展，那么，语文拓展性课程体系应较多地关注学生的个性、差异和可持续性发展。众所周知，学生因人而异，个性特点鲜明，因而学校的课程制度也应具有灵活的弹性和选择性。好的课程制度一定是让每一个学生的发展都能得到课程支撑的制度，是促使每一个学生最佳发展的制度。

在课程管理制度方面，有必要系统制定以下章程：课程开发制度、课程审核制度、课程实施制度、学生选课制度、学生走班制度、课程评价制度、学分认定制度等。

二、基于"语文 +"的课程设计

1. 语文拓展性课程目标的设计

语文拓展性课程目标的设计，是在学校办学理念、办学定位和育人目标的指导下，根据语文课程特点而设定的语文拓展性课程的总体目标和具体目标。课程目标是办学理念、办学定位和育人目标在语文课程中的体现。在语文拓展性课程目标的设计中要提示三点：一是办学理念、办学定位、育人目标与学校课程目标是不同的，它们是上下位概念；二是学校课程目标又要与办学理念、办学定位、育人目标联系起来，形成一个统一的目标系统；三是语文拓展性课程目标要与学校课程总体目标结合起来，两者是共性与个性的关系。

2. 语文拓展性课程体系的设计

语文拓展性课程体系是一个学校的语文课程图谱，它涉及课程类型、课程结构、课程比例等。这个体系的架构显示出三个基本观点。（1）人才培养的模式。"人才"是"人"+"才"，其中的"人"更多地关注的是人的基本素养要求，"才"更多地考虑的是个性化发展的需求。"1+X"语文课程体系中"1"是语文的共性要求，而"X"是语文的个性要求。（2）课程发展的视野。传统的课程观弘扬简洁，主张学习经典，而现代的课程观追求宽泛，主张生活学习。语文拓展性课程体系体现的是一种现代课程理念。（3）动态平衡。在现有语文课程体系保持总量基本不变的前提下，适当减少统一性和强制性的基础课程，适量增加选择性、自主性的拓展性课程。一般认为，其幅度在15% ~ 20%左右。

3. "语文 +"课程内容的设计

语文拓展性课程内容设计有两个关键问题：一是"以语文为核心的课程统整设计"，二是基于"语文 +"的拓展性课程设计。

（1）以语文为核心的课程统整设计

语文学科内容丰富，包罗万象，可以与多学科结合，有必要设置"统整课程"，进行统整教学。其基本要求：①以学习语言为核心，以此为最主要的课程目标；②以语文课本身的知识、能力体系为基础，以此作为统整的基本线索；③以整合为策略，追求课程设计和教学效果的最优化，可以两科整合（如语文与思品、语文与英语），也可以三科整合（如语文与思品、艺术），还可以三科以上的多科整合；④以主题为单元，进行主题板块设计。

（2）基于"语文 +"的课程内容设计

中国教育学会副会长、北京市十一学校校长李希贵提出"让学生爱上语文，又要让学生跳出语文"。设计"语文 +"课程内容的目的是适应学生学习语言的个性发展要求，进行语文的拓展性学习。其设计的特点如下。①与语文主题相关。要把语文知识、语文方法、语文能力作为主要的课程内容。②与语文课文相别。不能简单重复已学过课文的内容。学过的语文知识不再作为拓展性课程的主要内容。努力追求"拓展性课程反哺基础课程"的设计思路。③与实践活动相联。"语文 +"课程的内容要有利于采用生活情境、参与体验、动手操作、合作交流等实践活动的方式进行学习。一般不采用传统的讲授方式。可以一课时，也可以多课时，灵活安排。例举如下：

线索	"语文 +"意图	"语文 +"课程主题
语言文字	补充	姓氏、方言、称谓、成语、对联、汉字画、歇后语、繁体字……
语言文章	认识	互文读写、群文读写、应用性文体、课外阅读指导、非连续性文本读写……
语言文学	感受	课本剧、绘本读写、民间故事、演讲与口才、童话文学社、小播客成长营……
语言文化	渗透	文言文、诗意四季、小学书法、中国节日与节气、中国展馆、班级辩论赛、大自然游学、亲子绘本悦读……

三、基于活动体验的课程实施

语文拓展性课程的实施以"活动"为主要展示平台，以学生的"体验"为主要学习方式，具有计划性、活动化、体验性和整合性等特点。

1. 制定实施方案

在课程实施时，要根据课程主题制定课程实施方案。课程实施方案类似于传统的教案，但不是教案项目的简单重复和简单加减。

语文拓展性课程实施方案的主要项目有课程理念、课程目标、课程内容、课程资源、课程实施（年级、课时、活动场地、活动组织形式、活动方式、前期准备等）、课程评价、注意事项等。

2. 搭建活动平台

语文拓展性课程的实施需要一个活动平台。语文拓展性课程的生命力就在于活动。活动越丰富多彩，语文拓展性课程越具有活力。

活动需要精心策划。策划包括活动的组织分工、活动场地设备、活动的总体规划、活动各阶段的具体规划、活动结尾的安排、活动道具资源、活动过程的纪录和报道以及突发事件的处理等项内容。

活动需要分类处置。教师应该根据不同活动类型开展有针对性的指导。

（1）教室类活动。如趣味汉字课、班级读书课等，要充分发挥学生参与的积极性，减少教师的作用。

（2）会场类活动。如演讲比赛、语文展示等，要注意会场的布置、现场气氛的调节和突发事件的处理。

（3）舞台类活动。如语文课本剧、戏剧表演等，要注意舞台的布置、服装道具的准备和事后场地的整理工作。

（4）户外类活动。如收集素材、参观考察等，要特别注意学生的安全问题。

3. 加强学生体验

语文拓展性课程的实施要关注学生的选择、参与、体验和评价，特别是学生的亲身体验。唯有学生亲身体验的课程才是最有效的课程。

基于以上认识，本书设计了 27 例小学语文拓展性课程。每例包括三个方面：一是拓展性课程的总体设计（包括课程背景和课程规划），二是拓展性课程的教学设计（包括教学目标和教学过程），三是教学实录与点评。每例的主要框架板块如下：

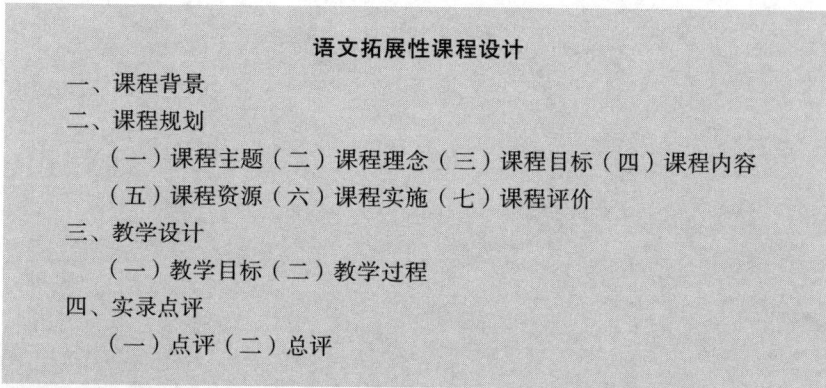

> **语文拓展性课程设计**
> 一、课程背景
> 二、课程规划
> 　　（一）课程主题（二）课程理念（三）课程目标（四）课程内容
> 　　（五）课程资源（六）课程实施（七）课程评价
> 三、教学设计
> 　　（一）教学目标（二）教学过程
> 四、实录点评
> 　　（一）点评（二）总评

语文拓展性课程设计是当前的一个热点，也是一个难点。《语文拓展性课程设计——课程规划与课程实施》一书主要是我们对拓展性课程整体规划和课程实施设计的一些思考和做法，相信它的出版将为推进小学语文拓展性课程建设提供学习和研究的好样本。

主编　汪潮

2017 年 6 月 9 日

第一部分　语言文字

第1例　姓氏

中国人初次见面，常问"贵姓""姓什么"。以此打开了人与人交往的第一层面纱，可见，"姓什么""同姓"是中国人整个民俗文化的根基。提到姓氏，大家自然而然地会想到《百家姓》。"赵钱孙李，周吴郑王"，这是人们耳熟能详的。《百家姓》中的开头几句话，也成了我国姓氏文化的统称。

中国是世界上最早使用姓氏的国家，历史悠久。姓氏从它产生之日起一直延续至今，基本是父子相传，从未间断，直到今天成为中华民族"家"文化的直接显现。有了姓氏，中华民族的传统文化在"姓"与"氏"上不断延续和传承；有了姓氏，无论身在何处的炎黄子孙都不会忘记自己的"根"在何处；有了姓氏，华夏儿女对于民族文化的认同感、归属感得以不断凝聚。

姓氏，是每一个人，每一个学生无法选择又为之一生伴随的烙印。

姓氏是这个世界赠送给每一个降临这个世界的孩子的第一份礼物，似乎是与生俱来的东西。孩子们跟"姓氏"这位特殊的朋友，如同跟自己的左手右手一般熟悉，可对于当下的孩子来说，同时又对姓氏充满着陌生感和神秘感。

"我为什么姓这个姓？"

"这个名字有什么特别的含义吗？"

"为什么人们常说五百年前是一家人？"

"为什么同一个字在姓里面的读音是不一样的？"

……

这种种许许的问题，有时会让孩子"魂牵梦绕"。可惜，翻阅孩子们比较熟悉的一些阅读材料，适合儿童阅读或学习的"姓氏"文化材料，少之又少。同时现行的教科书中也很少有专门针对孩子们讲述这一传统文化现象，以及这"姓氏"背后的有趣故事的内容。

二、课程规划

（一）课程主题

了解中华姓氏的基本演变过程和一些有趣的姓氏文化，以及姓氏背后的一些有趣故事。

（二）课程理念

1."姓氏"中有历史

中国人的姓氏，主要形成于皇帝至西周的上古时期，几乎同中华文明一样古老。在数千年的华夏历史上，姓氏一直是作为人类社会中彼此区别的符号或血缘关系的标志出现或存在的，人的身份、地位、种族、性别、职业等都可以从其姓名中体现出来。中国的"姓氏"，从"姓""氏"各不相同——"姓氏"合一——"字""名""号"各有含义——"姓名"这一历史演变过程中，无不折射出中国数千年历史发展过程中民俗文化的演变。

2."姓氏"中有趣事

在我国，大多数姓氏都比较常见，但也有一些姓氏比较古怪，例如有表方向的"东西南北中"，有带数字的"一二三四五六七八九十……"，有的姓氏取为人们生活中的"柴米油盐酱醋茶"等。也有和动物名相同的，比如"狼、鸡、猴、狗、蛇……"，甚至还有含"贬义"的，比如"妾、骂、邪、嫖"等。

更有甚者，经过某些姓氏爱好者的"评选"，高居榜首的五大古怪姓氏竟然是"死、难、黑、老、毒"！这五大怪姓乍听起来令人毛骨悚然，那么它背后的故事是什么呢？

还有一些姓，读音也发生变化，比如"华"姓，应读 huà（化），不读作中华的华。"任"姓，应读 rén（人），不读作任务的任。"解"姓，应读 xiè（谢），不读作解放的解。"仇"姓，应读 qiú（求），不可读作仇恨的仇。"盖"姓，应读 gě（葛），不读覆盖的盖。

3."姓氏"中有中华文化

根据学者的研究，中国许多民族的姓氏由图腾名称演变而来。每一个生活在现代的中国人的姓氏符号都可以与历史上著名人物的姓氏符号联系起来，甚至可以追溯到太古初民的原始崇拜。屈原赋骚，首句即是"帝高阳之苗裔兮"。今天姓屈的现代人，与这位两千多年前行吟泽畔的楚国大诗人的姓氏符号是完全相同的。由今之"屈"姓上溯至屈原，再由屈原上溯至"帝高阳"，这是一条多么悠长、多么神秘而又多么动人心弦的寻根隧道！中国文化重现实，重今生，因而也就重来龙，重寻根。这就是中国文化典籍中史、志、谱特别发达的原因。

4. "姓氏"中有图腾的原始愿望

姓和氏在古代是有区别的，女子称为"姓"，男子称"氏"，到秦时期以后，姓和氏才合二为一。姓最初是代表有共同血缘、血统、血族关系的种族符号。在人类姓氏系统中，有一个十分明显的类同现象：人们常以动物、植物或自然界的一些非生物名称为姓。这种现象反映了一种类同的文化特点：姓氏与原始图腾有着密切的关系。

5. "姓氏"中有文字文化

一个个姓氏，看起来让我们已经熟视无睹，但是每一个"姓氏"背后都是一个个中华汉字文化，每一个姓氏似乎都在向我们诉说着古老的中华文字那一幅幅意蕴深厚的图像特征。比如"姜、姚、姒、姬、娲、婢、妊、妃、好、嬴"等先秦的姓氏都带有女字旁。不仅古姓多与"女"字有关，就连"姓"这个字本身也是会意兼形声字，从女，从生，生亦声。本义是标志家族系统的字，也从女字旁。这大概是母系氏族制度的一个特征性产物。妇女在生产生活中居于支配地位，实行群婚制，兄弟姐妹之间可以通婚，在这种制度下，子女只知其母，不知其父，所以在神话里流传着"圣人无父，感天而生"的许多故事。许多古姓都从女旁，可见我们祖先经历过母系氏族公社的痕迹。

陈寅恪先生说：一个汉字就是一部中华文化史。

（三）课程目标

1. 通过搜集、阅读有关书籍、资料，了解中华姓氏的基本概况：有多少中华姓氏？常用的中华姓氏有哪些？
2. 通过搜集、阅读、合作研究等学习方式，初步了解中华姓氏基本演变过程。
3. 通过合作学习，相互交流，了解姓氏文化中的一些有趣现象：
姓氏中的读音变化，姓氏中的字数变化，姓氏中的特别含义……
4. 通过调查、访问等活动方式，了解自己姓氏的演变和文化特征、自行演变过程；同时了解自己的"名"的特有含义。

5. 通过学习和了解"名""字""号"的特有内涵，尝试给自己取一个有意思的"字"。

6. 通过对家族"姓氏"的调查活动，激发学生对家文化的认同感和归属感，帮助学生受到家族文化的熏陶。

7. 了解本家族的姓氏名人，树立人生的榜样；用家训文化对学生进行价值观引领。

8. 通过"有趣的姓氏"系列课程的探索学习，培养学生在"大语文"的实践环境中感受"语"和"文"在日常生活中的独特魅力。

（四）课程内容

层次	活动主题	活动内容	活动目标	课时安排
初级	1. 问卷和社会访问调查身边的姓氏	在自己生活环境中初步了解姓氏的基本特征：单姓、复姓；读音，姓和名的不同	（1）通过问卷设计自己最想了解有关姓氏的问题，搜集他人最想了解姓氏的问题，初步了解"姓氏"背后的文化。 （2）通过调查和访问，初步了解自己家族的"姓"的历史演变，了解自己"名"的内涵。 （3）通过家族姓氏的调查，激发对姓氏文化研究的兴趣和归属感。	3
	2. 走进《百家姓》	在阅读和交流中初步认识姓氏中的一些有趣现象	（1）了解《百家姓》的相关信息，读准容易误读的姓，认识常见的复姓，知道名字蕴含的学问，能讲述自己名字的故事。 （2）对有关"姓名"知识产生兴趣，燃起探究欲望，养成独立思考、动手实践的好习惯。 （3）通过以"姓名"为主题的综合性学习活动，开阔学生视野、增长见识和自身素养，从而达到了解《百家姓》，增进热爱中华民族的感情的目的。	2
	3. 读读《百家姓》	在各种各样的诵读姓氏中，了解《百家姓》	（1）通过自己诵读、小组合作诵读、游戏诵读、配乐唱读等方式了解《百家姓》一书的基本情况，知道书中收录了504个姓氏，其中单姓444个，复姓60个。 （2）通过多种形式的诵读，进一步激发学生对中华姓氏文化研究的兴趣。	2
中级	4. 校园姓氏调查	探究校园里最集中的姓氏现象	（1）通过问卷调查和数据统计，了解校园中最集中的姓氏排行榜。（2）通过对校园姓氏排行榜的统计分析，勾连《百家姓》，引导学生探究姓氏与地域之间的联系。（3）通过对校园中最集中的姓氏文化的探究，帮助学生了解姓氏背后独特的中华文化现象。	3

续表

层次	活动主题	活动内容	活动目标	课时安排
中级	5. 家族姓氏探寻	探寻和研究自己姓氏的汉字文化和历史文化意蕴	（1）通过查询和翻阅资料，了解自己姓氏的造字由来。 （2）通过了解历史上的"同姓"名人，激发学生对自己姓氏的深度认同感。 （3）通过合作学习、小组汇报等方式，初步了解自己姓氏的文化意蕴。	3
	6. 姓氏文化推荐	向同学或老师推荐一个姓氏文化	（1）通过自主或小组合作方式，走向校园，向师生推荐一个姓氏的文化背景。 （2）通过推荐活动，进一步感受姓氏文化背后的文化内涵。	2
高级	7. "姓""氏"的联系与区别	在阅读中了解"姓""氏"的关联	（1）教师教授和学生自主阅读学习，初步了解"姓"与"氏"的不同文化现象。 （2）通过学习，欣赏图片，进一步了解姓氏文化与中国图腾文化和历史发展的关联，明白"五百年前是一家"的有趣内涵。	3
	8. 名、字、号的联系与区别	在历史故事中感受"名""字""号"的特殊意义	（1）通过对学生比较了解和熟悉的历史名人（孔子、李白、苏东坡、刘备、诸葛亮）等人物的"字""名""号"的了解，引导学生感悟到中国古人对名、字、号特有的情趣表达和文化现象。 （2）引导学生探究今人"笔名"和古人"字""号"的文化追求。 （3）采用和父母长辈讨论、和同学小组合作等方式，鼓励学生给自己取一个"字"，以表达自己的情趣爱好。	2
	9. 成果展示	展示中享受成果	（1）设计和制作一张有关"有趣的姓氏"的简报（可以是研究姓氏读音、姓氏字形等各种姓氏现象）。 （2）调查和研究后形成一个关于"姓氏"专题的小课题论文（可以是关于自己的姓氏文化的，也可以是关于当地姓氏演变的现象）。 （3）小报、小论文学习成果。	3

（五）课程资源

1.《百家姓》成书于北宋初年，原收集中文姓氏 411 个，后增补到 504 个，其中单姓 444 个，复姓 60 个。

2. 孙绪武编著：《汉字与姓名》，暨南大学出版社，2015 年 2 月。

3. 辛晓霞著：《五百年前是一家》，中州古籍出版社，2014 年 5 月。

4. 中华万家姓网站：http://www.10000xing.cn/wjx.html。

5. 古诗文网站：http://www.gushiwen.org/guwen/baijia.aspx。

6. 有关小学语文教材上的汉字教育专题方面的资源，如西南教材中的《百家姓》，以及有关汉字起源、汉字故事、汉字演变等资料。

（六）课程实施

1. 开设年级：五、六年级。

2. 课时安排：9 个专题，共 28 课时，五年级上、下两个学期共为 20 课时，六上年级为 8 个课时。每周一课时。

3. 活动形式：自由报名，小班教学。四人小组分组学习，搜集资料、小组合作探究、分组汇报、分组展示等方式进行学习。

4. 教学策略：

（1）问卷调查和访问调查；

（2）小组合作学习和汇报；

（3）认认，读读，写写、做做；

（4）借助 IPAD，采用网络学习。

（七）课程评价

1. 课程评价采用学分制。每项内容达成为 10 分，分值卡达到 60 分为合格，80 分以上为优秀。

2. 积分办法。调查研究为 30 分，搜集资料 20 分，与人合作 20 分，成果展示 30 分。

三、教学设计

本课程按照初级、中级、高级三个层次设计，通过调查了解身边的姓氏，读读《百家姓》，研究研究姓氏文化等策略，设计以下 10 个内容。

1. "姓"和"氏"一样吗？初步了解"姓"和"氏"不同历史内涵。

2. "姓氏"是怎么来的？初步了解"姓氏"的演变。

3. 你发现"姓氏"中有秘密吗？初步了解姓氏中的符号秘密，大致了解姓氏图腾。

4. "姓"都是一个字吗？了解"姓"字数上的"非唯一"性。

5. 让我们穿越古今。了解身边百家姓，用现代理念去解读《百家姓》。

6. "五百年前是一家"。了解同姓名人，感受大家族的骄傲。

7. 了解姓氏里的家风。学习"钱家"的 12 条家训，感受家风家训。

8. 你会正确读这些姓氏吗？正确认读身边的易错姓氏。

9. 了解各种有趣的姓氏。

10. 那些在地图上的姓。了解杭城地名与姓氏的关系。

下面是第二个内容《姓氏》的教学设计。

姓　氏

教学目标

1. 读准容易误读的姓氏，并对姓氏文化有一定的了解。

2. 通过以"姓氏"为主题的综合性学习活动，激发探究欲望，选择自己感兴趣的问题做进一步的研究。

3. 初步了解《百家姓》，增进热爱中华民族的感情。

教学过程

一、谈话揭题

1. 西湖能有今天的美丽，那得感谢一个人，他就是吴越王——钱镠。为了纪念他，人们在柳浪闻莺边上修建了一座钱王祠。介绍三位钱姓科学家。

2. 你的祖上有哪些令你骄傲的名人？

二、诵读《百家姓》片段

1. 我们要感谢一千多年前杭州的这个读书人，虽然他没有留下自己的姓名，但却将中国人常见的 504 个姓氏编成了这本——《百家姓》。

它和《三字经》《千字文》并称"三百千"，是古代小朋友的启蒙读物。

2. 自己读一读，有什么发现？

3. 当年的《百家姓》的排列，还是受到了封建的等级观念的影响，其实，姓氏是没有高低贵贱之分的。这是 2015 年最新的百家姓，排在前十的姓氏里有你吗？

三、课前调查反馈

1. 关于姓氏，同学们感兴趣的问题肯定还有不少。课前我们发了一张调查表，我整理了一下主要有以下几类。

2. 中国人为什么有姓氏？（微课）

四、资料查找

1. 我把大家感兴趣的问题做了一个资料包，下面你可借助电脑查找一个最想了解的资料，也可以借助这些资料查找一下自己的姓氏背后的故事。（个人自主查）

2. 如果正好有本家的，你们可以一起去研究；其他同学也可以和你附近的同学交流一下你的发现。

五、交流反馈（随机出示）

板块 1. 姓氏符号（补充徐氏符号的含义介绍）

别小看这小小的一个图案，这里可蕴含着祖先的功德和业绩呢。

板块 2. 家族名人

板块 3. 我来介绍下我的姓氏

板块 4. 有趣的姓氏（微课补充）

板块 5. 易错的姓氏

读一读，说一说：这些人都听说过吗？

（令狐冲就是查良镛笔下《笑傲江湖》中的一位大侠；朴槿惠是前任韩国总统；瞿秋白是革命烈士；长孙无忌是唐朝的宰相）

六、读准身边易读错姓氏

1. 名单出示。

2. 同桌合作读，不认识的可以同伴互助，也可借助字典，争取把它们读正确。

3. 交流汇报。

（1）谁来带大家读一读。

有些字当作姓氏的时候，读音就发生了变化。这就是我们的姓氏文化的特点之一。

（2）小老师带读。

在我国的姓氏中易读错的还远不止这些，幸好我们身边有位最方便可靠的好老师——字典。

七、质疑

1. 今天短短的四十分钟里，我们初步了解了有趣的姓氏。学到这里，关于姓氏你有没有产生新的想研究的问题？

2. 我们的姓氏文化源远流长，感兴趣的同学不妨在课后去看看钱文忠老师的《百家讲坛》。

八、写姓，总结全课

1. 中国人有句俗话叫作"行不改姓"，说的就是对姓氏的尊重。让我们怀着对家族姓氏的自豪，端端正正地把自己的姓写下来。

2. 每个姓氏背后都有一段文化和历史。今后老师将和同学们继续展开研究，走进我们身边的"姓氏"。

四、实录点评

《姓氏》课堂实录

（一）交流谈话

师：在杭州最美的季节里，我们迎来了那么多来自远方的朋友。作为小主人，我们先一起带着客人老师来欣赏一段美美的画面吧。

（看宣传片，最后定格在《忆江南》。）

师：很熟悉的一首诗吧，我们一起来读一读。

生齐读《忆江南》。

【点评 1：教学过程离不开情感的参与，上课伊始，教师通过播放生动、直观的西湖美景画面，为学习营造了一个良好的气氛，为后面的教学环节作了很好的渲染和铺垫。】

师：说到杭州的美丽，我们得感谢一个人，他就是吴越王钱镠。为了纪念他，我们在柳浪闻莺边修建了一座钱王祠。说到这个钱家，那真是人才辈出，非常厉害。力学之父——钱伟长；原子弹之父——钱三强；还有我们非常熟悉的导弹之父——钱学森。他们都是钱家的骄傲。不过我们徐家也很不错。我的祖上曾经出过著名的科学家徐光启，还有著名的教育家也是毛泽东的老师徐特立先生。作为徐家的后代，我非常骄傲。那么你们呢？你们的祖上出过哪些令你骄傲的人物啊？

生：我们的祖上出过著名的医学家华佗。

师：妙手回春的神医。

生：我的祖上有著名的画家张择端。

生：我们家的祖上出过著名的大将军仇和。

师：你也是将门之后。

生：我们彭家出过著名的大将军彭德怀。

生：我们沈家出过著名的科学家沈括。

生：我们郑家出过航海家郑和，他曾经去过大西洋。

师：非常的了不起，看来我们每个人的祖上，每一个姓氏背后都出过许多令我们骄傲的人物。

【点评 2：在课的一开始请孩子们谈一谈自己姓氏中的名人，这个话题对他们来说既亲切又有趣。在自家的姓氏中，看到了各种各样的名人，他们就是最好的人生榜样，价值的引领和导向自然流露其中。】

（二）诵读《百家姓》片段

师：（PPT 出示百家姓节选）这些姓氏都眼熟吗？知道出自哪本书？

生：《百家姓》。

师：说到《百家姓》，我们得感谢几千年前的那个杭州人。他虽然没有留下自己的姓氏，但却把中国人常用的这 504 个姓氏编成了这本《百家姓》。它和《三字经》《千字文》一起并称为"三百千"，是我国古代小朋友的启蒙读物。既然已经这么熟悉了，那就自己读一读吧。

生自由读。

师：谁来试试？

男女生合作读。

师：几遍读下来之后，你有没有什么发现呢？

生：这些姓氏都是四个字，四个字排在一起的。

师：你真是亮眼睛。

生：这些姓氏都是一些古代的大姓，有很多值得骄傲的名人。

师：有道理，但是每一个姓氏背后都有值得骄傲的人，还有没有别的发现？

生：周吴郑王下面那一列后最后一个字都是押韵的。

师：哇，你太厉害了，怪不得我们刚才读起来觉得那么朗朗上口。那么，关于这个姓氏的排列，你有没有什么发现或者有没有什么疑问呢？

生：为什么要把赵钱孙李排在最前面？

师：好，问题已经出来啦，有没有同学能解答？或者我把问题提得再简单些，为什么要把赵排在姓氏的第一位呀？

生：因为赵是当时的国姓。

师：为什么呢？

生：因为当时的皇帝正好姓赵。

师：看来你的课外知识非常的丰富。是的，这个赵排在第一位，并不姓赵的人数最多，而是当时的皇帝正好姓赵。排在第二位的钱就是我们刚才看到的，吴越王的姓。看来当时百家姓的排列还是受到了封建等级制的影响。其实所有的姓氏都是平等的，并没有高低贵贱之分。你们看这是最新出炉的 2015 年的百家姓的排列。找一找看前三位里有没有你的姓氏呀？有的请举手。哇，恭喜你们，你们都已经成功地入围啦，2015 年度十大姓氏之一。今天我们这节课就来研究一下，有趣的姓氏。

【点评 3：从贴近孩子生活的姓氏引出《百家姓》，并用现代的理念去解读《百家姓》的排序。"所有的姓氏都是不分贵贱的"，这就是一种国际视野。又增加了 2015 年度的姓氏排名，并让学生找找前十的姓氏中有没有自己的。这既很好地调节了课堂气氛，又为姓氏文化增加了鲜明的时代感。】

（三）课前调查反馈

师：课前我们发了一张调查表，关于姓氏同学们感兴趣的问题还真不少。大致罗列了一下，主要有以下这些：与我同姓的名人有哪些？中国人容易读错的姓氏有哪些？百家姓为何流传至今？姓氏是怎么来的？其中有十二个同学最想了解的是"中国人为什么要有姓氏？"带着这个问题我们一起来看一段小视频。（观看微课）

（四）资料查找

师：老师将大家感兴趣的问题，做成了一个资料包。接下来同学们可以利用手中的电脑去查找一个你最感兴趣的问题。或者也可以根据老师给你的这些资料去了解一下自己姓氏背后的故事。听明白了吗？好，开始。

生：小组合作学习。

【点评 4：利用 IPAD 技术让孩子们自由选择自己感兴趣的信息和话题，整堂课由点到面，由面到体，充分开放，使孩子们有机会畅游古老的姓氏文明。在调查、收集文字图片资料中，进一步解了中华姓氏，并在实践中学会了处理信息、加工信息、使用信息的技巧，学会了创新和合作。通过主动探究学习，引导学生对现实生活进行客观的、逐步深入的认识，培养学生独立思维的习惯和主动学习的能力。】

（五）交流反馈

师：哪位同学上来交流一下刚才你研究的内容。

生：我刚才研究的是我们侯家的名人。（电脑屏幕切换显示）南北朝著名的大将军姓侯，清朝著名的女词人侯莹，还有相声大师侯宝林。真是不查不知道，一查吓一跳，原来我们侯家的名人有那么多。

师：老师刚开始还觉得姓侯的人不多，没想到一查才知道侯家的名人就有那么多，真是厉害！

生：我了解的是黄姓的符号。（电脑屏幕出示后的姓氏图腾，同学有笑声。）黄姓的符号像乌龟，但是它是古代的一种玉配的形状。黄色也是金木水火土中，大地的颜色。

师：厉害哦！刚才有同学还笑，觉得它像乌龟，其实在古代乌龟都是长寿的象征。古代人们佩戴的玉佩形状大多都是这样的形状。说到这个姓氏符号，我估计很多同学大都是第一次看到吧。刚才哪些同学查过自己的姓氏符号啦？举举手看。我刚才也查了我们徐家的姓氏符号，大家想看吗？（大屏幕中出示）我的祖先一直生活在东南沿海一带。因为那儿是各种鸟类聚集的地方。所以人们自然都是以捕鸟为生。因此，我们徐家几乎个个都是神射手。所以我们徐家的姓氏符号就是由一只太阳鸟和一把非常锋利的箭头组成的。看明白了吗？所以啊，别看这些小小的姓氏符号，背后可都有大学问的。还有没有同学来介绍？

【点评5：教师学会欣赏学生的本意在于欣赏学生的真。教师在教学中欣赏，在欣赏中教学，及时肯定了学生自主学习的成效，赞赏学生独到的见解，激发了学生自主探究的兴趣和欲望，增强了学生的自信心，成功地构筑了培养学生求异思维的教学环境。】

生：我刚了解的是有趣的姓氏。像12345，甚至百千这些数字都能当人的姓氏，实在是非常的有趣。还有像春夏秋冬啊四季啊这些，也可以拿来当人的姓氏，很有意思。

师：你知道吗，因为中国人口众多，所以啊有趣的姓氏还有很多。我们一起来看一看吧。（微课《有趣的姓氏》）

师：刚才有没有同学是通过老师给你的资料了解了自己姓氏背后的故事呢？

生：学校里姓钟的同学并不多，可是我的家乡却好多人都姓钟。查找相关资料后我知道，我的老家在江西。我们姓钟的名人也有很多，其中抗击非典时的钟南山院士就是我们钟家的骄傲。

师：钟南山，是我们这个时代的骄傲，非常了不起。时间关系啊，刚才我看到还有一组是专门研究容易读错的姓氏是谁呢。

生：请大家一起跟我来读一读。

师：这些人物你都清楚吗？或者有什么问题吗？

生：我听说过长孙无忌，他是唐朝的一个著名的大臣。

师：看来你的课外知识非常的丰富。

生：我认识那英。

师：哦，应该是听说过吧。

生：在《中国好声音》中，人们都是读第四声，现在我知道了她是读第一声的。

师：全班同学跟着你来读一读吧，全班跟读。

【点评6：教师有意识地将学生推进学习的实践活动中，唤起学生已有的学习经验，创造平等的交流机会，让学生在主动积极的思维中，获得个人体验和独特感受，学生自主地学习，能动地发挥，真正落实了学生的"主体"地位。】

生：我听说过朴槿惠，她是韩国的前总统。

师：看来你对时政也非常的关心。朴槿惠是我们的邻居韩国前任的女总统。而且这个朴姓还是韩国的一个大姓。这里有一个人物跟我们浙江很有渊源，他还有另一个名字大家都熟悉，知道他是谁吗？

生：金庸。

师：著名的武侠小说家金庸先生，他是我们浙江人。既然提到了他，那么这位大侠你们应该很熟悉吧？

生：令狐冲。

师：对，他就是《笑傲江湖》中的男主角。这可是很多年以来，大家都把他的姓氏给读错了，我们再一起来读一读好吗？

生齐读。

（六）读准易读错姓氏

师：其实在我的身边也有许多容易读错的姓氏，在前不久我们的外教就拿了一份名单来求助了，你们愿意帮帮他吗？这些都是我们学校老师或者同学的名字，同桌合作读。举棋不定的时候可以问问你身边最好的老师——字典。

师：谁能来带我们读一读？

生读。

师：任小飞是我们和家园小学新来的英语老师。这个任字做姓氏的时候是读第二声。其实有很多汉字一旦作为姓氏之后，它的读音很有可能就会发生改变。这是我们中国姓氏文化的特点之一。请个小老师，再把这些完整地带读一下吧！

（七）再度质疑

师：学到这里，我们对姓氏有了一个初步的了解。那么你有没有产生新的想研究的问题呢？

生：为什么汉字成为姓氏之后它的读音会发生变化？

生：古人不仅有姓氏，还有名和号，比如说像李白，字太白号青莲居士。我想问一下这个号和姓氏有什么关系？

师：你这问题提得太好了！确实姓氏文化源远流长，推荐大家去看一看钱文忠老师的《百家讲坛》之《细说百家姓》。

师：中国人有句古话叫"行不改姓"，说的就是对自己姓氏的尊重。请每个同学拿起笔，把自己的姓氏端端正正地写下来。

（配乐。每个学生独立写字。以小组为单位贴好，然后黑板上展示。）

师：我们每个人的姓氏都像一把钥匙，请同学们在课后继续开展研究，用这把钥匙走进身边的百家姓，并且去开启中国历史这扇厚重的文化之门。下课。

【点评7：祖先崇拜是我们的信仰，姓氏文化彰显的正是这样一种核心价值，我们的时代需要这样一种文化认同。这堂课带给我们的，就是一种这样的感动。让学生带着问题走出教室，通过课外的继续学习，对自己的生命有一种新的评估，新的期待。教师在结束时适时地推荐了钱文忠老师的百家讲坛，让孩子能更好地走近大师，走近经典。】

五、教学反思

中国是世界上最早使用姓氏的国家，历史悠久。姓氏从它产生之日起一直延续至今，直到今天成为中华民族"家"文化的直接显现。有了姓氏，中华民族的传统文化在"姓"与"氏"上不断延续和传承；有了姓氏，华夏儿女对于民族文化的认同感、归属感可以得以不断凝聚。

在这一理念的支撑之下，我们的研究团队开发了一组以"姓氏"为主线的拓展性课程。语文新课程指出：语文学习是让学生"认识中华文化的丰厚博大，吸收民族文化智慧"。而姓氏是人类社会普遍存在、源远流长的一种社会文化现象。因此，在几番周折后，我们决定上一堂以"姓氏"为主题的语文综合性学习活动课。

一说到姓氏，许多人都会想到《百家姓》，"赵钱孙李，周吴郑王"，这些四言韵语读起来朗朗上口，在南宋时就广为流传。我们重视传统，但并不是为了复古，而是为了更好地向前看。因此在教学中，我先请每个孩子介绍自己家族中的名人，激发其对自己姓氏的自豪感；又增加了2015年度的姓氏排名，并让学生找找前十的姓氏中有没有自己的。同学们个个兴趣盎然，课堂气氛十分活跃。孩子们在不知不觉中发现，原来生活语文是无处不在，无时不有的。只要我们走进社会，关注生活，就会发现生活中的语文是活生生的。

在《姓氏》这节课，我的设计理念：

1.根据小学高年级学生身心发展和语文学习的特点，激发学生的主动意识和进取精神，积极倡导自主、合作、探究的学习方式；

2.重视课程资源的整合、开发与利用，体现生活中处处有语文的理念；

3.通过主动探究学习，引导学生对现实生活进行客观的、逐步深入的认识，培养学生独立思维的习惯和终身学习的能力。

在这堂课上，每个孩子拥有一台 IPAD，上面是老师通过课前调查，把孩子们感兴趣的问题做了一个资料包，每个同学可借助电脑查找一个最想了解的资料，也可以借助这些资料查找一下自己的姓氏背后的故事。使孩子们有机会畅游古老的中华文明，在调查、收集文字图片资料中，有幸了解了中华姓氏。并在实践中学会了处理信息、加工信息、使用信息的技巧，学会了创新和合作。虽然还只是小学生，做起研究来居然也头头是道：说自己喜欢的名人，与自己同姓的名人，了解名字中有趣的故事。在互动交流中，孩子们了解了许多许多……

学贵有疑。我们的姓氏文化博大精深，短短四十分钟只是推开了一小扇门。在课的尾声，我再次设置了一个质疑环节，希望孩子们能带着新问题在课后继续开展研究，并适时地推荐了钱文忠老师的《百家讲坛》，让孩子能更好地走近大师，走近经典。

从课堂中学生的反应来看，学生对自己"朝夕相处"的原本"熟视无睹"的文化现象产生了浓厚的兴趣。可见，这一"姓氏"文化的研究是让孩子十分愿意接受和尝试的文化旅程。在今后的此系列课程中，我们将带领孩子品味身边"姓氏"的趣味，将带领孩子穿越历史，了解姓氏的由来；在图腾文化中感受姓氏符号的魅力；了解本家族的姓氏名人，树立人生的榜样；用家训文化对学生进行价值观引领；了解《百家姓》，并用现代理念去解释《百家姓》的排序……向后看是为了更好地向前，了解历史是为了更好地走向将来。

希望通过"姓氏"系列课程的探索学习，培养学生在"大语文"的实践环境中感受"语"和"文"在日常生活中的独特魅力；通过"姓氏"这一系列的微课程学习，孩子们不仅对姓氏的知识有所了解，同时更有一种姓氏文化带给他们的感动。

相信孩子们通过这一系列的微课学习，会更热爱我们的传统文化，并对自己未来的道路有更新的评估和期待！

语文学习不仅是知识的传授，更是文化的传承。在传统中浸润，生命才能陶溶出深度和高度。这，便是这堂课带给我最大的收获！

（设计者：杭州市求是教育集团朱红　点评者：浙江外国语学院陈永华教授）

第2例 方言

语言记载了一个民族千百年来的文化历史。方言是各具特色的地域文化的基础，也是一种文化，甚至是一种情结，具有很高的使用价值和文化价值。但随着社会经济的发展和国家推广普通话政策的实施，以及人员的流动，这对方言流传形成了巨大的挑战，越来越多的年轻人都不会说方言，方言将面临"下岗"的危险。

（1）语言是文化的载体。任何一种语言的背后都隐含着使用该种语言的民族长期的文化底蕴。语言和文化不可分离，二者相互依存，相互影响。语言是文化的组成部分，也是文化的表现形式，它记载了一个民族千百年来的文化历史。

（2）方言是富有地域特色的语言。方言即"地方之语言"，是地方局域的语言。方言以语言为基础，在各具特色的地域文化的作用下形成。方言又以地方文化为依托，形成了小范围的地域特色语言。

（3）方言面临的现实冲击。调查显示，全世界每两个星期就有一种语言消失。如今，语言学界都存有共识：推广普通话，并不影响方言的生存，大家都有责任和义务为方言营造一片生存"绿土"。全国各地也掀起了拯救方言、保护方言、学习方言的热潮。

二、课程规划

（一）课程主题

珍视方言，留下乡音，记住乡愁。

（二）课程理念

1. 方言是交际的工具

方言是在某个或大或小的地区通行的交际工具，是民族语言在长期的历史发展中分化出来的地域性变体。所谓地域性变体，自然是相对于民族共同语言。汉语方言自然是相对于普通话来说的。普通话通行于全国，是国家通用语言；方言通行于某几个省，或某个省，或者更小的一个地区，是局部地方的通用语言。普通话为全体汉族人民乃至整个中华民族服务，而方言只能为局部地方的人民服务。从组成语言的要素（语音、词汇、语法）来看，方言之间、方言和普通话之间"同中有异，异中有同"，它们之间的亲缘关系是兄弟姊妹的关系，都是同一古老语言历史发展和分化的结果。

2. 方言是文化的载体

方言是传统文化、地域文化的基本载体和最直接的表现形式，是一个特定族群情感认同的精神纽带。中国地大物博，历史悠久，各个地方都拥有其独特的文化，随着时间的流逝，许多记载文化的事物都已消失或损毁，唯独方言在漫长的岁月中不断发展，不断完善，时至今日仍然具有鲜明的地方特色，能彰显地方的文化。地域方言是语言因地域方面的差别而形成的变体，是一定地理范围内常用的交流沟通语言媒介，对地域的影响力不言而喻。在长期的使用和改进过程中，除了发挥交流媒介的作用以外，方言也组成了社会生活链中的一个重要方面：丰富多彩的方言反映了丰富多彩的世界，方言的变迁折射出社会的变迁。

3. 方言是情感的纽带

方言是一个人与故乡联系的情感纽带。不论你走到天涯海角，听到乡音，就知道是故乡人，就会"老乡见老乡，两眼泪汪汪"。你到了一个新地方，听不懂当地的方言，会有一种陌生感、孤立感；然而，如果你去学习当地方言，哪怕说不好，你会很容易融入当地人中间，就会受到欢迎。这种由语言建立的情感，也是别的东西替代不了的。

4. 方言是灵魂的归宿

德国哲学家海德格尔曾经说过："人活在自己的语言中，语言是人存在的家。"毋庸置疑，社会的发展和时代的进步，不能让方言被遗忘在历史的角落中，而是应该让方言成为寄托乡愁的媒介。语言承载了人们的记忆与情感，应该得到保护和传承，从而让语言文化变为乡愁的寄托，让每个人都能找到留驻心灵的港湾。方言拓展课，无疑是一种有益的探索和尝试，能够让方言在人们内心产生共鸣，唤醒人们对方言的重视和沉思，重拾沉甸甸的乡愁。

（三）课程目标

1. 通过搜集、阅读有关书籍、资料，了解方言的来龙去脉：方言是如何产生的，方言是怎么样的，方言到哪里去了。

2. 通过"听方言、说方言、猜方言"等实践活动，感受方言的趣味性，爱说方言，会说方言，让靠口耳相传几千年的方言不至于失传。

3. 通过"民间故事中的方言、童谣中的方言、戏曲中的方言"等寻根活动，接触本土文化，激发学生热爱家乡的情感。

4. 继承当地传统的精神文明、道德风尚、行为规范，体验奇异的风俗民情、独特的语言技巧和美妙的生活情趣。

（四）课程内容

层次	活动主题	活动内容	活动目标	课时安排
初级	1.方言中的家乡味道	初步感知家乡方言的特点	（1）认识中国是一个多方言的国家，家乡方言极富地域特色。（2）通过说说、听听、玩玩等方法感受家乡方言的美妙，激发他们热爱本地方言的情感。	1（详见"三、课程设计"）
初级	2.中国方言大家庭	认识七大方言区中具有代表性的一种方言	（1）了解中国有北方方言、吴方言、赣方言、湘方言、闽方言、粤方言、客家方言等各具特色的七大方言区。（2）辨别七大方言区中具有代表性的常用方言。	2
初级	3.学说方言我最行	学习说方言的方法	（1）寻找普通话和某一种方言的对应关系。（2）学说一至两种方言，进行现场交际。	2
中级	4.童谣中的方言	探究童谣与方言的关系	通过本地童谣的诵读和研读，借童谣，学方言；借童谣，知故乡。	2
中级	5.戏曲中的方言	探究戏曲与方言的关系	通过对"昆曲、越剧"戏曲艺术的探究，体会戏曲与方言唇齿相依的密切关系。	2
中级	6.故事中的方言	探究民间故事与方言的关系	通过对民间故事中富有地域特色词句的探究，体会用方言讲述民间故事的原滋原味。	2
高级	7.方言的用途	语境中运用方言。	通过在生活语境中运用方言交流，理解和感悟独特的语言文化。	1
高级	8.方言的风采	作品中欣赏方言	（1）通过相声、小品等不同方言区作品的欣赏，感悟方言的特色美。（2）尝试用方言讲述一个小故事，进一步感受方言的魅力。	2
高级	9.学习方言的成果	展示中享受成果	（1）形成一份录有方言故事或方言童谣的小音频（小视频），展示、评价学习成果。（2）通过方言和普通话的辨析，形成"普通话为主，方言为辅"的交际共识。	2

（五）课程资源

（1）周振鹤、游汝杰．方言与中国文化［M］，上海：上海人民出版社，2006。

（2）中国社会科学院，澳大利亚人文科学院合作编纂：中国语言地图集[M]，香港：香港朗文（远东）有限公司，1990。

（3）罗常培．语言与文化［M］，北京：语文出版社，1989。

（4）曹志耘．汉语方言地图集［M］，北京：商务印书馆，2008。

（六）课程实施

1. 开设年级：三年级。

2. 课时安排：9 个专题，一学年共 16 课时，三上和三下分别 8 课时，每两周一课时。

3. 活动形式：自由报名，小班教学。四人小组分组学习，搜集资料、小组合作探究、分组汇报、分组展示等方式进行学习。

4. 教学策略：听方言、说方言、猜方言、比方言、辩方言、译方言、唱方言、玩方言。

5. 教学建议

（1）提前选择切合本地实际的方言素材，准备相关材料。

（2）充分挖掘本地学生资源，激发他们学习方言的积极性，带动外地学生热爱、学习本地方言。

（3）对班里学生进行合理搭配，四人小组中有一个是本地方言说得熟练的学生，聘请他担任本组的小老师。

（4）采用丰富的形式帮助学生明白字词的方言发音及意思。

（5）结合学校"方言文化进校园"的相关活动，让学生有更多的机会学习方言。

（6）适当进行课后的拓展要求，鼓励学生深入社区、农村，多与会说方言的长辈交谈、会话，能够主动收集相关的方言俗语、谚语和童谣。

（七）课程评价

1. 课程评价采用学分制。建立"遨游方言王国财富卡"，分值卡达到 80 分为合格，100 分以上的为"方言达人"。

2. 积分办法。搜集资料 20 分，会用方言进行简单交流 20 分，能用方言念童谣或讲故事 20 分，成果展示 20 分，完成一份研究小论文 20 分（选题可以是课堂师生研讨的主题，也可以自己另外选择）。

三、教学设计

本课程按照初级、中级、高级三个层次设计，通过"听方言、说方言、猜方言、比方言、辩方言、译方言、唱方言、玩方言"等活动策略，设计以下9个内容：

1. 方言中的家乡味道（初步感知家乡方言的特点）
2. 中国方言大家庭（认识七大方言区中的代表性方言）
3. 学说方言我最行（学习说方言的方法）
4. 童谣中的方言（探究童谣与方言的关系）
5. 戏曲中的方言（探究戏曲与方言的关系）
6. 故事中的方言（探究民间故事与方言的关系）
7. 方言的用途（语境中运用方言）
8. 方言的风采（作品中欣赏方言）
9. 学习方言的成果（展示中享受成果）

方言中的家乡味道

活动理念

《方言中的家乡味道》作为学校的校本课程，具有极强的生活性和活动性。我们的理念就是让学生从生活出发，贴近生活，感受方言文化的魅力。

活动目标

1. 认识中国是一个多方言的国家，浦江也是一个多方言的地区，而檀溪方言就是其中一种具有地域特色的代表方言。

2. 在能力范围内，适当地学一点檀溪方言，能用简单的檀溪方言进行口头交流。

3. 通过说说、听听、玩玩等方法感受檀溪方言的美妙，激发他们热爱本地方言的情感。

活动准备

1. 搜集檀溪方言常用语以及1~2首檀溪童谣，并学着用方言说一说。
2. 前后四人小组，有组长、汇报员等分工。

活动流程

板块一　听方言——知乡音无处不在

1. 播放浦江方言版的《两只蝴蝶》，同学们听了以后肯定会哈哈大笑，觉得用方言唱歌极有意思。从中引导：在日常生活当中，除了普通话，我们还会用到方言进行日常交流。

2. 用自己的方言进行自我介绍。有的学生是浦江城区的，有的学生是浦江山区的，还有的学生是外省的，这时候学生会发现有些同学的介绍根本听不懂。

3. 小结方言特点。全国各地都是这样，隔座山隔条河就听不懂别人的话了。

板块二　猜方言——晓乡音变化多彩

1. 看视频、听声音，猜一猜是哪里的方言。

（1）欣赏东北味儿极浓的二人转《小拜年》片段认识北方方言。

（2）听粤语歌《红日》认识粤方言。

（3）老师讲"你侬阿侬"认识以上海话、江浙话为代表的吴方言。

（4）听汪涵朗诵《沁园春·雪》，认识湘方言。我们的毛主席就是湖南人，讲的就是湘方言。

（5）听流行歌曲《爱拼才会赢》，认识闽南方言。

（6）看小品，认识我们邻省江西的赣方言。

（7）听客家山歌，认识客家方言。

2. 出示中国方言分布图，简要了解七大方言所处的地域。

3. 不仅中国有七大方言区，咱们浦江也有好几个方言区块，典型的就有白马口音、檀溪口音、中余口音，当然还有城区口音。美不美家乡水，亲不亲家乡人，我们的生活离不开檀溪方言。今天我们就来聊一聊"方言中的家乡味道"。（板书课题）

板块三　说方言——明乡音大有用处

1. 你说我猜。

（1）共同猜猜方言词语。老师出示"来、开门、上楼、家里、年糕"等词语让学生用檀溪话来说一说、讲一讲。

（2）自由猜猜方言词语。拿出学生课前搜集的檀溪方言词汇，给同学猜一猜。

（3）发现方言词语特点。檀溪方言和浦江方言是存在共性的，一部分词语的发音听起来差不多；檀溪方言和浦江方言也有较大的区别，发音时拐弯较多，语气更加委婉。

2. 你说我学。

（1）同桌互教一句话。同桌互相教对方一到两句方言用语，比如"早上好，你吃饭了吗？"

（2）与听课老师互动教方言。学生当小记者进行方言版现场采访：①向老师提问："您是哪里人？"②教老师一句方言："老师，你真漂亮！"

板块四　唱方言——觉乡音甚是有趣

1. 读读普通话版童谣。出示檀溪童谣《一根面》，请学生读一读。（学生一般会用标准的普通话来朗读童谣）

出笼的包子下架的面，

生日面，满月面，

架梁面，讨亲面。

长福长寿一根面，

长福长寿一根面。

2. 唱唱方言版童谣。老师朗读方言版的童谣《一根面》，引领学生有滋有味地按节奏唱一唱。

3. 欣赏方言版童谣节目。童谣可以这样拍手唱，还可以边唱边跳，欣赏学校自编的参赛舞蹈《面儿香香福寿长》视频。

4. 感受方言的魅力。方言成了一首朗朗上口的童谣，童谣演绎成了一段曼妙的舞蹈，所有这些都是文化的表现形式。浓浓的方音背后是浓浓的地域文化。简单的方言配上这简单的音乐，就走出了檀溪，走出了浦江，走上了中国梦想秀的舞台，走向了全世界……

四、实录点评

方言中的家乡味道

板块一：听方言——知乡音无处不在

1. 听歌识方言。

师：同学们，你们好！听过《两只蝴蝶》这首歌吗？

（部分）生：有。

（部分）生：没有。

师：有的小朋友听到过，有的小朋友没听过。不管你们有没有听过，今天，我还是想请大家来听一听我带来的这首《两只蝴蝶》。（播放浦江方言版的歌曲《两只蝴蝶》，学生听了以后哈哈大笑。）

师：我听到有小朋友忍不住笑了，来，请你说说看，哪里很好笑呀？

生1（一位外地学生）：这首两只蝴蝶和我以前听过的不一样，我以前听的是用很正规的普通话唱的。这个不是普通话演唱，太搞笑了。

生2：我知道，这首《两只蝴蝶》用的我们这边的话唱的。

师：你听出来了，这就是用我们的浦江方言翻唱的《两只蝴蝶》。那你觉得用这个方言唱歌怎么样？

生2：我觉得用方言唱歌很搞笑，还蛮有意思的。

生3：我也觉得太有趣了，哈哈哈。

师：我也觉得挺有趣的，想不想再听听看别人的方言。

2. 听听你的方言。

生：想。那现在就请大家用自己的方言来介绍一下自己吧。

生1（桐庐地区）：大家好，我叫杨浩星，我来自浙江桐庐。

生2（贵州苗族）：大家好，我叫朱信宇，我来自贵州，是苗族人。

生3：（檀溪寺前）：大家好，我叫胡诗婷，是檀溪镇寺前村人。

生4：（檀溪寺前）：大家好，我叫陈泽浩，我也是寺前人，但是我不会讲檀溪方言。

生5（中余乡）：大家好，我叫王千语，我是中余人。

……

师：这么多同学的自我介绍，你听懂了几个？

生1：1个，寺前的。

生2：我只听懂1个，寺前的。

生3：除了陈泽浩讲的普通话，其他同学讲的方言，我一个也没听懂。

师：哈哈，老师也只听懂了寺前的两位同学和王千语同学说的话。班里这么多同学，很多来自遥远的外省外县，他们说的话我们根本听不懂。是呀，其实有时候隔座山隔条河就听不懂别人的话了，全国各地都是这样的。

【点评1：通过"听"浦江本地方言歌曲和"听"全班同学的方言，认识其实方言实实在在存在于我们身边，而且对我们的生活产生着极大的影响。】

板块二：猜方言——晓乡音变化多彩

1. 全国七大方言区早知道。

师：同学们，有时候我们真的听不懂别人的方言，没关系呀，我们还可以猜方言。那接下来我们就来猜一猜这些都是哪里的方言。

欣赏东北味儿极浓的二人转《小拜年》片段。

生1：这个不是普通话吗？

生2：我知道我知道，我爸在家经常听相声，他和我讲过，这是东北话。

师：你说的真准确，这确实是东北话，但在这里它不叫东北话，而叫"北方方言"。

（ppt出示北方方言文字介绍：北方方言是以北京话为基础定义的北方部分语言统称。现在全国推行的普通话，就是在此基础上发展起来的。）

师：那咱们接着猜。播放粤语歌《红日》。

生1：这个我知道，我哥哥经常听的粤语歌曲。

师：看来你们积累的知识还真是不少，不错，这正是粤语，又叫粤方言。

（ppt出示粤方言文字介绍：粤方言又称粤语，俗称广东话，以珠江三角洲为分布中心，在中国的广东、广西、海南、香港、澳门等地被广泛使用。）

师：现在听我说，你来猜。"侬吃过了伐？"

生1：我听懂了：你吃过了吗？

师：诶，你是怎么知道的，全班小朋友都不知道。

生1：因为我以前小时候在上海待过的。

师：看来你的生活经历很丰富。其实呢我们说的话也被涵盖在吴方言里面呢。

（ppt出示吴方言文字介绍：吴语，又称江东话、江南话、吴越语。至今已有三千多年悠久历史，底蕴深厚。在中国分布于今浙江、江苏、上海一带。）

师：（观看汪涵用方言朗诵《沁园春·雪》的视频）其实呢，这是你们最爱看的湖南卫视的主持人汪涵朗诵的《沁园春·雪》，作者毛主席就是湖南人，讲的就是湘方言。

（ppt出示湘方言文字介绍：湘语，又称湘方言或湖南话，是生活在湘江流域及其支系一带湖民系使用的主要语言。）

欣赏歌曲《爱拼才会赢》展示闽南语。

（ppt出示闽南语文字介绍：闽南语起源于黄河、洛水流域，现主要分布地除闽南地区和台湾地区外，还广泛适用于广东潮汕、珠三角、广东雷州半岛等大部分华人社群。）

还有我们邻省江西的赣方言。

（ppt出示赣方言文字介绍：赣语，又名江西话，使用人口主要分布在江西省境内。）

客家方言。

师：我们国家就这样被分为七大方言区。（ppt出示7大方言分布图）

2. 浦江口音我知道。

师：诶，你别说，咱们浦江也有好几个方言区。你们知道有哪些？

生：典型的就有……

生：白马口音很特别，檀溪口音、中余。

师：虽然我不是檀溪人，但我和我的小伙伴们已经在这里生活了几千个日日夜夜。哎呀反正我是听不懂，但是我觉得最好听的还是咱们檀溪的方言。美不美家乡水，亲不亲家乡人，我们的生活离不开檀溪方言。今天我们聊的就是《生活中的家乡方言》。

【点评 2：通过全国七大方言区块引出浦江方言的多样性，认识浦江也是个多方言地区，檀溪方言就是其中一种典型代表，这样由大见小的学习是循序渐进，符合学生学习规律的。】

板块三：说方言——明乡音大有用处

那咱们接着再来"说一说"檀溪方言。

1. 你说我猜。

师：老师这里有几个词语，想请你们来读一读。

（ppt 出示"来、开门、上楼、家里、年糕"等词语。）

生 1（檀溪）：来、开门、上楼、家里、年糕。

生 2（苗族）：来、开门、上楼、家里、年糕。

生 3（浦江城区）：来、开门、上楼、家里、年糕。

师：读的都不错。那我请一位小朋友来读，另一位小朋友来猜他说的是什么？

全班交流，你说我猜。

师：怎么样，听懂了吗？

生 1：有几个词语听懂了，和我们的听起来差不多。

师：也就是说这两种方言之间是存在相同点的，是吗？

师：其他同学呢？

生 2：有几个词语听不懂。

生 3：外省同学的发音完全听不懂，浦江的同学的发音基本能听懂，但和檀溪方言也有点差别。

师：你们真是会发现的孩子。檀溪方言和浦江方言是存在共性的，一部分词语的发音听起来差不多；檀溪方言和浦江方言也有较大的区别，发音时拐弯较多，语气更加委婉。

2. 你说我说。

师：猜词语你们会猜，那老师就要加大难度了。我们来说话吧。采用同桌互相教的方式教你的同桌檀溪方言"妈妈请你回家吃饭"。

3. 你说我学。

师：咱们自己学会了说简单的檀溪方言，也教教咱们在场的老师好不好？

师：谁先来示范一下。

生 1 举手。

师：好的，那请你当回小老师进行现场教学：

（1）向老师提问："您是哪里人？"

（2）教老师檀溪方言："妈妈请你回家吃饭。"

全体同学分组教现场老师"回家吃饭"这句檀溪方言。

进行现场交流，比一比谁教得最好。

师：还真是名师出高徒，你们教出来的学生还真不错！

【点评 3：方言是用来说的。通过三个小活动你说我猜、你说我说、你说我学三个小活动来学一学，说一说方言。至此也达成了让孩子们听方言、说方言的目标，孩子们也能用简单的檀溪方言进行口头交流。】

板块四：唱方言——觉乡音甚是有趣

师：咱们檀溪方言不仅可以用来交流，还由方言衍生出了许多有趣的童谣，你愿意来读一读吗？

ppt 出示童谣歌曲《一根面》。

师：谁先来试试？

生 1：出笼的包子下架的面，架梁面，满月面，生日面，讨亲面，长福长寿一根面，长福长寿一根面。

师：你的普通话真标准，读得真好听。

师：谁还想来试试？

生 2：出笼的包子下架的面，架梁面，满月面，生日面，讨亲面，长福长寿一根面，长福长寿一根面。

师：你们想不想读得更有味道？

老师展示檀溪方言版的《一根面》童谣。

师：想不想再来试试？（教学檀溪方言版的《一根面》）

师：可以自己来试试吗？

生再次试唱。

师：读得有味道不如唱得有味道，就请同学们跟老师一起拍手唱一唱。

师生一起拍手唱。

师：你知道这带着檀溪味道的童谣是什么时候用的吗？

生：吃面？

师：你肯定是个小吃货，这都被你知道了，就是吃一根面的时候。其实这就是我们檀溪味道里的另一个分支：舌尖上的檀溪味道。哎呀，如果你一边尝着富有檀溪特色的美食，一边听着檀溪童谣，那该多有味道呀。我们再来唱一唱。

教师带领学生再次说唱童谣。

师：你知道吗，童谣可以这样拍手唱，还可以边唱边跳，那就是我们实验小学舞蹈《面儿香香福寿长》。（一起欣赏实验小学舞蹈《面儿香香福寿长》）

师：方言成了一首朗朗上口的童谣，童谣演绎成了一段曼妙的舞蹈，所有这些都是文化的表现形式。方言的背后是文化。简单的方言配上这简单的音乐，我们就走出了檀溪，走出了浦江，走上了中国梦想秀的舞台，走向了全世界……最后让我们在实验小学《面儿香香福寿长》的音乐中结束本堂课。

【点评 4：通过"听方言——知乡音无处不在；猜方言——晓乡音变化多彩；说方言——明乡音大有用处；唱方言——觉乡音甚是有趣"四个板块来吸引孩子们的注意力，让孩子们在感受檀溪方言文化魅力的同时，激发他们对本地方言，甚至是本土文化的热爱，玩中学习，学习中玩乐，将玩乐与学习有机结合，奠定了以后方言学习的基础。】

【总评】

1. 课程开发是有意义的

博大精深的方言文化学习已成为社会教育必不可少的课程，而社会教育和学校教育的有机结合，双管齐下，见效甚好。在漫长的方言演化历史长河中，通过本地方言来研究，无疑又是一个非常好的切入口。本地方言，对小学生来说没有像其他地区的方言那般遥不可及，又会让学生倍感亲切，它很容易激起小学生探究方言的兴趣，方言俨然是中国语言文化的瞭望台，只要给学生一个眺望的平台，透过它学生可以高瞻远瞩地看到汉语的原理和丰厚的文化内涵。从这一点来看，开启方言文化寻根之旅的这门拓展课程的意义是重大的。

2. 课程定位是准确的

方言要不要学，国内一直有争论。方言和普通话，同源于汉语，两者本就是一家，一脉相承。赞成者认为，方言才是汉语的"正宗"，很多普通话模糊了汉语的原理，对语言文化的继承不利。反对者以为，由方言到普通话是汉语发展的历史必然，学习方言是历史的倒退，而且方言使用范围小，识记困难。

我们以为，完全恢复全部使用方言没有必要。但是，方言也是前人智慧的结晶，通过方言，我们可以充分感受汉语文化的博大精深。从这节课的定位来看，这是比较切合这一观点的。老师一开始通过听方言的方式，表面上是在帮助消除学生对方言的陌生感，解除心中对方言的疑惑，实则在培养学生对方言的情感和文化自信。学方言首先是培养对方言文化的喜爱之情。其次，老师没有专门探索哪一门方言，定位在尝试着说一说词语和句子，通过"猜方言"和"唱方言"，玩一玩方言。整节课的定位是"适当地学习"，不是探索方言。

3. 课堂策略是妥当的

怎么为小学生与高深的方言文化搭建一个平台？怎么深入浅出地学习方言呢？本实录中老师的教学策略比较妥当，整节课通过听一听，猜一猜，说一说，唱一唱等学习方法来认识方言。特别是"说一说""唱一唱"板块，通过大量的时间让学生说和唱进行实践活动，这其中有内涵。一是使用了学生喜闻乐见的方式认识高深的方言文化。方言特点的认识是理性的，教师不使用恰当的教学策略往往会让学生望而却步，会对这门课程失去兴趣。二是找到了学生感官思维与文化思维的切合点。小学生以感官思维为主，他们善于感受，对自身感受到的东西很感兴趣；而方言文化，自身表意功能决定着自身的每一部分都有着很强的听觉感受。当学生的形象思维和汉字的文化思维进行碰撞时，产生了思维的火花，这样学习无疑是非常有意义的。

（设计者：浦江县实验小学教育集团檀溪校区祝响响
点评者：浦江县龙峰国际学校校长、特级教师朱柏烽）

第 3 例 称谓

称谓是人类特有的语言，也是一个民族文化的特殊符号，它记载了一个民族千百年来的语言文化历史。它既有历史文化的价值，也有现实使用的价值。随着人类社会、文化、经济的不断发展，人类活动的日益丰富，称谓的文化价值和使用价值越来越凸显。

（一）称谓的文化价值

称谓作为民族语言的一种特殊依附，隐含着这个民族长期的文化底蕴，它是这个民族文化演变的一种见证。同时，文化影响着称谓的变化和发展，二者相互依存，相互影响。称谓是民族文化的组成部分，也是文化的表现形式，它记载了这个民族千百年来的文化历史。

（二）称谓的语言价值

称谓的变化和发展，是一个民族语言变化和发展的重要组成部分，它彰显了民族语言在不同历史时期，不同文化地域、不同阶层间的规律，是人类在交往活动中的一个重要语言载体。

（三）称谓的使用价值

人类活动日益频繁的今天，称谓的使用显得十分重要。在不同身份、职业、性别等人际关系中，使用好称谓，是促进人们建立良好人际关系的重要纽带，更是人们在交往中提高审美能力和精神内涵的一个重要途径。

二、课程规划

（一）课程主题

认识称谓，运用称谓，了解称谓文化内涵。

（二）课程理念

1.凸显称谓的文化内涵

汉语言文化内涵丰富，称谓作为其一种特殊依附，隐含着汉语文化的特殊底蕴，这一课程的设置要凸显这一丰富内涵，体现文化的演变和称谓的变化之间的特殊联系，培养学生对祖国传统文化的热爱之情。

2.体现称谓的语言价值

称谓是指人们由于亲属和其他方面的关系，以及身份、职业、性别等而得来的名称。它是人类特有的语言，在语言交际过程中往往是传递给对方的第一个信息，在体现语言的文化特征方面，同其他语言成分相比，具有其特有的语言价值。它反映着一定社会文化或特定语言环境中人与人之间的关系。课程的设置，可以以此了解我们的社会制度、文化风貌，社会心态，更可以体察到其语言传承文化的功能。

3.着眼称谓的实践意义

在现实生活的实际交往过程中，恰当地运用好称谓，既可以给人尊重的感觉，有助于个人的人际交往；也可以在公共场合谈吐得当，有礼有节，体现个人的修养，内在美。掌握良好的称谓使用技巧，是促进人们建立良好人际关系的重要纽带，更是人们在交往中提高审美能力和精神内涵的一个重要途径。

（三）课程目标

1.通过搜集、阅读有关书籍、资料，了解不同称谓的类别以及历史变化。

2.通过不同称谓的对比，发现称谓词独特的语言特点。

3.通过语言实践活动，了解称谓在人际交往中的意义，提高学生的语言运用能力和综合素养。

4.激发对中华汉字文化的自信，感受汉字的文化思维，受到汉字文化的熏陶。

（四）课程内容

层次	活动主题	活动内容	活动目标	课时安排
初级	1.我是谁？给我分分类	初步感知称谓的概念和分类	（1）搜集和阅读资料，了解称谓的概念，了解称谓的类别。（2）聊聊交往中的称谓，初步感知称谓的特点。	2
	2.不同类别的我	给不同称谓分类	（1）了解亲属类、朋友类、社会关系类称谓。（2）认识称谓与其他词语的不同特点。	3
中级	3.发现我的规律	探究称谓的构词规律	通过不同称谓的对比，发现称谓的构词原理和规律，感悟文化内涵。	3
	4.我的用途	语境中运用称谓。	通过在语境中的交流，运用称谓，体会称谓的社会交际的价值，理解和感悟文字内涵。	2
高级	5.我的古今变化	了解同一称谓在不同历史时期的变化	通过搜集资料、调查研究，将同一事物在不同时期的称谓进行对比，发现文字的文化内涵。	4
	6.我的成果	展示中享受成果	（1）形成一份有关称谓的小论文，展示、评价学习成果。（2）通过称谓这一语言的学习，形成相应的文化共识。	2

（五）课程资源

1.书籍、报刊、词典、影视作品以及日常交往的记录等。
2.蔡希芹.中国称谓词典［M］.北京语言文字出版社，1994。
3.杨景春.称谓与亲情［M］.南京师范大学出版社，2016。
4.有关小学语文教材上的称谓专题方面的资源，如有关称谓分类、演变和运用等资料。

（六）课程实施

1.开设年级：五年级。
2.课时安排：6个专题，一学年共16课时，安排在五年级上册，每周一课时。

3. 活动形式：自由报名，小班教学。四人小组分组学习，搜集资料、小组合作探究、分组汇报、分组展示等方式进行学习。

4. 教学策略：搜集称谓，给称谓分类，找找规律，用用称谓。

（七）课程评价

1. 课程评价采用学分制。建立"遨游称谓海洋财富卡"，分值卡达到 80 分为合格，100 分以上的为"小小称谓王"。

2. 积分办法。搜集资料 20 分，给称谓词分类 20 分，适当运用称谓 20 分，成果展示 20 分，完成一份研究小论文 30 分（选题可以是课堂师生研讨的主题，也可以自己另外选择）。

三、教学设计

本课程按照初级、中级、高级三个层次设计，通过"搜集称谓""给称谓分类""用用称谓"等策略，设计以下 6 个内容。

1. 我是谁？给我分分类（初步感知称谓的概念和分类）。

2. 不同类别的我（给不同称谓分类）。

3. 发现我的规律（探究称谓的构词规律）。

4. 我的用途（语境中运用称谓）。

5. 我的古今变化（了解同一称谓在不同历史时期的变化）。

6. 我的成果（展示中享受成果）。

下面是第 4 个内容《我的用途》的设计。

我的用途

活动目标

1. 复习回顾搜集、归类好的称谓词。

2. 学会在具体语境中如何恰当、得体地使用称谓。

3. 体会称谓的社会交际价值，养成对祖国语言文字热爱之情。

活动过程

板块一 复习和回顾

1. 教师组织学生回顾前阶段学习称谓的一些内容。

2. 呈现称谓的类别：

性别称谓、姓名称谓、职务称谓、职业称谓、亲属称谓等。

梳理称谓的规律：通过对比发现这些称谓使用的一般性规律。

板块二 故事的启示

1. 老师讲述《维多利亚女王回寝宫》故事。

2. 讨论：这个故事给了我们什么启示？

3. 我有那些称谓呢？能不能混淆？

板块三 称谓的运用

1. 姓名称谓的使用

什么情况下，可以使用一个人的姓名称谓？

2. 亲属称谓的使用

（1）表演情景剧《服务员和顾客》。

（2）讨论：刚才这个情景剧有什么启示？

3. 尊称的使用

（1）表演情景剧《两个门卫》。

（2）比较两位门卫的交际效果。

4. 使用称谓时的注意事项（PPT呈现）。

板块四 语言实践

PPT展示两个情景剧文字《问路》和《男士和秘书》。

1. 小伙子的问题出在哪？

2. 遇到这样的情景，我们该怎么使用正确的称谓呢？请小组先讨论，再派代表分别扮演老者和年轻人，如何问路，全班评议。

3. 这个情景剧里的人物问题出在哪？

4. 遇到这样的情景，我们该怎么使用正确的称谓呢？请小组先讨论，再派代表分别扮演男士、秘书小姐、客户李姐和客户王哥，全班评议。

5. 教师呈现名人名言，进行小结。

> 知识使人变得文雅，而交际使人变得完善。
>
> ——乔·富勒
>
> 人在社会生活中，是难以离开与其他人进行交往的。一个人如果不同其他人进行任何交往，那么他不是一位神，就是一只兽。
>
> ——亚里士多德

四、实录点评

《我的用途》课堂实录

板块一　复习和回顾

师：通过前面几节课的学习，我们了解了称谓的哪些内容？

生1：知道了什么是称谓。

生2：通过搜集资料，每个组的同学都有了大量的称谓词。

生3：我们还给称谓分了类别。

生4：有很多同学通过比较，发现了不同称谓之间有着共同的特点。

师：还有些同学发现了称谓在使用过程中的一些特殊的规律。

呈现称谓的类别：

1. 性别称谓，如：男——先生；女——小姐、女士

2. 姓名称谓，如：李明，小李或者小明

3. 职务称谓，如：校长、经理、主任

4. 职业称谓，如：老师、律师、医生

5. 亲属称谓，如：爸爸、外婆、妹妹

梳理称谓的规律：

（1）性别通称：在现代社会中，对于男性，不论年龄大小均可统称为"先生"；对于女性，已婚的可称为"夫人"，未婚的可称为"小姐"，有时候也可以连同职衔、姓名一起使用。

（2）姓名称谓：在较为正式些的场合中，对于比较熟悉的同辈份人可称为"老+姓"，比如"老赵、老张"；还有一种，称为"姓+老"，比如"李老"，这一般只用于对特别尊敬的人，特别是一些老年的国家干部和知识分子。老者一般对自己的小辈或是上级对下级常用"小+姓"，比如"小王、小陈"。

（3）职业称谓。在日常生活的称呼中，人们较为习惯用职业称谓，也带有尊重对方职业之意，如"大夫、医生、老师"等，也常常在职业称谓前加上对方的姓。

（4）亲属称谓。对自己的亲属称呼较为随便，但通常会遇到在一些非正式场合向陌生人询问问题的状况，这种情况下为了拉近与对方的亲近关系，可以根据年龄的比较，对对方称呼为"大哥、大姐、弟、妹、大伯、阿姨、叔叔、爷爷、奶奶"等；在称呼别人家属时一般都使用敬语，如称对方

父亲为"令尊",母亲为"令堂",称对方兄弟为"令兄""令弟",称对方妻子为"令妻"或"令室",称对方子女为"令郎""令爱"等。

（5）涉外称谓。对地位较高的政府官员、外交使节、军队里的高级将领,需要按不同国家的习惯和规定进行称呼,可称为"阁下,对于君主制国家,仍要称国王为"陛下",王子、公主、亲王为"殿下"。

（6）校园称谓。在校园中,对于同级学生,较为熟悉的可直接称呼姓名,对于较为陌生甚至不知道其姓名的可称呼为"同学",对于高年级学生,可称呼为"学姐""学长",对于低年级学生,可称呼为"学弟""学妹",对于老师,可直接称呼为"老师",较为熟悉的老师,前面可加姓,如果知道老师的职衔,也可以采用职衔称谓,如"张教授"。

【点评 1：本板块的教学,是对前期课程活动的梳理,既回顾了称谓词的分类,又梳理了称谓词在生活中的使用规律,唤醒了学生对旧知的了解,为下面如何合理使用称谓做好了铺垫。】

板块二　故事的启示

老师讲述故事

英国女王维多利亚一次单独出去参加一个社交活动,深夜才回到寝宫。

她敲门,只听见丈夫在房内问"谁?"

"我是女王。"女王回答。可是,门却没开。

女王再敲门。丈夫问"谁呀?"

"维多利亚。"女王回答道。

门仍然没有开。女王在门口犹豫一会,又一次敲门。

丈夫问"谁呀?"

这一次,女王回答"你的妻子"。

门终于开了,丈夫热情地将妻子迎了进去。

师：这个故事给了我们什么启示?

生 1：告诉我们,同样一个人,她在不同的场合有着不同的称谓。

生 2：合适的称谓,对于加强人与人之间的感情联系非常重要。

师：那同学们说说,汤老师我有那些称谓呢? 能不能混淆?

生 1：家里的人——老公、爸爸;

同事间——汤大刚、小汤、汤老师、刚哥;

教室里——汤老师、老师

在商场——汤先生……

生 2：不能混淆,不然会弄出笑话和麻烦的。

师：对啊! 同一个人,在不同的环境下,就有不同的称谓。合适的、尊重他人的称谓对于人际交往非常重要。

【点评2：通过故事的讲述，让学生充分认识到同一个人有不同的身份，也有不同的称谓。在一定的场合里应该使用合适的称谓，否则给人的交往和沟通带来麻烦。故事的讲述，比纯粹的讲道理要生动、直观。拓展教师自己的不同称谓，既是对这一活动效果的检测，又是学生语言运用能力的一种提升。】

板块三　称谓的运用

1. 姓名称谓的使用

师：什么情况下，可以使用一个人的姓名称谓？

生1：同事。

生2：同学。

生3：邻居。

生4：比较熟悉的同辈或同级别的同事。

师：对了，直呼一个人的姓名称谓，一般是比较熟悉的同辈或同级别的同事。

2. 亲属称谓的使用

情景剧1：

> 服务员（师扮演）："姐，您看点什么？"
>
> 顾客（生扮演）："姐？叫我姐？你多大啊？"
>
> 服务员："我78年生。"
>
> 顾客："谢谢，我83年的，我应该叫你姐，你们为什么总喜欢叫人姐呢？"
>
> 服务员："都是这么叫的，不叫姐叫什么好？"
>
> 顾客："不能因为你们没叫的，就来折磨我。

生哄堂大笑。

师：刚才这个情景剧，你都看着笑了，是不是有什么启示？

生1：对啊，"姐"这个称谓虽然很亲近、很亲切，但是用在一个不合适的身份和场合上，就弄出了笑话。

生2：这个情景剧告诉我们，亲属称谓不能随意用在不合适的场合。

师：对啊，"姐"看似很亲近、很亲切的称呼却引发顾客的不满。亲属称谓仅限于亲属或者非常要好的朋友之间，引申到在服务工作中就不能乱叫了。

3. 尊称的使用

情景剧2：

> 门卫1（生）"您好！请问你找谁？"—无尊称
>
> 门卫2（师）"先生，您好！请问您找谁？"—有尊称

师：比较一下，两位门卫的交际效果。

生 1：第一位缺少礼貌性的称谓。

师：对，那叫尊称。

生 2：缺少尊称了，别人就会对你缺少尊敬。

生 3：我认为第二个门卫叔叔有了尊称，会取得很好的沟通效果。

师：对啊，交往中能积极使用尊称，会给你带来非常好的人际关系。

师：本着礼貌、亲切和得体的原则，选择、使用称谓时一定要注意以下几点。（PPT 呈现）

- 称呼对方时要主次有别。在多人谈话的场合下称呼时应注意先长后幼，先女后男，先上后下，先疏后亲的顺序。
- 学会观察。对称呼的对象进行区分，有一定的辨别能力，以避免造成尴尬的局面。学会灵活使用称谓语，应当注意不同的场合变化使用不同的称呼。
- 注意不同国家和不同地区的使用差异，特别是在一些涉外场合中，应该避免使用容易产生误会的称谓语。比如在西方一些国家不能称其妻子为"爱人"，在西方有些国家"爱人"是指"情人"的意思。
- 不要滥用外号。一般场合特别是正式场合，对他人称呼外号是极为不礼貌的行为，带有嘲笑、不尊重的意思。
- 在姓名称谓中，注意常见的复姓，不要把复姓拆开来用，再者应尽可能地记住并准确称呼对方姓名，这是一种礼仪需要，会让对方感觉到你的真诚，有利于建立良好的友谊关系。
- 切忌不使用称谓语。不要对陌生人称呼为"喂""嘿""那边的"，这些称呼是不礼貌的，容易使人产生反感情绪。

【点评 3：任何语言的学习，脱离了具体的语言环境，将会很苍白。两个情景剧的呈现，有对比，有讨论，有小结，很好地将不同的称谓在语言实践中将基本规律渗透给了学生。】

板块四　语言实践

1.PPT 展示两个情景文字

1.有一位小伙子想要去市实验小学，走了很长一段，不知距目的地还有多远，看见一位老者在前方行走，跑过去张口就问"喂，老头，市实验小学还有多远啊？"老者抬头望了年轻人一眼，说"五里"。小伙子大喜，也不道谢，急往前走，可走了很长一段，早就有几个五里了，还是不见学校。小伙子不禁大声埋怨起老者来。

师：小伙子的问题出在哪？

生 1：他太没有礼貌了。

生2：老者已经说出他的问题了"五里"——无礼。

师：具体表现在哪里？

生3：其一，小伙子张口就问"喂，老头，……"，没有起码的尊称。其二，听了老者的话，本应该道谢，却没有。

师：好，遇到这样的情景，我们该怎么使用正确的称谓呢？请小组先讨论，再派代表分别扮演老者和年轻人，如何问路，全班评议。

（学生表演略）

> 2. 一位西装革履的男士进入一写字间，问前台秘书小姐："这是四方公司吗？"小姐不理，这时，有两个客户走来，秘书小姐说："李姐，王哥，我们经理正等着你们呢……"

师：这个情景剧里的人物问题出在哪？

生1：男士太没有礼貌了，见面没有尊称。

生2：所以秘书小姐不理会他。

师：秘书小姐使用称谓有问题吗？

生3：有，她不能称两个客户为李姐、王哥！

师：为什么？

生3：在公司这种场合，使用了亲属的称呼，显得不得体，让人产生误会或者更多的想法。

师：好，遇到这样的情景，我们该怎么使用正确的称谓呢？请小组先讨论，再派代表分别扮演男士、秘书小姐、客户李姐和客户王哥，全班评议。

（学生表演略）

2. 教师呈现名人名言，进行小结

【点评4：语言实践活动是语言学习的重要组成部分，让学生充分思考、点评和参与实践，将有效地落实称谓使用的课程目标。引用两位名人的话，对课程活动进行了总结，是活动的一种提升，也是课程的一种评价。】

> 知识使人变得文雅，而交际使人变得完善。
>
> ——乔·富勒
>
> 人在社会生活中，是难以离开与其他人进行交往的。一个人如果不同其他人进行任何交往，那么他不是一位神，就是一只兽。
>
> ——亚里士多德

【总评】

1. 课程开发具有很好的社会意义

"称谓"这一拓展性课程学习的目的在于了解社会文化背景中不同称谓形式的社会意义，揭示言语实践中人们是如何通过称谓形式的选用和认可，来体现各自在社会结构中的关系、价值观念、文化习俗、意识形态、宗教信仰、语体差异，乃至个人风格的。课程涉及两个方面的内容：一个是语言指称意义上的学习，另一个则是社会功能意义上的指示词学习。前者旨在说明语言系统作为人类认识世界、表述世界的一种工具，是如何确定、体现和表达自身同外部客观世界诸事物的关系的。后者旨在解释在社会语境中，根据社会地位的不同，交际性质的不同，话语场合的不同，传播手段的不同，个人背景的不同，使用不同称谓。

2. 课程实施促进学生核心素养的发展

"称谓"这一拓展性课程，能根据学生不同的素养发展，对校本课程内容进行了整合、重构。课程从搜集资料入手，着力培养学生的信息搜集、整理和处理能力。并将收集到的称谓词进行分类，并在分类、比较中发现称谓在语言实践中的一般性规律，这样的课程活动，发展了学生特殊的语言素养；在后阶段的称谓使用和语言实践中，以学生的素养不断进阶提升为目标，打破学科界限，贯通价值观、思维力和创造力，形成自我修持、自我完善、自我超越的终身学习能力。

3. 课堂教学有效地达成了课程目标

教学中，老师一开始进行了回顾与复习，化解了学生对学习的陌生感，对今天的语言实践做了铺垫，培养了学生对称谓学习的情感和文化自信。课堂中，教师不断以情景再现的形式，让学生思考、评议、推到重新演绎，达成了称谓在生活实际中如何使用这一课程目标。

（设计者：丽水市莲都区中山小学汤金波
点评者：丽水市莲都区中山小学蓝雪霞）

第4例　成语

成语，是中华传统文化中一颗璀璨的明珠，是一座巨大的文化宝库。成语是中华语言和文化相结合的精髓，是文化的载体和主要表现形式之一。中华民族有着五千年的悠久文明，博大精深的中华文化孕育了一代代自强不息、艰苦奋斗、智勇双全的中华好儿女。毋庸置疑，中华文化是我们民族生存和发展的重要力量，为中华民族克服困难、生生不息提供了强大精神支撑。任何文化的传承都离不开语言文字，学习成语，既是学习祖国的语言文字，更是对中华文化基因的传承，对中华文化立场的坚守。

成语源于生活，反映生活，是中华民族集体智慧的结晶。"叶公好龙""坐井观天"源于寓言故事，"女娲补天""八仙过海"源自神话传说，"心有灵犀""柳暗花明"选自优秀的古诗文，"单刀赴会""火眼金睛"则是源于历史故事和名著……随着社会的发展与进步，成语的本义随之演变发展出引申义和比喻义，还有许多人们喜闻乐见的词语从名家的作品、群众的口语中发展成为成语，如"古为今用""力争上游"等。成语寥寥数字，却包罗万象："扶正扬善""扶危济困"历来都是我们民族的传统美德；"兔死狐悲""揠苗助长"揭示了深刻的人生哲理；"三顾茅庐""入木三分"记录了历史上的经典故事和人物；"风和日丽""柳绿花红"描述了大自然的美丽景色；"高山流水""阳春白雪"展现了古人高尚的审美情趣。

成语还是一种独特的语言现象，体现了语言从结构到功能再到文化的特征，在汉语词汇系统中占有重要地位，并有语言表达生动、形象的神奇作用。成语数量庞大，寓意深刻，组成结构也十分丰富，有主谓式、动宾式、并列式、偏正式等。而且，学习成语需要学生有一定的字词积累，才能引导学生根据原有的知识推测出成语的意思。因此，我们把本课程的教学对象设定为小学中段学生。

二、课程规划

（一）课程主题

爱上成语，激发学习成语的兴趣；积累成语，正确灵活地使用成语。

（二）课程理念

以学为中心，通过自主、合作、探究的方式，鼓励学生通过与成语对话，与同伴对话，与文化对话，打造知识与能力融合的乐学课堂，提升学生的语文核心素养，构建成语教学新模式。

1. 打造乐学课程

在课堂教学中把学生作为学习的主体，高度关注学生的学习状态，重在培养学生的学习品质，着力指导学生的学习方法。学习的主体是学生，核心是学习，标准是会学，而不是懂了。我们要充分信任学生，"让学"于生。"让"是谦让、给予的意思，"让"是一种位置的变化，也是一种重点的转移，把位置、时间、场所、机会，尽可能地让位给学生。

2. 开展有效对话

学习是学习者主动地与客观世界对话、与他人对话、与自身对话的过程。因此，课程设计要从教学目标定位、教学内容选择、教学过程拓展、学习评价反馈等多个要素去探讨激发学生学习成语兴趣，帮助学生掌握学习成语的方法和技巧，提高对话的实效性。同时，开展各种类型的研究课，并在研究课中积累教学实例，并将其归类整理，形成有效范例模式。

3. 提升核心素养

学生的语文核心素养指向语言的建构与运用，思维发展与提升，审美鉴赏与创造，文化理解与传承。语言文字是文化的载体，成语蕴藏着中华民族古老而深厚的文化。本课程旨在通过小组合作探究的方式，以学生喜闻乐见的形式，探寻与教材中可以整合的课外成语资源，形成符合我校学生特点的成语校本课程资源，并通过主题教学，让学生感受成语的凝练优美，感受民族文化的深厚底蕴，传承优秀的传统文化。同时，还能提高学生的审美能力、语言能力和写作能力，提高学生的的人文素养。

（三）课程目标

1. 识记积累。通过小组合作探究的方式，积累生活中常用的成语，了解成语的构词特点和基本分类，从而掌握学习成语的常用方法。

2. 理解运用。通过猜一猜、画一画、填一填、做一做等方式，了解成语的意思，包括引申义和比喻义；挖掘成语中的深刻寓意，并能够正确灵活地使用成语，提高理解和表达能力。

3. 激情导趣。通过主题探究等实践活动，挖掘成语的文化内涵，受到中华传统文化的熏陶，激发学生学习汉语言文字的兴趣，提升学生的审美情趣和综合素养。

（四）课程内容

活动主题	活动内容	活动目标	课时安排
1. 成语故事乐分享	交流成语故事，了解成语来源。	（1）阅读《中华成语故事》，开展读书交流，与同伴分享一个成语故事，激发学习成语的兴趣。 （2）通过讲述成语故事，初步了解成语的起源。	1
2. 成语知识我知道	了解成语的常识，积累成语。	（1）联系旧知，了解一些成语知识，如成语的字数。 （2）通过成语加减法、看图猜成语、比比画画猜等趣味活动，进一步激发学生对成语的兴趣。	1
3. 成语构词大不同	探究成语的基本结构	（1）通过小组合作的方式，了解成语的不同构词方式。并通过朗读等形式，读好动宾式、主谓式、偏正式等不同结构的成语。 （2）积累 AABB、ABAC、AABC、带近反义词的成语等。	1
4. 成语内容包万象	探究成语的主要内容	（1）通过小组合作的方式，了解成语的内容是丰富多彩的，如描写人物、景色，记录事件，揭示道理等，掌握学习成语的常用方法。 （2）初步感受成语的不同感情色彩，以及在语言表达上的神奇作用。	1
5. 成语的"前世今生"	探究成语的寓意和文化内涵	（1）了解成语的出处和发展演变过程，进而了解成语的本义和引申义（比喻义）。 （2）挖掘成语中的文化内涵，激发学习成语的兴趣，提升审美情趣和语文素养。	1
6. 成语使用有妙招	语境中学习运用成语	（1）通过选一选、议一议、做一做等方式，在语境中运用成语，进一步感受成语的不同感情色彩在语言表达上的神奇作用。 （2）积累表达相同意思的不同成语和描写相同内容的不同成语，丰富学生的词汇量。	1

活动主题	活动内容	活动目标	课时安排
7.成语大赛	实践活动中展示学习成果	（1）通过小组合作的形式，在活动中获得成功的学习体验，提升团队合作的能力。 （2）进一步激发学习成语的兴趣。	1
8.成语个性展示台	多种形式展示学习成果	（1）小组合作自主进行成果展示，提升学生的审美情趣和综合素养。 （2）通过融合绘画、书法、音乐等形式，感受成语学习的快乐，体会成语与生活的密切联系，感悟成语中包含的深厚文化内涵。	1

（五）课程资源

1.教育部《义务教育语文课程标准（2011 年版）》规定的 3000 个左右（小学阶段）的常用简体汉字。

2.《成语大词典》最新修订版商务印书馆。

3.世界儿童共享的经典丛书系列：成语故事上海人民美术出版社。

4.《中华成语典故》（六卷）吉林出版集团。

5.《我的智慧成语世界》（全两册）《中国成语大会》接力出版社。

6.手机 APP 与成语相关软件，如 "成语玩命猜" "成语接龙" "成语填字游戏" 等。

（六）课程实施

1.开设年级：三、四年级。

2.课时安排：8 个专题，共 8 课时，每周 1 课时。

3.活动形式：自主报名社团，采用小组合作的方式，自主探究，分组学习，通过竞赛、活动等方式展示汇报学习成果。

4.教学策略：主题推进教学、自主合作探究、多元展示交流。

（七）课程评价

1.每位学生都有一本 "成语学习存折"，用于积累每一节课拓展所学的成语。达到一定数量即为 "合格"，超过 20% 为 "优秀"。

2.小组合作学习，每个主题都有相应的分值，根据小组汇报成果，民主投票，

30% 的小组为"优秀"。

3. 组织成语大赛。分预赛和决赛两场。预赛人人参与，并选出每组 2 人参加决赛，争夺"成语王中王"的称号。

4. 根据各项表现，总评为"优秀"的学生也可以获得"成语小达人"的称号。

（选题可以是课堂师生研讨的主题，也可以自己另外选择）

三、教学设计

本课程依据"识记积累""理解运用""激情导趣"这三个目标，通过小组合作探究的活动方式，设计了以下 8 个主题教学内容。

1. 成语故事乐分享（交流成语故事，了解成语来源）

2. 成语知识我知道（了解成语的常识，积累成语）

3. 成语构词大不同（探究成语的基本结构）

4. 成语内容包万象（探究成语的主要内容）

5. 成语的"前世今生"（探究成语的寓意和文化内涵）

6. 成语使用有妙招（语境中学习运用成语）

7. 成语大赛（实践活动中展示学习成果）

8. 成语个性展示台（多种形式展示学习成果）

下面是《成语使用有妙招》的教学设计。

成语使用有妙招

活动目标

1. 通过选一选、议一议、做一做等方式，在语境中运用成语，进一步感受成语的不同感情色彩在语言表达上的神奇作用。

2. 积累表达相同意思的不同成语和描写相同内容的不同成语，丰富学生的词汇量。

活动准备

1. 搜集学生习作中的成语。

2. 课堂学习单。

3. 微课、课件。

活动过程

（一）成语激趣

1.谈话激趣

同学们，今天我们来到大教室上课，高兴吗？大家看看周围，与我们平时在教室上课有什么不同？你能用一个成语形容人多的场面吗？

指名交流。

小结：是啊，今天真是人山人海，大家欢聚一堂，老师看到大家精神抖擞、神采奕奕的样子，相信大家在课堂上一定能争先恐后地举手，展示个人风采。

2.揭题读题：成语使用有妙招

（二）成语辨析

我们在平常写话、习作的时候，常出现言匮词乏。积累成语，用好成语，能让作文言简意赅、文采飞扬。可是不分具体语境和成语意思而乱填补成语的话，也会闹笑话哦！

1.小组合作探究

（课件出示）四人小组合作，找一找片段中有哪几处成语存在用词不当的地方，能干的同学还可以试着给它换上合适的成语。

一天，某同学在作文中介绍《我的家》："我的家有爸爸、妈妈和我，每天早上，我们三人就分道扬镳，各奔前程，晚上又殊途同归。爸爸是建筑师，每天到工地上指手画脚；妈妈是售货员，在商店里对顾客来者不拒；我是个学生，在教室里呆若木鸡。在家里我们是一团和气，臭味相投。但当考试成绩不好时，爸爸也同室操戈，心狠手辣，揍得我五体投地。妈妈却站在一旁袖手旁观，从来不见义勇为。"

小组汇报。

2.随机提取要点

（1）理解词义。很多成语的意思，我们不能简单地通过字面意思来理解。而且通过之前的学习，我们知道很多成语的意思在演变的过程中还发生了变化，我们要多多积累，仔细判断。（板书）

你们知道"分道扬镳"的意思吗？下来我们就来了解一下这个成语故事。

（课件出示）分道扬镳

在南北朝的时候，北魏有一个名叫元齐的人，他很有才能，屡建功勋，皇帝封他为河间公。元齐有一个儿子叫元志，聪慧过人，饱读诗书，是一个有才华但又很骄傲的年轻人，被任命为洛阳令。

在洛阳，元志仗着自己的才能，对朝廷中某些学问不高的达官贵族，往往表示轻视。有一次，元志出外游玩，正巧御史中尉李彪的马车从对面飞快地驶来。照理，元志官职比李彪小，应该给李彪让路，但他一向看不起李彪，偏不让路。

李彪见他这样目中无人，当众责问元志："我是御史中尉，官职比你大多了，你为什么不给我让路？"

元志并不买李彪的账，说："我是洛阳的地方官，你在我眼中，不过是洛阳的一个住户，哪里有地方官给住户让路的道理呢？"

他们两个互不相让，争吵起来了。于是他们来到孝文帝那里评理。李彪说，他是"御史中尉"，洛阳的一个地方官怎敢同他对抗，居然不肯让道。元志说，他是国都所在地的长官，住在洛阳的人都编在他主管的户籍里，他怎么同普通的地方官一样向一个御史中尉让道？孝文帝听了他们的争论，觉得各有各的道理，不能训斥他们中的任何一个，便笑着说："洛阳是我的京城。我听了，感到你们各有各的道理。我认为你们可以分开走，各走各的，不就行吗？"

分道扬镳这个成语现在比喻人们分别发展和施展各自的聪明才智，或者比喻因志趣、目标不同而各走各的路。

读了这个故事，你了解了哪些信息？

（2）特定对象。成语的使用，很多时候它是有限制的，只能用在指定的人身上。（板书）你们知道哪些成语有特定的使用对象吗？

学生自由说。

我们的中华文化博大精深，很多成语都有特定的使用对象和适用范围。下面就让我们通过一个微课来了解一下吧。

播放微课：成语使用的特定对象。

（3）感情色彩。给"呆若木鸡"换一个合适的成语。

看来，我们在使用成语的时候，也要注意成语的"感情色彩"。（板书）

板书小结：由此可见，不分青红皂白地随意使用成语可会贻笑大方，我们在写话和习作练习中运用成语要三思而后行。（指板书）要理解成语的含义，特别是古今异义，要关注成语的感情色彩以及成语使用的特定对象。

（三）成语演练

1.判断题

了解了成语的主要误用类型，我们来看看——课前，老师从同学们的习作当中也摘抄了一些句子：

（课件出示）请你读读以下句子，给成语使用恰当的句子打√，有误的地方改在后面的括号里。

（1）大伯摸着小明的头，语重心长地说："你们是明日黄花，是祖国的

未来和希望，一定要用功读书哦！"（　　　）

（2）当我醒来之时，已经把昨天夜里那天马行空的梦境忘得一干二净了。（　　　）

（3）妈妈在菜场里买了半斤八两的鱼。（　　　）

（4）妈妈漠不关心我的爱好，只知道每天逼我学习。（　　　）

学生完成练习。

生反馈。

随机点拨："明日黄花"——黄花就是菊花。这个成语原指重阳节过后逐渐萎谢的菊花。后多比喻过时的事物或消息。你的感觉是对的。我们理解成语的意思，就一目了然了。

重点指导第 4 题：很多成语都有它的习惯用法。（板书：习惯用法）这里你们觉得怎么说听起来更自然流畅？

（妈妈对我的爱好漠不关心，只知道每天逼我学习。）

小结：能尝试并不断学会正确、灵活地运用成语的孩子，我们才称他为真正会学习的人。你们做得很棒，老师要为你们点赞。

2. 小擂台

（课件出示）请你任选一个场景，在括号里填上合适的成语，让片段描写更加生动。或者自己选择一个场景来写，注意成语的使用要恰当哦。

①爷爷生日那天，精神很好，显得（_____）。来祝寿的人很多，可谓（_____）。席间，姑父（_____）地提起笔，一会儿工夫就写好了一副寿联。我祝爷爷（_____）。

②面对这场考试，我做了充分的准备，感到很有把握，用一个成语来形容（_____）；看看监考老师，用一个成语来形容一下（他）她的外貌（_____）；再看看我周围的同学，答题答得好像很顺手，想到了成语（_____）；这时候，我也该（_____）地答题了。不管考试结果如何，我都会做到（_____）。

③_____

_____

_____

学生反馈。

教师总结：我们的成语源远流长，至今依然有着鲜活的生命力。成语源于生活，用之于生活，只有学以致用才能让我们的中华传统文化发扬光大。

四、实录点评

（一）成语激趣

师：同学们，今天我们来到大教室上课，高兴吗？大家看看周围，与我们平时在教室上课有什么不同？你能用一个成语形容人多的场面吗？

生1：人山人海

师：能不能把话说完整？再来试试？

生1：多功能厅里人山人海，很多老师都来听课了。

师：非常好！谁来？

生2：多功能厅里人声鼎沸，连门口都被围得水泄不通。

师：说得太好了！掌声送给他。

师小结：是啊，今天真是人山人海，大家欢聚一堂，老师看到大家精神抖擞、神采奕奕的样子，相信大家在课堂上一定能争先恐后地举手，展示个人风采。数数我一口气说了几个成语？

学生猜。

师：好，下面就让我们一起进入今天的学习。

【点评1：结合生活实际说成语，并用成语进行小结，不仅可以营造一个学习成语的良好氛围，还能让学生很快进入学习状态，激发学习兴趣。】

（二）成语辨析

师：我们在平常写话、习作的时候，常出现言匮词乏。积累成语，用好成语，能让作文言简意赅、文采飞扬。可是不分具体语境和成语意思而乱填补成语的话，也会闹笑话哦！

（课件出示）四人小组合作，找一找片段中有哪几处成语存在用词不当的地方，能干的同学还可以试着给它换上合适的成语。

> 一天，某同学在作文中介绍《我的家》："我的家有爸爸、妈妈和我，每天早上，我们三人就分道扬镳，各奔前程，晚上又殊途同归。爸爸是建筑师，每天到工地上指手画脚；妈妈是售货员，在商店里对顾客来者不拒；我是个学生，在教室里呆若木鸡。在家里我们是一团和气，臭味相投。但当考试成绩不好时，爸爸也同室操戈，心狠手辣，揍得我五体投地。妈妈却站在一旁袖手旁观，从来不见义勇为。"

【点评2：采用小组合作的方式，让学生充分参与，自主探究，激发学生的主观能动性，并在合作中提高沟通与协作能力。】

师（巡回指导后）：每个小组都讨论得热火朝天。下面，哪个小组来汇报？

生 1："爸爸是建筑师，每天到工地上指手画脚；妈妈是售货员，在商店里对顾客来者不拒；我是个学生，在教室里呆若木鸡。"这里的成语用得不对。"指手画脚"是不好的，爸爸是建筑师，他在工地上指挥，不应该是"指手画脚"。还有我"呆若木鸡"，难道我很笨吗？这里也要换掉。

生 2：我要补充，"来者不拒"的意思应该是对来的人都不拒绝。妈妈是售货员，买东西是要钱的，所以不可能"来之不拒"。我觉得可以换成热情款待。

师：这组同学的发言非常精彩，他们不仅发现了成语使用不当的现象，还提出了自己的修改意见。（师在电子白板上圈出错误的成语，并修改"来者不拒"）

师：正如这位同学所说，这里的成语存在乱用的情况，明明是想夸赞爸爸，却用了一个不好的成语，表达的意思完全不一样了。看来，我们在使用成语的时候，也要注意成语的"感情色彩"。（板书：感情色彩）

师：这里的"呆若木鸡"你觉得他原本是想表达什么？

生 1：可能是说他上课听得很专注。

师追问：可以用上一个成语吗？

生 1：专心致志。

生 2：一心一意。

生 3：聚精会神。

师：是呀，换上这些成语，我们马上感受到了"我"是个认真学习的好学生，就像大家一样。哪个小组再来汇报？

生："在家里我们是一团和气，臭味相投。""臭味相投"也是不好的，他没有注意成语的感情色彩。

师：掌声在哪里？（全班鼓掌）你看，我们刚刚讲过，这位同学就能举一反三，活学活用了。还有谁能来说？

生：我要说的是"见义勇为"，这个成语不能用在自己家人的身上。你看到不认识的人去帮助他，可以是见义勇为，但是自己家里人不行。

师：你关注到了成语的使用，很多时候它是有限制的，只能用在指定的人身上，对吗？（板书：特定对象）你们知道哪些成语有特定的使用对象吗？

生 1：我知道结婚的时候都会用祝福语"百年好合"。

师：没错！这是特指夫妻之间的。

生 2：还是祝福语，"福如东海，寿比南山"这是对老人说的。

师：是的，我们的中华文化博大精深，关于祝福语也有很多的讲究。除此之外，还有很多成语都有特定的使用对象和适用范围。下面就让我们通过一个微课来了解一下吧。

播放微课：成语使用的特定对象

【点评3：采用微课的形式让学生了解成语使用的特定对象，是基于学情的设计。这是教学中的一个难点，通过生动活泼的微课可以让学生学得轻松、高效，也便于学生课后的巩固与拓展。】

生："但当考试成绩不好时，爸爸也同室操戈，心狠手辣，揍得我五体投地。"这句话中的成语使用都不对。比如，"心狠手辣"跟刚才的同学说的一样，它是个贬义词，形容爸爸不合适。

师：没有注意成语的感情色彩，是吗？谁还有补充？

生：揍得我"五体投地"这个不对。"五体投地"不是说趴在地上，被打趴下了，是很佩服的意思，比如"我对你佩服得五体投地"。

师：是呀，很多成语的意思，我们不能简单地通过字面意思来理解。而且通过之前的学习，我们知道很多成语的意思在演变的过程中还发生了变化，我们要多多积累，仔细判断。（板书：理解词义）

生：第一句当中的"分道扬镳""各奔前程""殊途同归"都是不对的。

师：你们知道"分道扬镳"的意思吗？下来我们就来了解一下这个成语故事。（课件出示）

师：读了这个故事，你了解了哪些信息？

生：我知道"分道扬镳"是指因志趣、目标不同而各走各的路。而短文中我和爸爸早上出门不是"分道扬镳"。

师小结：由此可见，不分青红皂白地随意使用成语可会贻笑大方，我们在写话和习作练习中运用成语要三思而后行。（指板书）要理解成语的含义，特别是古今异义，要关注成语的感情色彩以及成语使用的特定对象。

【点评4：对于成语使用中最常见的几种误用情况进行梳理，教学各有侧重点，形式丰富多样，特别是微课、成语典故的引入可以激发学生的学习兴趣，对学生进行学法指导。】

（三）成语演练

了解了成语的主要误用类型。我们来看看——课前，老师从同学们的习作当中也摘抄了一些句子：

（课件出示）请你读读以下句子，给成语使用恰当的句子打√，有误的地方改在后面的括号里。

（1）大伯摸着小明的头，语重心长地说："你们是明天黄花，是祖国的未来和希望，一定要用功读书哦！"（　　　）

（2）当我醒来之时，已经把昨天夜里那天马行空的梦境忘得一干二净了。（　　）

（3）妈妈在菜场里买了半斤八两的鱼。（　　）

（4）妈妈漠不关心我的爱好，只知道每天逼我学习。（　　）

学生完成练习。

生：第一题"明日黄花"是不对的。

师：你知道什么是"明日黄花"吗？黄花就是菊花。这个成语原指重阳节过后逐渐萎谢的菊花。后多比喻过时的事物或消息。你的感觉是对的。我们理解成语的意思，就一目了然了。那么，这句话当中的"语重心长"用得恰当吗？

生1：可以的，因为大伯是长辈。

生2：第二题是错的。"天马行空"不是这个意思。

生3：第三题"半斤八两"究竟是半斤还是八两呢？这里存在歧义。

师：谁知道"半斤八两"的意思？

生4：就是说两个人的水平差不多。

师：不相——上下。

生5：第四题是对的。

师：有没有不同意见？

生6：不对的。成语是对的，但是位置不对。

师：老师听明白你的意思了，我帮你解释一下。很多成语都有它的习惯用法。（板书：习惯用法）这里你们觉得怎么说听起来更自然流畅？

生6：妈妈对我的爱好漠不关心，只知道每天逼我学习。

师小结：我们说，有意识地积累成语的孩子是个有计划的学习者，而能尝试并不断学会正确、灵活地运用成语的孩子，我们才称他为真正会学习的人。你们做得很棒，老师要为你们点赞。

【点评5：成语误用的情况在学生当中较为普遍，从学生习作中发现教学典型资源，引导学生自主发现成语的奥秘，建立新知，能够获得成就感。】

（课件出示）请你任选一个场景，在括号里填上合适的成语，让片段描写更加生动。或者自己选择一个场景来写，注意成语的使用要恰当哦。

①爷爷生日那天，精神很好，显得（_____）。来祝寿的人很多，可谓（_____）。席间，姑父（_____）地提起笔，一会儿工夫就写好了一副寿联。我祝爷爷（_____）。

②面对这场考试，我做了充分的准备，感到很有把握，用一个成语来形容（_____）；看看监考老师，用一个成语来形容一下（他）她的外貌（_____）；再看看我周围的同学，答题答得好像很顺手，想到了成语

（_____）；这时候，我也该（_____）地答题了。不管考试结果如何，我都会做到（_____）。

③_____

_____

_____

学生反馈。

生 1：爷爷生日那天，精神很好，显得精神矍铄。来祝寿的人很多，可谓人山人海。席间，姑父胸有成竹地提起笔，一会儿工夫就写好了一副寿联。我祝爷爷福如东海，寿比南山。

师：这节课你听得很认真，用词也十分准确。

生 2：爷爷生日那天，精神很好，显得神采奕奕。来祝寿的人很多，可谓络绎不绝。席间，姑父胸有成竹地提起笔，一会儿工夫就写好了一副寿联。我祝爷爷福如东海，寿比南山。

师：神采奕奕、络绎不绝都用得非常棒！第二个场景谁来试试？

生 3：面对这场考试，我做了充分的准备，感到很有把握，用一个成语来形容胸有成竹。看看监考老师，用一个成语来形容一下（他）她的外貌小巧玲珑；再看看我周围的同学，答题答得好像很顺手，想到了成语得心应手；这时候，我也该一心一意地答题了。不管考试结果如何，我都会做到全力以赴。

师总结：我们的成语源远流长，至今依然有着鲜活的生命力。成语源于生活，用之于生活，只有学以致用才能让我们的中华传统文化发扬光大。

【点评 6：成语的运用与语境有不可分割的关系。通过自主选择场景，学生在课堂上进行了言语实践活动，发展了综合运用语言文字的能力，提升了学生的语文素养。】

【总评】

本课程的设计体现了以下几个亮点。

亮点 1：在实践中提升素养

成语是中华文化的重要承载体。中华五千年的悠久历史，孕育了底蕴深厚的民族文化。成语是其中一颗璀璨的明珠，我们应该学会正确地使用成语。学习成语不仅可以培养学生对中国传统文化的热爱，提高学生的审美能力、语言能力和写作能力，还能提升学生的的语文素养。语文的核心素养包括学生语言的建构与运用，语言的积累比语文知识与方法学习更重要。然而，在人教版小学语文教材中，关于成语的内容分散，远远满足不了学生的学习愿望，加上教师缺乏针对性的教学方法，只把成语的意思嚼碎嚼烂，"扼杀"学生对于成语学习的好奇心和求知欲。本课程设计与实践，倡导学生积极主动地学习成语，改变机械枯燥的现状，培养学生的学习能力，可以全面提升学生的语文素养，让学生在鲜活的、灵动的实践活动中积累更多的经典文化，传承中华优秀文化。

亮点 2：在合作中探讨策略

课程是学生成长的沃土。"成语"拓展课程的开发是对课内语言教学的补充和延伸。本课程的设计从教学目标定位、教学内容选择、教学过程拓展、学习评价反馈等多个课程要素去探讨激发学生学习成语兴趣，促使其自主发展的策略。在学习方式上，以学生自主、合作、探究为主，着力于拓展、延伸成语知识，帮助学生掌握学习成语的方法和技巧，可有效增长学生课外知识，拓宽知识面，培养学生成语兴趣。同时，本课程的设计与实施改变了教师备课局限于教学参考用书的现状。有效激励教师主动学习、探究教学内容和方式，真正做到"以学定教""先学后教"，甚至提升教师自身文学素养，促进教师成长。

亮点 3：在语境中学习运用

2011 版课标指出，语文教学的核心目标就是引导学生"学习语言文字运用"。成语在汉语词汇系统中占有重要地位，并有让语言表达生动、形象的神奇作用。成语的意义具有整体性、稳固性的特点，但随着社会的发展和语用环境的变化，成语也在不断发生改变。如本课时教学中，教师始终在语境中指导学生要理解成语的含义，特别是古今异义，要关注成语的感情色彩以及成语使用的特定对象，提高用词的准确性，进一步感受了成语的不同感情色彩在语言表达上的神奇作用。

（设计者：杭州市求是教育集团李菲　点评者：杭州市求是教育集团王群华）

第 5 例　对联

1. 对联是中国传统文化的精华，是语文教学的重要资源

被誉为"诗中之诗"的对联，是我国传统的，也是独特的文学艺术形式。

对联在我国有着悠久的历史。早在秦、汉以前，我国民间就有挂桃符来驱鬼避邪的习俗，这是对联的萌芽。五代时，桃符上的神像不见了，取而代之的是联语。宋代以后，在民间，新年悬挂春联的现象已经相当普遍。明代人们开始用红纸代替桃木板，就出现了今天的春联。2006 年，对联已被国务院列入第一批国家级非物质文化遗产名录，中国楹联学会也积极主动参与申报对联成为世界文化遗产的活动。

对联在生活中应用极其广泛。山水名胜处的对联，与自然融为一体；书房居室的对联，往往表现出主人的喜好与情操；新春佳节张贴对联，则能营造出一种祥和、喜庆的气氛……对联既能登大雅之堂，又能入平常百姓家，在各种社会场合都有表现市场，是名副其实的"民族的、大众的艺术形式"。

对联作为一种被广泛应用的语言形式和文学样式，是中华民族美学观和语文特点的综合产物，集中、鲜明地体现了汉语文的特色和魅力。对联的知识性和艺术性极具欣赏价值，它的实用性和趣味性能使学生产生学语文、用语文的意识。在新课标背景和大语文的观念下，开展以对联为内容的语文拓展性课程教学能够给语文教学注入鲜活的养料，丰富语文教学的文化内涵，彰显人文气息。

2. 现行小学语文教材为对联拓展课程学习奠定了基础，留下了空间

人教版小学语文低年级的识字教学出现了对对子的方式，中高年级的语文园地之"趣味语文"则出现了部分趣味对联。如：

一下《识字 3》

云对雾，雪对霜，和风对细雨，朝霞对夕阳。

花对草。蝶对蜂，蓝天对碧野，万紫对千红。

桃对李，柳对杨，山清对水秀，鸟语对花香。

四上《园地一》

回文联："雾锁山头山锁雾，天连水尾水连天。"

拟人联："绿水本无忧，因风皱面；青山原不老，为雪白头。"

叠字联："重重叠叠山，曲曲环环路；叮叮咚咚泉，高高下下树。"

五下《回顾拓展三》

回文联：地满红花红满地，天连碧水碧连天。

叠字联：翠翠红红，处处莺莺燕燕；风风雨雨，年年暮暮朝朝。

顶针联：楼外青山，山外白云，云飞天外；池边绿树，树边红雨，雨落溪边。

2016 年正式全面推广使用的部编本一年级语文教材中也出现了对对子的学习内容，如：一上《识字 1》第五课《对韵歌》"云对雨，雪对风。花对树，鸟对虫。山清对水秀，柳绿对花红"。

总的来说，中小学语文教材中出现了一些涉及名胜和名人的对联，但又为数不多，但为对联这一内容的语文拓展性课程学习奠定了基础。

3. 新课程背景下对联进入中学语文教学评价范畴，小学起步学习应有价值

《义务教育语文课程标准》对教学资源的开发与利用非常重视。对联作为我国传统文化的一株奇葩，是民族文化的精华，也成为了语文教学评价的一项内容。

对联题型开始进入语文中考视阈是在 2000 年，随后，2001 年、2002 年江苏、东北三省、福建等地的中考语文中出现对联题，2004 年以来对联题型逐渐成为语文高考试验田的新宠。此后，各地每年语文中考基本都有对联题出现。

对联进入高考语文则是更早之前的事了，早在 1988 年语文高考中就有以"梨花院落溶溶月"为上联求下联的题目。1991 年、1992 年的语文高考也考查了对联。时隔几年，对联题又成为语文高考的一道亮丽风景线，2004 年全国 15 套试题有 7 套考到了对联。

语文中高考是语文教学的指挥棒，而对联越来越频繁地出现在中高考语文试题中，这种情况表明当今语文教学应对对联学习予以重视。

二、课程规划

（一）课程主题

走近对联，领略中华语言文化魅力。

（二）课程理念

1. 挖掘对联丰富的资源，体会独特语言文化魅力，建构实施课程

《语文课程标准》指出："语文是母语教育课程，学习资源和实践机会无处不在，无时不有。"因此，"语文教师应高度重视课程资源的开发与利用"。对联作为中华民族传统文化的精髓，也为母语教育提供了丰富的课程资源。以此为内容设计语文拓展性课程学习，要力求让小学生从课堂走向生活，充分去发现生活中鲜活存在的对联学习资源与使用案例，在潜移默化中汲取母语文化丰富的语言营养，从而自然培植学生热爱祖国语言文字的情感。

2. 基于对联独特的样式，把握学生学习心理特点，展开情趣教学

寓教于乐是教育教学的至高境界。小学生的思维从以具体形象思维为主向抽象逻辑思维过渡，很大程度上仍是直接与感性经验相联系。让对联学习多一点规律的发现，多一点文化的渗透，多一点教学的情趣，多一点价值的引领，使学生变"苦学"为"乐学"，使对联学习真正成为学生快乐学习生活的一部分。

对联具有文字游戏的因素，将对联故事巧对妙联引入语文教学，能起到寓教于乐的作用，营造愉快的课堂气氛，使学生变"苦学"为"乐学"，使学生积极主动地学习语文。对联教学因此具备使学生学得愉快，学得轻松的特点。本拓展性课程学习过程中教师可以结合具体教学内容和学生学习心理特点在各个内容与环节设计趣味教学，使对联学习符合"愉快教学"的原理。

3. 凸显对联多维教学价值，展开个性化学习过程，力求以美育人

语文课程应激发和培育学生热爱祖国语文的思想感情，引导学生丰富语言积累，培养语感，发展思维……正确运用祖国语言文字，通过优秀文化的熏陶感染，促进学生和谐发展，使他们提高品德修养和审美情趣，逐步形成良好的个性和健全的人格。

对联精悍短小，文字精练，寥寥数语，对仗精巧，文情并茂，神形兼备，表现力

强，朗朗上口，便于表达，便于传播，更能给人哲理思想和文学艺术上美的享受。若在语文教学中能恰当地充分挖掘利用，学生从中能得到丰富的审美体验，那么对联学习可成为育人的有效方式。

（三）课程目标

1. 了解并感受对联的发展历史与文化魅力，产生学习对联的兴趣。

2. 知晓对联这一独特文学样式的表达特点，能针对各种不同内容与形式的对联加以简单的品评赏析。

3. 在学习过程中积累丰富的对联，并能在生活中根据具体情境加以灵活运用或个性化创作。

（四）课程内容

学习层次	建议学段	课程主题	课程内容	课程目标	课时安排
了解感知	小学中段（三年级）	趣味故事识对联	1. 故事沙龙：识对联（1） 2. 故事荟萃：集对联（3） 3. 故事剧场：品对联（3） 4. 故事大会：赛对联（1）	在听故事、读故事、讲故事等过程中了解感知"对联"这一文学现象，并初步了解"字数相等、词性相对、意义相关"等基本的对联特点；在此基础上积累一批趣味对联。	1、4 板块各 1 课时，2、3 板块各 3 课时，共 8 课时。建议进度：每月上一节对联拓展课程。
积累感悟	小学中段（四年级）	大千世界寻对联	1. 节日与对联 2. 古诗与对联 3. 景点与对联 4. 行业与对联	在不同的生活场景中搜集不同的对联，理解对联在生活中的作用，进一步产生学习对联的兴趣；在此基础上积累一批应用广泛的具有生活气息的对联。	每个主题 2 课时，共 8 课时。建议进度：每月上一节对联拓展课程。
品评赏析	小学高段（五年级）	分门别类赏对联	1. 对联中的汉字学问 2. 对联中的数字密码 3. 对联中的结构奥秘 4. 对联中的经典名作	认识并赏析"同字异音联、同音异字联、拆字联、合字联、叠字联、隐字联、数字联、回文联、顶针联"等各种对联，感受对联的节奏美、形式美、音韵美、内涵美，并在此过程中积累一批经典对联。	每个主题 2 课时，共 8 课时。建议进度：每月上一节对联拓展课程。

续表

学习层次	建议学段	课程主题	课程内容	课程目标	课时安排
创作应用	小学高段（六年级）	八仙过海写对联	1. 课文中的对联创作 2. 校园里的对联创作 3. 生活化的对联创作 4. 创意对联荟萃欣赏	尝试学习使用对仗、联想等方法在具体的情境中创作对联，并能在与人交往的过程中选择合适的机会使用对联，以表达自己的心情、感受。	每个主题2课时，共8课时。 建议进度：每月上一节对联拓展课程。

（五）课程资源

1. 小学语文教材中涉及到的对联学习内容。

2. 各种书籍、名胜古迹、生活场景中广泛存在的对联内容。

3. 有关对联课程学习已有的学术专题、教学实践等不同形式与内容的研究成果共享。

（六）课程实施

1. 开设年级：3～6年级。

2. 课时安排：每个年级安排一个专题，每个专题8课时，每月1课时。四个年级共32课时。

3. 活动形式：可以自然班级为单位展开教学，教师做好整体的拓展性课程教学规划，与常规语文教学做好对接与合理安排展开教学。也可采取自由报名的社团学习方式，自由报名，双向组班，利用学校主题课程时间安排教学。

4. 教学策略：

（1）故事引路，走近对联，了解特点；

（2）沙龙讨论，品析对联，体会美感；

（3）读写结合，创作对联，学以致用。

（七）课程评价

1. 过程中的表现性评价。每个不同阶段的对联主题学习过程中与学生一起讨论后达成共识，设计各种参与分享的"过程积分"，积分达到标准进行约定奖励。

2. 阶段性的活动性评价。每个主题学习完毕，设计情趣化的"主题闯关"，在闯关中得到学习星与反馈成绩，并根据标准进行团队约定的奖励。

3. 综合化的展示性评价。根据学生兴趣爱好及个性特长，组织主题班会或者竞赛展示等，进行对联课程的学习成果汇报，基于个性化的汇报过程基于个性化评价与奖励。

三、教学设计

本课程按照不同学段设计了由易而难的四个主题，通过故事引路、情境表演、品评赏析、读写结合等策略，展开以下内容的学习：

（一）趣味故事识对联

1. 故事沙龙：识对联；2. 故事荟萃：集对联；
3. 故事剧场：品对联；4. 故事大会：赛对联。

（二）大千世界寻对联

1. 节日与对联；2. 古诗与对联；
3. 景点与对联；4. 行业与对联。

（三）分门别类赏对联

1. 对联中的汉字学问；2. 对联中的数字密码；
3. 对联中的结构奥秘；4 对联中的经典名作。

（四）八仙过海写对联

1. 课文中的对联创作；2. 校园里的对联创作；
3. 生活化的对联创作；4. 创意对联荟萃欣赏。
下面是第一个主题内容《趣味故事识对联》一课时教学设计。

趣味故事识对联

活动目标

1. 听听、议议对联故事，初步了解对联特点：字数相等，词性相对，内容相关。

2. 读读、说说对联故事，初步体会对联的文学美感以及在生活中的广泛作用。

3. 在品评经典、分享交流、合作探讨等学习过程中产生进一步学习对联的兴趣。

活动准备

1. 学生预习作业：将 A4 纸对折出一条印痕，摊开后做两件事情：（1）左边用尽可能大的字体摘录一副自己感兴趣的对联（如是生活某处见到的，也可拍照打印含有对联的图片张贴）；（2）右边用文字、插画等自己喜欢的方式介绍这副对联。

2. 教师制作教学 PPT 多媒体课件。

活动过程

（一）故事引路，趣读对联识特点

1. 郑板桥的故事

今天的对联学习从听故事开始，仔细听，故事里藏着一个秘密，等会请听得专心积极动脑的孩子来猜猜答案。（教师讲述郑板桥的故事）

奇怪的是，郑板桥和这家人素不相识，请问，他是怎么知道这家人生活困难的？（随着学生理解课件文字揭示：缺衣（一）少食（十）没"东西"）

2. 王羲之的故事

对联为什么会有如此神奇的作用？因为中国的文字里藏着很多值得琢磨的学问。再给大家讲一个故事，仔细听，也有需要你动脑思考的问题藏着哦。

问题一：为什么有人会将王羲之家的对联拿走？

问题二：那些书法爱好者为啥不再来拿王羲之家的对联了？

问题三：猜一猜王羲之的下联后面会是什么内容？

（1）同桌讨论讨论，猜一猜。

（2）指名 2～3 人发表意见说明理由，进行比较。

（3）出示对联原文，体会这副对联的"妙趣所在"。

3. 梳理对联特点

刚才我们听了两个故事，读到了四副对联。（课件呈现）

（1）讨论：对联有哪些特点？

（2）指名小组汇报，其他组补充。

4. 尝试学以致用

掌握了这些规律还能帮我们更好地读通和理解对联呢。

瞧，这一副对联对于不懂规律的人来说很难读通，你们来试试？

"火车失火救火车救火车，路人迷路引路人引路人。"

（二）百花齐放，联系生活赏对联

课前，同学们也分头搜集了自己感兴趣的对联，赶紧拿出来组内做做小老师，互相分享。

1. 小组交流欣赏

小组轮流介绍自己搜集的对联。

（1）读：小老师自己读一遍；带领组员读三遍。

（2）说：把自己对这副对联感兴趣的原因说给大家听。

（3）议：伙伴反馈感受或提问，小老师加以解答或者留存问题。

（4）选：小组推荐一副大家比较感兴趣的对联，准备向全班同学做介绍（建议能说出对联故事的可优先推荐）。

2. 全班选读欣赏

选择 2～3 组做全班反馈，共赏对联及故事。

（三）牛刀小试，由易到难对对联

对联好玩吧？其实对联就是一个"玩文字"的趣味游戏。我们也来试一试。

1. 课文中的对联

呈现课文中学过的对联，学生练习。

上个学期语文园地三里出现的"对对子"其实就是简单的对联了。

2. 生活中的对联

（1）湖对（＿＿＿＿）。

学生能自圆其说，合适的名词都可以成为对子。

（2）西湖对（＿＿＿＿＿＿）。

教师根据学生发言提供适当的课外知识支撑（见后续环节的课外资料补充）。

（3）西湖美对（＿＿＿＿＿＿＿＿）；西湖水美对（＿＿＿＿＿＿＿＿＿）。

①默读课外资料，想一想，你能对上哪一句？

②反馈欣赏，并说理由。

（四）创意无限，拓展课外续对联

西湖水美，南山林秀，祖国大地风光美。再加上这些文人墨客对联的画龙点睛,更能让人领略到无限美感。

1. 尝试名联续对

在杭州西湖楼外楼上有一副对联,上联是:"客中客入画中画。"

大家能试着来对一对下联吗?

(1)自己思考,尝试作对。

(2)全班交流,各抒己见。

适当提醒:这副对联写在什么地方?"

相关知识链接:"天外有天人外有人""山外青山楼外楼"。

2. 欣赏名联多对

对联是中国文学一种独特的表达方式,对联没有标准答案,有的只是各种巧对妙对。江苏镇江南山风景名胜区有一处经典"蓬莱绿屿",在这里,有人就给刚才的这副上联又对了一副下联"客中客入画中画,亭外亭看山外山"。

3. 总结并作拓展

喜欢这节课吗?简单说说你的学习感受或收获。

对联发展到现在已经有一千多年历史,历史上积淀了极其丰富的对联故事,在我们身边,对联也比比皆是。课后请你选择完成下面的学习单,下一次有机会咱们接着来聊对联。

四、实录点评

(一)故事引路,趣读对联识特点

1. 郑板桥的故事

师:喜欢听故事吗?今天的对联学习就从听故事开始。故事里藏着一个问题,等会请听得专心的孩子来猜猜答案。

民间传说,清代著名的书画家、文学家郑板桥在山东潍县当县令的时候,有一年春节去郊外办事,路过一户百姓家门前,看见门上贴着一副对联:

上联:二三四五

下联:六七八九

横批:南北

郑板桥读后,掉头就往自己家跑。不一会儿,他扛来一袋粮食,还拿着几件衣服和一块肉,急匆匆地走进那户人家。只见屋里的人愁眉苦脸,送来的粮食、衣物正好救他们的急，一家老小十分感激郑板桥。

师：奇怪的是，郑板桥和这家人素不相识，请问，他是怎么知道这家人生活困难的？

生：我觉得这个对联有一个奥秘，首先"二三四五"是没有"一"的，意思是没有衣服穿；然后"六七八九"没有"十"，就是没有食物；横批的"南北"就是没有东西。

师：你说出了这家人想通过这副对联表达的意思。

（课件出示：缺衣（一）少食（十）没"东西"）

师：能发现这副对联的秘密，你跟郑板桥一样有学问。你怎么知道这个故事的？

生：以前奚老师给我们讲过。

师：原来这个故事广为流传。你们觉得是什么原因？

生：郑板桥是个清官，老百姓记住了他。

师：对的，我想除了这一点可能也因为这副对联里边藏着的文字秘密也很有意思，对吧？

生：嗯。

【点评1：这是一副数字联。小小的谐音，充分展示了中华汉字语音的丰富意义。三年级学生能读懂，可见儿童的学习潜能不可低估。对联故事，如同猜谜，激发了儿童学习对联的兴趣。】

2. 王羲之的故事

师：再给你们讲个故事，仔细听，也有需要你动脑思考的问题藏着哦。这个故事和王羲之有关（出示：王羲之的故事）

师：（讲述故事）一年腊月，著名书法家王羲之从老家山东搬迁到浙江绍兴安家落户。搬了新家又遇上要过年了，王夫人要求给自己门外贴一副对联。王羲之就提笔写了"春风春雨春色；新年新岁新景"。（组织学生读）夫人很满意。没想到贴出后不久，就被人悄悄揭下来拿走了。

师：孩子们，为什么有人会将王羲之家的对联拿走？

生：因为王羲之是一位很著名的书法家，他们都想拥有他写的对联。

师：噢，仰慕他的书法，这是一点理由。还有吗？

生：可能是这副对联的意思特别好。

师：到底好不好？咱们再读读这则对联。

（齐读之后请学生说理解）

生：因为这副对联说"新年新岁新景"就代表新的一年我们又长了一岁，春天新的景色又来了。

生：我也想说，"春风春雨春色"指春风来了，春雨来了，春色也来了。下联的"新景"是和上联的"春色"有联系的。

师：你的意思是，这副对联给我们描述了一幅很美的，充满希望的画面，而且上下联对得很工整，是吧？瞧，王羲之后来又写了一副对联（出示齐读：莺啼北里，燕语南邻）你们猜这次什么结果？

生：又被偷走了。

师：对！爱好书法的人真是喜欢王羲之的字。对联接二连三被偷走之后，他们家夫人可急了："哎！今天是大年三十，明天就是春节了，人家都有春联，我们家怎么办呢？"王羲之想：怎么办呢？想了想，有了，只见他写了一副对联贴在门口（出示齐读：福无双至，祸不单行）

猜一猜还有人来偷吗？

生：没有！

师：为啥没人来偷？这么有名的书法家，大家不喜欢他的字了？

生：不是，但因为它上面写着"福无双至"和"祸不单行"。"祸不单行"的意思就是祸肯定有很多，这副对联意思不好。

师：你真会思考。祸事儿接二连三来了？看到这副对联贴在王羲之家门前，猜邻居们怎么想？

生：可能替王羲之家感到有点遗憾。总是被人偷，最后只能挂这副对联。

师：第二天大年初一了，王羲之走出家门，提笔在这副对联下面添了几个字，这时候他的邻居都鼓掌叫好，哇，太了不起，太有学问了，都说这副对联真巧妙。咱们来看看，上联是——（出示完整上联齐读：福无双至今朝至）

师：你猜下联是？

生：祸不单行昨夜行。

师：你怎么知道的？

生：如果仔细看王羲之的对联，就会发现上联下联是相对的。上联是"今"，那么下联就是"昨"；"朝"代表早上，所以下联应该是夜晚，"至"和"行"上面都有，同样的位置重复一下就行了。

师：我们给她掌声，真会学习！现在这副对联的意思是？

生："福无双至今朝至"就是不会一起来的福气今天早上来了，"祸不单行昨夜行"就是不好的事情昨天没有了。今天是个好日子。

师：原来祸害昨晚去了，福气今天来了。这副对联的意思就是——（出示：福至祸去。）

【点评2：三猜对联，如同悬疑小说，情节层层推进。学生在猜谜破案过程中，不知不觉认识了对联，读懂了对联，更令人惊讶的是孩子竟然能在学习思考后对出下联。儿童学习对联，完全是可行的。孩子学有所成，又大大激发了孩子学习对联的兴趣。可见钟老师循循善诱的教学，达到水到渠成之效。】

3. 梳理对联特点

师：孩子们，回忆一下刚才读到的对联（课件出示齐读四副对联）从这几副对联中，你能发现对联有什么特点吗？

生：我觉得对联的上联、下联都是有关系的，有时候反义词，有时候近义词。（板书：意思相关）

生：上联和下联的字数都是一样的。（板书：字数相等）

生：对联有些没横批，有些有横批。

师：没错，这都是对联的不同特点。还有一个特点比较难，提醒你来看，这里"福"是个名词，下面对应的位置"祸"也是名词，那么这个位置"至"是个动词，同样对应的位置"行"也是……

生（抢答）：动词。对联前面后面词的性质是一样的。

师：不用多说，一点就通。三 1 班的孩子真能干。（板书：词性相同）

【点评 3：音乐有休止符，学习要有停顿，在学习过程中停下来总结一番，是非常必要的。回忆刚才读到的对联，发现对联的特点，让孩子自觉建构新概念，这样的认知是自然的，有效的，科学的。这是一种科学思维训练，学习品质高。其中对"词性"的引导，钟老师"该出手时就出手"，表现了拿捏精准的高超教学艺术。】

4. 尝试学以致用

师：知道了对联的特点，再读一些对联的时候就会容易、轻松得多。这则对联该怎么读呢？（出示：火车失火救火车救火车；路人迷路引路人引路人）

生：火车失火／救火车／救火车

师：如果按照他这样都读的话，那下联咱们怎么读？

生：路人迷路／引路人／引路人

师：前后两个的救火车、引路人是一样的意思。还有别的读法吗？

生：火车失／火救火／车救火车

（其他学生哈哈大笑）

师：刚才他的大胆尝试是一种读法，但你们好像不太认可，为什么？

生："火救火"不通的。

师：那怎么读呢？

生：火车失火救／火车救火车

师：火车能去救火车吗？

生：我觉得第二个救可能是有别的读音。

师：救只有一个读音。

生：那么读"火车失火／救／火车／救／火车"

师：孩子们，对联其实就是在"玩"文字游戏，有学问的人会玩得很精彩。咱们来看看，到底作者想要表达什么意思呢？

（出示：火车失火／救火车／救／火车；

路人迷路／引路人／引／路人）

（所有学生恍然大悟）

生：就是火车失火了，救火车去救火车；路人迷路了，引路人去引那个路人。

（男女生对读）

【点评4：读对联，读出不同意义。一个小小的逗句，竟有如此大的学问，汉语言真是博大精深啊！学生学习中的哈哈大笑，表现了本堂课儿童对对联的深厚兴趣。至此，四个对联小故事，孩子在玩文字游戏，并且玩得极其精彩。更重要的，在趣味学习中，孩子已经认识了对联，爱上了对联，寓教于乐，教学无痕。】

（二）百花齐放，联系生活赏对联

师：对联有趣吧？课前大家也去收集了自己最感兴趣的对联，小组轮流介绍自己搜集的对联。

1. 小组交流欣赏

（1）读：小老师自己读一遍；带领组员读三遍。

（2）说：把自己对这副对联感兴趣的原因说给大家听。

（3）议：伙伴反馈感受或提问，小老师加以解答或者留存问题。

（4）选：小组推荐一副大家比较感兴趣的对联，准备向全班同学做介绍（建议能说出对联故事的可优先推荐）。

（小组开始合作）

【点评5："读""说""议""选"四步，操作性强，小组合作任务明确。从"读"到"选"，由浅入深，任务导向有高度，为上台展示做了有效的铺垫。】

2. 全班选读欣赏

（第一组上台展示）

师：请问第一组，你们推荐它的理由是什么？

生：我们推荐它的理由是，对联的意思很好懂。

师：小老师，带大家读一读吧。

生：京杭千里碧水牵，都市万象此亭中

师：你有什么特别想说的吗？

生：这副对联是在运河附近的一个运河亭展示的。作者想表达的是京杭大运河长1794千米，有2500多年的历史，运河碧波荡漾，周围的景色迷人。在运河亭内，能看到整个城市的万象更新。

师：孩子们，作为杭州人，读到这则对联，你心里怎么想？

生：很自豪！因为这则对联一看就知道在写杭州。

（第二组代表上台展示）

师：为什么推荐它？

生：因为这副对联，写诗和茶，景色很美，对联也很工整。

师：特别享受。好，有请小老师。

生（带读）诗写梅花月，茶煎谷雨春。我觉得这副对联写得很好，写的是梅花开的季节很诗意。还推荐谷雨前后的茶是特别好的。而且，我自己也去摘过茶，品尝过，觉得茶味非常鲜美。

师：这副对联特有文化，对不对？藏着许多有用的知识呢。

（另外的小组纷纷举手表示要发言）

师：咱们班还有很多值得分享的对联。不急，回班级再一一互相分享好吗？

【点评6：两副对联的展示，都非常经典，具有丰厚的文化性，从中也激发了孩子的爱家乡情感，也可见生活处处是语文，对联是丰富的课程资源。】

（三）牛刀小试，由易到难对对联

师：对联好玩吧？其实对联就是一个"玩文字"的趣味游戏。我们也来试一试？

1. 课文中的对联

（课件出示：天对（＿＿＿）……三上语文园地三的"日积月累"，学生轻松对出）这些对子就是最最简单的对联，难不倒你们。

2. 生活中的对联

师：不是语文书上的内容你们能对吗？

（1）课件出示：湖对（＿＿＿）

生：可以用来对海。

师：五湖四海，的确可以。

生：也可以对月。

师：第二种对法。

生：可以对山。

师："湖光山色"，当然可以对了。

生：湖对江。

师：当然，江河湖海，都可以对。

（2）课件出示：西湖对（＿＿＿＿）

生：我认为西湖可以对天堂，因为有一句话是上有天堂，下有苏杭。

生：西湖对北海。

师：可不可以？对东海行不行？对北海行不行？为什么都行？

生：东南西北都是表示方向的。

生：还可以西湖对东山。

师：苏州就有个4A级景区叫东山。

生：南山、北山……

（3）课件出示：

★西湖美对（＿＿＿＿＿）

★★西湖水美对（＿＿＿＿＿＿）

★★★（＿＿＿＿＿＿）对（＿＿＿＿＿）

师：默读课外资料，想一想，有没有给你带来灵感？你能对上哪一句？

（4分钟学生阅读资料，自己蓄力对对联，教师随机巡视了解。）

师：刚才钟老师给你打了星星的孩子请上来带大家读一读你写的对联。

生1（俞涵非）："西湖美；东山丽"

"西湖水美；南山林秀"

师：看这两副对联，你猜钟老师为什么给它们打星了？

生：对得正确。

师：对联没有正确和错误之分，对联只有巧妙与不巧妙的区别。

生：它就对得很巧妙。第一副"东山对西湖""美对丽"，很工整。

师：是啊，多聪明啊，美和丽意思相关，这是一个巧妙的地方。第二副说的是西湖的水和南山的树林。秀美也是可以相对的。

生2（未署名）：我写的是"西湖美"对"东山艳"。

师：你们觉得行吗？

生：行。

师：所以啊，对联真没有标准答案。

生3（未署名）：也可以"西湖水美"对"南山树秀"。

生4：还可以"西湖水美"对"东山史久"。

师：苏州东山的历史悠久，源于明代。你也很会表达。

生5（周铭翰）："西湖山水美"对"南海物产丰"。

生6（莫子钰）："东山树茂"对"南海花繁"。

生7（屠柏盛）："诗山"对"学海"。

生8（陈奕涵）："西湖水镜金光闪"对"北山火树银花开"。

……

【点评7：首先选用教材内容练习对对子，而后适时拓展课程，表现了基于教材、超越教材的设计理念，体现了科学的拓展性。一字对，两字对，三字对……由易到难，引导有梯度，有实效。钟老师的"可以这样对""可以那样

对"都可以的"，充分表现了汉语言的多义性，此教学设计灵活，适应儿童灵动的天性。玩得有趣，学得扎实。】

（四）创意无限，拓展课外续对联

师：西湖水美，南山林秀，祖国大地风光美，对联的画龙点睛之笔更能让人领略到无限美感。

1. 尝试名联续对

在杭州西湖楼外楼上有一副对联，上联是："客中客入画中画。"

大家能试着来对一对下联吗？（学生讨论后出示下联：楼外楼看山外山）

2. 欣赏名联多对

师：江苏镇江南山风景名胜区有一处经典"蓬莱绿屿"，在这里，有人就给刚才的这副上联又对了一副下联"客中客入画中画，亭外亭看山外山"。你觉得如何？

生：原来对联真的是没有唯一答案的，江苏人很聪明，会学着用。

师：今天咱们班的楼天泽找了这样一副对联，带大家读一读。

（出示齐读："三代夏商周；四诗风雅颂"）

师：钟老师找到了不同的版本，也有一个故事，课后可以去找找看。

（出示：三光日月星；四诗风雅颂）

3. 总结并作拓展

（1）师：今天这节课学得开心吗？什么收获？

生：知道了对联的特点。

生：写了很多对联。

生：知道了对联背后有很多故事。

（2）师：对联发展到现在已经有一千多年历史，历史上积淀了极其丰富的对联故事，在我们身边，对联也比比皆是。课后请你选择完成下面的学习单，下一次咱们接着来聊对联。

课件出示下一课时预习单：

★有趣的对联故事

★★西湖对联那些事

★★★我与对联的故事

下课。

【点评 8：我国的对联是"诗中之诗"，如同日本的俳句，许多是古典文化的结晶。尤其是许多名胜古迹，到处可见对联（楹联），无论是撰联者，或书写者，许多是文化名人，其背后蕴含着丰富的内涵。课外拓展，又给孩子学习对联指出了千万条路，以后的旅游必将多了一道风景。这样的拓展，有广度、深度和高度。】

【总评】

纵观钟玲老师的"趣味故事识对联"课堂教学，教师教学循循善诱，学生学习兴趣盎然。课中展示了对联独有的文化魅力，激发了学生浓厚的学习兴趣。其成功在于学习内容符合儿童天性，更重要的在于钟老师的教学设计精巧，课堂拿捏有度，特别是教学策略运用自如。

1. 故事引路识对联。儿童是在听故事中长大的，对故事有着特殊的感情。故事趣导的设计，非常符合儿童的认知特点。对联是玩文字游戏，寓教于乐，必然大大激发学生对联的兴趣。

2. 上台展示赏对联。学生是学习的主体。让孩子搜集对联，是综合性学习，是大语文观。而上台展示，是交流学习、汇报成果的重要环节。展示成就，更是激励孩子学习，激发兴趣的有效策略。

3. 牛刀小试对对联。语文具有实践性，语言是在实践中习得与养成的。对对联是写作对联的基础，写作练习必将促进对于对联表达的研究，以写促读。读写结合，不仅是培养阅读与写作的能力，更是引向对对联更本质的认识。

4. 行万里路读对联。行万里路，读万卷书。文化苦旅，已经成了当代学习新方式。旅游，除了赏美景外，更需要读文化，而读对联是引向文化苦旅的最佳入口。读对联，大大丰富了旅游生活。许多对联，有许多鲜为人知的人文典故、历史逸事、文化事件。这样的读对联，已经上升为一种文化行为，是以文化人，受益终身！

（设计者：杭州市上城区教育学院教师发展中心钟玲

点评者：杭州市天长小学特级施民贵）

第6例 汉字画

文字可以传递信息、交流思想、表达感情，文字可以穿越时空、地域、民族，在人与人之间架构起沟通的桥梁，本课程从视觉表达方式角度研究汉字设计中的绘画性特征。根据汉字信息表述的需要，顺应时代的变化，通过汉字与绘画语言的整合，使两者意境融合，字画共生，使汉字的形态兼具绘画的生动形象与特色，传递出更为深刻、生动的语意内涵。汉字设计与绘画语言结合，寻求创造与其形态意境吻合的绘画作品，构造出字画一体、亦字亦画的美妙视觉。汉字设计的表达方式打破汉字固有的概念，冲破符号与图形的特征，以绘画的语言呈现，加强了汉字与绘画的关联，创造出新的视觉表达方式，有利于信息传播与认知的开放性，同时阅读的趣味性得到提升，形式美感得到优化，人们可以透过"图像"感知和领略汉字意义的氛围，进一步提升汉字的意境内涵，丰富而直接地传递信息，相信会给大家带来耳目一新的视觉享受。

1.民间汉字设计中的绘画特征

（1）板书飞帛之主题。相传此创作形式来源于蔡邕为汉灵帝的《圣皇篇》，灵感被激发于役人以帚除尘，发展以后为"民间花鸟字"，至今还在民间集市上流行。主题以赋有如意、祥瑞、吉利、喜庆、安康的词语、成语、箴言，或以自己的名字来创作，最终影响生活的各个方面。民间的建筑、墓碑以及剪纸艺术也广泛使用。时至今日，还作为当今设计师灵感的源泉，如图张道一《美哉汉字》的封面设计，硬笔书写的文字加饰图形，多彩画笔，一气呵成，干净利落，色彩艳丽，不

张道一《美哉汉字》

文字与鸟

失时代感。

（2）鸟虫书之主题。鸟虫书属于篆书中的花体，在春秋战国时期就已出现，被刻在兵器和鼎上，灵感来源于动物的造型，具有汉字的造字规律。鸟虫字把动物的具体形象融入汉字的结构之中，增添了汉字的装饰意味，使汉字更加生动，更加活泼。图文字与鸟形融为一体，动物的形象被表现得淋漓尽致，富有装饰效果，但比较难识别。道符汉字作为人类和鬼神沟通的纽带，来表现人类对于大自然的敬畏。

（3）祭祀活动驱灾纳福之主题。这种汉字是对于笔画的重新组合，具有极强的神秘力量。

2. 书法、篆刻艺术中汉字绘画特征

八大山人以"书画同源"创作论的卓越成就，纵观作品表现形式上，以绘画的意象造型之法，融入书法的抽象表现之中，使书法作品画意盎然，布局多大小、长短、欹正、挪移之变。同时又以书法中锋的各种灵活笔致，用笔含蓄而有内力，使荷室、树石有着浓重的书法的笔性墨趣。因此，从七十岁以后，八大山人在其绘画作品上的署款，将"八大山人画"转为"八大山人写"，表达了他"以书入画""书画同源"的创作理念。

二、课程规划

（一）课程主题

学习汉字画中的艺术表达手法，并尝试自己设计简单的汉字画。

（二）课程理念

汉字画，在很大程度上是借鉴于版画、钢笔画、木刻、篆刻、剪纸、装饰画的技法及构图和设计的构思观念。如，在"汉字画"中大多数是通过变形、夸张、整合后的图形是平面的"白"或"黑"。这均是篆刻、木刻、剪纸以及设计中常用的技法。而用笔均匀是采用钢笔画的笔法，如排线、曲复线、螺旋线、波丝线、井字线、十

线、浪花线、点列线、绞丝线等。其视觉效果给人一种黑白装饰性的版画视觉效果。古人有云："宣物莫大于言，存形莫善于画。"

1. 汉字本身来源于图画

汉字是来源于大自然的纯精神性的产物，是经过了人类大脑加工、整理，从而来达到表达、沟通、交流的一种表达形式。其间架结构、笔画、笔势之间的变化，包括长短搭配、宽窄关系、力度、坡度或角度、横竖的比例，无不隐玄着生命的张力以及审美意识和冥知启秘与哲理、观念。汉字设计与绘画语言的结合，使其成为视觉设计的新形式，进一步强化汉字的视觉表达，更加准确地呈现汉字内涵，实现汉字信息传播的最大的可能性。通过汉字与绘画语言的表述，视觉上具有可读性、趣味性和娱乐性、艺术性与认识性，表现上轻松愉快。

2. 绘画技能提升艺术素养

绘画的表现技法自由、随意随心随性，夸张有力度。构图形式也多种多样，装饰意味更加突出，利用多种表现技法，字画相互作用，图画并茂，使汉字设计的视觉呈现更加丰富，作品更具亲切感、个性化与感染力，容易被记忆，烘托氛围，进而唤起观众的心灵共鸣。

3. 字画相融丰富传承汉字文化

通过汉字符号与绘画语言的整合，丰富汉字设计内涵，增强形式美感与表现力度，提升汉字设计的艺术价值，创作出形式更加多样的设计作品，满足时代的诉求，并加强汉字的视觉冲击力，避免审美疲劳。把中华文化的的概念引入汉字设计的范畴，提升汉字新的艺术空间，传播汉字文化。

（三）课程目标

1. 通过汉字的绘画，加深对汉字形、义的理解和把握。
2. 认识汉字画，了解汉字画常用的表现手法。
3. 通过搜集、阅读有关书籍、资料，了解汉字画的由来。
4. 通过不同地域的汉字画对比研究，了解汉字画表现内容、表现手法、用途功能等特点。
5. 通过"搜集""辨认""创作"等实践活动，了解汉字画的创作原理，提高学生的形象思维能力和综合素养。
6. 激发对汉字的文化自信，感受汉字的文化思维，受到汉字文化的熏陶。

（四）课程内容

层次	活动主题	活动内容	活动目标	课时安排
初级	1.汉字的演变	初步感知汉字的演变过程	（1）搜集和阅读资料，了解汉字产生的来龙去脉，了解汉字演变过程。（2）看图猜猜汉字，初步了解汉字的造字规律。	1
	2.有趣的汉字画	欣赏有趣的汉字画	（1）欣赏生活中的一些简单有趣的汉字画。（2）猜一猜汉字画里的汉字。	3
	3.汉字画的不同主题	探究汉字画的不同主题	从"板书飞帛、鸟虫书、驱灾纳福、书法等主题"探究汉字画的创作原理和感悟文化内涵。	3
中级	4.汉字画的绘画表现	探究汉字画绘画表达的不同特性。	通过"直接表现和间接表现"等特性，探究汉字画的创作灵感和感悟文化内涵。	5
	5.汉字画的建构	探究汉字画的建构特点	通过分类（主要是以形写意、以意传神等），探究汉字画的建构特点和感悟文化内涵。	5
	6.汉字画中字与画的关系	感知汉字画中字画的联系	通过对典型汉字画的分析，了解汉字画中字画同源、字中有画、画中有字的联系，理解和感悟文字内涵。	5
高级	7.汉字画的用途	情境中的感受作用	通过在情境中的分析（节日、节气、生肖等），感受汉字画的价值，理解和感悟内涵。	2
	8.牛刀小试来创作	作品中欣赏汉字画	（1）通过书法、图片等欣赏，感悟汉字画的线条美、结构美。（2）尝试创作汉字画，进一步感受汉字文化。	2
	9.我的成果	展示中享受成果	（1）形成一份有关汉字画的学习档案袋。（2）展示、评价学习成果。	2

（五）课程资源

1.教育部《义务教育语文课程标准（2011年版）》规定的3000个左右（小学阶段）的常用简体汉字。

2.汉字的演化图谱。

3.汉字画作品：建筑、墓碑、剪纸、旗帜、道符、标志等。

4.有关书籍：

廖文豪著的《汉字树》，甘肃人民出版社，2015年1月。

唐头英编绘的《汉字画》。

5.有关汉字画方面的资源，如有关汉字起源、汉字故事、汉字演变等资料。

6.中国港台及日本、韩国等地的汉字画创造。

（六）课程实施

1. 开设年级：四年级。

2. 课时安排：9 个专题，一学年共 28 课时，四上和四下分别 14 课时，每周一课时。

3. 活动形式：自由报名，小班教学。四人小组分组学习，搜集资料、小组合作探究、分组汇报、分组展示等方式进行学习。定期分年级展示、评奖。

4. 前期准备。购买汉字画册，班级门口张贴汉字画，布置搜集生活中的汉字画。

5. 教学策略：认一认，写一写，猜一猜，用一用。

（七）课程评价

在评价方面我们主要采用发展性评价和表现性评价，建立多元评价体系，在评价中给予学生足够的信心，培养学生正确认识自我，激励自我发展的能力。同时还制定了《汉字画课程评价表》，以自评、互评为主。用孩子的眼光来评价孩子的作品，以孩子自身的体会和发展来评价孩子的作品。

评价内容 ＼ 学习领域	造型表现	设计应用	欣赏评述	综合探索	
知识技能 情感态度 价值观	·构图好	·功能好	·理解作品	小组	·完成任务好
	·创意新	·创意新	·敢于评价		·计划设计好
	·粗犷美	·工艺好	·见解独到		·调查报告好
	·细腻美	·材料运用巧妙	·学习态度认真		·小组团结好
	·单纯美	·装饰细致	·能查到资料	个人	·积极投入
	·丰富美	·有进步	·会运用资料		·责任感强
	·有进步				·对集体贡献大，合作精神好

（八）注意事项

1. 指导课的指导和平时练习相结合。

2. 班级计分和个体计分相结合。

3. 展示和评奖相结合。

三、教学设计

本课程按照初级、中级、高级三个层次设计，通过初识汉字画、了解汉字画、尝试汉字画等策略，设计以下 9 个内容。

1. 汉字的演变（初步感受汉字的演变）
2. 有趣的汉字画（认识有趣简单的汉字画）
3. 汉字画的不同主题（学习认识汉字画的不同主题）
4. 汉字画的绘画表现（学习认识汉字画的表达方式）
5. 汉字画的建构（探究汉字画的建构原理）
6. 汉字画中字与画的关系（探究汉字画中画与字的联系）
7. 汉字画的用途（感受汉字画的价值）
8. 牛刀小试来创作（作品中欣赏汉字画）
9. 我的成果（展示中享受成果）

下面是第 4 个内容《汉字画的绘画表现》的教学设计。

汉字画的绘画表现

活动目标

1. 初步认识两种基本表达方式：直接表现和间接表现的基本特征。

2. 了解汉字画的艺术特点，学习汉字画设计方法，能从汉字的义、形和结构特征出发对汉字的笔画和结构进行合理的联想和变形。

3. 培养学生的审美、创新能力与学习汉字画的兴趣，以及团结协作的精神。

教学重点：探究汉字画设计的技巧和方法。

教学难点：汉字画设计的创意，能抓住字义、字形、结构等汉字基本特征，灵活、合理地进行变体，使原字变得更形象、美观、活泼，达到创新的目的。

活动准备

1. 学生搜集一些汉字画资料图片，下面注明汉字、搜集到的渠道（书法作品、碑刻、题词、对联、香港台湾网站等）。

2. 前后四人小组，有组长、汇报员、记录员等分工。

3. 准备典型的汉字画图片和影音资料。

活动过程

一、汉字入手，初识汉字画

1. 明确学习目标。同学们，这一节课，我们一起学习《汉字画的绘画表现》。

2. 简介汉字的发展过程。

既然是学习字的创意设计，我们就从文字说起。汉字是是我国古代先民发明的记载工具，是世界上最古老的文字之一，拥有 4500 年以上的历史，其使用最晚始于商代，历经甲骨文、大篆、小篆、隶书、楷书（草书、行书）诸般书体变化。

3. 出示"熊猫"字图片。

（1）这是一个什么字呢？请同学们猜一猜。

预设：这是熊猫两个字（学生猜想）

（2）你从这两个字中找到熊猫的样子了吗？（同学谈感受）

预设：我看到了熊字里面下面的四点就像熊的四肢。猫字里面有熊猫的耳朵和嘴巴。

二、感受变化，初探表现法

1. 那怎么变才有创意呢？老师这里准备了几组字，你能发现各组字的创意分别在哪里呢？字的什么地方发生了变化？我们分小组讨论一下。（出示范字）

2. 学生讨论，教师巡视指导。

3. 交流总结方法。

哪一组同学先来说一说？

（1）部分的笔画发生变化。

预设："钟响"字的中和口都发生了变化。"中"变成了时钟的样子，响的口字旁变成了闹钟很响的样子。

总结：是的，这是局部的笔画形象化了。

（2）字的形状发生了变化。

预设："离合"其中"离"被拆开了，合放在中间，感觉"离"字就是上下分离。

总结：看来字的形状同样可以变得有创意，并且很多形状的变化和字义的本身有时候是关联的。

（3）字的整体形象发生变化。

预设：这是寿的繁体，但是每个笔画上都有了形象的事物来表现。这里面应该是暗八仙：八仙是长寿不老的神仙，八仙所用的扇子、葫芦、宝剑、渔鼓、箫管、拍板、花篮、荷花等称为暗八仙。

总结：用字的本身所表示的事物来加以变化，使字变得更形象，我们把这样的创意方法称为形象变化。

小结：经过刚才的讨论，原来我们可以从笔画、形状、形象变化把字变得富有创意。

三、揭示规律，深入构建

1. 直接表现（字体的形象化设计）

• 运用具体的形象直接地表达出文字的含义。在保证其识别性的基础上使汉字的某个笔画或局部转化为图形，有很好的视觉效果。

• 根据字或词的含义添加具体形象。这种形象化的设计手法增加了直观性、趣味性，给人印象深刻。它包括笔画形象化、整体形象化、添加形象和标记形象。

• 形象化设计要注意具体形象在文字中的位置及图形与文字之间的关系。以不影响文字的完整性、可识性为前提，起到加强字体表现力的作用。形象的应用要避免生搬硬套，或简单图解化造成的字体格调平庸。

2. 间接表现（字体的意象化设计）

• 借用相关的符号、形象间接地隐喻出文字的内涵。它以强调典型特征或提示的方法对文字加以艺术处理，给人以想象，回味无穷。意象化设计一般不以具体形象穿插配合，而是以文字笔画横、竖、点、撇、捺、挑、钩等偏旁与结构作巧妙变化。

欣赏西游记中的人物汉字画：

沙悟净　　猪悟能　　孙悟空　　唐僧

四、选择方式，尝试表现

1.那么接下来我们来试试变一变，你想变什么字？打算怎么变？用哪一种方法？或者都用？

2.老师示范。

我也选了一个字（花），这个字大家觉得可以怎么变？（示范步骤）

你想好变什么字了吗？现在开始吧！看谁变得最有创意。

学生尝试创作，老师指导。

五、作品展示

1.收集完成的作品。请学生自己介绍设计意图，用了什么方法？

2.学生互评。你喜欢他的设计吗？你还有更好的意见吗？

六、课堂总结

同学们，谁来谈一谈你在这节课都有哪些收获？

四、实录点评

汉字画的绘画表现

一、汉字入手，初识汉字画

1.明确本课学习目标

师：同学们，前几节课我们已经感受到了汉字画的有趣，今天我们就要探秘汉字画，了解汉字画究竟是怎么创作出来的。一起学习《汉字画的绘画表现》。

2.简介汉字的发展过程

师：既然是学习字的创意设计，我们就从文字说起。汉字是是我国古代先民发明的记载工具，是世界上最古老的文字之一，拥有 4500 年以上的历史,其使用最晚始于商代,历经甲骨文、大篆、小篆、隶书、楷书(草书、行书)诸般书体变化。

【点评1:从汉字的起源开始,再一次让孩子回顾汉字的演变过程,感受汉字音、形、意的微妙关联,让学生初步感知形意相连的内在相融,为后面的探究汉字画的创作方法奠定基础。】

3.出示"熊猫"字图片

(1)看图猜字。

师:这是一个什么字呢?请同学们猜一猜。

生:熊猫两个字。

(2)说这两个字的创意之处。

师:你从这两个字中找到熊猫的样子了吗?

生:我看到了熊字里面下面的四点就像熊的四肢,好像在地上爬。猫字里面有熊猫的耳朵和嘴巴,非常有趣形象。

【点评2:学生的形象思维很发达,很容易将汉字和某些形象相关联。以学生最熟悉的汉字和事物为起点,让他们去发现汉字画中隐藏着的奥秘,慢慢在文字和图画之间架起形意相通的桥梁,打开学生学习创作的思路和眼界。】

二、感受变化,初探表现法

1.出示并探究不同表现手法的汉字画

师:那怎么变才有创意呢?老师这里准备了几组字,你能发现各组字的创意分别在哪里呢?每个字在什么地方发生了变化?我们分小组讨论一下。

(出示范字)

2.学生讨论,教师巡视指导

【点评3:汉字画无论是主题内容还是表现形式,都有其特有的规律可循,要帮助孩子在丰富的汉字画中找到其中的表现手法,探寻创作的途径,教师需要用表现手法的典型来帮助还归类和发现。这个过程其实就是学生从感知到内化的过程,用经典的学材高效地达成教学目标,同时教学形式开放,采用小组讨论的方式,让学生在互学的过程中,智慧碰撞,共得真知,以生为本也在这一环节体现,让学生先去发现,教师总结归纳在后。】

3. 交流总结方法

师：怎么样，大家都讨论的差不多了，哪一组同学先来说一说？

（1）部分的笔画发生变化。

生 1："钟响"这两个字的部分笔画变成了图形，"中"变成了时钟的样子，响的"口"字旁变成了闹钟的样子。

生 2：这样的创作让我一看就仿佛听到了闹钟的声音，很有趣。

师：你们观察得非常仔细，发现局部的一些笔画变成了图画，而且这些图画似乎就和字义有关系，让我们一看就知道这幅汉字画的意思。那你再看看，这些图画是随便改变，加上去的吗？

生 3：不是，它们的样子就和这个字的部件很像，基本的字形还是在的，要不然就不像这个字了。

师：是的，所以汉字的部件不是随便能变成图画的，而是要不以影响文字的完整性、可识性为前提，起到加强字体表现力的作用，这种方法叫作局部的笔画形象化。

【点评 4：汉字画的核心应该就是趣味性、可读性、形象性，让学生通过仔细观察，将字和现实生活中的事物联系，不仅找到变化的方法，同时了解到变化的规则。】

（2）字的形状发生了变化。

师：第二幅图，请另一个小组来汇报。

生 1：我们看出了两个字"离合"，但是这里把"离"的字形上下拆开了。合放在中间，感觉离字就是上下分离。

生 2：这个好像就是"合"把"离"分开了，又可以说是"合"起来就是离，很有趣。

师：你们的发现都很精彩，看来字的形状同样可以变得有创意，并且很多形状的变化和字义的本身有时候是关联的。

（3）字的整体形象发生变化。

师：最后一幅汉字画特别漂亮，谁知道里头的奥秘？

生 1：我们知道这是寿字的繁体，每个笔画上都用物品来表示，应该表示长寿的意思吧，但是具体什么东西不是很明白。

师：是的，你们组的发现非常好，这是寿的繁体，字上面的东西是暗八仙：八仙是长寿不老的神仙，八仙所用的扇子、葫芦、宝剑、渔鼓、箫管、拍板、花篮、荷花等称为暗八仙，表示如仙人般长寿。现在明白了吧。

生 2：哦，我知道了，就是八仙带的东西。

师：对，所以这个寿字，用一些形象化的事物来加以变化，我们把这样的创意方法称为形象变化。经过刚才的讨论，原来我们可以从笔画、形状、形象变化把字变得富有创意！

【点评5：让学生学会局部的观察，也要学会整体的观察，这其实是一种观察能力的培养，局部看意，整体看境，汉字画不仅仅是汉字形象化，有时也是一种情景的创设，有故事可讲，有含义可挖。】

三、揭示规律，深入构建

1.直接表现（字体的形象化设计）

师：同学们刚才都讨论得很好，对汉字画的表现手法有了初步的认识，老师归纳了一下，主要是两种表现，直接和间接。出示PPT。

• 运用具体的形象直接地表达出文字的含义。在保证其识别性的基础上使汉字的某个笔画或局部转化为图形。有很好的视觉效果。

• 根据字或词的含义添加具体形象。这种形象化的设计手法增加了直观性、趣味性，给人印象深刻。它包括笔画形象化、整体形象化、添加形象和标记形象。

• 形象化设计要注意具体形象在文字中的位置及图形与文字之间的关系。以不影响文字的完整性、可识性为前提，起到加强字体表现力的作用。形象的应用要避免生搬硬套，或简单图解化造成的字体格调平庸。

出示三幅汉字画。

师：同学们，这三幅汉字画你能来解读一下吗？

生1：第一幅，创作者非常巧妙的将一个人拔的姿势和这个字的字形相结合，从这个人的形态中就能够了解到这个字的意思。

生2：第二幅图，我看到了一个"酒"字，这幅图的巧妙之处在于把酒字的三点水变成了红灯。感觉是停止的意思。

生3：我觉得是在劝告大家不要酒后驾车吧！这个字还隐藏着一种温馨提醒。

师：是的，这样的汉字画很多时候可以作为一种公益性的标志，发人深省。还能起到一定的教育意义。

生4：最后一幅图，我觉得环境这两个字里头，就有很多环境的事物融入其中，比如树、房子、桥梁、太阳等，非常形象生动。

师：是的，你看用这种直接的形象化的设计，丰富了汉字文化，更是将抽象的汉字形象化。

2.间接表现（字体的意象化设计）

师：另外一种表现形式，相对含蓄一些，是意象化的设计。

出示 PPT。

• 借用相关的符号、形象间接地隐喻出文字的内涵。它以强调典型特征或提示的方法对文字加以艺术处理，给人以想象，回味无穷。意象化设计一般不以具体形象穿插配合，而是以文字笔画横、竖、点、撇、捺、挑、钩等偏旁与结构作巧妙变化。出示：

师：这些汉字画你发现了什么？

生 1："降"就是用左耳旁的一竖变成朝下的一个箭头，应该就是下降的意思。

生 2：陈旧就是很古老，年代久远的意思，这里用蜘蛛网来表示很旧，我觉得很形象。

生 3：第三幅我觉得设计得非常巧妙，看似只有两个字，其实有四个字，身在曹营心在汉，身在曹营，所以身和曹结合在了一起，心就用爱心来表示了，汉里头有颗心，就是心在汉。

师：看样子一些偏旁、结构的巧妙变化，让汉字的含义丰富了不少。这就是汉字画的价值和魅力。最后老师带来了一些西游记中的非常有趣的人物汉字画，出示：

师：说说你的感受。

生 1：我觉得太神奇了，乍一看是西游记中的师徒四人，但是又能在图画中找到他们的名字，很好玩。

生 2：是啊，我觉得其实就是对汉字的笔画做了一些细微的变化而已，有些拉长，有些变弯，有些变成了艺术字，但是却变成了人物形象，神了！

四、选择方式尝试表现

1.自己试一试。

师：那么接下来我们来试试把 12 生肖的字变一变，你觉得怎么变比较合适？

生：我觉得可以把字都变成动物的样子。

师：那么大家试试看。

五、作品展示

师：同学们，文字是传播信息、交流感情的工具，在人与人之间架起一个沟通的桥梁，汉字是目前世界上使用人口最多的文字，也是世界上现存最古老的文字，我们要通过自己的创造赋予汉字新的生命力，更生动准确地传递汉字语意的信息，实现汉字信息传播的无国界化的目标。

【总评】

1. 以汉字画探究为主题，发扬中国传统文化

本课程的选题非常好，现代社会的进程与改变，西方文化意识的主导，使我们忽略了中国传统汉字画的文化视野和价值。传统汉字文化背景包含了中国传统的儒、道、佛哲学思想和诗、词、赋古典文学对作品意境的要求。在传统文化中，师承至为重要，因此中国书画创作时的理念不是"破旧立新"，不是"标新立异"，而在于怎样传承前人的经验，是"渊源流传""承前启后"。在汉字画的教学中要努力探寻，如何使传统结合儿童心理、生理特征，有选择、有批判地继承传统，发展出既有传统文化内涵，又有儿童自身特点的书画教学之路。这也是一条孩子们赖以自我确立与自我独立之路。让他们逐步感悟真正的优秀传统，并对其产生情感、价值认同以及对传统未来前景的自信。而汉字画既有丰富的传统文化内容，又是孩子喜闻乐见的图画形式，激发了孩子研究汉字，研究汉字画的兴趣。

2. 以拓展性课程为载体，整合语文知识能力

语文，是一门植根于汉字，承载着汉语言文化的学科。浓浓的语文味不只来自对文本内容的理解，也来自对汉字内涵的感悟。汉字本身凝聚着中华民族几千年的文化，散发着迷人的魅力。本课程关注学生的知识建构与多元理解，关注师生之间"精神的呼应"。文化整合主要指基础型课程和校本课程的有效整合，其中有必要的教学文化和古老的传统文化。整合的作用就是以促进学生的发展为价值取向，以让学生经历一个自然、流畅、和谐的学习过程为目的。作为语文拓展性课程，让学生探究汉字的起源、演变过程、汉字的造字规律、汉字画的艺术等，就是将语文知识能力做了很好的整合，在这样的探究过程中提升学生的语文素养。能让学生在课堂的生字学习中逐步理解到造字的原理，感受祖先的智慧，明白一笔一画背后蕴含的丰富内涵。也可

借由生字的认识深入地感受到整个词语，乃至整篇文章的深刻含义，让生字的学习充满语文味，飘出古典的香气，提升语文课堂的文化品位。

3. 以自主探究为途径，培养学生思维品质

一笔一画组成的方块字在学生眼中都是一个个谜，追本溯源地运用字理学习生字的过程，也就是一个非常有趣的"解密"的过程。当学生理解了汉字画的创作过程后，会有一种豁然开朗的感觉，一方面能高效地记住生字，一方面丰富了汉字的含义，让孩子用想象思维去认识每一个汉字。这种图文并茂、形象生动的汉字画学习，会极大地激发孩子的学习兴趣，这样，学生在学习时会有意识地研究生字由哪些部件构成，并根据部件所指代的含义来理解生字的意思，或者反过来，联系生字的意思来猜测构成该字的部件。以探究汉字画为主题的课程开展，是一次汉字的创造性之旅，将汉字探究引入到了日常语文学习、书画的创作之中，提高学生的思维品质，让学生在汉字学习和绘画艺术中穿梭，并且用自主探究和合作学习的方法来提高学生的学习效率。

（设计者：杭州市文三教育集团汤佳绮
点评者：杭州市文三教育集团特级教师魏丽君）

第 7 例　歇后语

一、课程背景

何谓歇后语？由两个部分内容组成的一句话，前一部分譬喻，像谜面，后一部分本意，像谜底。通常先说前半部分，稍为歇一歇之后，再让人们去猜测或体会后半部分的本意。这种特殊的语言结构方式，就叫歇后语。

歇后语是我国人民在生活实践中创造的一种独有的语言表达形式，也是民间流传最广的传统语言文化之一。它集诙谐幽默于一体，集中反映了我国劳动人民的聪明和才智。它具有鲜明的民族特色，简练的结构，浓郁的生活气息，幽默风趣的修辞效果，耐人寻味，因此常被人们应用于日常交际和文学作品中来交流思想和表达情感。它的前一部分是形象的比喻，后一部分是解释、说明，十分自然贴切，在一定的语言环境中，通常说出前半截，"歇"去后半截，就可以领会和猜想出它的本意。

1. 历史发展中的歇后语

"歇后"这一名称最早出现是在唐代，《旧唐书·郑綮列传》中就已提到过所谓"郑五歇后体"（一种"歇后"体诗）。但它作为一种语言形式和语言现象，却远在先秦时期就已经出现了，如《战国策·楚策四》："亡羊补牢，未为迟也。"意思就是说，丢失了羊再去修补羊圈，还不算太晚。这就是我们今天所看到的歇后语。

2. 现实生活中的歇后语

歇后语具有鲜明的民族特色、浓郁的生活气息，幽默风趣、耐人寻味，为广大人民所喜闻乐见。古代的歇后语虽然很少见于文字记载，但在民间流传颇多。如"千里送鹅毛——礼轻情意重"这类歇后语，在现实生活对话中依然频繁地被使用。

3. 作为文化传承的歇后语

歇后语是一种极具中国特色的重要语言形式，具有丰厚的文化意蕴。它不仅记录着民俗生活的点滴，重现了历史文化史实，还印照着传统精神文化，反观了民族思维模式等。在学校课程中引入歇后语教学，有助于小学生理解中国民俗文化，了解中国历史，把握中国传统精神以及认识中华民族的生活智慧，从而有利于中国传统文化的传播与继承，唤起华夏儿女对歇后语等语言形式的文化情感，更好地继承这一文化命脉。

4. 小学语文教材中的歇后语

据我国前阶段使用的小学语文教材运用范围较广的三个版本——北师大版、苏教版、人教版，体现中华民族传统文化的六种语言形式统计分析，结果显示：

	歇后语	谚语	对联	格言警句	成语	古诗文	总计
北师大版	0	3	3	10	14	43	73
苏教版	2	1	2	5	61	31	101
人教版	3	2	3	9	31	21	69

分析后不难发现，无论是只字未提的北师大版，还是相对较多的人教版，简简单单数则歇后语相对于广阔歇后语海洋，可谓沧海一粟，极难显现出歇后语独具魅力的语言形式。在重拾中国传统文化呼声渐高的如今，歇后语却似乎渐渐被教材"免疫"，被遗漏在历史的洪流中。三个版本教材的分析虽然不能完全代表我国所有教材中歇后语的入编情况，但也在很大程度上反映出歇后语缺失的严重性。不论是何种原因造成了歇后语的缺失，其独特的语言形式都不应该被小学语文教学拒之于千里之外，因为其本身的独特性以及小学生群体的身心发展特点可以充分证明歇后语存在的必要和意义。

汉文明源远流长，五千年历史沧桑的沉淀、淬炼，凝聚成绝妙的汉语言艺术，其中歇后语以其独特的表现力给人以深思和启迪，千古流传，反映了华夏民族特有的风俗传统和民族文化，品味生活，明晓哲理，提升智慧。作为祖国未来的接班人，继承并发扬歇后语这一中华民族传统文化中的精粹，每一位孩子都义不容辞。我们以为，小学生年龄小，以形象思维为主，我们可以通过认识歇后语的拓展性课程学习来让他们了解这种文化，并激发他们对中国传统文化知识的兴趣和热爱。

二、课程规划

（一）课程主题

了解歇后语，通过歇后语的分类领略语言魅力，通过初步认知能较好地运用。

（二）课程理念

1. 歇后语展现出我国民俗生活特质

歇后语的重要文化意蕴之一，就是展现出我国丰富的民俗生活特质。因为，歇后语是从人民群众日常生活中产生、发展和流行起来的，必然受人民大众的生活和思想影响，从而渗透出浓郁的民俗生活特质。歇后语不仅反映了特定时期不同地点的自然环境的发展变化，更将人民群众在每一个特殊时期的特定行为实践、特定心里欲求以及特定的禁忌规约充分地展现了出来。中国语言文字的复杂性与文化的多样性可能会使小学生感到吃力，而适当地引入歇后语教学能够使他们更加了解丰富多彩、富于生活气息的中华文化。

2. 歇后语囊括了众多中国历史事件及人物

作为一种语言现象和语言形式，歇后语早在战国时期就已经产生，"亡羊补牢，未为迟也"，便是对楚襄王知错就改的行为进行肯定的一则歇后语。随着历史的前进和时代的更替，歇后语也在不断地吸收历史的因子，在充实和更新自身中得到发展。大量的歇后语中无不留存下了历史的光与影。许多历史人物或文学作品中的人物与事件，在歇后语中得以充分展现，如"赵匡胤穿龙袍——改朝换代""姜太公钓鱼——愿者上钩""刘姥姥进大观园——看得出神了"。歇后语所表征的这种文化内涵，如果能融入到课堂教学中，无疑会收到极好的效果。因为，歇后语在摹刻历史人物、描述历史情状上的形象性，以及表达色彩上的幽默趣味性，能够充分调动小学生的学习积极性。

3. 歇后语学习是"耳濡目染"的过程

歇后语是中国传统文化中的瑰宝，闪耀着劳动人民智慧的光芒。它们是我国劳动人民在生活实践中创造出的一种特殊的语言形式，凝练简洁，生动有趣，具有鲜明的民族特色和浓郁的生活气息。歇后语的幽默风趣，从不同角度展示了祖国语言的丰富多彩。它读来朗朗上口，细细思索耐人寻味。引导学生积累歇后语，对发展思维、丰富语言、提高表达能力都是大有益处的。

中国传统文化博大精深，隐含在精神层面的传统思想观念是中国传统文化中的核心内容。而歇后语作为长期以来人民群众社会生活实践的总结在一定程度上反映了中国传统文化的思想观念。这种富于生命力的语言形式，以其独特的气质和特色，传唱着一代又一代属于中华民族自己的美丽歌谣。小学生作为祖国未来的接班人，应该学习歇后语，并且让他们在乐中学，在学中乐，更可以培养起他们对于中国文化的研习与自学能力。设置此类拓展性课程，不求达到了如指掌的效果，而是为了构建"耳濡目染"的课堂氛围。

（三）课程目标

1.通过搜集、阅读有关书籍、资料，了解歇后语的来龙去脉：歇后语从哪些历史事件、文学作品中来。

2.认识常用的歇后语，了解歇后语的种类及歇后语的表达特点。学习歇后语这一语言形式，体会歇后语诙谐、幽默、富有哲理的特点，激发学习语言的兴趣。

3.通过对歇后语探究，了解歇后语所体现的地方特色、时代特色等。

4.通过"翻译""你说我猜"等实践活动，追溯不同类歇后语的形成原因，提高学生的形象思维能力和综合素养。

5.培养在日常学习、生活中运用歇后语的兴趣，锻炼口语表达能力。

6.激发对我国特殊语言形式的学习兴趣，感受歇后语的文化魅力，受到中华民族传统文化的熏陶。

（四）课程内容

层次	活动主题	活动内容	活动目标	课时安排
初级	1.走进歇后语王国	初步感知歇后语的特点	（1）搜集和阅读资料，了解歇后语形成的来龙去脉。（2）初步了解歇后语的构成形式，体会歇后语诙谐、幽默、富有哲理的特点，激发学习语言的兴趣。	1
	2.认识歇后语家族	认识简单的歇后语	（1）认识常见的歇后语。（2）明白歇后语有不同的种类和历史渊源。	3
	3.了解歇后语学习	学习认识歇后语的方法	（1）了解歇后语与历史文化的关系。（2）了解认识歇后语的一般方法。（3）明确以后将根据具体的歇后语种类进行板块学习。	3
中级	4.喻意非凡之喻事类	探究喻事类的歇后语	（1）了解这类歇后语是用客观的或想象的事情打比方。（2）探究喻事类歇后语的形成原因并感悟文化内涵。	5
	5.喻意非凡之喻物类	探究喻物类的歇后语	（1）了解这类歇后语是用某种或某些物件、动物打比方，了解设比物的性质，也就能领悟它的意思。（2）探究喻物类歇后语的形成原因并感悟文化内涵。	5
	6.妙语双关的歇后语	探究谐音类的歇后语	（1）了解这类歇后语是利用同音字或近音字相谐，由原来的意义引申出所需要的另一种意义。（2）探究谐音类歇后语的形成原因并感悟文化内涵。	5
	7.歇后语的故事	探究故事类的歇后语	（1）了解这类歇后语一般是引用常见的典故、寓言和神话传说等打比方，遇有交叉兼类情况的，则归入其特点更为明显的一类。（2）探究故事类歇后语的形成原因并感悟文化内涵。（3）通过《歇后语的故事》习作练习，学生能灵活、巧妙、恰当地运用歇后语。	5

层次	活动主题	活动内容	活动目标	课时安排
高级	8. 我的用途	语境中运用歇后语。	通过在语境中的阅读，运用歇后语的价值，理解和感悟文化内涵。	2
	9. 我的风采	作品中欣赏歇后语	（1）通过阅读、影视作品等欣赏，感悟歇后语的文化内涵。（2）尝试创设语境使用歇后语，进一步感受歇后语的文化魅力。	2
	10. 我的成果	展示中享受成果	（1）形成一份有关歇后语的小论文，展示、评价学习成果。（2）通过歇后语的学习，达到"耳熟能详"的效果。	2

（五）课程资源

1. 影视作品、文学作品，中国内地、台湾、香港、澳门以及其他华人生活地区使用的书籍、报刊、网络等。

2. 唐作藩《中国语言文字学大辞典》，中国大百科全书出版社，2007。

3. 温端政《中国俗语大辞典》，上海辞书出版社，2011。

4. 闵彦文《歇后语大全》，甘肃人民出版社，1989。

5. 崔钟雷著的《歇后语大全》，吉林美术出版社，2010 年 3 月出版。

6. 有关小学语文教材上的歇后语教育专题方面的资源。

（六）课程实施

1. 开设年级：四年级。

2. 课时安排：10 个专题，一学年共 33 课时，四上 16 课时，四下 17 课时，每周一课时。

3. 活动形式：自由报名，小班教学。四人小组分组学习，搜集资料、小组合作探究、分组汇报、分组展示等方式进行学习。

4. 教学策略：认一认，连一连，玩一玩，用一用。

（七）课程评价

1. 课程评价采用学分制。建立"遨游歇后语王国财富卡"，分值卡达到 80 分为合格，100 分以上的为"歇后语能力者"。

2. 积分办法。搜集资料 20 分，认识常用的歇后语 20 分，成果展示 20 分，完成一份研究小论文 30 分（选题可以是课堂师生研讨的主题，也可以自己另外选择）。

三、教学设计

本课程按照初级、中级、高级三个层次设计，通过认认歇后语、玩玩歇后语、用用歇后语等策略，设计以下 10 个内容。

1. 走进歇后语王国（初步感知歇后语的特点）
2. 认识歇后语家族（认识简单的歇后语）
3. 了解歇后语学习（学习认识歇后语的方法）
4. 喻意非凡之喻事类（探究喻事类的歇后语）
5. 喻意非凡之喻物类（探究喻物类的歇后语）
6. 妙语双关的歇后语（探究谐音类的歇后语）
7. 歇后语的故事（探究故事类的歇后语）
8. 我的用途（语境中运用歇后语）
9. 我的风采（作品中欣赏歇后语）
10. 我的成果（展示中享受成果）

走进歇后语王国（教学设计一）

活动目标

1. 搜集歇后语，初步感知歇后语。
2. 阅读材料《歇后语的历史》，认识歇后语的演变过程，了解歇后语是怎么形成的；交流和观看歇后语形成微课等资料，了解歇后语的基本特点和分类。
3. 尝试认一认、读一读，初步感知歇后语。

活动准备

1. 学生搜集 5 至 10 个歇后语，写在半张 A4 纸大小上，下面小字注明其历史渊源、搜集到的渠道（长辈告知、影视资源、网站等）。
2. 前后四人小组，有组长、汇报员、记录员等分工。
3. 学生准备《歇后语大全》等关于歇后语的书籍。

活动过程

（一）交流分享，试写感知

1. 出示一段相声。同学们，这个相声和以往你听的相声有什么不同吗？

预设：串用了许多歇后语。

2. 你记住了哪些歇后语？从这段相声中你获取了哪些知识？

歇后语是汉语中的精华，是汉语中一种特殊的语言现象，是千百年来人们的生活经验和智慧的结晶，它来源于生活，又指导人们的生活。今天就让我们一起走进歇后语，去遨游一番吧！

3. 小组竞猜。四人小组轮流猜一猜，根据搜集到的歇后语，一人来说前半句，其他同学猜一猜后半句是什么。

4. 小组交流。从哪里搜集到的歇后语？

反馈：（预设）网站、老人说起的、文学作品展等地方搜集到的。

5. 交流小结。通过搜集和猜了这么多之后，你对歇后语有哪些了解？

预设：歇后语有前后两句，贴近生活，很好笑……

（二）初步感悟，了解"来龙"

1. 质疑问难，引发思考

你对歇后语还想了解什么呢？

预设：歇后语从哪儿来的？

2. 阅读材料，提取信息

阅读材料《歇后语的历史》，思考：

（1）歇后语从哪里来？你知道它的来源吗？

（2）歇后语是怎么发展来的？

（3）歇后语和我们平常说的话是什么关系？

3. 理清"来龙"，归纳特点

（1）仔细观察一下，咱们刚刚交流的歇后语都有什么特点？

（2）你知道这种语言为什么叫歇后语呢？

预设：在一般的语言中，通常只要说出前半截，"歇"去后半截，就可以领会和猜出它的本意，所以称它为歇后语。

交流小结：最早出现"歇后"这一名称是在唐代。《旧唐书·郑綮（qìng）列传》中就已提到过所谓"郑五歇后体"（一种"歇后"体诗），但它作为一种语言形式和语言现象，却远在先秦时期就已经出现了。如《战国策·楚策四》："亡羊补牢，未为迟也。"意思就是说，丢失了羊再去修补羊圈，还不算太晚。

（三）玩玩游戏，歇后语初体验

1. 引出话题，提示玩法

刚才我们了解了歇后语的知识，同学们也已经相互交流了彼此收集到的歇后语了，老师这里有几组特别的歇后语，你有信心帮它们找找朋友吗？

出示歇后语：

外甥打灯笼——照旧（舅）

一二三五六——没事（四）

游戏：找朋友（连线题）

八十岁老太打哈欠——一望无涯（牙）

孔夫子搬家——尽是输（书）

出了题就交卷——早稿（糟糕）

和尚的脑袋——没法（发）

2. 合作交流，学会运用

（1）四人合作，选择研究。

选择几个歇后语进行研究，小组查工具书，交流后，代表汇报。

（2）汇报交流，感悟字理。

3. 小结交流，情感升华

（1）通过刚才的交流，你对歇后语有什么新的了解？

（2）小结：歇后语具有鲜明的民族特色、浓郁的生活气息，幽默风趣，耐人寻味，往往能令人会心地一笑，如果说笑话让您捧腹大笑，那么歇后语会让您嘴角微翘，暗暗叫妙。"处处留心留心皆学问"。希望大家在生活中学习，不仅能丰富自己的语言，为语言增添文采，而且还能取得形象生动、诙谐幽默的艺术效果。正确地使用歇后语能使我们的语言和写作增色不少，最后预祝同学的学习生活"芝麻开花——节节高"。

四、实录点评

走进歇后语王国

（一）交流分享，试写感知

1. 出示一段相声。同学们，这个相声和以往你听的相声有什么不同吗？（相声略）

生：串用了许多歇后语。

师：你记住了哪些歇后语？

生1：肉包子打狗——一去不回头

生2：狗咬吕洞宾——不识好人心

生3：八仙过海——各显神通

师：从这段相声中你获取了哪些知识？

生1：我们说话说半句，有时候别人就可以知道后半句话。

生2：歇后语非常有趣。

师：同学们课前已经搜集过歇后语的资料了，所以能够听出来这段相声中的歇后语。是的，这种特殊的语言形式就是歇后语，歇后语是汉语中的精华，是汉语中一种特殊的语言现象，是千百年来人们的生活经验和智慧的结晶，它来源于生活，又指导人们的生活。今天就让我们一起走进歇后语王国，去遨游一番吧！

【点评1：文化来源于生活，歇后语是我国劳动人民创造的结晶。通过听相声接触歇后语，可以对这一陌生的文化现象有个初步的认知，提升学生对研究歇后语的兴趣。】

2.小组竞猜。四人小组轮流猜一猜，根据搜集到的歇后语，一人来说前半句，其他同学猜一猜后半句是什么。

师：老师知道，咱们也搜集了一些歇后语，现在赶紧和小组成员们交流交流，看看你们都搜集了哪一些，如果不一样，你还可以试着说出前半句，让别人来猜猜后半句。开始吧！

（四人小组合作学习，交流自己搜集到的歇后语。）

3.小组交流汇报。

生1：我们是从网络上搜集到的歇后语，大家搜集了……的歇后语。我们能够尝试着根据前半句，猜一猜歇后语的后半句，但是猜得不准确。

生2：网站、老人说起的、文学作品展等地方搜集到的。

4.交流小结。通过搜集和猜了这么多之后，你对歇后语有哪些了解？

生：歇后语有前后两句，贴近生活，很好笑……

【点评2：交流搜集到的歇后语，学生兴趣盎然。交流搜集歇后语的不同渠道，让学生初步感知：歇后语并没有消失，而是实实在在地存在于我们身边，并且还以特殊的形式存在于很多日常对话中。】

（二）初步感悟，了解"来龙"

1.质疑问难，引发思考。

你对歇后语还想了解什么呢？

生：歇后语从哪儿来的？

【点评3：歇后语从哪里来，这是学生实实在在的问题。问题是探究的前提，语文拓展课程要非常珍惜学生的问题，学生真实问题的表达往往是课堂成功的重要基础，也是学生求知欲被激发的开始。】

2.阅读材料，提取信息。

阅读材料《歇后语的历史》，思考：

（1）歇后语从哪里来？你知道它的来源吗？

（2）歇后语是怎么发展来的？

（3）歇后语和我们平常说的话是什么关系？

3. 理清"来龙"，归纳特点。

师：仔细观察一下，咱们刚刚交流的歇后语都有什么特点？

生 1：由两部分组成。

生 2：有一些非常幽默。

生 3：仔细一想，觉得还挺有道理的。

师：歇后语是广大人民在生活实践中创造的一种特殊语言形式。它一般由两个部分构成，前半截是形象的比喻，像谜面，后半截是解释、说明，像谜底，十分自然贴切，其中后一部分是主要意思所在。

师：大家知道这种语言为什么叫歇后语呢？（板书课题）

生：不知道。

师：在一般的语言中，通常只要说出前半截，"歇"去后半截，就可以领会和猜出它的本意，所以称它为歇后语。最早出现"歇后"这一名称是在唐代。《旧唐书·郑綮（qìng）列传》中就已提到过所谓"郑五歇后体"（一种"歇后"体诗），但它作为一种语言形式和语言现象，却远在先秦时期就已经出现了。如《战国策·楚策四》："亡羊补牢，未为迟也。"意思就是说，丢失了羊再去修补羊圈，还不算太晚。

【点评4：语文拓展课程的开发，有一块很重要的内容就是我们老师自己要去整理一些学生的阅读材料，这些材料的整理可能要老师花很多的精力去准备，一来要科学，不能有差错；二来要让学生喜欢看、看得懂，最好是图文并茂。其实，它相当于一门课程的微型教材。从课堂来看，学生在产生歇后语"从哪里来"的探知欲望后，发给材料阅读，学生如鱼得水，收获很大。歇后语的"来龙"主要通过阅读材料解决学生的困惑，歇后语的"历史"得以清晰地解决，学生一目了然，而且过目不忘。】

（三）玩玩游戏，歇后语初体验

1. 引出话题，提示玩法。

师：刚才我们了解了歇后语的知识，也明白了它的一些基本特点，老师这里还有几组特别的歇后语，你听过吗？没听过的，你有信心根据它的前半句，把它的后半句猜对吗？

出示歇后语：

外甥打灯笼——照旧（舅）

一二三五六——没事（四）

师：同学们，你们发现了什么？

生1：两个字的读音相同。

生2：老师，我知道，这是谐音。

师：是的，有些同学已经提到了，跟谐音有关。的确是这样，旧和舅的音相同，事和四的音相近，这样字或词的音相同或相近的，就叫作谐音类歇后语。你知道"外甥打灯笼——照旧（舅）"这句歇后语的意思吗？（生答）由原来的意义引申出所需要的另一个意义，这类歇后语，往往要转几个弯，才能领悟它的意思。因而也更饶有兴味。

师：老师在课前准备了几组歇后语，可是不小心弄混了，你能帮帮老师吗？

游戏：找朋友（连线题）

八十岁老太打哈欠——一望无涯（牙）

孔夫子搬家——尽是输（书）

出了题就交卷——早稿（糟糕）

和尚的脑袋——没法（发）

玩法提示：

①翻译：这句歇后语是什么意思？

②我说前半句，你猜后半句：大胆猜猜歇后语的后半句。

【点评5：这个环节老师通过连线题引导学生去兴致勃勃地"玩一玩"。这一玩，玩出了大名堂：原来歇后语里藏着这么多的奥秘，隐藏着古人智慧的结晶。】

2. 合作交流，学会运用。

（1）四人合作，选择研究。

选择几个歇后语进行研究，小组查工具书，交流后，代表汇报。

（2）汇报交流，感悟字理。

①"翻译"反馈。

②"我说前半句，你猜后半句"反馈。

各组代表汇报，你们考究了哪几个歇后语，是怎么猜出来的？它有什么意思，打比方，在哪种场合可以使用。随机交流。

3. 小结交流，情感升华。

（1）通过刚才的交流，你对歇后语有什么新的了解了？

生1：我知道歇后语是古人根据一些故事总结的。

生2：歇后语非常有意思。

生3：歇后语很早就出现在我国历史上了。

（2）教师小结：歇后语具有鲜明的民族特色、浓郁的生活气息，幽默风趣，耐人寻味，往往能令人会心地一笑，如果说笑话让您捧腹大笑，那么歇后语会让您嘴角微翘，暗暗叫妙。"处处留心皆学问"。正确地使用歇后语能为我们的语言和写作增色不少，最后预祝同学的学习生活"芝麻开花——节节高"。

【点评6：从对歇后语基本特点粗浅的认识开始，学生跨入了歇后语的第一道门槛，为以后的学习开启了良好的开端，奠定了扎实的基础。末尾的歇后语使学生对歇后语有了继续学习的兴趣。】

【总评】

1. 课程是有意义的

博大精深的汉语言文化学习是学校教育必不可少的课程。而在漫长的语言演化历史长河中，透过歇后语来研究，无疑又是一个非常好的切入口。歇后语作为一种民间熟语，是人民群众在生产生活中总结和创造出来的独特的语言形式。它以其结构形式的与众不同和思想内容的丰富隽永，成为语言民俗文化大熔炉中一块闪闪发光的"金色矿石"。歇后语因为来源于人民群众的生活，而同人民群众有着密切的关系；又因为具有高度的凝练性，而成为一种在民间广泛流传的大众性文化；还因为富有强烈的趣味性和极强的生命力，而被人民群众喜闻乐见。其丰厚的文化意蕴让其具有在教学中被广泛使用的价值，从这一点来看，开启语言文化寻根之旅的这门拓展课程的意义是重大的。若将歇后语应用到扩展性课程教学中，相信会收到理想效果。

2. 定位是准确的

歇后语要不要学，答案是肯定的。歇后语是前人智慧的结晶，透过歇后语，我们可以充分感受中华民族语言文化的博大精深。从这节课的定位来看，是比较切合这一观点的。老师一开始通过搜一搜、读一读资料和看一看微课，表面上是在帮助学生消除对歇后语的陌生感，解除心中对歇后语的疑惑，实则在培养学生对歇后语的情感和文化自信。学歇后语首先是培养对中华语言文化的喜爱之情。其次，老师没有专门抄写练习歇后语，定位在尝试着猜一猜歇后语的后半句。通过"我会翻译"和"我懂意思"玩一玩歇后语。整节课的定位是"初步感知歇后语的文化"，不是机械性地记住歇后语的概念或特点，也不是硬性识记歇后语。

3. 教学策略是妥当的

怎么深入浅出地学习歇后语呢？老师的教学策略比较妥当。整节课通过搜一搜、连一连、玩一玩等学习方法来认识歇后语。特别是"玩一玩"，通过花大量的时间让学生来实践活动，这其中很有内涵。一是使用了学生喜闻乐见的方式认识高深的语言文化。歇后语特点的认识是理性的，教师不使用恰当的教学策略往往会让学生望而却步，会对这门课程失去兴趣。二是找到了学生形象思维与歇后语文化思维的切合点。

当学生的形象思维和歇后语的文化思维进行碰撞，产生了思维的火花，这样学习无疑是非常有意义的。

（设计者：长兴县教育研究中心臧学华
点评者：湖州市教育科学研究中心王焱媛）

第 8 例　繁体字

一、课程背景

在复兴"中国梦""民族梦"的今天，凸显"中国元素"的中华优秀传统文化教育理应受到学校的重视。汉字是中华文化的瑰宝，代表着中华文化的血脉。有了汉字，我们可以通过《诗经》看到两三千年前古人的生活画面；有了汉字，天南海北的华人只要走到一起就能轻轻松松地进行沟通。每一个中国人都活在汉字里，用着汉字，说着汉语，在使用汉字这种工具的同时，很少有人知晓汉字的内涵和文化，特别是随着"键盘时代"的到来，汉字文化受到了前所未有的冲击，继承和发扬汉字这一文化血脉，我们责任重大。我们以为，小学生年龄小，以形象思维为主，我们可以通过认识繁体字来让他们了解祖国的汉字文化，从小在他们的心灵里播下汉字文化的种子。

1. 历史发展中的繁体字

从 4000 多年前甲骨文诞生以来，到如今广泛使用的规范楷体字，中国文字经历了漫长而又坎坷的演变，其中的每一个汉字都联结着中国人的文化命脉，凝聚着炎黄子孙世代的智慧和血汗。

自 1956 年中国推行简化汉字运动以来，随着中国教育事业的发展，汉字得到了前所未有的广泛普及和应用。简体字易学好记，省时省力，在扫除文盲、普及文化中发挥了重要作用。然而，经过简化后的简体字有两大不足：一是模糊了汉字的造字规律，使不少汉字失去部分表意功能；二是由于采取"同音合并"原则（如古人造的"后"原指君主或君主的妻子，"後"则是"落后、后面"等意思，同音简化后合并为"后"），将同一发音的不同繁体字合并成一个简体字，造成在某些必须使用繁体字的场合容易出错。

2. 现实生活中的繁体字

在现实生活中，人们还是要用到繁体字。首先是阅读古籍的需要，不认识繁体字则困难重重。其次，我们经常接触的文物古迹、人文景点、书法、篆刻等艺术作品，以及碑刻、题词和招牌用字，人名姓氏中的异体字等，也都经常用到繁体字。《国家通用语言文字法》（第十七条）也对繁体字的教学研究提供了依据："有下列情形的，可以保留或使用繁体字、异体字……（五）出版、教学、研究中需要使用的。"

3.作为文化传承的繁体字

繁体字体现了汉字的"正宗"，它具有很强的表意功能，蕴含着深厚的文化内涵。在祖国繁荣、教育事业蒸蒸日上的今天，"汉字普及"俨然不是问题，基础教育应当把"认识繁体字"纳入学校课程规划之中，以此唤起华夏儿女对汉字的文化情感，更好地继承这一文化命脉。

二、课程规划

（一）课程主题

认识繁体字，了解汉字文化内涵。

（二）课程理念

1.繁体字架起了古今文字的桥梁

汉字经历了甲骨文、金文、小篆、隶书、草书、楷书（同时有了繁体字和简化字）的演变过程，繁体字架起了古代篆隶和简化字之间的桥梁，繁体字有着承前启后的特殊作用，今人对繁体字不至于太生疏，又透过繁体字可以看到汉字造字原理、文化思维，从而更好地学习汉字文化。

2.繁体字蕴含着丰富的文化思维

繁体字看似复杂，其实它的逻辑性很强，表意功能很强，是世界上最美的文字。如"濕"（湿）字，由部件"氵""日"、两个"丝"和一个"灬"组成，水（河）边，在太阳下晒丝，水一滴一滴地滴下来，就是"湿润"之义；而简化字"湿"则很难看出汉字蕴含着的文化思维。

语文老师对汉字的这种文化思维往往视而不见，小学生的以形象思维为主的思维特点与汉字的图画性十分吻合，让他们当"小小翻译家""小小考古家"，探求汉字的兴趣应该是浓厚的，对发展他们的思维、培养汉字的自豪感以及学习丰富的汉字文化有着不可低估的作用。

3. 繁体字要遵循"识繁用简"原则

　　繁体字有着简化字无可替代的功能，但小学生全部学习繁体字也是没有必要的。我们没有必要"返古"，由繁到简是汉字发展的规律。在义务教育阶段，应落实《国家通用语言文字法》的基本精神，认识教育部《义务教育语文课程标准（2011 年版）》规定的 3500 个（小学阶段 3000 个）左右的常用简体汉字，树立基本的语言文字规范意识，适度地开展繁体字的教学，在 3000 个常用汉字里选择有代表性的相关的繁体字学习，遵循"识繁用简"的课程理念。

（三）课程目标

　　1. 通过搜集、阅读有关书籍、资料，了解繁体字的来龙去脉：繁体字从哪里来，繁体字到哪里去了。

　　2. 认识常用的繁体字，了解认识繁体字的常用方法。

　　3. 通过繁体字和古字的对比研究，了解繁体字的"字形繁、笔画多，表意功能强、文化内涵深"等特点。

　　4. 通过"翻译""考古"等实践活动，了解汉字的造字原理，提高学生的形象思维能力和综合素养。

　　5. 激发对汉字的文化自信，感受汉字的文化思维，受到汉字文化的熏陶。

（四）课程内容

层次	活动主题	活动内容	活动目标	课时安排
初级	1. 我的前世今生	初步感知繁体字的特点	（1）搜集和阅读资料，了解繁体字的来龙去脉，了解汉字演变过程。（2）玩玩姓氏中的繁体字，初步感知繁体字的特点。	1（设计见下面《三、课程设计》
	2. 我的可爱样子	认识简单的繁体字	（1）认识常见的繁体字的部首（車—车、鳥—鸟、門—门、頁—页、言—讠、糹—纟、食—饣、釒—钅、貝—贝）。（2）认识与简化字结构相似的繁体字。	3
	3. 认识我的方法	学习认识繁体字的方法	（1）了解简化字和繁体字的关系。（2）了解认识繁体字的一般方法。	3
中级	4. 不同字旁中的我	探究不同字旁的繁体字	通过字旁分类（带有"隹""鸟""丝""马""言"等字旁的繁体字），探究繁体字的造字原理和感悟文化内涵。	5

续表

层次	活动主题	活动内容	活动目标	课时安排
中级	5.不同造字法中的我	探究不同造字方法的繁体字	通过造字法分类（主要是象形、指示、会意、形声等），探究繁体字的造字原理和感悟文化内涵。	5
	6.不同事物中的我	探究不同事物的繁体字	通过事物分类（主要是繁体字中的人、动物、植物、自然现象等），探究繁体字的造字原理和感悟文化内涵。	5
高级	7.我的用途	语境中运用繁体字。	通过在语境中的阅读（古诗、小古文、古书等），运用繁体字的价值，理解和感悟文字内涵。	2
	8.我的风采	作品中欣赏繁体字	（1）通过书法、碑文等欣赏，感悟汉字的线条美、结构美。（2）尝试写一写繁体字，进一步感受汉字文化。	2
	9.我的成果	展示中享受成果	（1）形成一份有关繁体字的小论文，展示、评价学习成果。（2）通过繁体字和简化字的辨析，形成"识繁用简"的共识。	2

（五）课程资源

1.教育部《义务教育语文课程标准（2011年版）》规定的3000个左右（小学阶段）的常用简体汉字。

2.《简化字总表》,1986年10月10日发表。

3.书法作品、碑刻、题词、对联，台湾、香港、澳门以及其他华人生活地区使用的书籍、报刊、网络等。

4.廖文豪著的《汉字树》,甘肃人民出版社,2015年1月。

5.有关小学语文教材上的汉字教育专题方面的资源，如有关汉字起源、汉字故事、汉字演变等资料。

（六）课程实施

1.开设年级：五年级。

2.课时安排：9个专题，一学年共28课时，五上和五下分别14课时，每周一课时。

3.活动形式：自由报名，小班教学。四人小组分组学习，搜集资料、小组合作探究、分组汇报、分组展示等方式进行学习。

4.教学策略：认一认，写一写，玩一玩（翻译、考古），用一用。

（七）课程评价

1.课程评价采用学分制。建立"遨游汉字王国财富卡"，分值卡达到 80 分为合格，100 分以上的为"小小汉字王"。

2.积分办法。搜集资料 20 分，认识常用的繁体字部首 20 分，认识常用的繁体字 20 分，成果展示 20 分，完成一份研究小论文 30 分（选题可以是课堂师生研讨的主题，也可以自己另外选择）。

三、教学设计

本课程按照初级、中级、高级三个层次设计，通过认认繁体字、玩玩繁体字、用用繁体字等策略，设计以下 9 个内容。

1.我的前世今生（初步感知繁体字的特点）

2.我的可爱样子（认识简单的繁体字）

3.认识我的方法（学习认识繁体字的方法）

4.不同字旁中的我（探究不同字旁的繁体字）

5.不同造字法中的我（探究不同造字法的繁体字）

6.不同事物中的我（探究不同事物的繁体字）

7.我的用途（语境中运用繁体字）

8.我的风采（作品中欣赏繁体字）

9.我的成果（展示中享受成果）

下面是第一个内容《我的前世今生》的教学设计。

我的前世今生

活动目标

1.搜集繁体字，初步感知繁体字。

2.阅读材料《繁体字和简化字》，认识汉字的演变过程，了解繁体字怎么演变而来的；交流和观看汉字演变微课等资料，了解繁体字到哪里去了。

3.尝试认一认、写一写，初步感知繁体字的一般特点。

活动准备

1.学生搜集 5 至 10 个繁体字，粗笔写在半张 A4 纸大小上（字尽量写大），下面小字注明简化字、搜集到的渠道（长辈告知、书法作品、碑刻、题词、对联、香港台湾网站等）。

2.前后四人小组，有组长、汇报员、记录员等分工。

3.搜集上课班级学生的姓氏，查找有关姓氏的繁体字。

4.学生准备《新华字典》。

活动过程

（一）交流分享，试写感知

1.小组竞猜。四人小组轮流猜一猜搜集到的繁体字是什么。

2.小组交流。从哪里搜集到的繁体字？

反馈：（预设）字典、书法作品、题词、牌匾、网站等地方搜集到的。

3.尝试书写。写一写繁体字，感受一下与简化字有什么不同。

4.交流小结。通过搜集和写了之后，你对繁体字有哪些了解？

预设：繁体字笔画多，难写，难记，很复杂，结构更端正……

（二）知道"来龙"，了解"去脉"

1.质疑问难，引发思考。

你对繁体字还想了解什么呢？

预设：繁体字从哪儿来的？平常的生活中怎么不多见了（到哪儿去了）？

2.阅读材料，提取信息。

阅读材料《繁体字和简化字》，思考：

（1）繁体字从哪里来。楷书是怎么演变来的？楷书和繁体字是什么关系？

（2）繁体字到哪里去。香港台湾还在使用繁体字，大陆的繁体字到哪儿去了？

3.理清"来龙"，知道"去脉"。

（1）繁体字哪儿来的。

①读后交流，动手画画汉字演化图。

甲骨文——金文——小篆——隶书——草书——楷书。

②讨论楷书与繁体字的关系。

楷书产生的同时就有了繁体字。楷体字中，包含着很多的繁体字，以及如今看到的简化字。

③小结提升。原来繁体字的演变经历了四千多年的历史，楷书产生的同时就有了繁体字。

（2）繁体字哪儿去了。

①观看微课《汉字的简化》。

②谈谈繁体字到哪儿去了。

③交流小结。原来繁体字在 1956 年时一部分被简化，但并没有消失，在现实生活中，人们还是要用到繁体字。文物古迹、人文景点、书法、碑刻、题词等，也都经常看到、用到繁体字。而且《国家通用语言文字法》也规定："出版、教学、研究时也可以保留或使用繁体字。"还有，在很多人的姓氏中也有繁体字。

（三）玩玩姓氏，初感字理

1. 引出话题，提示玩法。

（1）说到姓氏，姓氏里还真藏有许多繁体字。我们可以通过玩玩姓氏来进一步了解繁体字的特点。

（2）你能知道自己姓氏的繁体字吗？知道的话写一写。

（交流自己知道的姓氏中的繁体字）

（3）整理有繁体字的姓氏。

（4）玩法提示：

①小小翻译家：方框里写出姓氏繁体字的简体字（可以查字典）。

②小小考古家：选择 3 至 5 个繁体字，观察字形，对照古字，圈一圈部件，大胆猜猜：古人是怎么造出这个字来的。

2. 玩玩姓氏，初悟字理。

（1）四人合作，选择研究。

选择三个繁体字进行研究，小组查字典，交流后，代表汇报。

（2）汇报交流，感悟字理。

①"小小翻译家"反馈：投影出示简化字，对照一下，翻译对了吗。

②"小小考古家"反馈：各组代表汇报，你们考究了哪几个繁体字，从这几个繁体字的哪些笔画（部件）里看出古人是怎么创造出来的？随机交流：

馬（马）：象形字。上边的两横就像是马奔跑时飞扬的鬃毛，下面四点像是马的四只脚。

吳（吴）：会意字。下面一个人张开手打着手势，上面一张口，表示张着嘴巴说大话。

趙（赵）：形声字，原来的"肖"简化为"乂"。本义是与"走"有关，快步走的意思。后来借指国家——赵国。

孫（孙）：会意字。右边是"系"，表示子孙像绳子一样继承、连接，"孙"的意思是儿子的儿子或子孙后代。

錢（钱）：形声字。左边是"金"，表示与金属有关，后来指钱币。

贾（贾）：会意字。下边是"贝"，指货币；上边是"覀"（yà），表示买卖讨价还价。"贾"的本意是做生意。

羅（罗）：会意字。上边的"罒"表示"网"，下面分别是"丝"和"隹"（鸟），表示捕鸟的网，引申为柔软的丝织品。

衛（卫）：会意字。中间一座城池，城边四周有脚印，意思是有士兵围着它在巡逻，"行"是行走，这个字有"守卫"的意思。

3.小结提升，感悟字理。

（1）通过刚才的交流，你对繁体字有什么新的了解了？

（2）小结：透过繁体字，更能理解汉字的本来意思即表意功能；能与古人在对话，利用丝绸、鸟、网等来创造汉字，看到遥远的古代的生活，好像看到了古人生活的画面，听古人生活的故事，懂得古人造字的智慧和艰辛，感受汉字的文化内涵。

四、实录点评

我的前世今生

（一）交流分享，试写感知

1.小组竞猜。四人小组轮流猜一猜搜集到的繁体字是什么。

师：前几天，老师布置大家去搜集一些繁体字，你搜集到了吗？

生（纷纷举起搜集到的繁体字）：搜集到了！

师：接下来，请同学们各自把方形纸折一下（盖住下方的简体字），四人小组轮流猜一猜组员搜集到的是个什么字。

（小组内轮流竞猜）

【点评1：文化来源于生活，包括汉字。学生通过搜集繁体字，可以对这一陌生的文化现象有个初步的认知。通过小组竞猜，再次接触繁体字，可以提升学生对研究繁体字的兴趣。】

2.小组交流。从哪里搜集到的繁体字？

师：这些繁体字你们是从哪儿搜集到的？

生1（举起"顏""禮"字）：我是练习书法时看到的，然后从字帖上认识的。

生2：（举起"義""鄭"字）：我是从"江南第一家"景区里看到的。

师："江南第一家"景区里的什么地方看到的？

生 2：一些石碑上看到的。

生 3（举起"龍""體""禮"字）：我是我爷爷写给我看的，我爷爷说他小时候经常写这种字。

生 4：（举起"後"字）：我是从《新华字典》上翻到的。

生 5：（举起"國""張""銘"）："国"是在"中国银行"那个牌上（题词）看到的，"張""銘"这两个是我练习的《张黑女墓志铭》这本字帖上有的。

……

师：同学们真能干，你们从字典、书法作品、题词、牌匾、网站等不同的渠道搜集到了这么多繁体字。

【点评 2：交流搜集到的繁体字，学生兴趣盎然。交流搜集繁体字的不同渠道，让学生初步感知：繁体字并没有消失，而是实实在在地存在于我们身边，并对我们的生活产生了影响。】

3. 尝试书写。写一写繁体字，感受一下与简化字有什么不同。

师：我们小组内自己推荐几个给组员写一写，看他能不能写正确。

（生练习书写）

师：我们搜集了繁体字，还写了繁体字，现在你对繁体字有什么了解？

生：这繁体字也太难写了。我写这个"龍"字，写了老半天结果还是写错了。（学生们笑）（师板书：笔画多，难写）

生：这繁体字笔画太多了，很难记、很复杂的。（师板书：难记）

生：但是，我喜欢写繁体字，我写春联就喜欢写繁体字，你学了毛笔会知道，笔画数少的字，反而更难写！

师：你的意思是繁体字的结构上更方正，更体现汉字"方块字"的特点。（师板书：方正）

师：通过我们搜集繁体字，尝试写繁体字，我们知道了繁体字有这些特点（对着板书）：笔画多，难写，难记，结构上更端正。

【点评 3：对繁体字的认识，学生是陌生的。通过尝试写一写，可以让学生再次接触相对遥远的繁体字，初步认识到繁体字"笔画多，难写难记"等特点。】

（二）知道"来龙"，了解"去脉"

1. 质疑问难，引发思考。

师：那么对于繁体字，你还想知道什么呢？

生：我想知道繁体字是谁发明的？

师：你的意思是繁体字怎么来的，是吧？

生：是的。

生：我们现在学的、看到的都不是繁体字，繁体字它们到哪里去了？

生：这繁体字还有什么用处没有？

师：是啊，繁体字是怎么演变来的呢？又怎么不见了，去哪儿了呢？繁体字还有哪些特点？看来我们真的需要去探究一番。

【点评4：繁体字从哪里来，又到哪里去了，这是学生实实在在的问题。问题是探究的前提，语文拓展课程要非常珍惜学生的问题，学生真实问题的表达往往是课堂成功的重要基础，也是学生求知欲被激发的开始。】

2. 阅读材料，提取信息。

师：赶快拿出阅读材料，读一读《繁体字和简化字》，思考这两个问题（投影出示）：

• 繁体字从哪里来：楷书是怎么演变来的？楷书和繁体字是什么关系？可以动手画一画汉字演化图。

• 繁体字到哪里去：香港、台湾还在使用繁体字，大陆的繁体字到哪儿去了？

（学生阅读资料）

【点评5：语文拓展课程的开发，有一块很重要的内容就是我们老师自己要去整理一些学生的阅读材料，这些材料的整理可能要老师花很多的精力去准备，一来要科学，不能有差错；二来要让学生喜欢看、看得懂，最好是图文并茂。其实，它相当于一门课程的微型教材。从课堂来看，学生在产生繁体字"从哪里来""到哪里去"的探知欲望后，发给材料阅读，学生如鱼得水，收获很大。】

3. 理清"来龙"，知道"去脉"。

师：我们先来交流第一个问题：繁体字到哪儿去了。要搞清楚这个问题，先要知道汉字的演化过程，然后才能知道繁体字在哪一个阶段产生的。根据材料，你知道了吗？

生：我知道汉字演变的过程是：甲骨文——金文——小篆——隶书——草书——楷书。

生：繁体字就是在"楷书"这个阶段。（板书：甲骨文——金文——小篆——隶书——草书——楷书）

师：那么楷书产生的时候全部是繁体字吗？

生：不是的，楷书产生的时候有的是繁体字，有的是简化字。

师：你们的意思繁体字在楷书发明的时候就有了，但并不是所有的楷书都是繁体字，谁能举个例子吗？

生：比如，"車""馬"这两个楷体字，刚开始的时候是繁体字；但"牛""羊"就是简化字。

师：楷书产生的同时就有了繁体字。楷体字中，包含着很多的繁体字，以及如今看到的简化字。（板书：繁体字）

师：我们知道了繁体字的"来龙"，那为什么我们现在不常见繁体字了呢？接下来请大家看一个有关繁体字简化的微课。

（学生观看微课《汉字的简化》）

师：你知道了繁体字去哪里了吗？

生：由于繁体字写起来太繁了，我们中国在 1956 年，对繁体字进行了简化。（板书：简化）

师：繁体字消失了？

生：繁体字并不是消失了，我们的书法作品中、题词，还有对联等地方都可以看到繁体字。

师：嗯，一开始我们交流搜集的繁体字就知道了，在江南第一家的碑刻、中国银行的题词等地方都有繁体字。（板书：题词、碑刻、书法、对联）

生：除了我们大陆外，香港、台湾、澳门以及其他的华人地区都在使用繁体字。

师：原来繁体字并没有消失，在现实生活中，人们还是要用到繁体字。文物古迹、人文景点、书法、碑刻、题词等，也都经常看到、用到繁体字。而且《国家通用语言文字法》也规定："出版、教学、研究时也可以保留或使用繁体字。"还有，在很多人的姓氏中也有繁体字。（板书：港澳台、华侨）

【繁体字的"来龙"主要通过阅读材料解决学生的困惑，而"去脉"则通过看微课解决，微课虽然只有短短的几分钟，但它对这一个抽象的"汉字简化"概念得以清晰地解决，学生一目了然，而且过目不忘。】

（三）玩玩姓氏，初感字理

1. 引出话题，提示玩法。

师：说到姓氏，姓氏里还真藏有许多繁体字。我们可以通过玩玩姓氏来进一步了解繁体字的特点。

师：你能知道自己姓氏的繁体字吗？知道的话写一写。

（交流自己知道的姓氏中的繁体字）

师：老师把咱们班的所有有繁体字的姓氏进行了整理。（课件出示本班学生有繁体字的姓氏）接下来我们来玩一玩这些繁体字，怎么玩呢？请同学们拿出学习材料，开始玩繁体字。

（出示玩法提示：①小小翻译家：方框里写出姓氏繁体字的简体字（可以查字典）。②小小考古家：选择 3 至 5 个繁体字，观察字形，对照古字，圈一圈部件，大胆猜猜：古人是怎么造出这个字来的。）

【点评 6：繁体字就在我们的身边：书法、碑刻、题词、对联等，还在学生的姓氏里。这样学生对探究繁体字又产生了浓厚的兴趣。】

2. 玩玩姓氏，初悟字理。

（四人合作，选择三个繁体字进行研究，小组查字典，交流后，代表汇报。）

师：（投影出示繁体字和相对应的简化字），小小翻译家们，这些姓氏的繁体字，请你们小组对照一下，翻译对了吗？有错误的请订正一下。

师："小小考古家"们，现在有请各组代表汇报，你们考究了哪几个繁体字，从这几个繁体字的哪些笔画（部件）里看出古人是怎么创造出来的？

生（第一组代表）：我们研究了"马明辉"同学的"馬（马）"这个姓，繁体字的这个"馬"字，上边的两横就像是马儿的鬃毛，下面四点像是马的四只脚。"罗开源"的"羅（罗）"字，上边是个"四"字，像一张网，下面是"丝"，可能是丝绸，"隹"就是鸟儿，所以"罗家辉"的"罗"字可能是丝绸的意思吧。

师：对这个"羅（罗）"字其他组有补充吗？

生（另一组成员）："羅"的下边是一个"丝"，一个"鸟"，可能是跟"捕鸟"有关吧。

师：这两个组的"考古家"非常厉害，他们基本上考古出了"羅"这个繁体字的古义。的确，古人造的这个"羅"字，上面是一个"罒"，是一张网，下面是"丝"和"鸟"，这个字的古义就是"张网捕鸟"，比如成语"门可罗雀"就是这个意思，后来引申为柔软的丝织品，比如绫罗绸缎。还有其他组考古其他字的吗？

生（第二组代表）：我们研究了"吴佩"的"吴"字，这个"吴"，上面是一张口，下面是一个"人"，可能是张口说话，有说不出口的，就是"吴"。这个"賈（贾）"字上面是一个"西"，下面是一个"贝"，是说西边去买宝贝。

师：这个组真棒，把汉字的字源进行了大胆的考证。其他组对这个组的考古有补充吗？

生（另一组成员）：我们觉得这个"吴"字，不是说不出口，你看下边这个字，手舞足蹈的像在跳舞，"吴"可能是张口在唱歌吧。

师：你们都是十足的"考古学家"！难为大家了，这个"吴"字，正像你们说的，上面的一张大口，下面一个人张开手打着手势，表示张着嘴巴说大话。（学生纷纷惊讶、赞叹）

师：好，下一组"考古学家"继续汇报。

生（第三组代表）：我们考古的是"孙亦凡"的"孫（孙）"字，左边的"子"表示儿子、子孙，右边是"系"，可能是"关系"的意思，这个字表示儿子和孙子有关系。其他几个繁体字被其他组的说过了。

师：又是一组"小小考古家"，"孫"的右边是绳子的意思，透过这个繁体字可以看出古人造这个字的原理，儿子可以像绳子一样继承、连接，"孙"的意思是儿子的儿子或子孙后代。

师：请继续交流。

生（第四组代表）：我们还考古了"衞（卫）"字，从这张资料上的插图可以看出，中间是一个"韦"，有一张口，四周有人的脚印，两边是一个"行"，可能这个字与"行走"有关系吧。

师：这个"衞"字比起简化字，真是复杂了许多。刚才那位同学说中间有一张口，其实那是一座城池，脚印是说有士兵围着它在巡逻，"行"是行走的意思。所以这个字有"守卫"的意思。

【点评 7：这个环节老师通过足足 15 分钟的实践活动——"小小翻译家""小小考古家"，引导学生去兴致勃勃地"玩一玩"。这一玩，玩出了大名堂：原来繁体字里藏着这么多的奥秘，它可以看到古人造字的原理，可以与古人对话，学生的思维和汉字的文化思维碰出了闪亮的火花。】

3. 小结提升，感悟字理。

师：刚才我们痛痛快快玩了一把繁体字，当了一回"翻译家"和"考古家"，通过刚才的交流，你对繁体字有什么新的了解了？

生：我知道了原来繁体字可以看出古人造字的本来的意思。

生：原来繁体字虽然笔画多，但是它更能让我们看懂它的意思。（板书：表意）

生：繁体字可以让我们知道古代的人们是怎么造字的。

师：是啊，透过繁体字我们可以与古人对话，仿佛看到了古人利用丝绸、鸟、网等常见的物品来创造汉字，仿佛看到了遥远的古代的生活，懂得古人造字的智慧和艰辛，透过繁体字，我们进一步懂得了汉字的深深的文化内涵。（板书：文化）

【点评 8：从之前学生对繁体字"笔画多""难写难记"等粗浅的认识，到现在"表意功能强""有文化内涵"的认识，学生对繁体字的认识由表及里，真正跨入了繁体字的第一道门槛，为以后的学习开启了良好的开端，奠定了扎实的基础】

【总评】

1. 课程是有意义的

博大精深的汉字文化学习是学校教育必不可少的课程。而在漫长的汉字演化历史长河中，透过繁体字来研究，无疑又是一个非常好的切入口。繁体字，对小学生来说既没有像甲骨文、金文那般遥不可及，又因与简化字同源而会让学生倍感亲切，它很容易激起小学生探究新文字样式的兴趣，繁体字俨然是认识汉字文化的瞭望台，只要给学生一个眺望的平台，透过它学生可以高瞻远瞩地看到汉字的原理和丰厚的文化内涵。从这一点来看，开启汉字文化寻根之旅的这门拓展课程的意义是重大的。

2. 定位是准确的

繁体字要不要学，国内一直有争论。繁体字和简体字，同源于楷体字，两者本就是一家，一脉相承。赞成者认为，繁体字才是汉字的"正宗"，"親"不"见"怎能叫"亲"？"愛"没有"心"哪能是"爱"？很多简化字模糊了汉字的造字原理，对汉字文化的继承不利。反对者以为，由繁到简是汉字发展的历史必然，恢复繁体字是历史的倒退，而且繁体字"笔画繁杂"，识记困难。

我们以为，完全恢复全部使用繁体字没有必要。但是，繁体字也是前人智慧的结晶，透过繁体字，我们可以充分感受汉字文化的博大精深。从这节课的定位来看，是比较切合这一观点的。老师一开始通过搜一搜、读一读资料和看一看微课，表面上是在帮助学生消除对繁体字的陌生感，解除心中对繁体字的疑惑，实则在培养学生对繁体字的情感和文化自信。学繁体字首先是培养对汉字文化的喜爱之情。其次，老师没有专门抄写练习繁体字，定位在尝试着类似画画般的写一写繁体字，通过"小小翻译家"和"小小考古家"玩一玩繁体字。整节课的定位是"初步感知繁体字的文化"，不是记住繁体字的概念或特点，也不是识记、抄写繁体字。

3. 教学策略是妥当的

老师的教学策略比较妥当。整节课通过搜一搜、认一认、玩一玩等学习方法来认识繁体字。特别是"玩一玩"，通过花大量的时间让学生当"小小翻译家"和"小小考古家"来实践活动，这其中很有内涵。一是使用了学生喜闻乐见的方式认识高深的汉字文化。繁体字特点的认识是理性的，教师不使用恰当的教学策略往往会让学生望而却步，会对这门课程失去兴趣。二是找到了学生形象思维与汉字文化思维的切合点。小学生以形象思维为主，他们善于想象，对图画感兴趣；而方块字的汉字，字形的表意功能决定着自身的每一部分都有着很强的图画感和形象感。当学生的形象思维和汉字的文化思维进行碰撞时，产生了思维的火花，这样学习无疑是非常有意义的。

（设计者：浦江县教育研究与教师培训中心唐光超

点评者：金华市教育局教研室毛玉文）

第二部分　语言文章

第9例　互文读写

"互文"的概念我们并不陌生，在我们的汉语文化认知里，它指的是古代诗词中常用的一种修辞手法。唐代贾公彦《仪礼·注疏》曾经给"互文"修辞下过定义：凡言"互文"者，是两物各举一端而省文。因此，运用"互文"修辞的语言，在形式上给人一种整齐的对称美感，上下两句或一句话中的前后两个部分"参互成文，含而见义"。如清代纳兰性德《长相思》一词中的"风一更，雪一更"，并不是单指"刮了一更的风，接着又下了一更的雪"，而指的是当时风雪交加，天气情况非常恶劣。

"互文"读写的"互文"有别于古汉语修辞中的"互文"，它指向文本，主要描述的是文本间的关系，以西方结构主义和后结构主义的文论——互文性理论为基础。什么是"互文读写"？我们引用蒋成瑀《互文对读的理论、策略与方法》一文中的定义：是以课文的此言为"轴心"，与相关的他文本的"彼意"相对照，实现词句、题旨之间及其他方面的比勘，以期达到互识、互补、互证的目的，谓之互文读写。互文理论最早由法国哲学家克里斯蒂娃提出，她认为："任何文本都是位于若干文本的交汇点，它是这些文本的阐释、集中、浓缩、转移和深化。"任何文本都是无限的立体的文本网络结构中的一个点，与其他文本产生着千丝万缕的关系。对当前文本的阅读，我们都可以通过对与其他相关文本比勘、印证、理解目标文本的内涵来促进对文本的认同、理解、吸收、借鉴和完成意义的建构。

二、课程规划

（一）课程主题

基于"互文"理念，用"互文"的策略学习阅读和表达。

（二）课程理念

1."互文"读写能促进深度学习

我们阅读时，一定有这样的经历，打开一本书，与这个文本对话，我们却能倾听到与这文本相关的他文本的各种不同的声音。这些倾听到的他文本的各种不同的声音，有的是似曾相识的，有的是与你已有认知冲突的，有的是能唤醒你心里的渴望和憧憬，有的是完全陌生的，有的则让你满心疑惑。原因就在于，我们阅读的文本只是文本群网络结构中的一个点，它与其他相关有关文本有着各种各样的联系。而其他相关文本可能是我们曾经对话的产物，可能是已在我们的认知图式里的存在，可能是一个模糊的认知，也可能完全陌生。于是，当我们阅读理解某一文本，若能自觉地参照与之相关的其他文本，那么，词语及其意义就可能得到准确、全面与完整的揭示，而且在揭示的同时，又是对他文本词语及其意义的重认、理解与整合，有时甚至是对其原意的摧毁与颠覆。于是，以当前文本的读写为中心，顺着当前文本的延伸，找到与其他文本开展对话的触点，经历一翻对话后，再反过来作用对话于当前文本，如此，阅读主体自由地穿梭于各文本之间，完成"互文"读写的过程，对于当前文本的理解一定是深刻的，对于意义的建构一定是深邃的。

基于这样的学理认同，互文读写的过程可以实现文本内部语言的追根溯源，也可以与文本外部促进人的精神的奠基和核心素养的形成。因此，我们要学习把单一的作品置于作家的整个创作体系中，置放于作家创作的历史背景中，置放于几个互为关联的互为映衬互为对照的文本群而形成的更为广阔的人文坐标中去实现阅读，充分挖掘文本间的互涉性，通过多元观照、比较和呈现，得出对文本的深度阐释。如若切断此文本与其他文本间的一切联系，虽经历与具体文本的对话，因为文本是封闭的、孤立的、狭窄的、割裂的，对话所得必定是肤浅的、片面的、局部的。叶圣陶也曾说，阅读时"不用旁的文章来比勘、印证，就难免化不开，难免只知其一，不知其二"。所以，"互文"读写可促进深度学习。

2."互文"读写能实现宽度学习

互文性理论认为，任何文本都是文本群中的一个。每个具体的文本在这个文本群与其他文本产生着各种各样的联系，联系的方式全然不同，或者因为词句相承，或者内容相类，或者感情相融，或者体裁相同，或者风格相似，有的可能同是文字文本，有的可能与非文字文本相互印证和充实。阅读主体围绕议题，寻找事件的真相，探究意义的真谛，在文本与相关文本间实现读者与作者、多个文本间的多向度对话，其阅读的数量增加，文本的类型增多，阅读内容丰富，"互文"读写在多向度的印证、观照、吸收、借鉴中，可实现宽度学习。

3."互文"读写能提升阅读能力

"互文"读写是阅读理念，也是阅读策略和阅读方法。"互文"读写，往往为完成议题而进行，从议题的发现，到互文本的取舍，到实现与互文本性文本间的多重往返对话，是方法的训练，也是能力的提升。在"互文"的领域里，某个具体的文本是开放的，与其他文本发生种种联系；是动态生成的，在文本群的广阔的坐标中，无论是横向还是纵向都与其他文本互证、互补、互渗，开放的、动态的文本，既是对阅读个体能力的巨大挑战，也是促进阅读主体生命个性化的大好机遇。"互文"读写促进学生与多个文本的立体阅读和多向对话。

（三）课程目标

1. 学习"互文"的阅读方法，学会发现问题，寻找、筛选与选择文本，学习运用联想与比较的方法，获得对文本的个性化的理解。

2. 在互文读写的过程中，锻炼阅读能力，培养搜集信息、筛选信息的能力，理解、分析比较、鉴赏等的能力。

3. 在互文读写的实践中培养喜欢阅读的习惯，乐于言说的态度。

（四）课程内容

活动主题	活动内容	活动目标	课时安排
1. 由丰子恺的漫画和散文想到的	1. 课文里的插图 2. 丰子恺的图与文 3.《三国演义》中的图与文	1. 了解插图对于文本的互文意义。 2. 欣赏丰子恺相映成趣的漫画和散文。 3. 发现古代小说中图像的表现方法及对于小说表达的互文价值。	3

续表

活动主题	活动内容	活动目标	课时安排
2. 流动的文学凝固的音乐	1. 音乐也可看得到 2. 歌与词 3. 美文美诵	1. 学习运用联想、想象等思维方法欣赏音乐，并学会以感官转移的方法表现和描述音乐的美。 2. 尝试欣赏音乐，朗诵歌词，发现语言与音乐的相融相契，培养学生的审美情趣。 3. 以配乐为策略，学习朗诵，体味语言的旋律美和情趣美。	2
3. 你了解课文吗	1. 发现课文体例 2. 了解课文各体例的功能 3. 探究课文各体例间的互文关系 4. 讨论我们怎样使用课文	1. 了解课文的体例，领悟各个栏目设置的功能及各栏目间相互作用。 2. 学习借助各个栏目的独特功能，学会使用课本。	2
4. 民俗背后的文化密码	1. 春节的民俗活动与民间传说 2. 清明的民俗活动与民间传说 3. 端午的民俗活动与民间传说 4. 中秋的民俗活动与民间传说 5. 元宵的民俗活动与民间传说	1. 了解传统节日的活动仪式。 2. 阅读相关的民间文学，了解民俗活动背后的文化源头。 3. 感悟和发现民族文化的传统魅力。	5
5. 这个内容好像在哪里读到过	1. 主题相类的互文读写 2. 体裁相类的互文读写 3. 同一作者的互文读写 4. 语言结构相类的互文读写 5. 语言风格相类的互文读写	1. 学会互文读写的一般方法：发现议题、筛选互文、探究问题、意义建构。 2. 养成合作学习的习惯，锻炼合作学习的本领。 3. 在互文读写中提升语文素养。	6
6. 玩转古代与现代的穿越	古诗与现代诗的对话	1. 学习欣赏古诗与现代诗。 2. 在古诗与现代诗转化中锻炼语言能力。	3
7. 观影片读课文	影音与文本的对话	1. 观影片，培养复述影片的语言能力。 2. 学会发现文本和影片不同的表现形式，初步学习鉴赏影片的能力。	3
8. 诗情画意	诗画互渗、诗画互补	学习诗、画互读，深刻理解诗的意境和情感。	2
9. 抄袭也合理	1. 关注"引用"学习互文对读 2. 发现"模仿"学习互文读写 3. 练习"续写"实践互文读写	1. 学习运用"引用""模仿""续写"进行表达。 2. 在名篇的"引用""模仿""续写"寻找中，领悟"引用""模仿""续写"等的表达作用。	3

（五）课程资源

1. 六年级教材。

2. 同步阅读。

3. 与文本相关的音频文件、图像文件。

4. 多媒体平台、网络空间。

（六）课程实施

1. 年级：6 年级。

2. 课时：每周一课时指导课。

3. 活动场地：在本班教室。

4. 活动组织形式：自由报名，小班教学。

5. 活动方式：举行阅读交流会、主题阅读研讨会。

（七）课程评价

1. 阅读习惯和态度（20 分）。

2. 小组合作（20 分）。

3. 议题提炼（20 分）。

4. 议题论述（40 分）。

（八）注意事项

1. 指导课的指导和平时练习相结合。

2. 个体阅读与小组交流相结合。

三、课程设计

本课程共设计以下个内容。

1. 由丰子恺的漫画和散文想到的（语言与图画的互文读写）

2. 流动的文学凝固的音乐（语言与音乐的互文读写）

3. 你了解课文吗？（课文内部的互文读写）

4. 民俗背后的文化密码（民俗仪式与民间文学的互文读写）

5. 这个内容好像在哪里读到过（关注语言、文章的互文读写）

6. 玩转古代与现代的穿越（现代诗与古诗的互文读写）

7. 观影片读文章（影音与课文的互文读写）

8. 诗情画意（古诗与配画的互文读写）

9. 合理的抄袭（关注引用、模仿、借鉴的互文读写）

下面是其中一个内容《流动的文学凝固的音乐》的教学设计。

流动的文学凝固的音乐

活动目标

1. 学习运用联想、想象等思维方法欣赏音乐，并学会以感官转移的方法表现和描述音乐的美。

2. 尝试欣赏音乐，朗诵歌词，发现语言与音乐的相融相契，培养学生的审美情趣。

3. 以配乐为策略，学习朗诵，体味语言的旋律美和情趣美。

活动准备

1. 准备《月光曲》《高山流水》、京剧《穆桂英挂帅》片段、若干轻音乐、流行音乐。

2. 《月光曲》课文、《伯牙绝弦》课文、《看戏》片段。

3. 适宜朗诵的小文两篇。

活动时间

2 课时

活动过程

（一）听乐声

1. 有人说美好的语言是凝固的音乐，而悦耳的音乐则是流动的文学。旋律与美文是一家。今天这节课，我们试着借用美的音乐去感受语言的美妙，也试着用美妙的语言，去欣赏流动的乐声。

2. 媒体播放钢琴曲《月光曲》、古筝曲《高山流水》、京剧《穆桂英挂帅》中梅兰芳的唱段。

3. 请你说说听完音乐后的感受。（教师鼓励学生大胆自由地表达。）

4. 听着这样的乐曲，你想到用哪些语言进行描述？你觉得困难吗？困难在哪里？

（二）看乐声

1. 有人也和你们一样爱好音乐，欣赏了这三段音乐。第一位是爱好音乐的皮鞋匠聆听了贝多芬的钢琴曲《月光曲》，第二位是钟子期欣赏了俞伯牙的《高山流水》，第三位是著名文学家、翻译家叶君健，欣赏了梅兰芳的京剧《穆桂英挂帅》中梅兰芳的唱腔。他们也都觉得这些乐声是世上高妙的乐音。他们把这三段乐音用文字的形式记录下来。

2. 请学生阅读事先为学生准备好的三段文字。

3. 请学生以小组讨论：

你觉得这三段文字妙在何处？

你觉得这三段文字的描写与你听到的音乐哪个更动听，哪个更悦耳？

这三段文字有什么共同特点？

这三段文字给你什么启示？

4. 讨论后预设

描写音乐的方法：展开联想和想象，把听觉转化为视觉，让流动的音乐可以看得见。

5. 教师小结：语言能让音乐可以看得见，摸得着，能让我们抓住流动的音乐。音乐让语言更丰满，更可爱，此时，音乐是语言的内容和灵魂。

（三）写音乐

1. 播放一段音乐。

2. 交流：倾听这段音乐，你脑海里浮现的是什么画面？

2. 请学生把这段听到的音乐，转化成看得到的图像，记录下来。

3. 交流。点评，谁看到的音乐图像更符合音乐的本身，更有美感。

（四）填音乐

1. 出示两段文字，请学生阅读，并自由谈谈阅读后的感受。

2. 音乐能给文字以情感、意境、灵魂。这里有两首曲子，你觉得应该怎样搭配才合适。学生，听曲子，配歌词。全班讨论，阐述理由。

3. 搭配成功，配上乐曲听一听，音乐给了文字什么？文字又在音乐里找到了什么？并学着唱一唱。

4. 教师小结：诗歌本一家，《诗经》三百多首，曾都能唱。我们有个特别的朝代——宋朝，最鼎盛的文学样式是词，其原型就是歌词，是填在固定的一些曲子里，都是可以用来唱的。今天我们的音乐家、音乐爱好者、文学家，往往爱好文字的美，再锦上添花配以美的曲子，在代代传唱中，发扬传统，传承文明。

（五）配音乐

1. 音乐是个魔术师，最能在人的心头漾起层层涟漪。试听三小段不同风格的曲子。听完后，请学生谈谈心里的感受。

2. 在适合的音乐里，朗读一段美好的文字，往往会有锦上添花的功用，甚至在音乐的催化中，会有一些不一样的发现和感受。

3. 出示一篇美文《眼睛》。学生自由朗读。读完后，请学生讨论，这样的文字该配怎样音乐？

4. 听三段音乐。在小组中交流讨论，配哪首乐曲朗诵美文是最适宜的。

5. 以小组为单位进行配乐朗诵。

（六）活动延伸

1. 交流此次活动有哪些收获？

2. 布置课外活动。

寻找描写音乐和声音的美文。

寻找合适的音乐进行配乐朗诵。

寻找喜欢的歌词读一读。

寻找喜欢的流行乐曲，学着自己填填歌词，然后唱一唱。

四、实录点评

（2 课时）

（一）听乐声

师：有人说美好的语言是凝固的音乐，而悦耳的音乐则是流动的文学。旋律与美文是一家。今天这节课，我们试着借用美的音乐去感受语言的美妙，也试着用美妙的语言，去欣赏流动的乐声。我们先来听一首钢琴曲。（播放《月光曲》）

生：（学生静静听曲）

师：听得很认真，有什么感受，有什么话想说的，请自由说一说。音乐对爱好它的人们，是宽容的，是友好的。希望大家放开胆子讨论、交流。

生1：很好听。

生2：我觉得这段曲子是有变化的。一开始我听着心很静，然后慢慢地心就不平静起来，当曲子速度很快的时候，我的心情很激动。最后乐曲慢慢地慢下来，我的心也静下来。

师：听你的描述，我们似乎能感受到音乐流动的柔美的曲线。

生3：这首曲子的节奏，由慢到快再到慢的。

师：不错，你们都有一双倾听音乐的耳朵。再奖励大家听一首曲子。（播放古筝曲片段《高山流水》）

生：（学生闭眼倾听）

师：说说你听到了什么？感觉怎样？

生 1：我觉得这一首古典曲子，很古朴。

生 2：这首曲子也有变化，有的时候平缓，有的时候高亢。

生 3：好像流水的声音。

生 4：我听着这首曲子感觉心很安静。

师：不错。刚才听的两首是纯音乐，只有旋律，没有歌词。接下来听的不是纯音乐，是戏典音乐。知道中国国粹级的戏曲是什么吗？

生：京剧。

师：对，听一段京剧唱腔。这折京剧《穆桂英挂帅》，讲的是宋朝杨门女将穆桂英的故事。穆桂英 53 岁，为保家卫国，不顾年老力衰，再次披挂掌帅出征的故事。这一段唱腔就是她出征前的一段唱腔。（播放京剧《穆桂英挂帅》中梅兰芳的唱段）

生：（倾听戏曲）

师：交流一下听后感受。

生 1：和我们的越剧不一样。

师：对，我们听惯了越剧。京剧的旋律和越剧的调子有着截然不同的风格。

生 2：我听不太懂她唱了什么，但是模模糊糊感觉，这一段唱得有点让人热血沸腾的感觉。

【点评 1：音乐有着无穷的魔力，能唤醒我们内心深处的微妙而美好的感应。美好的语言本身就蕴含着音乐的元素，所以音乐和语言有相通、相应、相融的、互转的条件和可能。选择《月光曲》《高山流水》以及梅兰芳的唱腔这三段音乐，是基于教材的资源和学生对文本的理解。六年级上册第八单元的课文《月光曲》《伯牙绝弦》《看戏》均是关于音乐的文本，在学生学习这三个文本的基础上，让学生欣赏音乐，对音乐的感知会更深刻些，音乐向语言的转化会更容易些。】

（二）看乐声

师：今天，回家去，你告诉朋友，或者爸爸妈妈，我们在语文拓展课上听了三首好听的音乐。人家问你，这三首曲子怎样？这三首曲子的内容是什么？你会怎么描述？

生 1：这三首曲子一首是贝多芬的《月光曲》，一首是古筝曲《高山流水》，还有一首是戏曲京剧的一唱段。

师：音乐也有实实在在的内容的，这三首曲子都讲了什么内容，你能用语言描述一下吗？

生：（无语，不知道该怎么言说。）

师：看来用语言来描述音乐有困难，这很正常。声音一发生，流动到空中，马上消逝，你看不到，抓不着，也摸不到。声音来无影去无踪。但是声音却又在我们的生活里实实在在地存在着。今天我们可以通过数据手段记录声音，比如手机、录音笔等。可是古代那些美妙的乐音能流传到现在，一方面往往通过一些特别的音乐语言进行记录传承，另外一方面，我们是用语言的方法对音乐进行记录、传播和传承。语言怎样记录美好的乐声呢？老师在你们的抽屉里放了一个信封，信封里藏了三段文字，这三段文字就是刚才你们听到的三段音乐的文字描写。请大家拿出来，先自己轻声阅读，一边阅读一边思考以下问题：

①你觉得这三段文字中，哪个字词、哪句话描写音乐最美妙？把你刚才感觉到了，却无法表达的感受和内容说明白了，说美好了？

②这三段文字有什么共同特点？

③这三段文字给你什么启示？

师：自己有一些想法，我们再在小组里交流自己的想法，注意要认真倾听同伴的发言，最后我们再进行全班交流。

生：（先自主阅读，2分钟后，在小组间交流，教师巡回其间，间或参与其中一组的交流、讨论）

【点评2：在比较阅读中，尝试让学生去发现文本表达的共性特点。源于学生对三段文字的背景材料的理解，依靠合作学习的组织形式，学生对音乐表现的发现应该是可行的。】

师：可以全班交流了吗？我们先来关注第一段文字。（屏幕出示《月光曲》片段）

> 皮鞋匠静静地听着。他好像面对着大海，月亮正从水天相接的地方升起来。微波粼粼的海面上，霎时间洒满了银光。月亮越升越高，穿过一缕一缕轻纱似的微云。忽然，海面上刮起了大风，卷起了巨浪。被月光照得雪亮的浪花，一个连一个朝着岸边涌过来……

师：哪位同学代表小组，先来交流一下你们的阅读发现？

生1：我们小组认为"正从""霎时间""忽然"这些词语用得特别好，把乐曲的变化写出来了。一开始月亮是慢慢地升起来，海面是上"微波粼粼"，表现了乐曲的轻柔、舒缓。接着月亮升高了，海面更亮了，这时的节奏比刚才轻快了，调子似乎也高了起来。最后海上波涛澎湃，这时的节奏更快，旋律也很高亢。

师：他们组的发现是运用"连接词"表现乐曲的变化。请你们组把这一段表现《月光曲》的文字，朗读朗读。注意要读出旋律的变化。

生：读。

师：关于这一段的研究，还有其他发现吗？

生：我们听曲子时，感受是模模糊糊的，读完这段文字，我知道了曲子的内容和曲子的变化。

师：模糊是因为流动的声音没办法抓住。清晰是因为读这段文字，让你仿佛看到了画面。按照曲子的变化，这里有三幅画面，第一幅是——

生：明月初升海面。

师：不错。归纳得很有画面感。第二幅是——

生：明月穿微云。

师：第三幅画面呢——

生 1：波涛汹涌

生 2：雪浪银涛。

师：哪个更有味道？

生 3：雪、银表现了月光照耀下的波涛汹涌的大海。

师：不错。看来，乐曲不仅仅只是用来听的。听着乐曲，脑海里会出现一幅幅相应的画面，于是乐曲也就能够看得到、抓得着、触摸得到了。

【点评 3：在对话交流中，引导学生发现音乐向语言转化的两个方法：一是运用连接词语表现音乐的流逝和变化；二是运用想象，把听到的转化成看到的，使无形的音乐，可以看得到。】

师：接下来，我们交流关于第二段文字的发现，哪一组先发言。（屏幕出示第二段文字）

> 伯牙鼓琴，志在高山，钟子期曰："善哉，峨峨兮若泰山！"志在流水，钟子期曰："善哉，洋洋兮若江河！"

生 1：我们认为"峨峨兮泰山"和"洋洋兮江河"写得特别好，表现了音乐雄伟和开阔。

师：谁还想说？

生 2：用"峨峨兮泰山"，我们能感受到音乐，音乐表现了山。

师：或者是像山一样的雄伟的形象，像山一样坚定的志向，像山一样包容的姿态。继续说。

生 2：用"洋洋兮江河"表现音乐像江河一样的开阔。

师：像江河一样的浩瀚，像江河之水一般的奔流不息，像江河一样的不枯竭，川流不息。

师：钟子期用什么办法跟俞伯牙交流，我听懂了你的音乐。

生：听着音乐，脑海里浮现出了由音乐而联想到的一幅幅画面。

师：还是画面。是画面，让本来只属于耳朵的音乐，让眼睛也可以分享。还有第三段文字的阅读发现，哪一组发言？（屏幕出示第三段文字）这是关于戏曲的唱腔的文字表现。

> 她圆润的歌喉在夜空中颤动，听起来辽远而又切近，柔和而又铿锵。戏词像珠子似的从她的一笑一颦中，从她的优雅的"水袖"中，从她婀娜的身段中，一粒一粒地滚下来，滴在地上，溅到空中，落进每一个人的心里，引起一片深远的回音。

生1：我们觉得这段文字把声音比作"珠子"，把声音写得非常美。再说声音像珠子一样一粒粒地滚下来，滴到地上，溅到空中，把唱腔写活了。

师：你有补充。

生2：珠子是圆润的，珠子是饱满的，珠子是晶莹剔透的，泛着光泽的。说声音像珠子，我想这样的声音应该是饱满的，有弹性的，非常好听的。说珠子的"滚动""滴落""溅起"，不但说明唱得有动感，有活力，也说明唱得有弹性。

师：说得有水平。这声音极富张力。这三段有对于音乐的捕捉和描写的共同特点吗？

生1：都由声音，联想到了画面。

师：说得详细点。

生2：第一段文字，由声音联想到了海上月亮升起的画面。第二段文字，是由音乐联想到了泰山和江河，第三段文字是由音乐联想到了珍贵美好的珍珠。

师：你觉得我们可以怎样抓住声音？

生1：听音乐，展开想象，联想到画面记录下来。

师：对，运用大胆的联想，把听到的转换成看到的，如此一来，我们就可以描写你听到的感受到的音乐的内容了。

【点评4：在三个文本的阅读中，发现音乐向语言转化的共性策略或方法，其实也是语言在表现音乐时的一般范式。因为音乐与语言都可能引发人的想象，一个是由听觉引发想象，一个是视觉引发的想象。它们的共通点在于它们都能唤醒我们曾经的经验和图像，唤醒我们曾经美好的记忆和体验，于是音乐和语言就有了交集，有了可以相互见证和相互映照的条件。而由听觉而引起的视觉图像，这在文学上有一个修辞术语就是通感。此时，虽不讲通感，却已明了通感的内容和本质。】

师：自古以来，好多诗人、作家都用这样的形式来表现音乐。我们来看这一段写声音的文字。（出示《老残游记》中的片段，请学生欣赏。）我请个同学读一读。其他同学仔细听，认真发现，作者用了什么图像来表现怎样的声音？

王小玉便启朱唇，发皓齿，唱了几句书儿。声音初不甚大，只觉入耳有说不出的妙境：五脏六腑里，像熨斗熨过，无一处不伏贴；三万六千个毛孔，像吃了人参果，无一个毛孔不畅快。唱了数十句之后，渐渐的越唱越高，忽然拔了一个尖儿，像一丝钢丝抛入天际，令人不禁暗暗叫绝。哪知她于那极高的地方，尚能回环转折。几啭之后，又高一层，接连有三四叠，节节高起。恍如由傲来峰四面攀登泰山的景象：初看傲来峰峭壁千仞，以为上与天通；乃至翻到傲来峰顶，才见扇子崖更在傲来峰上；乃至翻到扇子崖，又见南天门更在扇子崖上：愈翻愈险，愈险愈奇。那王小玉翻到极高的三四叠之后，陡然一落，又极力骋其千回百折的精神，如一条飞蛇在黄山三十六峰半中腰里盘旋穿插。顷刻之间，周匝数遍。从此以后，愈唱愈低，愈低愈细，那声音渐渐的就听不见了。满园子的人都屏气凝神，不敢少动。约有两三分钟之久，仿佛有一点声音从地底下发出。这一出之后，忽又扬起，像放那东洋烟火，一个弹子上天，随化作千百道五色火光，纵横散乱。这一声飞起，即有无限声音俱来并发。那弹弦子的亦全用轮指，忽大忽小，同那声音相和相合，有如花坞春晓，好鸟乱鸣。耳朵忙不过来，不晓得听那一声的为是。正在撩乱之际，忽听霍然一声，人弦俱寂。这时台下叫好之声，轰然雷动。

生 1：用努力登泰山的画面，来表现声音的越来越高。

生 2：用"钢丝抛入天际"来表现声音，这声音应该是非常尖利有力的。

生 3：作者说声音如"一条飞蛇在黄山三十六峰半中腰里盘旋穿插"，我想那声音应该是打着旋儿的，曲曲折折的，非常好听。

【点评 5：再选入经典，以强化对音乐可以用想象把它转化成看到的画面写出来的方法。如果说，上面三例是教材内部的互文，那么这一内容的选择，由课内走向课外，使语言习得更有一般指导的意义和功能。】

（三）写音乐

师：声音可以用画面来表现。那是因为美的音乐与美的文字同是艺术，它们表现人的思想和情感有许多相通的地方。所以，语言能让音乐可以看得见，摸得着，能让我们抓住流动的音乐。音乐让语言更丰满，更可爱，音乐是语言的思想和灵魂。怪不得有人说：声音是流动的文学，而文学则是凝固的音乐。音乐在我们的生活里相融相和相谐相生。想不想，练练，把听到的乐声，转换成画面，记录音乐的本领。

生：想。（学生跃跃欲试）

师：我这里播放一段音乐，请大家闭上眼睛尽情地想象，然后把你看到的画面记录下来。

生：（听乐音。然后进行记录）

师：谁能把你看到的和大家交流一下。

生 1：（略）

生 2：（略）

【点评6：言语能力是在实践中习得的。学生聆听音乐，不但完成了音乐与心灵的对话，也完成音乐与语言的对话，在音乐与文本的的互文读写中，更是促进了综合素养的全面提高。】

（四）填音乐

师：美好的乐声和美妙的文字一样，都是艺术，都能唤起我们心中的美好的情愫。当一段美妙的文字邂逅一段合适的音乐时，文字会因乐声获得新的生命；当一段美妙的乐曲遭遇一些美丽的文字，音乐会因文字而更加丰富形象。老师这里有两段美妙的文字。我们先看第一段文字。（屏幕出示第一段文字李叔同的《送别》）

> **送别**
>
> 　　长亭外，古道边，芳草碧连天。晚风扶柳笛声残，夕阳山外山。天之涯，地之角，知交半零落。一壶浊酒尽余欢，今宵别梦寒。
> 　　长亭外，古道边。芳草碧连天。问君此去几时来，来时莫徘徊。天之崖，地之角，知交半零落。人生难得是欢聚，惟有别离多。

师：请大家自由读上两三遍。然后说说你对这段文字的理解。

生1：这段文字题目是"送别"，它表达的是依依不舍的离别之情。

生2：长亭外、古道边、碧绿的芳草、夕阳构成一幅美妙的图画，但这幅图画充满了哀伤和忧愁。

生3：文字也表达了人生欢聚少、离别多的无奈。

生4：这段文字里也有声音，是笛声。它用一个"残"，让我们想到了与"残破""残败"有关一切图像，所以这笛声给人的感觉不是温暖的、快乐的，而是忧愁的。

师：我们带着这样感觉，再读一读这一段文字。

生：朗读。

师：这里还有一首律诗。这首律诗大家比较熟悉。请个同学读一读。（出示毛泽东的《七律·长征》）

生：（有感情朗读）

师：第一段文字是近代佛学大师、民国文学奇才李叔同写的。第二段文字是我们开国领袖毛泽东的作品。两首给人的风格、传递的情感、表现的情怀完全不一样。读这两个作品，你分别联想到了怎样的音乐？

生1：《送别》应该是轻柔的、抒情的。《长征》应该是大气磅礴的、气势恢宏的。

生2：《送别》节奏慢一点，《长征》感觉节奏可以快一点，强一点，有力量点。

师：给大家听两段乐曲，你觉得它们分别可以与哪段文字相应和。（播放第一段乐曲《长征》，第二段乐曲《送别》）

生：第一段乐曲与《长征》搭配比较和谐。我听着感觉有热血沸腾的感觉。让人想到了长征的困难，也想到了红军的不怕困难的精神。

生：第二段乐曲搭配《送别》

师：理由呢。

生：第二段乐曲，听着心里会有些酸酸的、依依不舍的感觉。刚好能表现送别的情感。

师：你们既有文学的感觉，也有音乐的感觉。第一首是音乐家为毛泽东的《七律·长征》配的曲子，而第二首是李叔同为自己写的歌词配的曲子。想听一听吗？

生：想。

师：播放两首配有歌词的曲子。说说看，有了音乐后，读这些文字有什么感觉？

生：这些文字在音乐里，仿佛这些文字都有生命力了。

生：这些文字在音乐里，本来没声音的现在变得有声音，这些文字变得更亲切，更有味道了。

师：是的，音乐可以增添文字的无穷魅力。文字也可以让音乐再现音乐的别样的精彩。其实文字和音乐，从远古时代起，就是一家子。今天我们讲到"诗"，往往喜欢用"诗歌"这个词语，"诗""歌"本来就是一家子。我们试着让音乐邂逅文字，跟着一起唱唱这两首不同风格的歌。

生：学生跟唱《送别》《长征》

师：诗歌本一家，《诗经》三百多首，曾都能唱。我们有个特别的朝代——宋朝，最鼎盛的文学样式——词，其原型就是歌词，是填在固定的一些曲子里，都是可以用来唱的。今天我们的音乐家、音乐爱好者、文学家，往往爱好文字的美，再锦上添花配以美的曲子，在代代传唱中，发扬传统，传承文明。

【点评 7：发现语言的音乐的美，寻找与语言契合的音乐，在对音乐的比较中，也完成对语言的细微的品鉴。】

（五）配音乐

师：音乐是个魔术师，最能在人的心头漾起层层涟漪。听一段乐曲，说说，你此时的心情。（播放《病中吟》）

生：难受。

生：想哭。

生：心里特别压抑。

师：再听一首曲子。（播放《新春序曲》）什么感受？

生：快乐、兴奋。

生：非常轻快。我仿佛看到了新的希望。

师：再听一首。（播放《早晨》），说说你的感受？

生：心特别宁静。

生：我感觉周围特别安静。

生：我感觉心里什么乱七八糟的想法都没有了。

师：你们都有音乐的天赋。音乐确实很神奇，它能用奇妙的音符唤醒和调动我们身体里的各种感觉。如果我们把文字放在与它相应的音乐中，以这样的音乐做背景，往往会促进我们对文字的理解。音乐可以让文字锦上添花，甚至在音乐的催化中，会有一些不一样的发现和感受。

师：你们的桌上有一篇短小的美文。请大家拿起来，认真读三遍。第一遍读通读顺，第二遍读懂这段文字都写了什么，第三遍大声地有感情地朗读朗读。（屏幕出示小短文）

眼睛
姜华

妈妈，我即使走遍了世界各个地方，见过了各式各样的目光，我最依恋的仍是您那双温柔、迷人的眼睛。

我是您放入大海的一只小船，您的眼睛是我最安全的码头。

我是您放飞蓝天的一只风筝，您的眼睛是线绳，把我牢牢牵在手中。

当您用温情脉脉的眼睛凝视我的时候，我的心里涨满了爱潮，涌起了情的激浪。

当您用湖水般平静安详的眼睛凝视我的时候，在我的视野里顿时出现一片柔和的光，伴我进入甜美的梦乡。

在那动荡的岁月里，妈妈，您的眼睛里充满了忧伤，当您悲哀地望着我的时候，我感到世界像大漠般的荒凉。

当您的眼睛重新闪现了希望的火花，当大地在融融的春风里萌发出绿色的希望的时候，妈妈，您的眼睛宛如催我出征的号角，让我的双臂变成腾飞的翅膀。

生：（以小组为单位合作学习）

师：哪一组先来汇报一下，直接用朗读的方式，表现你们的阅读收获。

生：（小组进行朗读展示）

师：如果，我们能有一段适合的音乐，一定能让我们读得更投入，读得效果也更好。不过像这样的一段文字，应该选什么样风格的音乐呢？

生：慢一点，抒情一点的。

生：要那些悠扬的柔美的曲子。

生：还要带着点妈妈的温暖。

师：事先为大家准备了一些曲子。我们先一起听听。然后以小组为单位进行选择。（播放曲子，有两首曲子比较相近属于轻柔、舒缓类的轻音乐，有一首曲子稍欢快些）

生：我们觉得第一首曲子，可以配，能反映妈妈眼睛的温柔迷人。

生：我们觉得第二首曲子，也可以配，可以反映妈妈的温柔和慈爱。

师：都没有组选第三首曲子。

生：那一首曲子不能反映这一段文字的感觉，不协调。

师：对，语言用文字表达感情，音乐用音符传达情意。它们表达的都是人类的真诚的情感。所以它们可以相生、相融、相谐、相应、相和。第一组配上你们选的音乐，试试配乐朗读。准备好了吗？

生：准备好了。

师：我们开始。

生：生配乐朗读。

师：说说这样朗读的感觉。

生：很好听。

生：有了音乐的提示，对课文的理解好像更深刻了。

生：有了音乐，我感觉不紧张了。

师：第二组配上你们选的音乐，也试着完成一次配乐朗读。

生：生配乐朗读。

师：说说你们朗读的感受。

生：音乐，仿佛把我们带入到了那个境界里。

师：音乐把我们带入到了语言与音乐相通相融的美好的境界里。

【点评 8：说不清是音乐唤醒了语言的美好，还是语言让音乐获得了生命。当然，在 1+X 的语文拓展性课程里，应该是音乐为辅，语言为主，音乐让语言更感性，更鲜活，更有情趣。】

（六）活动延伸

师：这次拓展活动，我们用了 2 节课的时间，说说看，你有哪些收获？

生 1：音乐很美，语言也很美。音乐和文学可以互相帮助。

师：音乐里有文学的影子，文学里藏着音乐的旋律。

生 2：我们学会可以把听到的音乐记录下来的办法，就是一边听音乐，一边想象，把看到的图像记录下来。

师：听着音乐，你看到了音乐的图像，那是你耳中的音乐，你抓住的音乐。记住，每个人看到的音乐画面可以是不一样的。

生 3：我知道了音乐和文学是一家。从古代以来诗就是可以歌唱的，可以唱的词就是诗。

生4：有了音乐的帮助，我们对语言的理解会更深刻，更有感觉。

生5：现代有许多的艺术家，把美好的文字配上了美妙的曲子。

师：对，在传唱中，我们感受到了文字的音乐美，也让美好的文字代代传唱，代代传承。课外我们围绕文学和音乐，还可以继续开展下来活动：

寻找描写音乐和声音的美文；

寻找合适的音乐进行配乐朗诵；

寻找喜欢的歌词读一读；

寻找喜欢的流行乐曲，填歌词。

【点评9：拓展课程虽然已经结束，但由课程带来的福利将让学生终身受用，这既是言语本领，也是音乐欣赏的方法。】

【总评】

课堂实录为我们展示的是关于"语言与音乐"这个拓展活动的完整的实施过程。正如课程执行老师所言，这个拓展活动可以分成两个课时完成，第一课时内容是"听乐声""看乐声""写乐声"；第二课时实施的内容是"填音乐"，"唱文字""赏音乐""配音乐"，最后进行活动小结，再延伸到课外开展语言与音乐的互文读写活动。

1. 基于教材的课程设计

人教版教材六上册第八单元四篇文章，都是关于艺术的欣赏的。其中《月光曲》与《伯牙绝弦》讲的是中外两首经典曲子的传说。《月光曲》讲的贝多芬创作钢琴曲《月光曲》的传说，《伯牙绝弦》讲述了"知音"的文化源头。钢琴曲《月光曲》和古曲《高山流水》这两个非文字性文本，是对这两篇课文的最合适的互文；同理，这两篇教材也能提升我们对这两个曲子的鉴赏水平。我们可以从理解文本出发，探究乐曲的创作过程，了解曲子的内容，感受曲作者的情感。无论是文章的结构，还是文章中人物的言行描写，以及传说文本中情境、场境的描述，都可与乐曲的结构、乐曲的表现互证、互补。如《月光曲》一文中，关于皮鞋匠聆听音乐的想象，既表现了月光曲的内容，也表现了曲子的节奏和旋律，同时这段文字又是用文字捕捉声音的典型的可以模仿、借鉴和吸收的材料。《伯牙绝弦》一文中，钟子期听伯牙鼓琴，用"峨峨兮若泰山"和"洋洋兮若江河"来表现琴音，也用了把声音视觉化的办法来表现乐声的美妙。选学教材《看戏》中，叶君健对梅兰芳唱腔的表现，用"珠子"表现声音的饱满圆润，用"滚动""滴落""溅起"等形象的动态画面表现声音的起伏变化。教材中的这三篇文章足可以相互印证：音乐可以通过想象，用具体的形象的画面来进行表达。语言可以用"图像化"的策略来表现声音。执教者基于教材，发现教材中这三篇教材的互文性特征，也发现每一篇教材和与之相关的非文字性文本（音乐）的互文性特点，设计拓展课程，既是对教材的理解，也是对教材的深度挖掘，同时通过活动指导的策略，引领学生在互文对读中发现语言的内在规律，举一反三，习得表现声音的方法，锻炼语言表达的本领。

2. 基于生活的课程活动

原始的艺术诗乐舞一体。古代的诗都是能够歌唱的，也是能够配合音乐进行演唱的，所以诗又被称为"歌词"。纯粹的音乐艺术，是在语言文明发展的进程中，逐渐成熟并分化出去的。音乐和语言本质相同，音乐是用旋律和节奏表现生活，表达感情；语言用文字表现生活，表达感情。学生的生活里到处充满着乐声，一首好听的流行音乐，不仅有丰满的旋律、变化的节奏，还有内容丰富的歌词。旋律与歌词两个不同的艺术形式，在歌曲中合二为一，既相互补充，又相互印证和渗透，表现着生活的美好和情感的微妙。旋律因为有了美妙的歌词而加速流行，歌词因为有了美妙的旋律更加脍炙人口。从语言的角度讲，音乐可以促进语言的理解、积累和运用。执教老师挖掘教材美好的生活开展课程活动，让学生配音乐、唱歌词、诵美文，在音乐这个非文字的互文本的映衬下，语言更饱满，更美好，在学生的心头流淌起一首快乐的歌谣。

3. 基于素养的课程实施

"互文"读写，把单个文本放置作家创作的整个文本群中，对话的视野会更开阔，对话的建构会更主动，更深刻。学生既与单个文本对话，也与整个文本群对话，并且在多个文本间来回穿梭，完成对于"议题"的全面理解和深刻阐释。学生在与中心文本及相关文本的对话中，学习分析、比较等思维，学习在综合研究中建构主体的个性化的意义。"互文"读写的互文，既包括文字文本间的互文，也包括非文字文本间（音乐、影间、媒体、图像等）的互文。与当下文本互文的可能有传说、小说、诗歌、记叙、传记等材料，也可能有新闻文本、历史文本、数据文本、图表文本，"互文"读写，打破了语文学科与其他学科的壁垒，使跨学科阅读成为常态，这对于学生的素养促进有着积极的现实意义。

（设计者：绍兴市树人小学屠素凤　　点评者：绍兴市树人小学邵芳娟）

第 10 例　群文阅读

一、课程背景

"一个人的精神发育史就是他的阅读史！"阅读能力是现代公民必备的基本能力，也是小学阶段应该重视并加以培养的重要能力。提高学生的阅读能力，只能通过大量的阅读实践。

《语文课程标准》（2011 版）明确指出："九年义务教育的学生课外阅读总量应达到 450 万字。"强调要"培养学生广泛的阅读兴趣，扩大阅读面，增加阅读量，提高阅读品位。提倡少做题，多读书，好读书，读好书，读整本的书"。课标的"量化指标"和"理念导向"，需要一线教师重视日常的教学研究和实践。

理想的阅读课程体系包括"单篇阅读、群文阅读、整本书阅读"三种，这其中"群文阅读"起着桥梁作用。群文阅读并非单篇阅读的简单重组，却能够借助"群组文本"的方式，推动阅读能力的培养；群文阅读也并非整本书阅读的简单预备，却能够通过"群文"的方式，引导学生走向整本书阅读。

二、课程规划

（一）课程主题

练习群文阅读，提升阅读能力。

（二）课程理念

1. 群文阅读奉行发现至上，关注儿童的阅读体验与感悟，速读、体验与思辨应成为群文阅读实践课堂教学的关键词。

2. 群文阅读忠实于学生的默读与速读经历，关注阅读的第一感受，关注文本的整体风貌，以达到"每有会意，便欣然忘食"的阅读境界。

3. 群文阅读强调体验。体验是儿童与文本直接对话的过程，体验也是儿童远离课堂阅读的功利性，充分享受阅读乐趣的过程。

4. 群文阅读强调思辨，就是强调思考与辨析，强调想象力、创造力与逻辑推理能力在阅读空间的演练与自由飞翔。

（三）课程目标

1. 通过不同文体的群文阅读，初步了解群文这种阅读方式的基本特征和操作方法。
2. 通过比较、整合、延伸、活动等方法，初步了解不同文体的基本特征。
3. 通过思维导图、比较阅读等途径，积累并习得一定的阅读策略。
4. 激发学生对阅读的兴趣，拓宽学生的阅读视野，提升阅读能力。

（四）课程内容

活动主题	活动目标	活动内容	课时安排
神话故事一组	1. 了解神话的特点 2. 把握神话的叙事结构	1. 了解神话里的"神" 2. 体会神话的"神奇" 3. 感受神话的叙事结构	3
童话故事一组	1. 了解童话的基本特点 2. 把握童话的反复结构	1. 阅读反复结构的童话 2. 发现童话的叙事特点 3. 学习读写相似特点的童话	3
寓言一组	1. 了解寓言的基本特点 2. 掌握寓意的不同提炼方式	1. 发现寓言的叙事特点 2. 体会寓意的不同方法	2
小说故事一组	1. 了解小说的特点 2. 把握小说的基本阅读方法	1. 学习课文中的小小说 2. 阅读一组有相似结构或表达方式的小小说 3. 阅读小说，体会小说与小小说的异同 4. 了解小说的不同类型	4
儿童诗一组	1. 了解儿童诗的基本特点 2. 感受儿童诗的语言风格	1. 阅读并了解儿童诗的特点 2. 区别儿童诗与儿童组诗 3. 体会儿童诗的语言风格	3
古诗一组	1. 了解古诗的基本特点 2. 感受古诗的不同表达	1. 基于主题的古诗阅读 2. 基于诗人的古诗阅读 3. 基于意象的古诗阅读	3

活动主题	活动目标	活动内容	课时安排
散文一组	1. 了解散文的基本特点 2. 把握不同类型散文的阅读策略	1. 发现散文的基本特点 2. 叙事性散文的阅读方法 3. 写景类散文的阅读策略 4. 哲理性散文的阅读方式	4

（五）课程资源

1. 蒋军晶. 让学生学会阅读——群文阅读这样做 [M]. 北京. 中国人民大学出版社，2016.7。

2. 蒋军晶. 群文阅读——新语文读本 [M]. 北京. 人民文学出版社，2014.3。

3.《群文阅读语文新课程 1+X 读本》[M]. 贵州人民出版社，2016.3。

4.《群文阅读起步走教学设计集》[M]. 贵州人民出版社，2016.6。

5.《群文阅读国学驾到》[M]. 贵州人民出版社；2016.12。

（六）课程实施

1. 开设年级：五年级。

2. 课时安排：7 个专题，共 22 课时，五上和五下分别 11 课时，每周一课时。

也可结合教材的单元编写特点，有针对性地安排。

3. 活动形式：自由报名，小班教学。自主阅读，小组合作，全班讨论等方式进行学习。

4. 教学策略：默读、浏览、速读；比较、猜测、联系；画一画、想一想。

（七）课程评价

1. 读的速度分值：在规定的时间内完成默读、浏览、速读等，可得 20 分、15 分、10 分。

2. 读的能力分值：能借助比较、猜测、联系等方式进行阅读，根据熟练程度分别得 30 分、25 分、20 分。

3. 读的效果分值：能通过群文阅读，把握不同的文体特点；具备一定的文体识别能力，根据掌握程度分别得 30 分、25 分、20 分。

4. 读的延展分值：能搜集相关的阅读材料；能运用一定的方式来展示自己的阅读

成果的，根据情况分别得 20 分、15 分、10 分。

5. 得分超过 80 分的为"阅读小能人"，超过 90 分的为"阅读小达人"。

三、教学设计

本课程按照不同的活动主题，可以设计七大板块，分别为：

1. 神话故事一组

2. 童话故事一组

3. 寓言故事一组

4. 小说故事一组

5. 儿童诗一组

6. 古诗一组

7. 散文一组

下面是我的《小说故事一组》的教学设计。

《"故事一组"群文阅读》教学设计

一、教学目标

1. 通过群文阅读，感受一类故事的基本特点，把握阅读感受。

2. 通过比较阅读，体会故事反复的细节描写方法。

3. 通过策略引领，了解故事的情节发展与细节描写之间的内在联系。

二、教学重难点

教学重点：感受一类故事的特点，尝试运用简单的阅读策略。

教学难点：感受故事反复的细节描写与情节发展的关联。

三、教学对象：五年级学生

四、教学准备

1. 学生课前预习《一件运动衫》，并完成"预学单"。

2. 多媒体课件。

3. 群文故事。

五、教学设计

（一）变与不变，初感故事形态

1.快速浏览故事（《！！！！！！》），看自己能不能读懂？

2.讨论一：故事中什么是不变的？

3.讨论二：故事中什么是在变化的？

（二）聚焦预学，定位教学起点

1.借用"预学单"，聚焦内容和感受。

（1）文章主要讲了"我"和康威老先生之间的故事。故事中的"我"是不是作者本人？

（2）"我"为康威老先生做了什么？康威老先生又为"我"做了什么事？

（3）同学们读完之后有哪些感受？（朗读"预学单"中的感受）

（4）说一说：这是一件怎样的运动衫？

2.活用"预学单"，发现故事秘妙。

（1）问题一：这则故事，在已经读懂的基础上，我们还要读些什么？

①同学们摘录的四句话，分别告诉我们什么？

②读完这四句话，你们发现了什么？

③作者为什么要反反复复对这件运动衫的细节进行描写？

（2）问题二：四句话分别出现在故事的不同段落，这又是怎么回事？

①快速浏览，体会：作者分别是在怎样的情况下写到的？

②从情节的角度看，中间有没有遗漏？

③五句话完整地串起了整个故事情节。

（3）问题三：故事的情节是怎样发展变化的呢？

①出示三幅不同形态的"情节梯"，判断：哪一幅"情节梯"与故事的情节变化最吻合？

②如果用一个词来形容"情节梯三"所描述的过程，你会想起哪些词？

③一波三折的情节发展，有什么特别的好处？

3.小结：细节的反复描写，既串起了一波三折的故事情节，也带给了我们意料之外的阅读感受。

（三）自读自悟，习练阅读能力

1.阅读故事《一块钱》。一要快速默读。全文共1245个字，争取在4分钟左右读完。二要画出故事中"反反复复写到的句子"。

①交流1：这则故事主要讲的是谁？

②交流2：故事中有没有反反复复写到的句子？

2.再次回到故事，根据老师的提示，体会我对这位女人态度的变化。

①第一次遇到她，听她这样说，看她这样做，我觉得这个女人怎么样？

②几天后我又遇见了她，她还是这样说，我对她的态度怎么样？

③一个月后，我又一次见到了她，她还是这样说，那次的态度又是怎样的？

④后来与朋友谈起此事，朋友竟然知道这个人，我对她的态度发生了什么改变？

⑤当朋友告诉我她为什么会这样说、这样做，尤其是告诉我其实她的女儿已经死了的时候，我的态度是什么？

⑥故事的结尾，哪个词写出了我的态度？

3. 我对这个女人的态度是顺着怎样的轨迹变化的呢？让我们试着用"情节梯"来表示。

①用上关键词，画出情节梯。

②交流不同的"情节梯"，说说哪一种更符合故事的情节发展？

4. 讨论：为什么故事的结尾，定格在母亲借钱的这个动作上？有什么特别的含义？

（四）阅读比较，延展思维深度

1. 阅读故事《父亲的日记》。快速默读并思考：这则故事中的"反复"与前两则有什么不同？

（1）出示整理过的"故事情节对照表"。

（2）讨论：同样是关于"爱"的故事，同样用到了"反复"的方法。与前两则相比，这则故事中的"反复"有什么不同？

2. 研读故事的结尾。

（1）如果有可能，你希望这个故事怎样结束？

（2）读到了故事的结尾，你有什么想说的？

（3）你觉得什么样的人应该读到这样的故事？

（五）延伸阅读，自测阅读能力

1. 小结：这节课我们阅读了同一类故事，这一类故事的情节发展都是出人意料的，而细节又都是反复写到的。

2. 课外阅读故事《妈妈的银行存折》：争取在 5 分半钟左右读完；画出故事中"反复的细节描写"的句子；并议一议：故事反复强调的意思与母亲的爱有什么关系？

四、实录点评

（一）变与不变，初感故事形态

师：上课之前先请同学们快速浏览一则故事，看看你到底能读懂多少？（出示《！！！！！》）能读懂吗？已经读懂的孩子请举手。暂时还不太懂的呢？

师：我们简单讨论两个问题，看能不能帮助大家读懂故事。第一个问题，你有没有发现故事中什么是不变的？

生："这是一个古老的游戏"，这句话在故事中出现了很多次，是不变的。

生：好几句话后面都用到了省略号和感叹号。

生：破折号！

生：做游戏的地点是不变的，都在一棵老树下。

生：孩子们做的游戏是不变的，一直在做"木头人"的游戏。

生：做游戏的人是不变的。

生："我等的车都不来"这一点是不变的。

师：你们真厉害，一下子发现了那么多的秘密。那么故事中什么是在变化的呢？

生：欣然、哑然、愕然……这些词语都有"然"，但应该是不一样的。

师：你发现这些词语都是不一样的。猜一猜，这些词都跟人的什么有关的？

生：表情。

师：透过表情可以看出人的心情，这些词表达的意思都跟人的心情有关。

师：凭感觉判断下：这些心情的变化是呈直线的还是曲线的？

生：呈曲线的。

师：说明故事是曲折起伏的。

【点评1：简短的故事，加上简单的问答，有助于学生对即将学习的一组故事建立概念，指名方向。同时问题的开放性，也一定程度上铺垫了思维的导向。】

（二）聚焦预学，定位教学热点

师：这节课，我们要来阅读一组故事。课前，同学们都已经预习了《一件运动衫》，并且完成了"预学单"。现在，让我们简单回顾一下：整则故事共22个自然段，主要讲了"我"和康威老先生之间的故事（投影）。这一点都没有问题。需要明确的是，故事中的"我"是不是作者本人？

生：好像不是。

生：不是。我觉得他可能只是一个角色。

师：没错，"我"只是故事中的一个主要人物，所以"我"字上面要加上什么？

生：双引号。

师：故事中，"我"为康威老先生做了什么？

生：我用康威老先生的 1 美元 45 美分和我用来买运动衫退还的钱为康威老先生买了一双新鞋。

师：故事中，康威老先生有没有为我做点什么？

生：康威老先生用一只小狗换了一件运动衫，把它送给了我。

师：也就是说，他们都为对方献出了自己最心爱的东西，是吗？难怪同学们读完故事之后，写下了这样的感受（投影学生的预学单）——

生：我和康威老先生都是好人，因为康威老先生用自己的一只小狗换了我所喜欢的东西，而我却用自己非常喜欢的运动衫为康威老先生买了一双鞋子。

生：我的感受，人与人之间应该互相关爱，互相帮助。送人玫瑰，手留余香，帮助别人是自己快乐的源泉。人人为我，我为人人，我们大家互助互爱，多替别人着想，让我们相处融合一些。（掌声）

师：故事是围绕"一件运动衫"展开的，那么这是一件怎样的运动衫呢？老师从"预学单"中发现，大部分同学都找到了文中的四句话，也就是说这些信息都是同学们自己能够找到并读懂的。那么问题来了：既然同学们自己都能够读懂，那么这则故事，我们还要读些什么呢？（停顿）我想，有没有一种可能：虽然我们已经读过几遍，但故事中还有我们没发现、没深入思考过的？（学生纷纷点头）

【点评 2：教学从把握学生的学习起点入手，借助"预学单"，巧妙地梳理了文章的内容，把握了故事的情感基调，在回应学生已有的学习状态的基础上开启发现的旅程，对于调动学生的阅读兴趣、开启探究心理大有裨益。】

师：那么接下来我们将开启一段发现之旅。先从同学们摘录的四句话看起。这四句话告诉我们：这是一件怎样的运动衫？

生：从第一句话中可以知道，这是最漂亮的一件运动衫，前面印着一只蓝色的仰着头的大角麋鹿。

生：第二句话写着"红色运动衫，上面印着蓝色的大角麋鹿有多棒"。

生：从第三句话中可以知道，这是印着骄傲的仰着头的大角麋鹿的运动衫。

生：从第四句话中可以读到"一件印着仰着头的大角麋鹿的红色运动衫"。

师：读完这四句话以后，你发现了什么？

生：都写到了这是一件红色的运动衫。

生：都写到了运动衫上的"大角麋鹿"。

生：而且大角麋鹿还是蓝色的、仰着头的。

师：也就是说这几句话都对运动衫的颜色、图案以及图案的颜色和样子进行了非常细致的描写。这是一种什么描写？

生：细节描写。

师：这种细节描写还不止一次。像这样对同一个内容或者同一个意思进行一而再、再而三描写的方法，这是一种什么方法？

生：反复。

师：那么作者为什么要反反复复对这些细节进行描写呢？

生：因为"我"非常喜欢这件运动衫。

生：因为"我"太想拥有这件运动衫了。

师：也就是说这种细节的反复描写，更能表达出"我"对这件运动衫的喜爱与向往，是吗？可是问题似乎还是存在的。在摘录的时候我们发现，这四句话分别出现在故事的第 3、第 7、第 18、第 21 自然段。这又是怎么回事呢？请同学们快速浏览，也可以直接跳到这些句子所在的段落体会：作者分别是在怎样的情况下，对运动衫进行细节描写的？

师：好，让我们来交流。作者第一次写到，是在怎样的情况下？

生：这是我第一次看到这件运动衫，小男孩身上的红色运动衫引起了我的注意。

师：关键词——

生：注意。

师：（出示：注意运动衫）好的，第二次？

生：第二次是我想让妈妈给我买这件运动衫，所以才和妈妈说得这么细致。

师：想买运动衫，不错！第三次？

生：退还运动衫。

师：有点依依不舍，对吗？概括得真好。第四次——

生：又得运动衫。

师：又得到了，对吗？同学们真是厉害，不仅说得准确，而且概括得好。通过交流我们发现，作者不是在简单的反复，这种反复的细节描写是跟故事的情节发展联系在一起的。不过从情节发展的角度来讲，似乎中间环节有遗漏。你想：刚刚还是"想买运动衫"，怎么突然就过渡到"退还运动衫"了呢？这中间有买吗？

生：到了城里，我先到小男孩告诉我的那家大商店，找到挂着那种运动衫的柜台，毫不犹豫地用 3 美元买了一件，一出商店我就穿上了，心里充满了自豪。

师：在故事的第 8 自然段：我买到并穿上了这件运动衫。

师：孩子们请看，这五句话都写到了这件运动衫，完整地串起了整个故事情节。那么故事的情节是怎样发展变化的呢？为了便于理解，我们引入"情节梯"这种图式。大家请看，这里有三幅不同形态的"情节梯"。请你判断一下，你觉得哪一幅"情节梯"与故事的情节变化最吻合？

生：第三幅比较吻合。一开始我注意到这件运动衫，于是就想让妈妈给我买，后来妈妈真的给我买了。我觉得这个过程应该是向上的。后来我为了给康威老先生买新鞋，就把运动衫给退了，这里应该发生了变化。最后，康威老先生又把运动衫送给了我，结尾出人意料。

生：第三幅。我觉得前面部分，我从"注意运动衫"到"想买运动衫"，感觉上都是很顺利的。后来把运动衫退掉给康威老先生买新鞋，跟刚才的感觉发生了变化。最后，康威老先生又把运动衫送给了我，结果很好，也很意外。

师：是啊，第三个"情节梯"与前面两个的差异在于，它有转折的地方。体会一下：为了帮康威老先生买新鞋，我会把梦寐以求的运动衫退掉，你之前有想到过吗？

生：没想到。

师：所以故事在此处发生了第一次转折。

师：故事的结尾，我又得到了这件运动衫，你有想到过吗？

生：没想到。

师：结尾又一次出现了转折。

师："情节梯三"清晰地表现出了这两次转折的过程。如果用一个词来形容，这是怎样的一个过程？

生：一波三折。

生：跌宕起伏。

师：是的，一波三折、跌宕起伏，这也就是为什么我们读故事的时候会感到"意外"的主要原因。

师：读到这里，我们发现：作者这种细节的反复描写，既串起了一波三折的故事情节，也带给了我们意料之外的阅读感受。

【点评 3：整个"发现之旅"聚焦故事的核心点，引导学生剥茧抽丝，去主动发现故事的编织脉络和情节特点。整个过程以思维发展为导向，抽离的是一则故事的情节特征，铺垫的却是群文的"群组元素"。同时，"情节梯"的活用，很大程度上化解了对故事文体特征的把握难度。】

（三）自读自悟，可练阅读能力

师：让我们继续阅读。请拿出信封，打开故事《一块钱》。请注意：快速默读。全文共 1245 个字，争取在 4 分钟左右读完。画出故事中"反反复复写到的句子"。

师：好，孩子们，读完的请举手。咱们班的孩子默读能力真不错。我们一起来交流：这则故事主要讲的是谁？

生：一个在大街上乞讨、看起来有点怪怪的女人。

师：事实上她是一位——

生：母亲。

师：在故事中，有没有反反复复写到的句子？

生：故事中反复写到"给我一块钱，我要坐车去看女儿"。

师：这是母亲反复说的一句话。除此之外，还有反复写到的吗？

生：一只手本来向上摊，可是在借钱的瞬间突然翻转，手心朝下，两指如钳。

师：这是母亲接钱时反复做的一个动作。作者几次见到她，她总是这样说，接钱的时候总是反复做这个动作，这一言一行，几乎是一成不变的。可是，我对她的态度却是在变化的。让我们再次回到故事，根据老师的提示，跳着读，找出关键词，体会我对这位女人态度的变化。

师：第一次遇到她，因为不了解，所以听她这样说，看她这样做的时候，我只是觉得这个人怎么样？

生：很怪。

师：几天后我又遇见了她，听她还是这样说，我觉得她应该是个骗子，所以那次我怎么待她？

生：不理会。

师：一个月以后，我又一次见到了她，她还是这样说，这次我不但不理她，甚至对她产生了什么？

生：厌恶。

师：后来与朋友谈起此事，朋友竟然知道这个人，我感到有点意外，内心怎么样？

生：好奇。

师：当朋友一五一十地告诉我她为什么会这样说、这样做，尤其是告诉我其实她的女儿已经死了的时候，我怎么了？

生：震惊。

师：故事的结尾，作者用一句话表达了自己的态度——

生：只希望她在接钱的时候，手心，永远朝下……

师：关键词是——

生：希望。

师：这就是我对这个女人前后的态度变化，这是怎样的变化过程呢？让我们来学着画画"情节梯"。请你用上这六个关键词，根据变化过程，在方框内画出"情节梯"。

师：老师发现同学们中间普遍出现了两种不同的"情节梯"（展示）你们认为哪一种更符合故事的发展、我态度的变化过程？

生：第一种比较符合。一开始的时候，我对这个女人的态度一直都是不好的。在这种情况下，情节应该是向下发展的。后来，朋友告诉我之后，我对这个女人的态度就发生了改变，情节应该往上发展。

生：我也觉得是第一种。因为从"不理"她到"厌恶"她，这都说明我对她的态度越来越不好，应该是向下的；后来朋友的话让我的态度发生了改变，就慢慢向上了；最后我希望给她祝福，态度已经完全发生了转变。

师：先下后上、先抑后扬……态度随着情节的变化而变化，而情节的变化过程，依然是跟作者反复写到的细节紧密联系在一起的。

师：孩子们，你们发现没有：故事的结尾定格在母亲反复做的这个动作上。故事中其实反复写到了两个内容——母亲的一句话和一个动作。为什么故事的结尾，却只定格在这个动作上呢？这个动作，有什么特别的含义吗？

生：因为这个动作是她女儿教她做的，她的女儿不希望自己的母亲变成乞丐。

生：因为她觉得这个女人是自己的母亲，她希望母亲哪怕是在乞讨，也要讨得有尊严。

师：有尊严地活着，这不仅是她女儿的心愿，也成了我的"希望"。透过反复写到的细节，我们读懂了母亲和作者的心声。

【点评4：有了第一则故事的铺垫，这则故事的学习教师可谓"匠心独具"，妙在以"我对女人的态度变化"为线索梳理出故事的情感脉络，再引导学生借助关键词学画"情节梯"，巧妙地将阅读与能力训练有机结合，既有思维的含量，也有能力的学练，可谓一举多得。】

（四）阅读比较，延展思维深度

师：这样读故事有意思吗？最后我们来读一则《父亲的日记》。请注意看大屏幕。故事会在屏幕上自动播放，根据每页字数的多少自动翻页。所以要快速默读，同时边读边思考：故事中有没有"反复"写到的？与前两者故事有不同吗？

师：这同样是一则关于"爱"的故事，故事中有反复提到的吗？

生：这则故事中写了一件事。

生：我觉得应该是两件事，一件是关于父亲的，一件是关于我小时候的。

生：我补充一下。因为这两件事非常相似，所以好像觉得只有一件事一样。

师：也就是说"父亲老年的故事"几乎就是"我童年故事"的翻版，都写到了三个场景，这三个场景几乎是相同的。不同的是什么？

生：父亲对我是很好的，我对父亲是不耐烦的。

生：父亲给我的是爱，我对父亲却很不耐烦。

师：三个场景的细节是不同的，前后之间形成了什么？

生：对比。

师：这是与前面两则故事不同的地方。事实上，故事还没有结束。如果你是作者，你希望这个故事怎样结束？

生：我希望这个孩子渐渐变了，变得像父亲以前对待自己一样去对自己的父亲。

生：我觉得儿子应该会感到后悔，马上跑到父亲那里，去忏悔，去照顾他。

生：我觉得儿子应该会认识到自己的错，以后会好好对待自己的父亲的。

生：也有可能，儿子想去忏悔，但是已经来不及了，父亲已经走了。

师：故事的结尾是这样的——（出示：我悔恨交加，一下子泪流满面："爸爸，儿子不孝，儿子对不起您……"可是，父亲再也听不到我的声音了——父亲已经去世——我是在整理父亲的遗物时，看到了他老人家的日记。）

师：很显然，这样的结尾出乎大部分同学的意料之外。只有第四个孩子刚才猜到了，（第四个）孩子，能跟大家分享一下：你刚才为什么会那样想吗？

生：因为我觉得儿子他对父亲不孝，最后可能会有点转折，作者会想让读者读起来心情会有变化。

师：所以结尾是出人意料的，对吧？（请刚才的第二个）来！

生：我觉得作者想让故事的结尾符合这篇文章的特性，当他悔恨的时候已经来不及了，从而暗示我们一些道理。如果说结尾是"父亲和他以后生活在一起"，那么就不能更加浓烈地让我们感受到亲情的重要性。

师：说得真好。孩子，其实我们都希望最终这个孩子能够给父亲更好的孝顺，这是我们许多人的梦想或者说心愿，对吧？但事实上在现实生活中，我们大多时候不是这样的，所谓：子欲孝而亲不在。孩子们，你们说什么样的人应该读到这样的故事？

生：对父母不孝顺的人。

生：经常要抱怨父母，对父母不耐烦的人。

生：不懂得照顾父母、爱父母的人。

师：还不懂得怎么去表达爱的人，对吧？孩子们，通过细节的反复对比，我们读懂了故事的主题，那就是——

生：爱。

（五）延伸阅读，自测阅读能力

师：这节课我们阅读了四则故事，故事都用了反复的细节描写，情节发展都是出人意料的。我们发现，一些同学已经学会了阅读这一类故事的方法。课后，送每人一份《妈妈的银行存款》。看你能不能用这节课学到的阅读方法，去读懂这篇故事。

【点评 5：借助自动翻页，训练学生快速默读的能力；借助角色换位，培养学生的思维编织能力。三则故事训练点的明确与聚焦，阅读方式的多样而清晰，有助于学生建立起群文的概念以及形成阅读一类故事的能力。】

【总评】

本课是以"群文阅读"的视角，对当下小学语文阅读教学课程的某种探视，是对真正意义上的"教阅读"的大胆尝试。纵观本课教学，有以下几点得到了较好的体现。

1. 对"单篇教学"套路的大胆突围

所谓群文阅读，就是围绕一个或多个议题选择一组文章，而后教师和学生围绕议题展开阅读和集体建构，最终达成共识的过程。区别于单篇教学，群文阅读在单位时间内的多篇阅读，给老师如何处理和安置文本提出了很大的挑战。时间是个常量，这就意味着群文阅读不可能如单篇教学一样从认字、识字开始，不可能开展逐段阅读，不可能进行大量的有感情的朗读训练，不可能"字字着力、句句分析"，这对习惯了单篇阅读教学的老师来说是一种挑战。在这堂课中，如果算上课前谈话以及课后的独立阅读，本课共涉及 5 个文本，涉及近六千字。如果大规模的群组，就要求老师要深度解读、合理配置、巧妙搭接。从教学过程来看，这种线性的组合形态，对于没有太多群文阅读经验的学生来说，还是起到了较好的基础性作用。

2. 对"阅读能力训练"的大胆实践

"教阅读"区别于"教课文"，其中最重要的一点就是对"阅读能力"训练的定位。之所以要将如许之多的文本加以群组，很重要的一个思考在于能够通过集中阅读，引导学生在固定时间内实现对某种阅读能力的感悟和习得。比如本课教学中对学生默读能力的培养。《语文课程标准》对第三学段的默读训练有着非常清晰的量化要求：默读一般读物每分钟不少于 300 字。问题在于，有了如此清晰的学理依据，在课堂中如何加以实施和训练呢？本课教学作了非常清楚的引领：根据文本字数给定时间阅读，通过媒体自动呈现的逼迫式阅读，都是基于课程学理的实践探究。再比如"情节梯"的引入和学用，是对学生提炼信息、处理信息能力的一种训练，从教学现场来看，很多孩子是能够很快领悟并习得的。

3. 对"学情起点教学"的大胆把握

教师的教应该以对学生学情的有效认知为前提。本课教学中"预学单"的精妙设计，看起平淡无奇，实则却匠心独运。教学时对学生学情的回顾，对特殊学情的回应，对有效学情的活用，都是本课教学能够最终取得有效性的重要保证。可以说，在多大程度上把握和领会了学生的学情起点，就在多大程度上实现阅读教学的有效运行。

4. 对"阅读课程建构"的积极探索

立足课程的理念和框架，审视阅读教学，必然赋予阅读教学更多的立体感和系统性。尽管本课只是群文阅读课程的一个引例，但正所谓"窥一斑而不知全豹"，透过这一特定的课例，可以洞见吴老师在建构群文阅读课程方面的尝试和探索：基于发现、立足思考、指向能力……这些都是群文阅读课程建构的过程中所不可或缺的核心元素。

（设计者：绍兴市树人小学吴淼峰
点评者：绍兴市教育教学研究院特级莫国夫）

第 11 例　应用性文体

一、课程背景

应用文是人类在长期的社会实践活动中形成的一种文体，是人们传递信息、处理事务、交流感情的工具，有的应用文还用来作为凭证和依据。《周易·系辞下》："上古结绳而治，后世圣人易之以书契，百官以治，万民以察，盖取诸《夬》。"这段话告诉我们：在我国，应用文的出现是先于纯文学的，这里的"书契"指的就是应用文字，而这些应用文字是具有"治百官""察万民"的社会功用的。随着社会的发展，尤其在信息技术高度发展、生活节奏越来越快的当代社会，应用文的重要性更是日益凸显。

1. 社会生活的需要

应用写作由来已久，自殷代王朝的卜辞起，应用文在社会中就发挥着不可替代的作用。最初，卜辞被看作殷代王室的档案材料，是我国有实物可考的最早的文书。随着时代的进步，社会的发展，应用文的需求进一步放大。在单位或个人处理各项公务和日常事务，解决实际问题时，应用文便成为最直接最有效的为表述思想、交流信息、解决问题服务的写作。

2. 课程标准的要求

翻开《义务教育语文课程标准》（2011年版），我们可以清楚地看到课标对于义务教育阶段应用文写作教学要求如下：第二学段"能用简短的书信、便条进行交流"，第三学段"学写常见的应用文"，第四学段"根据生活需要，写常见应用文"。可见，小学生应用文写作应该成为小学语文教学的重要组成部分，它具有综合性、实用性、工具性等特点。

3. 教材与生活脱节

在以前的人教版小学语文教科书中也安排了部分实用性文体的写作，如：三上写日记；四上写导游词；五上写采访记录、读后感、简单的影评或书评；五下写书信、发言稿、研究报告；六上写演讲稿、建议书；六下写赠言。但是，总体而言，与小学生的生活有些脱节。比如，小学生日常生活中要用的请假条、借条、竞选稿、邀请信等都没有涉及。同时，随着信息技术的发展，在"互联网+"的时代，微信、微博、美篇、初页等新型实用性文体的出现且大量地在生活中使用，但语文教材却没有涉及到。所以，在语文拓展性课程中进行实用性文体写作的教学，既是对当下小学语文教学的补充，也是对课标要求的落实，更是现代生活的需要。

二、课程规划

（一）课程主题

学写常见应用文，便于传递信息，解决问题，交流情感。

（二）课程理念

1. 应用文是日常生活的必要工具

在小学生的日常生活中，简单、基础的应用文的使用频率很高。向老师请假要写请假条，借阅书籍要写借条，代表班级领取卫生工具要写领条，丢失财物想要找寻要写寻物启事，组织一项活动要写通知，邀请父母参加班级集体活动要写邀请书……无论是社会生活，还是校园生活，应用文都有着广泛的用武之地。语文教学要适应社会生活的需要，就应重视实用文体的教学。掌握了这些应用文的写作技巧，能更好地传递信息，解决问题，交流感情，能提高学生的语言表达能力和人际交往能力，为今后的学习、工作和生活做好充分的准备。

2. 应用文是写作教学的重要部分

应用文写作能力是一个人智能结构中不可缺少的组成部分，是现代化社会生活对一个人的语文素养提出的一个严肃的任务，迫切的要求。重视应用文教学要从平时抓起，要将应用文教学与其他文体教学放在同等地位。教学时，不仅要重视应用文的格式，而且要把应用文的思想性与学生生活的实际相结合。通过教学，让学生在走出校门之前就掌握基本的应用文知识，练就一般常用的应用文写作本领。这样才能真正把应用文教学落在实处。

3.应用文的写作教学要符合学理

教育心理学认为，学习动机是影响学生学习的非常重要的内部变量，是直接影响学生从事学习活动的内部心理动力。正确而又明确的学习目的，是形成和提高学习动机的必要条件。为此，教学中应根据应用文写作的特征和作用，让学生知道应用文是人类社会生活中最重要的一种运用语言文字的交际工具，大到管理国事、处理政务、组织协调，小至交际应酬、传递信息、请柬联谊，乃至个人日常生活中的思想表达，都离不开应用文写作。在语文拓展性学习中，将常见应用文分散在小学阶段的不同年级、不同时间，既结合生活实际，又符合学生的学习心理。

（三）课程目标

1.知道应用文体的实用性、重要性，激发学写实用性文体的兴趣。

2.学习基本的实用性文体的基本特点，学习基本的应用文本的格式及实用性文体的语言。

3.能根据生活的需要写简单、基本的应用文。

（四）课程内容

层次	活动主题	活动内容	活动目标	课时安排
低级	1.请假条	学写请假条	（1）通过《优雅的"请假条"》这篇文章的阅读，知道请假条的意义、作用，产生写请假条的兴趣。 （2）学会请假条的格式，能正确撰写请假条，养成要请假事先写请假条的习惯。	1
	2.留言条	学写留言条	（1）问题引路，交流、讨论，了解写留言条的意义及好处。 （2）范例引路，知道写留言条的方法。 （3）创设情境，学写留言条，做到格式规范，表达清楚。 （4）能在留言条当中，正确运用礼貌用语，使学生养成有事留言的好习惯。	1
	3.短信编辑	学习编辑情感真诚、富有文采的短信	（1）知道短信是表达情感的一种便捷的方式。明确短信在形式、内容、语言等方面的基本特点。 （2）学习鉴赏精彩的手机短信，学习写语言凝练、富有文采的短信。 （3）编写短信时应情感真诚，思想健康。	1

层次	活动主题	活动内容	活动目标	课时安排
中级	4. 电子贺卡制作与祝福语的撰写	制作电子贺卡；撰写祝福语	（1）学会制作电子贺卡，能根据贺卡的用途、祝福的对象等撰写合适的祝福语，并运用文本框和艺术字添加文字。 （2）合理使用信息技术丰富我们的生活，培养自我创新的能力。 （3）通过在 word 中制作电子贺卡，来传达人与人之间的友情、亲情或师生之情，体验成功的喜悦，把创新精神和实践能力融入课堂。	1
	5. 启事	学写启事	（1）知道什么叫启事，明白写启事的作用。 （2）会写常见的招领启事、寻物启事等，懂得启事的书写格式。	1
	6. 申请书	学写申请书	（1）了解申请书的作用、特点。 （2）学习写入队（团）、免作业等申请书，格式正确。	1
	7. 通知	学写通知	（1）懂得为什么要写通知。 （2）了解通知的固定格式和写通知时应注意的事项。 （3）学会写通知。	1
	8. 会议记录稿	学写会议记录	（1）了解会议记录的作用与意义。 （2）知道会议记录的格式，初步学会会议记录。	1
	9. 邀请信	学写邀请信	（1）知道邀请信的意义、作用及特点。 （2）学习邀请信的正确格式。 （3）能正确撰写邀请信。遇碰组织活动要邀请亲朋好友参加时，能尝试着写邀请信邀请客人。	1
	10. 我的微信晒起来	学习编写微信	（1）学习发图文并茂的微信。 （2）学习制作九宫格图片并撰写合适的文字在微信上发表信息，表达情感。 （3）学习在微信朋友圈里点赞。	2
	11. 美篇美生活	学习制作美篇	（1）学习制作美篇，用图文并茂的形式记录事情，传递信息，表达情感。 （2）了解给美图配美文的特点、方法。 （3）学会在微信圈里发美篇，收藏美篇。	2（设计见下面《三、课程设计》
	12. 微影评	学写微影评	（1）学习给微电影写微影评。 （2）学习给一部电影写短小、精练的影评。 （3）学会欣赏影评，知道微影评的特点及意义。	2

续表

层次	活动主题	活动内容	活动目标	课时安排
中级	13.给初中老师的自荐信	学写自荐信	（1）了解自荐信在当下生活中的重要性及作用。 （2）了解自荐信的不同风格、个性及自荐信的特点。 （3）学习写一封给初中老师的自荐信。	1

（五）课程资源

1.教师参考教材：罗时代罗时华编写的《实用性文体写作教程》，科学出版社，2009 年 9 月。

2.各版本小学语文教材上的应用文写作相关资源。

3.生活、校园、报刊、网络、手机等有关实用性文体写作的相关资源等。

（六）课程实施

1.开设年级：五年级下学期。

2.课时安排：13 个专题，一学期共 16 课时，每周一课时。

3.活动形式：自由报名，小班教学。四人小组分组学习，搜集资料、小组合作探究、分组汇报、分组展示等方式进行学习。

4.教学策略：在活动中明特点，在范例中学格式，在实践中学撰写，在运用中明意义。

（七）课程评价

课程评价采用百分制，由自评、生评、师评三部分综合而成，满分为 100 分。

1.自评：根据平时的课堂学习、技能掌握等情况由学生对自己一学期的拓展性课程学习做自评。满分 100 分。占学期总成绩的 20%。

2.生评：根据在小组中的参与程度、学习情况、作品展示情况对本小组同学进行评价。满分 100 分。占学期总成绩的 30%

3.师评：根据学生平时的学习情况、知识与技能的掌握情况、作品展示的情况进行综合评价。满分 100 分。占学期总成绩的 50%。

三、教学设计

本课程按照初级、中级、高级三个层次共设计 13 个内容。

1. 学写请假条
2. 学写留言条
3. 学习编辑情感真诚、富有文采的短信
4. 制作电子贺卡；撰写祝福语
5. 学写启事
6. 学写申请书
7. 学写通知
8. 学写会议记录
9. 学写邀请信
10. 我的微信晒起来
11. 美篇美生活
12. 学写微影评
13. 学写自荐信

下面是第 11 项内容《美篇美生活》的教学设计。

美篇美生活

活动目标

1. 欣赏各类美篇作品，初步感知美篇传递信息、表达情感的方式、特点与好处，激发制作美篇美丽生活的兴趣。

2. 聚焦近期学校一项活动后制作的美篇作品，讨论并总结：美篇的板块、结构等。

3. 尝试在校园里拍一拍照片，选一选美图，写一写文字，配一配音乐，美一美模板，初步学习制作美篇。

活动准备

1. 学生：准备一个智能手机，下载并安装好美篇 App。

2. 教师：准备学校近期活动（学生知晓或参与的）报道用的美篇作品一个。

活动过程

（一）欣赏美篇，交流感受

1.欣赏学校近期活动（学生知晓或参与的）报道用的美篇作品。

2.认识美篇 App 软件的标志。

3.欣赏各自手机美篇软件中一些优秀美篇作品（一至两个）。

4.交流：说说美篇给你的感受。

根据学生的交流总结出美篇的特点。

反馈：（预设）声图文并茂，吸引读者，传播迅捷，配乐应景，记录活动，传递信息……

5.揭题：今天这节课，我们就来学习如何制作美篇，记录生活的足迹，传递美好的信息，表达真挚的情感。

（二）学习制作美篇

1.一个美篇作品一般由哪几个部分组成？

反馈：（预设）标题、图片、文字、音乐

2.了解制作基本程序，交流并出示：

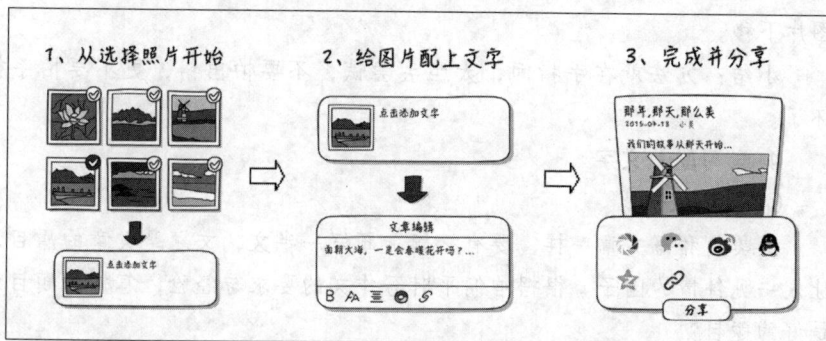

3.学习选择照片

（1）大胆尝试从手机相册里选择照片。

交流：你是怎么选择并导入照片的？

小结：两种方法。一种是打开美篇 App，点击首页最下面中间"+"，就可以直接从相册里选择照片。一种是打开美 App，点击首页右下"我的"，进入后，再点击"+"也可从相册里选择照片。

（2）用与刚才不同的方法尝试选择照片，并在小组中分享。如果碰到组员不会的，请给予帮助。

（3）出示：

选择了图片后，就进入了一个这样的界面。你发现了什么？

让我们把目光锁定"x"和"∧""∨"，大胆尝试下，你又发现了什么？

反馈：（预设）"x"是删除图片；"∧"表示把图片上移；"∨"表示把图片下移。

小结：方法就在手指间，大胆去尝试，不要怕出错，更不要怕手机会坏了。

4. 学习配上文字

（1）拟标题。

做美篇和写文章一样，要有标题。题好一半文，文题是文章的眉目，是让人一见钟情的因子。根据咱们平时写作文的要求与经验，怎样的题目才算是好的题目？

反馈：（预设）和文章内容相符的，明确具体能突出中心的，简洁醒目，新颖含蓄……

读读你手机上美篇 App 里一些美篇的题目，你喜欢哪些，和同桌交流一下，并说说理由。

你觉得怎样才能取个好的美篇题目呢？

反馈：（预设）有诗意，有哲理意味，幽默诙谐风趣，感情凝练深沉，出人意料……

小结：拟题的方法多种多样，不论采用哪种，关键要给人感觉既清新质朴又富有文采，能与文章内容浑然一体，起"画龙点睛"之效。相信，只要同学们多尝试，多练习，多思考，应该可以给你美篇作品拟出好的标题来的。

（2）尝试配上文字。

一个好的美篇作品，除了有美图，有标题外，还有一个很重要的部分就是文字。

A. 尝试着给你刚选择的其中一张图片配上文字。

B. 小组互相阅读组员写的文字，选择你喜欢的文字，说说理由。

交流并梳理出制作美篇时，给图片配上文字时应该注意的点。

（预设）：可以交代图片的内容，可以表达自己的感受，文字可以像诗句一样排列，语言简洁优美，文字不要太多（最多一幅图不能超过 500 字）……

C. 根据这些要求，修改或重新写一段文字。

D. 把你写的文字再给同桌分享，给予点赞或提出建议。

（3）配上音乐。

美篇与一篇纸质的文章不一样，还可以配上音乐，可以说美篇是一个声图文并茂的作品。

A. 大胆尝试，看看怎样才能配上音乐？

B. 交流：（预设）配乐有两种方法，一种是美篇 App 中有备选音乐，可以直接添加；一种是从手机下载音乐中选择，并且添加。

C. 选择音乐有什么需要注意的吗？

交流：先择与美篇内容、意境、情感相吻合的音乐。

5. 海报与模板

为了让自己的美篇更美更有个性，还可以选择不同的模板。同时，也可以制作海报，让更多的人来关注你的美篇报道。

大家试试。

6. 完成并分享

美篇作品制作好后，咱们可以在不同的平台上分享，看看，可以在哪些地方分享？

交流：（预设）微信朋友圈、微信好友、微博、QQ 空间等平台。

7. 总结

（三）尝试独立制作美篇

1. 拿着各自的手机到校园去拍摄校园美景。10 分钟后回到教室。

2. 用刚刚学到的方法独立制作美篇，有需要帮助的可以举手示意。

3. 小组分享美篇作品，选出优秀美篇作品 1～2 项。

4. 上台分享小组评选出的优秀美篇作品，点评优点，提出修改意见。

（四）分享收获

1. 通过一节课的美篇制作学习，谈谈你的感受。

2. 其实，美篇作品不仅可以用图片、文字、音乐来制作，还可以加上视频呢，下节课咱们继续学习。

四、实录点评

美篇美生活

（一）欣赏美篇，交流感受

1. 欣赏学校近期活动（学生知晓或参与的）报道用的美篇作品

师：同学们，上一周咱们学校举行了一年一度有趣的亲子运动会，咱们一起来回顾下。（通过微信电脑版播放学校亲子运动会宣传报道的美篇作品）

师：刚才老师播放的是学校专门为本次亲子运动会制作的宣传报道作品，是用美篇 App 软件制作的。平时，听说过美篇或者看过美篇作品的请举手。

生：大部分举手（只有三位同学没有举手）

师：说说你看过的美篇作品吧。

生：我看过的美篇作品是外公生日宴会后，妈妈做的美篇，记录了生日宴会的过程。大家看了都很高兴。

生：我们班同学春游回来后，齐子妍的妈妈制作了春游的美篇作品，我们都看到了大家开心的样子。

生：我阿姨寒假去了哈尔滨，她把旅行途中的图片和故事做成了美篇，看了她的美篇，我也好想去哈尔滨玩玩。

师：是的，旅行者用它分享游记，照片记录风景，文字记录旅程，图文并茂，生动有趣；摄影师用它分享作品，为每幅作品配上心得和说明，与同爱好的人交流更深入；职员们用它撰写报告，分享到部门微信群或直接发给领导，比 PPT 更方便；微商们用它发布商品信息，为每件商品加上说明和价格，客户更有购买欲望；父母们用它分享宝贝成长记录，记心情讲故事，让晒娃更加有趣；更有聚会留念、婚礼请帖、宣传海报、图文日记等多种用途。美篇已经成了现代人生活中不可缺少的啦！

【点评1：通过欣赏学校近期活动的美篇报道及简单的课前交流，学生能够初步感受到美篇传递信息、表露情意、记录生活的功能，初步激发学生对学习制作美篇的兴趣。】

2.认识美篇 App 标志

师：课前，老师请你们在自己的手机里下载并安装了美篇 App，请看大屏幕，是这样的标志吗？

生：是。

师：打到你手机里的美篇 App，指给同桌看看。

3.欣赏各自手机美篇软件中一些优秀美篇作品（一至两个）

师：真好！看来大家都安装了美篇 App，而且也认识了美篇 App。请打开 App。

师：出现了这样的界面，是吗？

师：瞧，这里有一些优秀的美篇作品，请你选择一两个阅读吧。

4.交流：说感受知特点

师：看完了作品，请你说说此时的感受吧。

生：我看的美篇题目是"相约新疆，放飞梦想"。首先，我觉得音乐很好听，图很好看，再加上文字，让我觉得新疆很美，很吸引我，我也想去新疆旅游。

师：的确，美篇是声图文并茂的作品，很吸引人。

生：我是一个吃货，最吸引我的就是《牛妈的厨房》，这个美篇里的图片特别漂亮，我一边看一边流口水。（其余生大笑）

师：是的，一个人喜欢什么，自然就会去关注什么，也会去选择什么。

师：谁再来分享？

生：我看的这个美篇是《校花》，是北京大学一个叫潘习龙的老师写的，只有一张图，全篇文章是一个很动听的故事。很吸引人。我看到已经有10000 多人阅读过啦。

师：看来，美篇还可以用来写故事，这样更能吸引读者。而且通过微信朋友圈、微博、QQ 等途径，传播得更快，能让更多的人读到它。

师：正如同学们所说，美篇是传递信息、表达情感、记录足迹的一种很好的方法。今天这节课，我们就来学习如何制作美篇。

【点评 2：通过欣赏手机美篇的作品，加上老师的小结点化，让孩子更直观地感受美篇的诸项功能。而自主地选择和阅读，充分体现了美篇能满足个性化需求的特点，从而进一步激发学生学习的欲望。】

（二）学习制作美篇

1. 一个美篇作品一般由哪几个部分组成？

师：同学们刚才阅读了几个美篇作品，那么，美篇一般由哪几个部分组成呢？

生：图片，很多漂亮的图片。

师：是的。一个美篇作品最多可以使用 50 张图片呢。

生：每幅图片下面或者上面还要写上一段文字。

师：图文并茂，有图有真相，更有说服力，更有情境感。

生：还可以配上音乐。

生：还有题目。

师：是的，美篇就是一篇有声音、有图片、有文字的新闻。难怪，2016年刚诞生的美篇，尽管年龄不大，但却家喻户晓。美篇的魅力还真大！

板书：标题、图片、文字、音乐

【点评 3：欣赏过品质优良的美篇代表作之后，总结出美篇的四个组成部分，既考察了学生的观察归纳能力，又为接下来学习制作美篇打下了基础。】

2. 了解制作基本程序，交流并出示：

师：美篇是怎么制作的呢？其实也不难，只要做好三步，一个美篇作品就基本上做好了。出示：

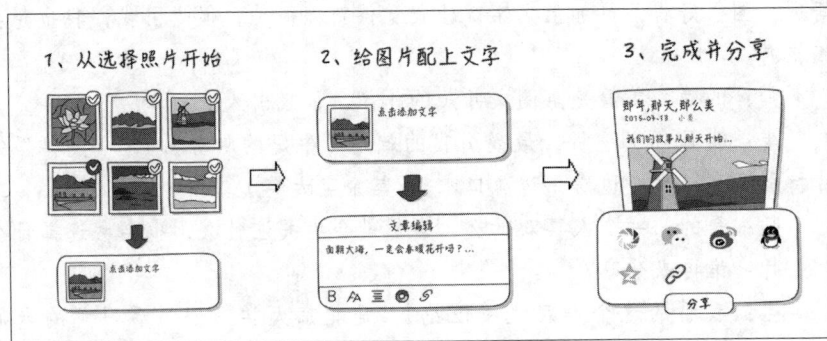

生：读。

师：下面，咱们一步一步来学习。

【点评 4：此处将美篇制作步骤以图文方式呈现，直观形象，简便易懂，降低了学习的难度。这更是对学生阅读非连续性文本能力的一次培养。】

3. 学习选择照片

（1）大胆尝试从手机相册里选择照片。

师：怎样选择照片呢？请同学们打开美篇 App，根据界面提示，大胆尝试，放心，手机是不会坏的哦！

生：开始尝试。

师：已经选择了照片的同学请举手。

生：举手。

师：看来，有不少同学已经会选择照片了。来，说说你是怎么选择照片的？

生：我点击最下面中间"+"的符号，就可以直接从相册里选择照片。

师：你选了几张照片？

生：我选了 7 张。

师：你是怎么选择照片的？

生：我先点击右下方"我的"，进入后，再点击"+"也可从相册里选择照片。

师：同学们真了不起，通过大胆尝试，找到了两种选择照片的方法。学本领，就是要大胆尝试，不要怕出错。

（2）用与刚才不同的方法尝试选择照片，并在小组中分享。如果碰到组员不会的，请给予帮助。

（3）出示：

师：选择了图片后，咱们就进入了一个这样的界面。你发现了什么？

生：我看到每一幅图的左上角都有一个"x"。

生：每一幅图外面都有一个方框。

生：每一幅图的右边都有"∧""∨"两个符号。

生：最上面还有"返回""编辑""完成"6个字。

师：观察得很仔细。让我们把目光锁定"x"、"∧""∨"和"+"，大胆尝试下，你又发现了什么？

生：尝试。

师：来，说说你的发现。

生："x"可以删除图片。

生："∧"表示把图片上移；"∨"表示把图片下移。

生："+"表示再增加一幅图片。

生：方框是用来写字的。

师：同学们，你看，发现就在手指间，本领就在手指间。只要大胆尝试，就能学到本领。

【点评5：学习选择照片时，充分尊重学生的自主性，先让学生自己尝试操作，探究方法，交流分享。并且充分利用了小组合作的优势，以生带生，组内互助，体现了以生为本的理念。】

4. 学习配上文字

（1）拟标题。

师：其实，做美篇和写文章一样，要有标题。人们都说，题好一半文，说得一点都不错。文题是文章的眉目，是让人一见钟情的因子。根据咱们平时写作文的要求与经验，怎样的题目才算是好的题目？

生：写的题目要新颖一些，才能吸引大家。

师：每个人都有猎奇心理，都喜欢新颖的东西。

生：题目要符合文章的内容。

生：题目要能反映中心，你想告诉大家什么，题目可以写出来。

生：题目要华丽些。

生：题目不能太长，要简洁生动。

师：真好！那美篇的题目是不是跟平时我们写的作文一样呢？请你读读你手机上美篇 App 里的题目。

生：读。

师：你喜欢哪些？和同桌交流一下，并说说理由。

师：来，向全班同学分享下你喜欢的美篇题目。

生：我喜欢《有一种恋人叫故乡》。我觉得很有诗意，很想读。打开以后，发现果然是用诗的形式来写的。

生：我喜欢的是《好久不见，甚是想念》。我觉得这一定是偏偏想一个人或者一个地方才制作的美篇。

生：我喜欢《我整整读了 10 遍，太透彻了！》。我很想读读是什么让他读了 10 遍。

生：我喜欢《西藏下雪了》，我觉得很直接，我一读题目，就知道他写的是西藏的雪景。

师：是啊，美篇的题目有的具体明了，有的含蓄诗意，有的有哲理意味，有的出人意料，有的幽默诙谐风趣，有的感情凝练深沉。无论如何，表达的是美的内容，作者的情感，吸引的是读者。

师小结：拟题的方法多种多样，不论采用哪种，关键要给人感觉既清新质朴又富有文采，能与文章内容浑然一体，起"画龙点睛"之效。相信，只要同学们多尝试，多练习，多思考，应该可以给你美篇作品拟出好的标题来的。

【点评6：给美篇拟标题看似是一个全新的教学内容，但是此处运用知识迁移的方法，将学生已有的写作文拟标题的经验迁移到为美篇拟标题上来，让学生意识到给美篇拟标题并不是无章法的，一个吸引人的题目必须具备很多特点，拟题的方法也多种多样，开拓了学生的思维。】

（2）尝试配上文字。

师：一个好的美篇作品，除了有美图，有标题外，还有一个很重要的部分就是文字。下面，就请你尝试着给刚刚选择的其中一张图片配上文字，可以用不同的形式。

生：配文字。

师：好，大多数同学已经写好了。在小组里互相阅读自己写的文字，选择你喜欢的文字，说说理由。

生：小组阅读并交流。

师：请小组里你们觉得写得好的同学上台来分享下。

生：天气奇冷，梅花斗艳，暗香浮动。

师：四字词语，用诗的形式排列，别出心裁，为你点赞！

生：除夕夜，我们一家回了农村老家，爸爸妈妈烧了一桌丰盛的年夜饭，爷爷奶奶乐得合不拢嘴。过年真好！

师：写出了时间、地点、人物与事情，语言朴实，情感却真挚，也为你点赞！

生：油菜花开了，老家的田野里一片金黄，层层梯田，满眼金黄。

生："停车坐爱枫林晚，霜叶红于二月花"，看着公园里满眼的红枫叶，我不由得想起了这两句诗。

师：用上了诗句，为你点赞！

师：刚才，我们分享了几位同学撰写的文字，有的直接交代图片的内容，有的表达了自己的感受；有的文字像诗句一样排列，有的写成了一段话；有的语言简洁明了，有的语言优美诗意……真好！下面，根据刚才的学习，请你修改或重新写一段文字。

生：二次写作。

师：请把你第二次写的文字再给同桌分享，同桌间给予点赞或提出建议。

生：同桌交流。

师：你觉得自己修改得有进步的，或者很想跟大家分享的同学，请上台来跟大家分享下。

学生上台分享。

【点评7：相对于单纯的习作，给文字配图，降低了习作的难度。这种全新的形式既满足了孩子表达的欲望，又调动了孩子的学习积极性。而学生个性化的表达，不同形式的创造，踊跃积极的分享，不断碰撞出新的火花。及时的二次修改，抓住了这瞬间的思想火花，达到了较好的评价、反馈效果。】

（3）配上音乐。

师：美篇与一篇纸质的文章不一样，还可以配上音乐，可以说美篇是一个声图文并茂的作品。大胆尝试，看看怎样才能配上音乐？

生：尝试配乐。

师：哪些同学配乐成功了，请分享下你的方法。

生：最上面有个"添加音乐"，点击了以后，就有很多音乐出现，我就是从那里选了一首音乐，然后点击"完成"就可以了。

师：请看大屏幕，这种方法非常简便。

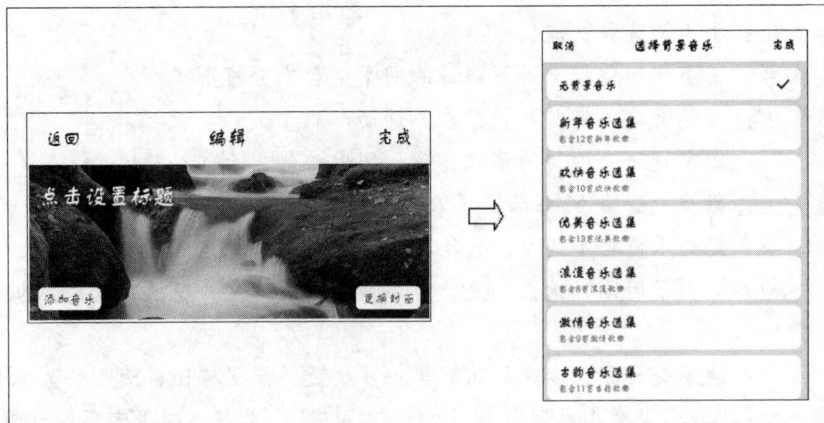

师：真好！大胆尝试，就会有很多的惊喜。请看大屏幕。

师：还有没有举手的同学，你们是怎么配乐的，请你分享下。

生：我没有配上音乐。

师：现在你会了吗？

生：会了。

师：你看，自己没有摸索出来，但是注意看别人分享，也能学到本领。真好！

师：有没有用不同方法配上音乐的？

生：没有。

师：如果我有用美 App 里的音乐，我想用自己喜欢的音乐，可以怎么做？搜索在线音乐。

出示：

小结：学到这儿，咱们知道了给美篇添加音乐有两种方法，一种是美篇 App 中有备选音乐，可以直接添加；一种是通过手机搜索在线音乐，下载音乐后再添加。

师：那，在选择音乐时，有什么需要注意的吗？

生：音乐和美篇的内容要吻合。

师：比如——？

生：比如和新年有关的就可以添加《新年好》这首歌，生日的美篇可以添加《祝你生日快乐》。

师：听出来了，音乐的选择要符合美篇的内容、情感、意境。音乐就像是调味品，目的是为了让美篇更生动，更有意境，更吸引人，更感染人。

5. 海报与模板

师：同学们，你们知道吗？为了让自己的美篇更美更有个性，还可以选择不同的模板。同时，也可以制作海报，让更多的人来关注你的美篇报道。

只要你敢于尝试，没准还能开发出美篇软件中更多的功能，做出更加精彩的美篇作品呢！

【点评8：给美篇配乐，选择海报与模板，无疑是课堂中的有趣环节。在这一过程中还能提高孩子的音乐素养、审美能力，这是课程整合综合能力的体现。】

6.完成并分享

师：美篇作品制作好后，咱们可以在不同的平台上分享，看看，可以在哪些地方分享？

生：可以分享在微信朋友圈。

生：可以送给自己的微信好友。

生：还可以分享在微博、QQ空间上。

师：的确。如果这个美篇是私密的，只有某些人或者只有自己可以看，那么还可以标注上"私密"，不分享给他人。

7.总结

师：学到这儿，同学们已经基本上了解了一个美篇作品诞生的经过了。接下来的时间，就由同学们自己独立制作一个美篇作品。

（三）尝试独立制作美篇

1.自由拍照

师：正值夏日，校园里的花草树木都是欣欣向荣的，拿着各自的手机到校园去拍摄校园美景吧。10分钟后回到教室，注意安全。

生：在校园里拍照。10分钟后纷纷回到教室。

师：同学们真准时，没有一个人迟到，真好！守时之人一定是受欢迎之人！

2.独立制作美篇

师：接下来，就让我们用刚刚学到的方法独立制作美篇，有需要帮助的可以举手示意，老师会来帮助你。也可以向同桌或小组成员学习。

生：制作美篇。

3.小组分享美篇作品

师：大部分同学已经制作好美篇作品了，这样吧，先在小组里分享，然后选出优秀美篇作品1~2项，待会分享给全班同学。

生：小组分享。

4.全班分享

师：来，各小组优秀美篇作品的主人们，请上台分享哦！

生：我分享的美篇叫《荷叶圆圆，荷花艳艳》。这是我在校园的池塘里拍到的照片，全部都是荷花和荷叶。请大家欣赏。

师：来，评价下。

生：我觉得王 XX 同学选的荷花这个题材很好。我们大家都是树拍几张，草拍几张，同学们的活动也拍几张。

师：选材好，切入点小。

生：荷花被他拍得很漂亮，有的是全开放的，有的是花骨朵，有的是半开的。还有荷叶，连露珠都拍出来了，很漂亮！

生：我喜欢他的题目。"荷叶圆圆"是我们小时候学过的一首诗的题目，感觉有诗意。"荷花艳艳"跟前面的题目是对称的。

师：除了同学们说的外，他添加的音乐也很棒，这首歌的题目叫"荷塘月色"。图、文、音乐相映成趣。

师：因为时间关系，我们来不及分享更多的美篇作品了，课后同学们可以跟其他同学或者父母分享。

【点评 9：及时的练习能对已学到知识进行良好的巩固。学生这时候的学习热情已经被激发到最高点，动手让学生自己尝试，无疑满足了孩子这一愿望。也因这表达的需要，在这一环节，小组的合作探究，组内的评价分享，显得格外到位，踊跃。】

（四）分享收获

师：通过一节课的美篇制作学习，谈谈你的感受。

生：我觉得制作美篇很好玩。

生：我学会了制作美篇，觉得很有意思。回家后，我要教我的外公制作美篇。因为外公喜欢拍照片，而且照片拍得很好，如果会制作美篇的话，我们可以分享到更多好的照片。

师：其实，美篇作品不仅可以用图片、文字、音乐来制作，还可以加上视频呢，下节课咱们继续学习美篇制作。

【点评 10：从欣赏优秀的美篇作品，感受美篇的功能到自己能动手制作美篇并能从中发现乐趣，学生实现了零到一的跨越。这一过程锻炼了学生的操作能力、观察能力、表达能力，让学生有满满的成就感。而这，便是老师给予学生的持续向上的力量。】

【总评】

《美篇美生活》既是一堂应用性文体指导课，又是一堂情趣盎然的综合实践课。

1. 有效激发了学生的学习兴趣

《美篇美生活》这一课堂教学抓住了学生兴趣的燃点。这种兴趣来自贴近学生现实生活的教学内容，因为美篇是当下最时兴的手机微信朋友圈娱乐方式；这种兴趣来自于民主宽松的学习氛围，学生始终是学习的主体，是课堂的主人；这种兴趣来自于利用网络资源获取信息的教学形式，学生可以自我操作，自我探究，可以小组合作，可以组内讨论；这种兴趣还来自于多种能力的挑战，欣赏能力、观察能力、表达能力、操作能力等多项能力综合检验，充分调动视、听、动等多种感官。在这节课上，老师没有大谈美篇写作的方法和技巧，而是着力于调动学生探究的兴趣。学生们调动了学习的兴趣，也就拥有了充分表达、多种创造的翅膀。

2. 巧妙解决了学生的学习难点

（1）善于铺设台阶。学习《美篇美生活》这一课，重难点应该就在于学习如何制作。为了解决这一难点，老师善于搭台阶，给梯子。首先，通过欣赏不同的美篇，总结出美篇的主要组成部分为标题、图片、文字、音乐四部分；其次，用图片的方式出示制作美篇的步骤，简明易懂；最后，通过自主尝试选择照片、给美篇拟标题、给图片配文字、选择音乐等自主探究手段学习制作美篇。在这一过程中，运用知识迁移的方法，将平时拟作文题的方法运用到拟美篇标题中，尝试给图片配文字再到自主制作完整的美篇，由易到难，次第展开，层层递进，不断提升。

（2）合理利用技术。美篇制作、阅读的主要载体就是智能手机，智能工具在课堂上的使用也是信息化教学手段的一次尝试。课堂上应用手机，一方面会担心是否会分散学生的注意力，但是不使用手机，课堂上没有实践，美篇制作也显得刻板无趣。在这节课中，有计划、有目的，且在合适的时机运用了手机，达到了"物为我用"的目的。

3. 全面展示了合适的学习方式

本课的教学思路非常明确：欣赏美篇，交流感受—学习制作美篇—尝试独立制作美篇—分享收获。通过这样的四步教学，由浅入深，使学生逐步丰富对美篇制作的全面认识。

自我探究就是引导学生的自主学习，促使学生进行主动的知识建构。本节课充分重视孩子的自我探究能力：在选择照片环节，让学生大胆尝试在手机中选择照片，从而学习到不同的导入方法以及与其相关的功能；尝试给美篇配乐，不仅增强了课堂的趣味性，还训练了学生的动手操作能力，提高了学生的音乐素养。

小组合作发挥了学生的主体作用，组内成员的互帮互助解决了美篇操作技术上的困惑，组内之间开展分享交流，激发了学习热情，挖掘了个体学习的潜能，增大了信息量，使学生在互补促进中共同提高。在这一氛围下，美妙精彩的词句不断涌现，创意非凡的主题不断冒出，学生的分享热情高涨……

（设计者：衢州市柯城区教学研究室陈小红

点评者：衢州市实验学校特级郑亚君）

第 12 例　课外阅读指导

一、课程背景

1. 语文课标关于课外阅读的建议

关于学生的阅读量，《义务教育语文课程标准》要求"学生 9 年课外阅读总量达到 400 万字以上，阅读材料包括适合学生阅读的各类图书和报刊"。此外，还强调"教师可根据需要，从中外各类优秀文学作品中选择合适的读物，向学生补充推荐"。

2011 版课程标准中多次提到对课外阅读的要求，在"课程目标与内容"部分具体明确了各个学段课外阅读的总量要求。在"附录"部分还具体列出了课外读物的建议。《课程标准》作为语文课程上层规划，如此反复强调，可见对课外阅读的重视。

2. 经典著作阅读对于个人成长的价值

阅读对于人的成长发展的影响毋庸置疑。古人有云："腹有诗书气自华。"阅读对一个人的世界观、人生观、价值观的形成有着重要的影响，从而具体地表现在一个人待人处世、思维能力、口语表达等多方面。从语文教学的角度来看，阅读能够拓展学生的知识面，学生在实践运用的过程中能够逐步掌握阅读的方法，发展思维，并获得情感、态度、价值观的熏陶，这是语文教学非常重要的组成部分。相对于编入教材的课内阅读材料来说，课外阅读的选择范围十分广泛，作为拓展性课程的开发，资源十分丰富。如果能够适当开发并引入课外名著的阅读，也将进一步打开学生视野。

3. 信息技术发展对阅读产生的影响

随着信息时代的到来，"快餐式阅读""碎片化阅读"等词语逐渐为人们所熟知。随着智能手机、平板电脑的普及，新型阅读方式在时间和空间上对传统"慢阅读"产生一定的冲击，一方面，人们可以更加方便地获取阅读信息，但另一方面，尤其对青少年来说，在书籍选择、阅读方法、价值判断等方面需要获得更多的指导。

信息化时代对传统阅读的影响不仅只是改变了阅读的方式，还包括对狭义的符号化、独立式文字阅读的冲击。直观的影像、片段的解读冲击着传统意义上整本书的阅读。对于少年儿童来说，可以发挥这些直观信息的作用，引发阅读期待，但还是需要有整本书阅读的体验，从而更好地促进身心的发展。

二、课程规划

（一）课程主题

课外阅读指导。

（二）课程理念

在课程改革意见的指导下，在学校教育教学改革的理念引领以及学校对校本课程建设的整体规划下，基于传承与创新，"中外名著阅读"课程建设的整体理念：促进阅读课程的丰富性，提供阅读课程的选择性，增强阅读课程的发展性。

促进阅读课程的丰富性：从学生的实际出发，根据不同学段阅读能力的目标，开发适合小学生的语文课外阅读课程，在课内阅读的基础上推进课外中外名著的阅读，拓展学生的视野，增强阅读的实践，激发学生的阅读兴趣。

提供阅读课程的选择性：在语文"中外名著阅读"拓展性课程的建设中，注重学生对个人兴趣的尊重。在促进课程丰富性的基础上，结合语文课程标准和语文教材，在书籍的内容方面，提供更多的可选择性，尽量满足不同学生的需求，让他们按照自己所选择的内容，参与拓展性课程的学习、实践。

增强阅读课程的发展性：一方面，学生通过"中外名著阅读"语文拓展性课程的学习，可以在基础性课程之外拓展知识面，巩固已有能力，形成新的能力，促进学生的思维发展和情感、态度、价值观的形成；另一方面，结合拓展性课程的特点，在阅读与交流的过程中，推动学生学习方式的转变。这些都将为学生以后的发展提供更多的可能性。另外，随着课程的推进，"中外名著阅读"课程的书籍内容可以进行一定的调整、增删，这也体现了本课程的发展性。

（三）课程目标

1. 学生层面

（1）激发阅读兴趣：尊重学生的阅读兴趣，并在原有的兴趣基础上，学生产生阅读其他书籍的愿望、需求，从而拓展阅读面，增加阅读量。

（2）开拓文化视野：本课程力求在书籍的选择方面，涵盖文学、历史、地理、社会、科学等多种领域，学生在参与课程学习的过程中，可以通过阅读增加信息的提取，进一步开拓文化视野。

（3）增强阅读能力：从阅读能力层面来看，由于推进的是整本书的阅读，因此在教学中，学生要逐步学会略读、浏览、选读、扫读、跳读等方法，以及边读边思考、前后联系读，文字视觉化等方法，在读的过程中，不断印证、补充，从而完成一个完整的阅读的过程；从学习方式层面看，在阅读导读与交流课上，学生还将学会分工、学会合作，尝试围绕一定的话题，结合阅读开展探究。

（4）提升语文素养：基于以上方面，与基础性课程一起，综合提升学生整体的语文素养。

2. 教师层面

加强教师课程建设的意识，强化阅读指导能力，在实践中进一步转变课堂教学方式。

3. 课程层面

丰富语文拓展性课程的内容，提高课外阅读指导的实效。

（四）课程内容

本课程在内容设计上体现一定的梯度。每个学期推进三个主题的阅读，附加自主选读。每个主题分"课堂导读"和"推荐自读"两个板块。五年级主要以内容相近为原则编排主题。而六年级则主要以文体、体裁相近为原则编排主题。

学期	主题	内容	课时
五上	主题一：文学作品与科学	1. 课堂导读：《细菌世界历险记》 2. 推荐自读：《八十天环游地球》	4 课时
	主题二：童话中的哲理	1. 课堂导读：《稻草人》（《叶圣陶童话集》） 2. 推荐自读：《青鸟》	4 课时
	主题三：走进历史长廊	1. 课堂导读：《中华上下五千年》 2. 推荐自读：《史记故事》	4 课时

学期	主题	内容	课时
五上	自主选读	《哈里波特与魔法石》 《牧羊少年奇幻之旅》 《科学改变人类生活的 100 个瞬间》	3 课时
五下	主题一： 童年记忆	1. 课堂导读：《城南旧事》 2. 推荐自读：《呼兰河传》	4 课时
	主题二： 语言的艺术	1. 课堂导读：《世说新语》 2. 推荐自读：《三国演义》	4 课时
	主题三： 特点鲜明的人物	1. 课堂导读：《俗世奇人》 2. 推荐自读：《红楼梦》	4 课时
	自主选读	《水浒传》 《西游记》 《马克·吐温短篇小说精选》	3 课时
六上	主题一： 散文阅读（一）	1. 课堂导读：《寄小读者》 2. 推荐自读：《朝花夕拾》	4 课时
	主题二： 动物小说	1. 课堂导读：《狼王梦》 2. 推荐自读：外国动物小说作家作品	4 课时
六上	主题三： 中外儿童小说	1. 课堂导读：《手斧男孩》 2. 推荐自读：《根鸟》	4 课时
	自主选读	《海蒂》 《柳林风声》 《雾都孤儿》	3 课时
六下	主题一：散文阅读（二）	1. 课堂导读：《林清玄散文选》 2. 推荐自读：《朱自清散文集》	4 课时
	主题二：名人传记	1. 课堂导读《居里夫人传》 2. 推荐自读：《中外名人传记丛书》	4 课时
	主题三：革命战争小说	1. 课堂导读：《小兵张嘎》 2. 推荐自读《小游击队员》	4 课时
	自主选读	《老舍散文集》 《贝多芬传》 《铁道游击队》	3 课时

（五）课程资源

1. 《语文课程标准》课外阅读建议。

2. 语文教材部分课文出处（原著）。

3. 其他适合高段（五、六年级）学生阅读的优秀中外名著。

（六）课程实施

1. 开设年级：小学高段（五、六年级）

2. 课时安排：上下学期各 15 课时，其中"主题阅读"12 课时（每个主题安排 4 课时，"课堂导读"的书籍安排 3 课时，分别进行读前指导、自主阅读、读后交流）；"推荐自读"1 课时，由学生根据课堂导读中所习得的方法，进行独立阅读。每学期还安排"拓展选读"3 课时（根据对学生的兴趣调查，从选读书目中自主选择部分书籍进行阅读和交流）。

3. 活动形式：自主报名，小班教学。活动过程以围绕主题，小组合作等方式进行，分享自己的阅读体验。

4. 教学策略：导读课采用猜读、推测、联结、视觉化等策略；读后交流课采用情节图、人物导图、归类、辩论、自主出题问答等方式进行。

（七）课程评价

评价方式：根据每本书的特点，采用了口头表达、读书记录、研究报告、阅读竞赛等多种方式展示阅读成果。

其中，必读书 3 次成绩，每次 10 分，共 30 分；选读书 1 次成绩，10 分；综合评定 10 分；自主阅读展示可获额外加分，最高 5 分；总评达到 45 分以上为优秀，40 ~ 44 为良好，30 ~ 39 为合格。总分超过 50 分可获得"小书虫"奖状。

（八）注意事项

1. 适度定位目标，体现课程的价值。

根据具体的拓展性课程内容，制定相应的具体子课程目标。

2. 尊重学生选择，增强课程的弹性。

语文拓展性课程的开发和实施过程中，我们并不是追求"一刀切"式的人人必修、人人达标的目标，而更多地需要提供给学生可选择的余地，并尊重学生个人的选择。

3. 转变学习方式，深化课程的内涵。

拓展性课程要为学生提供更多的动手操作、实践体验、合作学习的机会，以多样化的学习方式丰富学生的学习经历。要设计项目式、主题式、探究式学习活动，创设有意义的真实学习情境，增强学生的探究精神和综合素质。在语文拓展性课程的实施过程中，针对课程的特点，我们可以更加关注学习方式的设计，引导学生采用自主、合作、探究的学习方式，以便更好地发展学生的能力。

三、教学设计

《俗世奇人》读书指导

活动目标

1. 通过猜一猜、归归类的方式，读懂人物之"奇"。

2. 通过对"奇人""奇事"的思辨探讨，了解本书的写作背景及作者的写作意图。

活动准备

1. 学生阅读完《俗世奇人》书籍，并随带《俗世奇人》一书。

2. 学生以四个人为一组，分好小组。

3. 准备读书活动记录单。

教学过程

一、猜"奇人"

"奇人猜猜猜"的游戏

（1）出示，指名猜。

"我是治牙的呀，我不认识人，可认识牙呀！"（《认牙》华大夫）

首善街上人家，最爱瞧她这醉醺醺的几步扭——上摇下摆，左歪右斜，悠悠旋转乐陶陶，看似风摆荷叶一般；逢到雨天，雨点淋身，便赛一张慢慢旋动的大伞了……（酒婆）

八面玲珑，能说会道。（好嘴杨巴）

刷墙好似和琴音，一身黑衣无白点。（刷子李）

（2）学生出题来猜：你可以选择书里体现人物特点的一段话，也可以自己用上一两个词、一句话来点评，待会儿请同学猜猜，你说的是谁。

（学生独立准备——指名说，同学猜——组内互相猜一猜）

二、谈"奇人"

1. 奇人归归类

书中哪些人可以归为一类？有什么共同之处？

（1）同桌讨论一下，填一填。

（2）小组上台交流，归归类。

随机交流，如：

①本领奇：苏七块（正骨）、刷子李（粉刷）、张大力（力大）、蓝眼（鉴画）、华大夫（治牙）、泥人张（捏泥人）、大回（钓鱼）……

②旁门左道的本事：蔡二少爷（倒卖）、绝盗、小达子（偷窃）……

③性格（脾气）奇。

背头杨（激进好动，模样性情和男人一样）

李金鳌（仗义、直爽，帮人不求回报）

华大夫（专注工作，认得牙却不认得人）

泥人张（不畏权贵，面对海张五挑衅，捏个泥人来回敬）

④行事（规矩）奇。

苏七块（看病先给七块银元，规矩不能破）

刷子李（刷墙必穿黑衣，刷完一间抽袋烟）

酒婆（天天下午来喝酒，带一四四方方布包，里面两角钱）

⑤人物遭遇（结局）奇。大回、酒婆、死鸟、蓝眼、冯五爷……

⑥名字奇（绰号里带姓氏的）——天津人喜欢把一些有独特技艺的人的姓和他们的行当连在一起称呼。

2. 奇人多角度

（1）聚焦第一个故事中的"苏七块"：他医术高超，却有个奇特的规矩：看病先给七块银元，否则绝不搭理。就这个规矩，你对苏七块怎么看？

（引发学生讨论，苏七块是贪钱还是助人？）

（2）这本书中还有哪个人也是这样，同一个人有多方面的特点？

比如：刷子李本领高却架子大；酒婆喝酒豪爽，外表落魄，身上带的小布包却整洁讲究；死鸟表面顺从上司，背后却骂人；冯五爷学富五车却粗心大意；蓝眼号称鉴画高手，却容易上当；华大夫医术高明却粗心忘事……

3. 谈其他奇人

除了各个故事的主人公外，书中还有哪些人物也很奇？

（发现各个故事中的其他奇人，比如《酒婆》中的老板、《冯五爷》中的胖厨子、《蓝眼》中的黄三爷、《好嘴杨巴》中的杨七……）

三、聊"奇书"

1.《俗世奇人》这本书中写了这么多形形色色的人物，无论是故事题目中提到的这些奇人，还是隐含在故事中的这些人物，作者都精心构思，写出奇特之处。那么，他为什么要写这些人，写这样一本书呢？

（1）指名交流。

（2）我们读一本书不仅要读故事的内容，还要去读读故事相关的一些资料。请大家读一读这本书第一页的《序》和第 138 页的《题外话》，读完想一想，你明白作者为什么要写这些奇人了吗？

（作者为了记录他所听闻的一些人物，体现天津地方特色；这些人物在他其他的书中没有写到；写出市井百态——本书原名《市井人物》。）

适时补充一下冯骥才及本书相关资料：冯骥才，生于天津，长于天津。当代著名作家，民间艺术工作者，民间文艺家。

点拨引导：市井人物自然有高雅有低俗，有光明磊落，有旁门左道，各色人等俱全。

2. 小结。一本《俗世奇人》就是一个旧时的天津社会，一本《俗世奇人》也是一个时代的缩影。从这些人物、这些故事中，我们还能读到些什么呢？这个问题就留给同学们课后去思考，相信随着你们年龄慢慢增长，你们会读懂更多。

四、实录点评

一、猜"奇人"

"奇人猜猜猜"的游戏

师：大家读完《俗世奇人》这本书了吗？【屏幕出示封面图片】

生（齐说）：读完了！

师：这本书里写了许多奇人，你对他们印象深刻吗？接下来就让我们来一场"奇人猜猜猜"的游戏，看看你对书中的这些奇人了解了多少。

（1）老师出题，指名猜。

师：我先出几个，请大家来猜猜。第一个，"我是治牙的呀，我不认识人，可认识牙呀！"这是谁？

生：这是《认牙》里的华大夫。

师：他猜对了吗？

生：对了！

师：再来猜一个——首善街上人家，最爱瞧她这醉醺醺的几步扭——上摇下摆，左歪右斜，悠悠旋转乐陶陶，看似风摆荷叶一般；逢到雨天，雨点淋身，便赛一张慢慢旋动的大伞了……这又是谁？

生：这是酒婆。

师：老师也对书中的人物进行了点评，先看看这句——八面玲珑，能说会道。说的是谁？

生：好嘴杨巴。

师：再来一个——刷墙好似和琴音，一身黑衣无白点。说的又是谁？

生（齐说）刷子李。

【点评1：本环节目的在于引导学生把握人物显著的、典型的特点，让学生明白读小说要感知人物特点。教学的策略为"猜一猜"。猜一猜，是一种组织形式；猜一猜，更是一种学习策略。】

（2）自主出题，同学猜。

师：书中写到的奇人还有很多，你能像这样来出出题吗？你可以选择书里体现人物特点的一段话，也可以自己用上一两个词、一句话来点评，待会儿请小组里的同学猜猜，你说的是谁。

师：你们觉得小组里谁的题目出得非常好？推荐出来请大家猜猜看？

生：我推荐我同桌的题目。

师：请你的同桌来读一读。

生："只见他手握锁把，腰一挺劲，大石锁被他轻易地举到空中。胳膊笔直不弯，脸上笑容满面，好赛举着一大把花儿。"

师：哎，是书中的一段描写。猜出来是谁了吗？

生：是张大力！

师（问出题人）：对吗？

生：是的。

师：谁再来推荐推荐？

生：一根鱼竿钓鱼，凭的全是能耐。

师：那是谁？

生：大回。

生：捏泥人手艺排第一。

师：猜出来了吗？一起说。

生：泥人张。

【点评2：此环节推进了"猜"的方法的迁移。学生可以用书上的语言，还可以自己用几个词或一句话来点评。在"小组出题猜"的过程中，引导学生再次回读书籍，把握人物特点，实践概括人物特点的方法。】

二、谈"奇人"

1. 奇人归归类

师：这本书写了那么多奇人，每个人物都有他奇特之处。如果要把这些人物归归类的话，你觉得哪些人可以归为一类呢？他们又有什么共同之处呢？

（1）小组合作讨论。

师：请大家先四人一组讨论，每个组至少完成一个分类，有时间的还可以思考第二种分类。

"奇人"归归类

	哪些人物	共同之处
分类一		
分类二		

（2）小组代表交流。

生：我们觉得刷子李、泥人张、张大力、好嘴杨巴可以归为一类，他们的名字里都体现了他们的技能和本领。

师：这个发现有意思，把一些有人的姓和他们的行当或独特的本领连在一起称呼。

生：我们觉得苏七块、刷子李、酒婆可以归为一类。他们都有非常奇特的规矩。苏七块看病先给七块银元，刷子李刷墙时总是穿一身黑衣，酒婆天天下午来喝酒，带一四四方方布包，里面只有两角钱。

师：嗯，做事风格与众不同，这也是奇人啊！

生：我们觉得除了泥人张、刷子李、张大力有独特的本领外，蓝眼、大回、苏七块也可以归为一类，他们都有很厉害的本领。蓝眼会看画，大回钓鱼本领高，苏七块治病技术高超。

生：我们把蔡二少爷、绝盗、小达子分为一类，他们都是做坏事的。

师：的确，《俗世奇人》里也有写到这些旁门左道的功夫，该怎么看这些人物？一会儿我们来讨论。

生：大回、酒婆、蓝眼可以归为一类，他们最后的结局不是很好。

师：为什么说"结局不是很好"？

生：他们都因为自己的特点，最后结果却很惨。大回被装鱼的车撞了，酒婆是喝了真酒出了车祸，"蓝眼"能辨别画的真假，最后却中了别人的计，用真画换了一幅假画。

【点评3：本环节借助"奇人归类"这一活动，实际上是引导学生深入思考了人物的特点。在归类的过程中，学生的思维又是多角度、开放式的，他们所发现的"共性"不一而足，体现了个性化的解读。】

2.奇人多角度

师：我们在分类的过程中也发现，书中写到的很多人，不只有一个特点。比如第一个故事中的"苏七块"，他医术高超，却有个奇特的规矩：看病先给七块银元，否则绝不搭理。就这个规矩，你们对苏七块这个人怎么看？

生：我觉得苏七块只是说说的，他还是挺善良的。在故事最后，他把七块银元还给了华大夫，没有收这个钱。

生：我觉得苏七块这个规矩有点不近人情，而且一开始苏七块并没有理会这个车夫。如果没有华大夫借给这个病人七块钱，可能苏七块就不给车夫看病了。

生：我认为苏七块只是为了他的规矩，如果真的桌上没有人主动去帮这个车夫，他可能也会用其他办法去帮的。

师：你们说的都很有道理，苏七块这个人医术高超，有好心的一面，但是又固执古怪，不肯破规矩。这本书中还有哪个人也是这样，同一个人有多方面的特点？先和你的小伙伴一块儿讨论讨论，待会和大家交流。

（学生和小组同学交流，然后发表看法）

生：我觉得是冯五爷，他知识非常丰富，但是却非常粗心大意。

生：我觉得蓝眼很奇怪，他是个鉴画高手，没想到却上了当。

生：华大夫也是，他看牙非常厉害，但是却容易忘记事情。

生：酒婆看起来很穷，但是她身上带的小布包却很整洁。

师：看来我们要读懂人物，不仅要从一个角度去看，还可以从多个角度去认识，去解读。

【点评 4：上一环节的归类体现了"求同"和"归一"的思维，而本环节则引导学生"多角度看人物"。这样的解读，从阅读能力的层面来说，使学生对人物的认识更加立体；从思维的层面来看，初步培养了学生的辩证思维。】

3. 谈其他奇人

师：书中写到的这些奇人，各有各的特点，那么，书中写到的奇人只有这些吗？你觉得书中还有哪些人物也很奇？

生：《好嘴杨巴》中的杨七做茶汤的手艺也很高超。

生：《张大力》中的老板很厉害，知道张大力力气大，就特地提前刻字"唯张大力举起来不算"。

生：《小杨月楼义结李金鏊》里的李金鏊非常讲义气。

生：《蓝眼》里的黄三爷画技高超，蓝眼都把黄三爷临摹的画当成了是真画。

师：不仅故事的主人公是"奇人"，书中的这些人物也特点鲜明。我们读书不仅要读懂主人公，还可以关注书里的其他人物。

【点评 5：本环节再一次加深了对"奇人"的研读。前几个环节所谈的"奇人"局限于每个故事的主人公，其实所谓"俗世奇人"，除了书中的主人公外，其他人物也各有特色，这也是本书的一大特点。这一环节的研读也是传达给学生：阅读时除了关注主要人物外，还可以留心书中相关的其他人物。】

三、聊"奇书"

师：同学们，刚才围绕"奇人"展开了讨论。《俗世奇人》这本书中写了这么多形形色色的人物，无论是故事题目中提到的这些奇人，还是隐含在故事中的这些人物，作者都精心构思，写出奇特之处。那么，他为什么要写这些人，写这样一本书呢？

（1）指名交流。

生：我觉得是因为这些人物很有特点，与众不同。

生：作者可能想通过这些人物，让我们明白一些道理。

师：同学们，我们读一本书不仅要读故事的内容，还要去读读与故事相关的一些资料。《俗世奇人》这本书的作者是冯骥才。冯骥才，生于天津，长于天津。当代著名作家，民间艺术工作者，民间文艺家。【大屏幕出示资料】请大家读一读这本书第一页的《序》和第138页的《题外话》，读完想一想，你明白作者为什么要写这些奇人了吗？

生：作者在序里写到"天津卫本是水陆码头，居民五方杂处，性格迥然相异"。作者为了记录他听说的一些人物，体现这些人物的特点。

生：这些人物在他其他的书中没有写到。

生：这些人物和故事都是有根有据的。

师：是的，这本书写的都是当时社会的市井人物和人生百态。市井人物自然有高雅有低俗，有光明磊落，有旁门左道，各色人等俱全。

一本《俗世奇人》就是一个旧时的天津社会，一本《俗世奇人》也是一个时代的缩影。从这些人物、这些故事中，我们还能读到些什么呢？这个问题就留给同学们课后去思考，相信随着你们年龄慢慢增长，你们会读懂更多。

【点评6：本书所写的人物特点多样，有的人物还具有多面性。通过前面的活动，学生或许有所疑惑，本书所写的人物似乎并不全是正面。此处补充本书的写作背景和意图，学生了解了本书所写的均是市井人物，自然有高雅有低俗，有光明磊落，有旁门左道，各色人等俱全。】

【总评】

1. 立足书籍特点，紧扣人物进行设计

（1）聚焦小说的"魂"：人物。课外阅读指导课需要根据书籍的特点来设计。《俗世奇人》一书由18篇短篇小说组成。从文体的角度，人物、情节、环境三个要素，通过本课的几个板块均有交流和探讨。从书籍构成的角度，18个短篇，无法一一具体探索，因而设计时采用了"重点突破，方法迁移"的方式。

（2）重视阅读的"法"：体验。通过研读书籍特点，在教学设计中，教师采用了学习单、人物导图等形式，引导学生通过猜一猜、归归类、辨一辨等活动，交流了对

这部短篇小说集的阅读体验。在这些环节中，渗透了人物特点把握，人物形象分析、联系书籍背景等方法，潜移默化地渗透了阅读这类作品的方法。

2. 尊重阅读规律，关注学生思维发展

（1）开放空间，解放思维。本课在设计与教学的过程中立足于学生实际的思维水平，提供开放的思考空间，由浅入深发展学生的思维。课堂伊始，基于学生的自主阅读，通过猜一猜的活动，首先交流对书中某个人物的认识。此时，学生的认知是个体的，孤立的。而后，通过人物归类，将书中的人物串联起来，使之前孤立的认知逐步产生了联系。第二板块的第二环节，对书中类似苏七块这样的人物作多元的解读，从不同角度辩证地讨论人物形象，引导学生客观地分析人物，再一次深化了阅读，促进了学生思维的全面性。

（2）多元解读，解放思维。在学习方式的设计上，本课教学的过程中，根据阅读交流所需，采用了个体思考、同桌合作、小组合作以及全班交流等多种形式的学习。而在学情预设中，无论是猜人物还是分分类，答案都不是唯一的，从思维的深度和广度上给学生提供发展的空间。

3. 渗透阅读策略，潜移默化提升能力

（1）在"整合"中提炼信息。比如在第一板块"奇人猜猜猜"环节，在老师示范的基础上，学生可以选择自己喜欢的人物来出题，出题时可以用书上的原文片段，也可以自己用一两个词语概括。这里渗透了"整合"的策略，即学生要根据书中人物的相关经历，先略去无关的信息，抓住人物最重要的信息，对人物的特点和相关的情节有一个整体上的印象。在方法上，教师也进行了引导，即如果书上有能体现人物特点的语句，学生可以用书上的语言；如果书上没有直接可用的，也可以自己概括。

（2）在"比较"中解释信息。第二板块，对奇人的归类渗透了比较的阅读策略。学生要根据人物的特点，在比同、比异的基础上完成归类。在这个环节中，比较的依据是多元的，可以根据人物的个性比，可以根据人物的经历比，还可以根据人物的本领比，从不同的维度可以比出不同的结果，从而研究出不同的归类。

（3）在"联结"中拓展信息。第三板块"聊奇书"环节，教师初步渗透了"联结"的策略。我们读一本书，除了了解书中的内容外，还可以联系作者的生平以及写作的背景加以研究，这可以帮助我们对书籍有更深入的理解。

（设计者：杭州市学军小学周沁　　点评者：杭州市转塘小学姚国娟）

第 13 例　非连续性文本读写

1. 2011 版《课标》中首提"非连续性文本"阅读要求

《义务教育语文课程标准（2011 年版）》在第三学段目标和内容中提出："阅读简单的非连续性文本，能从图文等组合材料中找出有价值的信息。"到第四学段则要求："阅读由多种材料组合、较为复杂的非连续性文本，能领会文本的意思，得出有意义的结论。"

2. 教学中"非连续性文本"阅读指导处于长期缺失状态

（1）非连续性文本在现行教材中的缺失。纵览我国现行不同版本的小学语文教材，可以发现：所有文本都是文学性作品，主要由句子组成，依次形成段落、篇章，主要类型有散文、小说、诗歌、故事、新闻报道、评论及书信等。而以数据、表格、图表、文字等不同方式组成的阅读材料，在教材中几乎没有，即便有一些类似连环画的阅读材料，但也仍然属于"连续性文本"，图画只起辅助作用。也就是说，真正意义上的"非连续性文本"还没有进入我国的语文教材和语文教学。

（2）非连续性文本阅读在实际教学中的缺失。教材的"缺失"导致了课堂教学的"缺失"。回想我们的语文课堂，老师们更多的是带领孩子朗读、分析、品评，在逐字逐句的讲解、练习中培养学生的听说读写能力，而指向生活、关注方法的阅读指导几乎很少见。

3. 现实中"非连续性文本"与学生的学习、生活息息相关

教材、教学的缺失并不能说明学生与"非连续性文本"没有接触。事实是，"非连续性文本"充斥生活，无处不在。尤其是在当今这个信息万变、资讯发达的现代化社会中，"非连续性文本"正在以越来越高的频率出现在我们的视野中，让每个身

处其中的大人、小孩都不得不面对。套用网络流行语，那就是：不管你愿意还是不愿意，"非连续性文本"它就在那里，你不想读也得读。举个例子，出门要看地图、公交指示牌；上医院要了解医院楼层及科室分布，阅读化验单；买回一样家电要阅读使用说明书……总之，非连续性文本与我们的生活、工作密不可分，与学生的学习、生活同样息息相关。即便老师不教，学生也有阅读非连续性文本的可能与必要。从这个意义上说，"非连续性文本"的概念虽然是第一次出现在课标中，但学生对此的认识与了解并不是一片空白，这也为广大教师更好地开展非连续性文本阅读教学研究提供了良好的现实基础。

4. 事实上学生阅读"非连续性文本"的能力普遍不高

上海学生在 PISA2009 评估中的表现虽是个例，但事实上这也反映了当前我国中小学生阅读能力分布不均衡的共性问题。例如好多学生成绩不错，但是自己连请假条都不会写，买一个新产品连说明书也看不懂，出门连公交车也不知道该怎么坐才最便捷。当前我国中小学生生活能力的低下早已是一种普遍现象，这是不能满足生活实际需要的。

再从当前小学生阅读文学性文本的现实状况来看，学生对于从文本中直接提取信息、搜集信息的能力也不强。让学生分析其原因，多归因于"粗心，没有仔细读"，教师也常常为此呵斥学生："这么简单的题目，答案就在文中，你们也找不到？太不认真了！"细细分析，真的是学生不够仔细，不够认真吗？有这方面的因素，但不完全是。其最根本的原因还在于学生"提取、搜集信息"的能力薄弱，而这种能力的欠缺很大程度上就源于学生对"非连续性文本"阅读实践的欠缺。

二、课程规划

（一）课程主题

认识非连续性文本与我们生活学习的紧密联系，掌握阅读非连续性文本的基本策略，学习从简单非连续性文本中提取有价值的信息，并能对信息做简单的处理，进而做出简单的推论，形成自己的观点或结论。

（二）课程理念

1.学用结合，提高学生生存、生活的能力

随着时代发展，阅读能力已经不再被单纯地作为一种特定的学科能力，而是将阅读与生活相联系，融入学生生活的各个层面。这要求阅读不再是单独的课堂行为，必须与真实的情境相联系，在不同的阅读情境中，学生阅读的目的不同：在学校，学生为学习知识而阅读；在生活或工作中，为获得信息而阅读。图表、图解、广告等以越来越高的频率不断地介入我们的生活，这就需要增加阅读"非连续性文本"的机会，在教学中建构适切的教学策略，从小培养孩子接受、理解"非连续性文本"的能力。

2.读练结合，提高学生获取信息的能力

我们现在的世界纷繁复杂，而缺乏实践能力的小学生如何认识事物、认识世界，这也是作为教育工作者应该探究的问题。《语文课程标准》将"非连续性文本"有意识地引入课堂，可窥一斑。这对于提高小学生认识事物的能力的提高将起到推波助澜的作用，为小学生认识事物、认识世界提供一个不可缺少的媒介。

3.发展思维，培养学生分析、处理问题的能力

非连续性文本与我们的生活息息相关，会经常遇到，使用频率相当高。当学生接受到新的信息时，必定要对所关注的信息进行分析处理，以达接受新信息的目的。此过程，正与阅读"非连续性文本"相吻合。试想，今天的课堂上孩子们看不懂地图，想要到达目的地就有困难了；看不懂使用说明书，就会有意外发生（电器烧毁、服药过量等）……因此，我们可以这样说，"非连续性文本"的阅读，为培养学生处理问题的能力提供了重要的实践锻炼机会。

（三）课程目标

1.通过搜集、阅读生活中的各类非连续性文本，认识并了解非连续性文本的概念和特点。

2.初步掌握非连续性文本的常用阅读策略，学会阅读各种类型的非连续性文本。

3.通过非连续性文本的读写实践，提高学生提取信息、整合信息、运用信息的能力，丰富学生的知识，发展学生的思维，提升学生的阅读素养。

4.通过非连续性文本的读写实践，丰富学生对世界的认知，并学习用多样化的文本形式去表达，去交流，提高学生的语文实践运用能力。

（四）课程内容

层次	活动主题	活动内容	活动目标	课时安排
初级	1.走近非连续性文本	比较、发现，认识非连续性文本	（1）阅读资料，认识非连续性文本。（2）比较发现，了解非连续性文本与连续性文本的区别。	2
		搜集、交流，了解不同形式的非连续性文本	（1）交流阅读各自搜集的非连续性文本，分类、比较，了解非连续性文本的多种不同呈现形式。（2）了解非连续性文本在生活中的广泛应用性，认识到学会阅读非连续性文本的重要性。	2
中级	2.分类阅读，习得策略	小小台灯我来做	（1）通过阅读台灯制作说明书，初步习得"图文对照"的阅读策略，学习提取有价值的信息。（2）通过活动，学会根据说明书完成小制作，懂得为生活阅读的重要性，提高学生的动手实践能力。	2
		我当小医生教你学用药	1）通过阅读药品说明书，开展"我为病人用药做指导"活动，初步习得"抓标题"的阅读策略，学习提取有价值的信息。（2）通过活动，学会常见药物的用法，培养学生的生活、生存能力。	2
		包装袋上学问多	（1）通过阅读食品包装袋，进一步巩固"图文对照""抓标题"的阅读策略。（2）通过阅读，学会根据需要挑选、购买食品，培养学生的生活识辨能力。	2
		玩具总动员快乐共分享	（1）通过阅读玩具说明书，开展限时抢答活动，熟练运用"图文对照""抓标题"的阅读策略准确提取信息。（2）通过活动，感受童年欢乐，培养学生快速阅读、快速反应的能力。	2
		学会看病	（1）通过阅读公交站牌、医院导医图、化验单、处方，学习用"择要点"的方法阅读以图表为主的非连续性文本。（2）通过学习，学会独立上医院看病，提高学生的生活、生存能力。	2
高级	3.综合阅读，读写实践	快乐淘书之旅	（1）以"淘书"为任务，阅读简单的统计图表、好书介绍单等非连续性文本，学习运用"对比、联系、整合"的阅读策略获得信息，做出推论，形成自己的观点。（2）通过活动，学会挑选好书、网上淘书，提高学生解决问题的能力。	2

续表

层次	活动主题	活动内容	活动目标	课时安排
高级	3.综合阅读，读写实践	健康早餐我设计	（1）以"设计健康早餐"为任务，阅读简单的统计图、表格以及文字、图画组合而成的非连续性文本，继续学习运用"对比、联系、整合"的阅读策略获取信息，做出推论，形成自己的观点。 （2）通过活动，学会合理搭配早餐，提高学生解决问题的能力。	2
		雾霾来袭 岂能旁观	（1）通过阅读多种形式的非连续性文本，学习"对比、联系、整合、推测"的阅读策略，提高阅读能力。 （2）通过学习，了解雾霾对人体的伤害以及造成雾霾的原因，懂得环境保护的重要性。 （3）针对主题，学习写建议书，提高学生解决问题的能力。	2
		西湖一日游攻略 我会做	（1）通过阅读交通图、旅游图、景点介绍等多种形式的非连续性文本，继续学习阅读策略，提高阅读能力。 （2）通过学习，学写旅游攻略，培养学生的生活能力、交往与合作能力。	2
		垃圾分类 从我做起	（1）通过调查、访问，制作统计图表，撰写调查报告，了解小区垃圾分类实施现状。 （2）在交流、分享中运用非连续性文本的阅读策略，提高非连续性文本的读写实践能力。	2

（五）课程资源

1.生活中的各类常用药品说明书、玩具说明书、文具说明书。

2.生活中的报刊杂志、微信公众号推文等。

（六）课程实施

1.开设年级：五年级。

2.课时安排：12个专题，一学年共24课时，五上和五下分别12课时，每周一课时。

3.活动形式：自由报名，小班教学。以小组合作学习为主要学习方式。

4.教学策略：情境阅读、互助阅读、任务驱动。

（七）课程评价

1. 评价内容。

（1）课堂表现评价——对学生的课堂学习表现进行评价。

（2）阅读能力评价——对学生的非连续性文本阅读水平进行检测评价。

2. 评价形式。课堂表现采用学分制评价，阅读能力检测采用等级制评价。

三、教学设计

本课程按照初级、中级、高级三个层次设计，通过情境阅读、互助阅读、任务驱动等策略，设计以下 12 个内容。

1. 比较、发现，了解非连续性文本的概念特点

2. 搜集、交流，了解非连续性文本的不同形式

3. 小小台灯我来做，阅读小台灯制作说明书

4. 我当小医生，阅读常用药品说明书

5. 包装袋上学问多，阅读各类食品包装袋

6. 玩具总动员，阅读玩具类说明书

7. 学会看病，阅读公交站牌、医院导医图、化验单、处方等组合型非连续性文本

8. 快乐淘书，阅读统计图表、好书介绍单、网店评价等组合型非连续性文本

9. 健康早餐我设计，阅读统计图表、食谱、食物营养一览表等组合型非连续性文本

10. 走近雾霾，阅读统计图表、通讯报道、网络跟帖等组合型非连续性文本

11. 西湖一日游，阅读交通地图、景区路线图、景点介绍等组合型非连续性文本

12. 垃圾分类，从我做起，在调查、访问中学习用图、表、文等组合式的非连续性文本来撰写调查报告

教学设计举例：

························· 快乐淘书之旅 ·························

文本创生

1. 阅读材料一：《五年级课外阅读书目一览表》（表格，下发，人手一份）

2. 阅读材料二：本班学生阅读情况调查统计结果（文、图（表）结合，下发，人手一份）

3.阅读材料三~五：好书介绍单3份（图、文结合，下发，人手一份）

教学目标

1.通过对《五年级课外阅读书目一览表》以及"本班学生阅读情况调查结果"的阅读，学习阅读非连续性文本的基本策略——"对比、联系、整合"，在此基础上获取信息，做出简单的推论。

2.通过对"本班学生阅读情况调查结果""好书介绍单"的对比联系阅读，学习将"对比、联系、整合"的阅读策略运用到阅读实践中，提高学生提取信息、整合信息以及运用信息形成观点、解决问题的能力。

教学过程

一、略读表格，明确任务

1.谈话导入。课件呈现"五年级课外阅读书目一览表"。

如果让你选，你最想看哪本书？为什么？

如果我们要从中挑选出大家喜欢看又值得看的书，你们觉得最好还能了解哪些信息？

2.明确任务。揭示课题"淘书之旅"。

二、试读图表，学习策略

1.出示图表。

五（4）班同学课外阅读情况调查统计

我们班实际人数51人，回收问卷51份。经统计，今年到目前为止，我们班同学图书阅读量在8本以上的有46人。对于同学们课余阅读的书籍类型，调查统计如下表

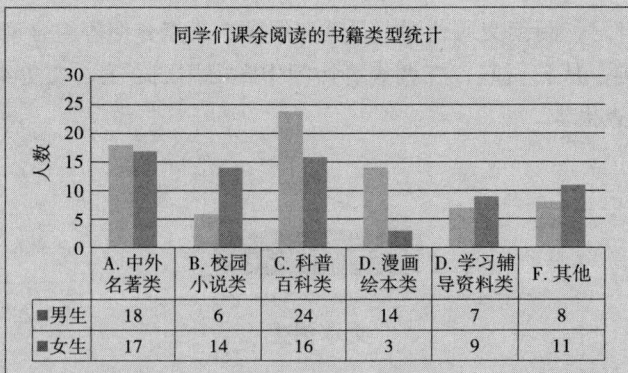

同学们课余阅读的书籍类型统计

	A.中外名著类	B.校园小说类	C.科普百科类	D.漫画绘本类	D.学习辅导资料类	F.其他
男生	18	6	24	14	7	8
女生	17	14	16	3	9	11

从以上材料中，我得出以下结论（至少写出1点，语言尽量简洁）

1.＿＿＿＿＿＿＿＿＿＿＿＿＿＿＿＿＿＿＿＿＿＿＿＿＿＿＿＿

2.＿＿＿＿＿＿＿＿＿＿＿＿＿＿＿＿＿＿＿＿＿＿＿＿＿＿＿＿

2. 学生试读。学生试读以下材料，书面小结课外阅读情况，教师同步小结。

3. 汇报交流。

（1）汇报：你们的结论是怎么得出来的呢？

（2）示范：你们看看我的和这位同学的小结有哪些异同点？（课件呈现教师的小结）

> 从该统计图中，我得出了以下结论。
> 1. 中外名著、科普百科类图书深受大家的欢迎，但对校园小说和漫画绘本类图书，男女生的兴趣却有明显差异。
> 2. 同学们都很爱读课外书，且阅读的书籍类型比较丰富。

4. 小结：对比、联系、整合。

三、联读图文（表），运用策略

1. 自读思考。浏览三份好书介绍单，读完的同学在心里想一想：如果让你推荐一本，你打算推荐哪一本？

2. 选择分组。基于个体选择，全班完成分组。

3. 小组合作。基于以下任务，讨论推荐理由。

（1）明确任务。

> 小组合作，完成任务
> 1. 小组讨论推荐理由，用关键词表达，写在卡纸上，把字写大一点。
> 2. 派代表汇报。

（2）小组讨论。

4. 汇报交流。

（1）代表汇报，引导点评。

（2）教师示范，强化策略。

四、总结全课，强化策略

1. 小结本课收获。

2. 强化阅读策略。

五、板书设计

$$非连续性文本\left\{\begin{array}{l}对比\\联系\\整合\end{array}\right\}获得信息\rightarrow做出推论\rightarrow形成观点$$

四、实录点评

一、略读表格，明确任务

1.谈话导入（课件呈现"五年级课外阅读书目一览表"）

师：同学们，请看大屏幕，这是老师们精心推荐的一份书单。大多数没读过吧？

（生表示大部分没读过）

师：如果让你选，你最想看哪本书？为什么？

生：我最想看《活了一百万次的猫》，这个题目吸引了我，猫怎么可能活一百万次呢？

师：题目引发了你的好奇心。

生：我最想看《三国演义》，四大名著之一，我还没看过。

师：你是联系自己的实际来挑选，很好。

生：我最想看《西顿野生动物故事集》，有关动物类的书我都特别喜欢。

师：你考虑的是自己的阅读兴趣。

师：那如果我们要从中挑选出大家喜欢看又值得看的书，你们觉得最好还能了解哪些信息？

生：最好能了解书本的主要内容，这样向别人推荐才能吸引人。

生：最好还能了解作者，如果是有名的作家，这样的书更值得推荐。

师：有道理，既要了解书的内容，又要了解作者，这样推荐起来才更有说服力。

生：我觉得还应该了解同学们爱看哪一类的书，哪些书没有看过。

师：也就是要考虑同学们的实际情况。

2.明确任务：这节课，我们就来学习怎么挑选、推荐好书。（出示课题"淘书之旅"）

【点评1：徐老师把六年级课外阅读推荐书目的选择作为这堂课的任务，贴近学生生活。这样的任务驱动式教学，不仅可以激发学生的兴趣，更有利于激活学生的学习主动性，阅读变得有意义。】

二、试读图表，学习策略

1.出示图表。课件呈现：

五（4）班同学课外阅读情况调查统计

　　我们班实际人数 51 人，回收问卷 51 份。经统计，今年到目前为止，我们班同学图书阅读量在 8 本以上的有 46 人。对于同学们课余阅读的书籍类型，调查统计如下表

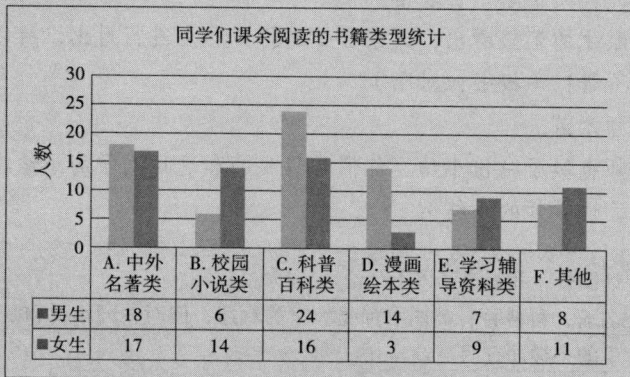

同学们课余阅读的书籍类型统计

	A. 中外名著类	B. 校园小说类	C. 科普百科类	D. 漫画绘本类	E. 学习辅导资料类	F. 其他
男生	18	6	24	14	7	8
女生	17	14	16	3	9	11

从以上材料中，我得出以下结论（至少写出 1 点，语言尽量简洁）

1.＿＿＿＿＿＿＿＿＿＿＿＿＿＿＿＿＿＿＿＿＿＿＿＿＿＿＿＿＿＿＿＿＿＿＿＿＿＿

2.＿＿＿＿＿＿＿＿＿＿＿＿＿＿＿＿＿＿＿＿＿＿＿＿＿＿＿＿＿＿＿＿＿＿＿＿＿＿

　　师：为了助大家一臂之力，我给大家提供一份我们班课外阅读情况的调查结果。这份材料和前面的表格比可就复杂多了（有文字，有统计图表），其中蕴含的信息当然也更多了。你们会读吗？

　　师生共读，初步了解统计图的构成（标题、竖轴、横轴、图标说明等）

　　【点评 2：统计图表源自课前本班学生的课外阅读情况调查，阅读材料来自学生，学生阅读是在解决学生自己的问题，激发了学生的阅读兴趣，也让阅读研究更具价值。】

　　师：你们能根据这份材料，小结一下我们班的课外阅读情况吗？

　　（学生书面小结，教师同步小结，写在作业纸上）

　　【点评 3：学生在做书面小结，徐老师也在做。师生同步学习，极好地诠释了"师生学习共同体"的概念，也充分体现了民主、平等的师生观。】

　　2. 汇报交流，指导阅读。

　　（1）展示具有代表性的一位同学的结论。（实物投影呈现）和她的结论差不多的同学请举手。

　　（2）汇报。

　　师：你们的结论是怎么得出来的呢？

　　生：我发现蓝色柱子中科普百科类的那一条最长，而红色柱子中中外名著的那一条最长，所以知道男生最爱看科普百科，女生最爱看中外名著。

师：你关注到了最长的柱子获得了信息。

生：我发现男生看校园小说的人数最少，女生看绘本漫画的人数最少。

师：你是怎么知道的？

生：表格中有数据，这两个数据最小。

师：哦，你的信息来自表格。

师：从刚才的汇报看出，大家都知道将男女生进行对比，所以得出了这样的结论，不错！（板书：对比）

（3）教师示范。

师：老师也做了一份小结，你们看看我的和这位同学的小结有哪些异同点？（课件呈现教师的小结）：

> 从该统计图中，我得出了以下结论。
> 　1.中外名著、科普百科类图书深受大家的欢迎，但对校园小说和漫画绘本类图书，男女生的兴趣却有明显差异。
> 　2.同学们都很爱读课外书，且阅读的书籍类型比较丰富。

生：老师的第一点结论和我们概括的差不多，但第二点我们都没提到。

师：那第二点结论老师是怎么得出来的呢？

生：图表上面的文字中知道的。

师：仅仅从文字中就能得出这个结论吗？

生：还得看图表，可以知道各种类型书籍阅读的人数都不少。

师：也就是我既关注到了文字，知道看8本以上的人数不少，推论出同学们爱阅读（板书：获得信息做出推论），又关注到了各组柱状图，把文字和图表联系起来（板书：联系），再把这些信息整合在一起（板书：整合），这样得出的结论就相对全面了。

【点评4：学生先行，教师后导。这样的导是基于学情基础上的导，导得适时，导得及时，导在了关键处。】

4.小结阅读策略：刚才我们读的材料有文字，有图表。生活中类似的阅读材料其实不少呢，（课件呈现地图、公交站牌等）像这样的文本，叫"非连续性文本"，它们和我们平时读的课文不太一样，所以阅读的方法也应有所不同。

【点评5：在阅读图表的基础上，徐老师及时补充了生活中常见的非连续性文本，不仅让学生对非连续性文本的概念和特点有了更全面的了解，还在告诉学生非连续性文本在生活中随处可见，学会阅读它们的重要性不言而喻。】

三、联读图文（表），运用策略

1.自读选择。

师：了解到了同学们的阅读情况，对我们的淘书有没有帮助？

生：有。这样我们就知道同学们爱看什么书了。

师：那接下来我们就要开始淘书了。怎么淘呢？老师给大家带来了一些好书介绍单，由于课堂时间有限，所以老师只给大家发三份。

（请组长帮忙下发）

师：请大家静心快速阅读，对三本书做个大致了解。读完的同学在心里想一想：如果让你推荐一本，你打算推荐哪一本？

（生静心阅读三份好书介绍单）

2. 完成分组。

师：如果让你推荐，你会选择哪一本推荐给大家呢？选择《莎士比亚戏剧选》的举手！（没有学生举手）

师：选择《地球的故事》的请举手。（七八个学生举手）

师：选择《绝对小孩》的请举手。（全班大部分同学都举手了）

师（笑）：《莎士比亚戏剧选》真的没有一个同学选择吗？

（一生弱弱地举起了手，接着又有一个学生举起了手）

师（竖起大拇指）：虽然只有你们两人，但你们能在这样的情况下坚持自己的选择，老师要为你们点赞！（台下听课老师热烈鼓掌）

（学生快速地调整位置，完成分组：选择《莎士比亚戏剧选》的2人一组，选择《地球的故事》8人一组，其余同学分成了6组）

【点评6：课堂上让学生根据选择进行重组，将学习的选择权交给学生，这是对学生的真尊重，同时也为后面的阅读碰撞创造了条件和机会。】

3. 小组讨论，形成推荐理由。

（1）明确任务。

师：接下来我们分工合作，比比哪组同学最会阅读，能顺利完成任务。具体要求如下（课件呈现）：

> 小组合作，完成任务
> 1. 小组讨论推荐理由，用关键词表达，写在卡纸上，把字写大一点。
> 2. 派代表汇报。

（2）小组讨论，完成推荐任务。（下发大张卡纸和记号笔给组长，提醒学生把字写大一点。）

（各组学生热烈讨论，教师巡视了解学情并相应指导）

4. 汇报交流，指导阅读

（1）推荐《莎士比亚戏剧选》的小组汇报。

师：你们小组人最少，所以把汇报的优先权给你们。

生："收录篇目"告诉我们这本书里有喜剧还有悲剧，我们还读了老师写的读后感，知道这本书的内容很丰富，宣扬正义，具有哲学性。

师：你们听到了吗，他们是从"收录篇目"和"老师读后感"中获得了这些信息，给出了这个推荐理由，真不错。

生：我们还从"作者简介"中知道了作者是世界著名的戏剧家，翻译的作者也很厉害。

师：是名家写的又是名家翻译的，当然值得一读，是吧？

生：这是名著，而我们班同学特别爱读名著，所以我们推荐它。

师：同学们听出来了吗？他们这条推荐理由怎么得出来的？

生：他们还联系了前面我们班的阅读情况调查结果。

师：对，他们能这样联系起来读，考虑到同学们的阅读兴趣，这个理由太有说服力了！掌声送给他们！

【点评7：徐老师请人数最少的一组先来汇报，看似寻常，实际上也充分体现了徐老师的生本意识，对弱势学生的关怀。点评始终指向非连续性文本的阅读策略，目标意识极强。】

（2）推荐《地球的故事》的小组汇报。

生：我们小组有4条推荐理由，分别是知识丰富，视角独特，主题深刻，文笔优美。

师：同学们都翻开看一下，他们的理由是从哪儿得到的？

生：都在"内容简介"里讲到了。

师：也就是他们是抓住了内容简介里的两个标题给出了这4个理由。

师：刚才听了前一组的汇报，你们有没有想到新的推荐理由？

【点评8：基于这一组推荐理由单一的现状，徐老师及时点拨学生向前一组同学学习，可谓是"四两拨千斤"，这是方法与策略的引导，也是对学生学习品质的关注和培养。】

生：我们这本书的作者是房龙，被人们誉为"人文主义大师"，也很了不起，翻译是白马，是著名的翻译家。

师：对啊，你们刚才只关注到了内容简介，推荐理由就比较单一了。但你们马上从前一组中得到启示，很会学习，为你们点赞！

（3）推荐《绝对小孩》的小组汇报。

师：推荐《绝对小孩》的同学最多了，一共有6组。我们快速浏览一下，哪些推荐理由是相同的？

生：幽默、有趣，每个小组都提到了。还有人物生动形象。

师：说说你们为什么给出这样的理由？

生：书中人物的名字都很搞笑，故事一定也很搞笑。

师：我们看看都有哪些名字？

（师生一起找：披头、五毛、讨厌、宝儿、贵族妞、比赛小子）

师：的确好玩儿。那幽默也是从这些人物的名字里猜出来的吗？

生：名字里能猜出来，而且封面里有一句话：幽默大师朱德庸 20 年来最好玩的一本漫画。

师：哦，你还能将文字与封面图联系起来读，此处应该有掌声。还有哪些小组也关注到了封面？

生：我们从封面里知道这本书大人小孩都适合看，而且还"百分百非大人观点"。

师：你们看得可真仔细！封面里的确藏着很多信息呢。（师指推荐另两本书的小组）你们小组去翻翻看，或许也能从封面中获得信息，给出有价值的推荐理由呢。

【点评 9：让学生的学习成果成为课堂教学的资源，让学生在相互学习中得到启发，习得方法，真正体现了以生为本的教学理念。】

生：是的，《地球的故事》封面上有一句话：阅读本书，学求真、专注、进取的品质。

师：看来，我们不能只关注文字，还要关注阅读材料中的插图，把图文也联系起来读，得到的信息会更全面。

生：我们有不一样的推荐理由，作者是朱德庸，他是著名漫画家，他的书肯定值得一看。

师：有道理。看，有两个小组都关注到了"作者简介"，有的小组没有这条理由，是不是没有关注到这部分内容啊？

师：现在梳理一下，六组同学实际上给出了几条推荐理由啊？

生（数、议论）：一是幽默有趣，二是作者有名，三是受大人小孩欢迎。

师：那再回忆一下第一小组的汇报，你们从中可受到启发？是否还能给出更充分的理由呢？

生：我们也应该考虑同学们的阅读兴趣，从调查结果看，男同学爱看漫画，女生看得较少。我们现在五年级了，学习压力越来越大，有空看看漫画，能放松心情，所以这也值得推荐。

师：真是会学习的孩子，分析得头头是道。你们看，有时同学就可以成为我们的老师呢。大家相互学习，才能共同进步。

5. 教师示范强化

师：其实老师在为大家推荐这些书的时候，也是反复考虑的。以《莎士比亚戏剧选》为例，请看我的推荐理由（课件呈现）：

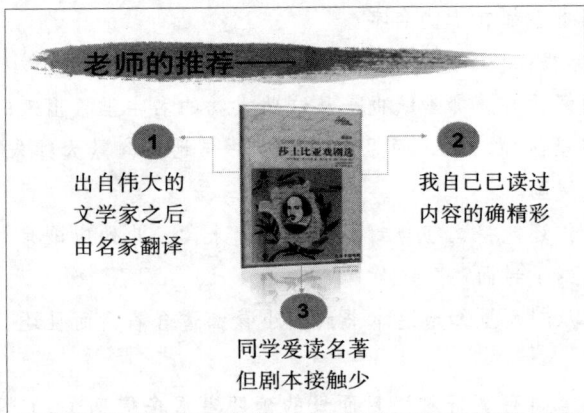

师：你们发现我的推荐理由来自哪里？

生：你从"作者简介"里得到了理由，还结合自己的阅读体会来推荐。

生：你也联系了那份调查结果了，我们班同学爱看名著。但剧本读的少，调查结果里没有说到。 生：老师肯定知道我们平时剧本读得少啊。

师：是啊。剧本作为一种文学形式，同学们平时接触太少了。既然大家都爱看名著，那名剧自然也该读一读了。老师就是这样联系同学们的实际阅读情况来思考的。

师：所以，我们阅读这样的非连续性文本，不仅要学会比较、整合，还一定要学会联系，联系相关的阅读材料，联系现实生活以及你已有的知识储备、学习经历。阅读的信息量越大，阅读的方法越合理，我们的收获就越大。

【点评10：教师的示范最后呈现，是因为学生已经具备了联系阅读的意识，只有这样"让学于生""还学于生"，学习的过程才可能展开，学习才可能真正发生。滞后呈现教师的示范，意在对学生进行阅读策略的强化，加深印象。】

四、总结全课，强化策略

师：在这个讯息万变的社会，非连续性文本越来越多地出现在了我们的身边。所以我们不仅要多读整本书，还要学会阅读这一类文本，这对我们的生活会有很大帮助。以后碰到这类阅读材料，你知道怎么读了吗？

生：比较、整合、联系，获得信息，做出推论，形成观点。

最后老师送给大家一句话：

> 人与人的差距是由阅读拉大的！
> 阅读吧！阅读吧！阅读吧！

人与人的差距是由阅读拉大的！

阅读吧！阅读吧！阅读吧！

【总评】

本课较好地体现了以下五种意识。

1. 课程意识

本节课无论是主题的确定、学材的创生还是形式的设计，都是老师自己完成的。课程改革走到今天，不能只停留于学习方式的转变，更为重要的是要从学习内容上进行重构与创生，这才是课改的关键所在。这一步很难，但我们的脚步必须迈出去。

2. 板块意识

本节课两大板块，一是试读图表，学习策略，二是联读图文（表），运用策略。板块之间有联系，又有递进，教学目标指向明确，过程推进自然流畅，课堂体现了一种简约之美。

3. 方法意识

每一节课的学习，教师一定要为方法、策略而教，而不是仅仅停留于内容的理解与情感的体验。怎么阅读非连续性文本，徐老师的课自始至终都凸显了这一点，让学生通过"这一课"的阅读，学会了"这一类"的阅读，这是真正有利于学生阅读能力提升的。

4. 策略意识

徐老师特别重视教给学生学习的策略：获得信息→做出推论→形成观点。不仅让学生在阅读中操练，还把这种学习的策略清晰地呈现在板书上，加深学生的印象，让学生真正学有所得。

5. 学本意识

这节课，从学材开发上，无论是做的、看的、学习的，都来自于学生；从教学策略上，徐老师让学生先学，教师后教，师生形成了平等的学习共同体。这些都充分体现了徐老师以生为本的理念和意识。

（设计者：杭州市西湖区九莲小学徐宏燕
点评者：杭州市江干区澎博小学楼翀
总评者：浙江外国语学院汪潮教授）

第三部分　语言文学

第 14 例　课本剧

新课程改革下的课程观是生成的课程观、整合的课程观、实践的课程观。课程新理念认为：儿童是课程的主体；"生活世界"是课程内容的范围；课程是儿童通过反思性、创造性实践而建构人生意义的活动。课本剧，整合语文、音乐、舞蹈、文学、美术等多门学科为一体，从编到演，既可调动学生的积极性，增强学生的探索兴趣，又可以加深对课文内容的理解；既可教会学生编写剧本，又可以提高学生的写作水平；既可以通过表演与评论来提高学生的口语交际能力，又可以陶冶学生的情操、启迪智慧；既可以有效地改进教学方式达到良好的教学效果，又可以激活课堂气氛，繁荣校园文化。

比如在课本剧《晏子使楚》的改编、排演过程中，学生需要查找春秋时期资料，领会楚王的狂妄、目中无人正是由于当时齐楚两国实力悬殊所致，才能把楚王那种高高在上的态度表现出来，这种学习的过程加深了对课文内容的理解。而准备道具、服装、舞台布置、背景音乐设定等各项工作，则需要学生结合美术、历史、音乐等多种学科的知识。

小学生学习语文的独特体验，在课本剧的编演实践中能得到淋漓尽致的发挥。课本剧是一门集综合性、实践性于一体的深受小学师生喜爱的戏剧形式，便于操作，意义重大。

二、课程规划

（一）课程主题

了解课本剧，培养课本剧改编能力和舞台表演能力。

（二）课程理念

1. 课本剧的编演促进学生自主、合作、探究方式的形成

编演课本剧离不开教师的指导，尤其在剧本改编、角色理解、剧情分析方面，教师必须发挥积极作用。但与此同时，更重要的是学生的参与。从剧本的选择改编、结束的分配扮演，到导演、剧务等各项工作，都需要发挥学生的主动性和创造性。让每个学生在活动中找到自己的位置，明确自己的价值，并在交流互动中培养互助合作的精神。

2. 课本剧的编演强化学生的知识，发展学生的能力

改编课本剧，让学生通过深入探究文本，理解故事情节的发展，从人物语言、神态、动作中探究人物性格，并体会文中所表达的思想感情，对知识的掌握提升到一个新的高度。同时让学生对课文进行大胆的想象，合理的探索，培养学生的实践能力与创新能力。让学生主动探究文本，并思考如何生动、形象，更具创造性地演绎文本，锤炼台词，认真推敲，让学生把课文中的抽象内容转化为人物语言、动作、神情等直观的表演，通过反复修改，提高作文水平。

学生对有兴趣的东西，会很想去尝试，这样就会克服自己胆怯的心理。参加课本剧的表演是有勇气和有信心的表现。学生表演课本剧必须面对观众，直接展示自己的言语、形象，展示自己对课文的理解和演绎水平。学生在老师的鼓励下主动去表演，在不知不觉中锻炼了胆量。

3. 课本剧的编演培养学生良好的道德情感，起到以美育情的作用

语文课的内容丰富多彩，从不同角度体现出语言、艺术、自然、社会、心灵、行为、生活的美，包含深刻丰富的情感。作为一种综合的舞台艺术的表演，课本剧的演出，将这些富有形象性的义理，用表演的形式表现出来，把义理变成视觉形象、听觉感知，通过这些视觉形象、听觉感知的观照，就把所获得的知识转化为"艺术"，并从中获得新知识。中国的古诗词内容包罗万象，一首《黄鹤楼送孟浩然之广陵》只有短短的二十八个字，以绚丽斑驳的烟花春色和浩瀚无边的长江为背景，极尽渲染之能事，绘出了一幅意境开阔、情丝不绝、色彩明快、风流倜傥的诗人送别画，把这只有二十八个字的诗篇改编、排演成课本剧，能使学生从再现作品的生动、真实的画面中，体会人、事、情、理、境的内在联系及典型意义，受到美的陶冶，德的潜移默化，领略到感人的艺术境界，并在艺术美的熏陶下自我教育，培养起真、善、美的道德情感，使之形成高尚的品格。

（三）课程目标

1. 通过搜集、阅读有关书籍、资料，了解课本剧。

2. 学习课本剧的编写方法，了解课本剧编写的基本要求。

3. 通过课本剧的排演，学习如何表演课本剧。

4. 通过课本剧的表演，提高表达能力及舞台表现力。

5. 通过对课本剧的创编、表演，受到艺术的熏陶，德的潜移默化，形成高尚的品格。

6. 通过对课本剧的创编、表演，促进合作、探究的能力发展。

（四）课程内容

层次	活动主题	活动内容	活动目标	课时安排
初级	1. 走近课本剧	1. 认识剧本 2. 初步学会选材 3. 欣赏课本剧	1. 初步了解课本剧的特点。 2. 知道课本剧定义、格式。 3. 明白剧本与文本的异同。 4. 初步学会选材。	3
中级	2. 改编剧本	1. 选材 2. 文本解读 3. 台词编写 4. 做道具、舞台实施、背景音乐设定	1. 根据课本剧特点选择合适的文本。 2. 吃透课文的主题思想和故事情节，根据课文故事情节编写剧本。	6
高级	3. 排练课本剧	1. 学习剧本 2. 分组，确定导演、演员 3. 根据人物设定记台词、排练动作、表情等	1. 充分熟悉剧本。 2. 体会人物特点，揣摩人物心理，确定人物的语言、动作、神态，突出人物性格，推动情节发展。	6
	4. 表演课本剧	根据排练内容表演	通过舞台表演，进一步感受课本剧的特点。	2
	5. 展示成果	展示评价各环节内容	形成一份有关课本剧的小论文，展示、评价此次课程活动，提高活动成效。	1

（五）课程资源

1. 新编版《小学语文》教材。

2. 《中国神话故事》《成语故事》《古诗词》等中国传统文化书籍。

3. 何捷著《课本剧聚看》团结出版社，2016 年 9 月。

4. 肖显志、盖尚铎．著《课本剧》（红领巾丛书）春风文艺出版社，2010 年 4 月。

（六）课程实施

1. 开设年级：五年级。

2. 课时安排：5 个专题，一学年共 18 课时，五上和五下分别 9 课时。每两周一课时。

3. 活动形式：自由报名，小班教学。分组学习，搜集资料、选材、小组合作探究、分组汇报表演等方式进行学习。

4. 教学策略：看一看，选一选，编一编，演一演，评一评。

（七）课程评价

1. 课程评价采用学分制。建立"走进课本剧的世界积分奖励卡"，分值达到 80 分为合格，100 分以上为"课本剧达人"。

2. 积分办法：选材 20 分，编写台词 30 分，做道具、舞台实施、背景音乐设定 20 分，表演 30 分，完成小论文 30 分。

三、教学设计

本课程按照初级、中级、高级三个层次设计，通过看一看、编一编、演一演等策略，设计以下五个内容。

1. 走近课本剧（初步了解课本剧的特点）

2. 改编剧本（根据课文故事情节编写剧本）

3. 排练课本剧（体会人物特点，揣摩人物心理，确定人物的语言、动作、神态，突出人物性格，推动情节发展）

4. 表演课本剧（通过舞台表演，进一步感受课本剧的特点）

5. 展示成果（展示、评价从创编、排练到表演的成果）

下面是第一个内容《走近课本剧》的教学设计。

走近课本剧

活动目标

1. 观看生活中熟悉的电视剧视频片段引入课本剧知识，初步感知课本剧。

2. 对比阅读课文与改编成的课本剧剧本，通过寻找异同的方式进而了解剧本的特有的格式；了解课本剧选择要点，总结体会课本剧特点。

3. 在学习中感受课本剧的魅力，激发学生对课本剧学习的兴趣。

活动重难点

1. 了解课本剧特有的格式，体会课本剧特点。

2. 感受课本剧的魅力，激起学生对课本剧学习的兴趣。

一、独"剧"匠心，激趣导入

（一）播放电视剧视频，导入课本剧

多媒体播放《三生三世，十里桃花》片段

1. 同学们，你们知道刚刚播放的是哪部电视剧吗？

2. 是啊，这就是最近热播的《三生三世，十里桃花》。从同学们异口同声的回答中，老师猜你们肯定很喜欢这部电视剧。你们能不能说一说为什么喜欢这部电视剧吗？（预设：演员演技好，颜值高，故事情节好等）

3. 过渡。可你们知道吗，这部热播的电视剧起初是一部小说呢！（课件出示小说封面）

这原先是唐七公子写的网络小说《三生三世，十里桃花》，后经其改编成剧本，搬上了电视荧屏，成了如今炙手可热的电视剧。

（PPT 呈现：小说——剧本——电视剧）

4. 总结过渡：除了网络小说可以改编成剧本之外，其实在我们生活中很多作品都可以改编成剧本，如你们爱看的《西游记》就是四大名著之一改编而成的。

5. 电视剧是由小说、著作等改编成剧本再进行表演，其实，我们今天要学习的课本剧也是类似，接下去，请先观看一段课本剧视频片段。（板书：课本剧）

（二）播放课本剧视频，感知课本剧

多媒体播放《晏子使楚》课本剧片段。

1. 视频里的这个故事将在我们五年级下册的课文中学到。题目就是"晏子使楚"。

2. 结合电视剧的说法，你们能不能也来说说什么是课本剧？

（1）学生指名说。

预设 1：把课文改编成剧本，用自己的语言、动作表演出来就是课本剧。

预设 2：来源于课本，把课文改编成剧本，排练成戏剧的形式。

（教师板书：课文——剧本）

（2）教师总结。同学们说的已经八九不离十了，基本上就是这个意思。从刚刚的视频中，我们也不难发现，课本剧主要的表现形式就是动作、语言等，也就是戏剧形式。在同学们的交流当中以及我们的补充当中，课本剧的定义就已经很清楚了。来，请看大屏幕！

【PPT 呈现课本剧定义】课本剧就是把课文改编成戏剧形式，以戏剧语言表现文章主题。

（3）学生读。请带着这样的理解来读一读。

二、同课异形，明确格式

1. 从课文到剧本再到课本剧，再结合我们刚刚观看的精彩的课本剧视频，你们觉得演好一个课本剧需要做哪些方面的准备？

（预设：找到一个好的剧本素材，编剧改编成剧本，选演员，演员排演等）

2. 大家说得都没错，在这个过程中有一个至关重要的环节，就是要将课文选出来改编成剧本才能进行排练。那么，剧本和课文又有什么相同之处和不同之处呢？请同学们来认真阅读课文和改编的剧本，找找有它们的相同之处和不同之处。

（板书：相同点、不同点）

（1）小组（同桌）讨论交流。

（2）请学生回答。

①请你来说一说，你想先说说相同之处还是不同之处？

预设 1：相同之处，故事内容一样。

既然说到相同之处，还有其他相同之处吗？

预设 2：故事发生的时间、地点、人物一样。

3. 教师总结：你们说的是故事发生的时间、地点、人物、起因、经过、结果，时间、地点一样，而且故事变化、经过也差不多，这就是故事的情节相似。

（板书：情节）

②接下去我们再来说说有什么不同之处。

相同之处：情节

不同之处：①剧本开头先写时间、地点、人物；

②剧本语言和课文有些不同；（剧本语言就是台词）

③剧本有幕名；

④有括号说明。（即舞台说明）

总结过渡：你们说的这些都是课本剧的格式不同。（板书：格式）那么，课本剧具体有什么格式呢？请结合刚才的发言，填一填学习单中的表格。

4.明确课本剧剧本格式。

（1）学生填剧本格式，教师随机展示。

> 一般格式：
>
> 　题目：
>
> 　时间：
>
> 　地点：
>
> 　人物：
>
> 　幕名（可省略）：
>
> 　台词：
>
> 　舞台说明：

（2）师生讨论交流，明确课本剧格式。

教师总结：原来课本剧剧本还有这样特殊的格式呢！通过找相同点和不同点就学习了课本剧剧本格式，你们真厉害！

三、选择剧本，了解特点

（一）选素材，说明理由

一个好的编剧不光要清楚剧本的格式，还需要有一双敏锐的眼睛去挑选素材。现在老师就来考考你，请从以下几个片段中挑选出你认为最能作为课本剧素材的片段，并说一说你为什么这么选。

课件出示三篇课文片段。（见附）

请学生挑选并说明原因。

（1）请同学们先来说说你选的是哪一个片段？

预设：《草船借箭》

（2）都选《草船借箭》，为什么不选择《小桥流水人家》和《落花生》呢？

预设1：《草船借箭》故事性强，情节一波三折，更加吸引人；语言台词多，人物神态、动作丰富。

教师：不错，你关注到了故事情节和人物。

预设2：周瑜、诸葛亮让人印象深刻。周瑜心胸狭窄，善于妒忌，话里藏剑；足智多谋，胆色过人。

教师：说明是鲜明的人物形象、尖锐的矛盾冲突吸引了你。

教师总结：其实你们刚刚说的就是课本剧的特点，是我们选取剧本的重要依据。刚刚同学们说了这么多，现在请结合刚刚同学们说的，填一填学习单中课本剧的特点。

（二）填一填，明确特点

1.填一填，明确课本剧特点。

（1）学生填一填。

（2）师生讨论交流。

课本剧特点：故事情节性强

人物形象鲜明

矛盾冲突尖锐

教师：课本剧一个重要的特点就是矛盾冲突尖锐，这可以是人物和人物之间的矛盾冲突，如周瑜和诸葛亮，也可以是人物自己内心的矛盾冲突，还可以是人物与环境的冲突。故事性强，人物形象鲜明和矛盾冲突尖锐这些课本剧的特点都是我们选剧本的依据。

2.巩固选择依据

（1）【PPT 呈现】怎样选择课本剧。

（2）学生读。带着这样的理解，读一读。

四、感受思考，总结回顾

附：《走近课本剧》学习单

一、比较阅读《晏子使楚》课文片段和改编的剧本，找找有什么相同之处和不同之处。

课文片段《晏子使楚》	课本剧片段《晏子使楚》
晏子见了楚王。楚王瞅了他一眼，冷笑一声，说："难道齐国没有人了吗?"晏子严肃地回答："这是什么话?我国首都临淄住满了人。大伙儿把袖子举起来，就是一片云；大伙儿甩一把汗，就是一阵雨；街上的行人肩膀擦着肩膀，脚尖碰着脚	时间：春秋末期 地点：楚国大殿 人物：楚王、晏子、众大臣 第二幕 晏子：（抱手，行礼）齐国使臣晏子参见大王! 楚王：（威严）嗯! 起来吧。 晏子：（恭敬地说）谢大王! 楚王：（冷笑）寡人素闻齐国多人才，如今看来不过是道听途说罢了。（众大臣笑）难道齐国真的没有人了吗? 晏子：（严肃地说）大王，这是什么话? 我国首

跟。大王怎么说齐国没有人呢？"楚王说："既然有这么多人，为什么打发你来呢？"晏子装着很为难的样子，说："您这一问，我实在不好回答。撒谎吧，怕犯了欺骗大王的罪；说实话吧，又怕大王生气。"楚王说："实话实说，我不生气。"晏子拱了拱手，说："敝国有个规矩：访问上等的国家，就派上等人去；访问下等的国家，就派下等人去。我最不中用，所以派到这儿来了。"说着他故意笑了笑，楚王只好陪着笑。

都临淄住满了人。大伙儿把袖子举起来，就是一片云；大伙儿甩一把汗，就是一阵雨；街上行人肩膀擦着肩膀，脚尖碰着脚跟。大王怎能说齐国没有人了呢？

楚王：既然有这么多人，为什么派你来我国呢？

晏子：（为难地说）您这一问，我实在不好回答。撒个谎吧，怕犯了欺骗大王的罪；说实话吧，又怕大王生气。

楚王：（不屑地说）你实话实说，我不生气。

晏子：（拱了拱手）敝国有个严格的规矩：访问上等的国家，就派上等人去；访问下等的国家就派下等人去。我最不中用，所以派到贵国来了。

众大臣：（生气地说）大胆晏子，竟敢说我们楚国是下等国，请大王治他的不敬之罪。

晏子：（假装慌张）大王，我可没有说楚国是下等国呀！是他们说的！

楚王：（陪笑）哈哈，晏使臣你说笑了！虽然你身材矮小，但机智聪颖，我相信你是齐国最贤明、最有才干的人。所以齐王才派你出使楚国。本王久闻你大名，佩服佩服！

（1）相同之处：　　　　　　　　　　不同之处：

_____　　_____

_____　　_____

_____　　_____

_____　　_____

（2）剧本格式：_____

_____

_____

二、请从以下三个片段中选择适合改编成课本剧的片段。

片段一：

《小桥流水人家》

一条清澈见底的小溪，终年潺潺地环绕引导村庄。溪的两边，种着几棵垂柳，那长长的柔软的柳枝，随风飘动着。婀娜的舞姿，是那么美，那么自然。有两三枝特别长的，垂在水面上，画着粼粼的波纹。当水鸟站在垂柳的腰上歌唱时，流水也唱和着，发出悦耳的声音。

片段二：

《落花生》

那晚上天色不大好。可是父亲也来了，实在很难得。

父亲说："你们爱吃花生吗？"

我们争着答应："爱！"

"谁能把花生的好处说出来？"

姐姐说："花生的味儿美。"

哥哥说："花生可以榨油。"

我说："花生的价钱便宜，谁都可以买来吃，都喜欢吃。这就是它的好处。"

父亲说："花生的好处很多，有一样最可贵：它的果实埋在地里，不像桃子、石榴、苹果那样，把鲜红嫩绿的果实高高地挂在枝头上，使人一见就生爱慕之心。你看它矮矮地长在地上，等到成熟了，也不能立刻分辨出来它有没有果实，必须挖起来才知道。"

我们都说是，母亲也点点头。

片段三：

《草船借箭》

周瑜看到诸葛亮挺有才干，心里很妒忌。

有一天，周瑜请诸葛亮商议军事，说："我们就要跟曹军交战。水上交战，用什么兵器最好？"诸葛亮说："用弓箭最好。"周瑜说："对，先生跟我想的一样。现在军中缺箭，想请先生负责赶造十万支。这是公事，希望先生不要推却。"诸葛亮说："都督委托，当然照办。不知道这十万支箭什么时候用？"周瑜问："十天造得好吗？"诸葛亮说："既然就要交战，十天造好，必然误了大事。"周瑜问："先生预计几天可以造好？"诸葛亮说："只要三天。"周瑜说："军情紧急，可不能开玩笑。"诸葛亮说："怎么敢跟都督开玩笑？我愿意立下军令状，三天造不好，甘受惩罚。"周瑜很高兴，叫诸葛亮当面立下军令状，又摆了酒席招待他。诸葛亮说："今天来不及了。从明天起，到第三天，请派五百个军士到江边来搬箭。"诸葛亮喝了几杯酒就走了。

（1）我的选择是片段（＿＿＿＿＿＿），理由是（＿＿＿＿＿＿＿＿＿＿）。

（2）我发现课本剧特点有

＿＿＿＿＿＿＿＿＿＿＿＿＿＿＿＿＿＿＿＿＿＿＿＿＿＿＿＿＿＿＿＿＿

＿＿＿＿＿＿＿＿＿＿＿＿＿＿＿＿＿＿＿＿＿＿＿＿＿＿＿＿＿＿＿＿＿

＿＿＿＿＿＿＿＿＿＿＿＿＿＿＿＿＿＿＿＿＿＿＿＿＿＿＿＿＿＿＿＿＿

四、实录点评

走近课本剧

一、独"剧"匠心，激趣导入

（一）播放电视剧视频，导入课本剧

多媒体播放《三生三世，十里桃花》视频片段

同学们，你们知道刚刚播放的是哪部电视剧吗？

生齐声：《三生三世，十里桃花》

师：是啊，这就是最近热播的《三生三世，十里桃花》。从同学们异口同声的回答中，老师猜你们肯定很喜欢这部电视剧。快说说你为什么喜欢这部电视剧吗？

生1：剧情紧凑。

生2：故事情节好。

生3：颜值高。

师：老师也和你们一样爱看。可你们知道吗，这部热播的电视剧起初是一部小说呢！（PPT出示小说封面）

师：这原先是唐七公子写的网络小说《三生三世，十里桃花》，后经其改编成剧本，搬上了电视荧屏，如今成了炙手可热的电视剧。

（PPT呈现：小说——剧本——电视剧）

师总结：除了网络小说可以改编成剧本之外，其实在我们生活中很多作品都可以改编成剧本，如你们爱看的《西游记》就是四大名著之一改编而成的。电视剧是由小说、著作等改编成剧本再进行表演，其实，我们今天要学习的课本剧也是类似。（板书：课本剧）

【点评1：兴趣是最好的老师，对于没有接触过课本剧的学生来说，课本剧是陌生的。课堂上教师选用学生熟悉的热播电视剧导入，学生兴趣浓厚。经过老师的引导，学生对电视剧（小说——剧本——电视剧）形成过程已有了认识，为学生理解课本剧做了知识铺垫。】

接下去，请先观看一段课本剧视频片段。（PPT播放《晏子使楚》第二幕）

（二）播放课本剧视频，感知课本剧

多媒体播放《晏子使楚》课本剧视频片段。

师：视频里的这个故事将在我们五年级下册的课文中学到。这篇课文的

题目就是"晏子使楚"。原来在课本里的课文还可以搬上舞台演出来，真是神奇！

师：结合电视剧的说法，你们能不能也来说说什么是课本剧？

生1：就是把课文也改编成剧本，再让小演员演出来。

生2：把课文改编成剧本，用自己的语言、动作表演出来就是课本剧。

（教师板书、PPT出示：课文——剧本）

师：同学们说的已经八九不离十了，基本上就是这个意思。从刚刚的视频中，我们也不难发现，课本剧主要的表现形式就是动作、语言等，也就是戏剧形式。在同学们的交流当中以及我们的补充当中，课本剧的定义就已经很清楚了。来，请看大屏幕！（PPT出示课本剧定义：课本剧就是把课文改编成戏剧形式，以戏剧语言表现文章主题。）

师：请带着我们的理解来读一读。

生齐读。

师：今天这堂课，就让我们一起走近课本剧，了解课本剧。（补充课题：走近）

【点评2：通过观看改编自课文的《晏子使楚》课本剧片段，让学生对课本剧有了初步直观的认识，原来课本剧来源于自己的课本，消除学生隔离感。文化是共通的，从电视剧的形成引出与之类似的课本剧的认识，给了学生一个学习的台阶，学生敢说，能说，确实为学生打开了一扇门，独具匠心。】

二、同课异形，明确格式

师：从课文到剧本再到课本剧，再结合我们刚刚观看的精彩的课本剧视频，你们觉得演好一个课本剧需要做哪些方面的准备？

生1：要先找到一篇课文，把它转化为剧本。

生2：要找好演员。

生3：要想好服装之类的道具。

师：大家说得都没错，让我们来看看演好一个课本剧需要做好哪些准备吧！（PPT出示：演好一个课本剧需要做哪些方面的准备？选剧本素材，改编成剧本，挑选演员，演员排练……）

师：在这个过程中有一个至关重要的环节，就是要将课文选出来改编成剧本才能进行排练。那么，剧本和课文又有什么相同之处和不同之处呢？请同学们来认真阅读课文和改编的剧本，找找它们的相同之处和不同之处。可以小组相互讨论，并将结果写下来，开始吧！

（板书：相同点、不同点）

生根据体验单思考交流并填写。

师：请你来说一说，你想先说说相同之处还是不同之处？

生 1：相同之处，故事内容一样。

师：既然说到相同之处，还有其他相同之处吗？

生 2：故事发生的时间、地点、人物一样。

师小结：你们说的故事发生的时间、地点、人物、起因、经过、结果，时间、地点一样，而且故事变化、经过也差不多，这就是故事的情节相似。

（板书：情节）

师：接下去我们再来说说有什么不同之处。

生 1：我认为不同点也是时间、地点、人物，剧本开头先写时间、地点、人物。

生 2：剧本语言和课文有些不同，剧本语言就是台词。

生 3：括号里有说明。

师：是的这样的说明我们叫作舞台说明。而且在剧本的最前面都会出示幕名。老师总结了一下你们说的这些都是课本剧的格式不同。（板书：格式）那么，课本剧具体有什么格式呢？请结合刚才的发言，填一填学习单中的表格。

【点评 3：通过对课本剧定义的学习，学生对什么是课本剧有了概念性的、表面性的认识。激起学生求知欲之后，教师在本环节利用同课异形，让学生对比阅读文本，寻找不同，不仅将课堂还给了学生，充分调动了学生主观能动性，而且学生如鱼得水，收获很大，课堂气氛热烈。】

学生填剧本格式，教师随机展示。

师：接下去先来交流一下你找到的格式。

生：有题目、时间、地点、人物。

师：关注到了题目、时间、地点、人物。这是它的一般格式，都有的。还有吗？

生：人物台词和剧本片段。

师：剧本片段也就是剧本的正文了，请坐。

生：有幕数，第几幕。

师：第几幕，我们称之为幕名。

生：有括号里的文字。

师：我们称之为？

生：舞台说明。

师：好，把刚刚同学们说的都结合起来，我们再来说一遍。

生：有题目、时间、地点、人物、幕名、舞台说明、台词。

师：请把格式填到学习单上。

生：（填写学习单）

PPT 展示：

> 一般格式：
>   题目：
>   时间：
>   地点：
>   人物：
>   幕名（可省略）：
>   台词：
>   舞台说明：

教师总结：原来课本剧剧本还有这样特殊的格式呢！通过找相同点和不同点就学习了课本剧剧本格式，你们真厉害！

【点评4：学生们通过"读一读""说一说""写一写"的方式，能明确差异，对课本剧剧本的认识没有流于形式，在教师引导下，最终一步步梳理出课本剧剧本格式。】

三、选择剧本，了解特点

（一）选素材，说明理由

师：一个编剧，不仅要清楚剧本的格式，还要有一双敏锐的眼睛，发现好的剧本素材。接下去，老师就来考考你们。在你们的学习单中，有三个不同的课文片段，请你们认真地去阅读这些片段，找一找，你觉得哪一个片段最适合出演课本剧？并说一说，为什么这么选？可以在同桌之间相互交流讨论。（学生学习讨论）

师：先来说一说，你选择片段几？

生：片段三。

师：你为什么选择片段三？为什么说片段三更吸引你？

生：因为片段一里面没有台词，演员没法演；片段二台词是有的，但是舞台说明太少了，演员也不好演；片段三里面有很多动作和台词，所以我觉得片段三比较好。

师：说得非常详细。片段一中没有台词，但是有些课文中也是没有台词的，我们可以通过想象来补充进去。还有别的理由吗？

生：片段三中人物对话非常有趣。

师：讲到一个词，有趣。怎样的故事会让你觉得有趣，吸引你？

生：情节吸引人的故事会吸引我。

师：是的，故事情节吸引人。那么怎样的故事情节是吸引人的呢？

生：看电视的人看完一集还想看下去。

师：电视剧如此吸引人，正是因为我们猜不到结局。那么中间情节肯定是怎样的?

生:情节是一波三折的。

师:你真了不起。的确,一波三折的故事肯定能吸引观众继续往下看。也就是说你们选择《草船借箭》作为剧本的原因之一就是它的故事情节一波三折,故事性强。除了这个原因外,还有不同的原因吗?

生:我觉得故事里的周瑜说话时话里藏剑,但是诸葛亮把他的计谋给破了。

师:很好,你抓住了故事中的人物。那么也就是说你认为故事中人物的矛盾冲突怎样?

生:尖锐。

师:的确《草船借箭》这篇课文中的人物之间矛盾冲突很尖锐,如周瑜和诸葛亮。其实不仅仅是人物和人物之间存在矛盾冲突,也可以是人物自己内心的矛盾冲突,还可以是人物与环境的冲突。只要矛盾冲突尖锐的文本都会吸引我们继续往下看。那么我们再去看看这个故事中的两个人物,你想用怎样的词来概括你对他们的印象?

生:周瑜心胸狭窄,会嫉妒。诸葛亮聪明。

师:哇,剧中人物形象在你的心中已经非常鲜明了。为什么你能这么准确的概括出剧中人物的形象呢?

生:因为他们都非常有个性。

师:的确这也是剧本的特点之一。请同学们仔细回忆下我们刚才的交流讨论,完成第二小题,写写课本剧的特点。

生:填写学习单。

【点评 5:这个环节老师用了足足 15 分钟的实践活动来探讨课本剧素材的特点。通过对这三篇素材的比较,引导学生归纳出了课本剧的特点。这一对比,让学生知道原来选择一个剧本并不是那么的简单,还隐藏着那么多的奥秘!】

(二)填一填,明确特点

师:结合刚才的讨论,谁来说说课本剧有什么特点?

生 1:选取的故事情节要强

生 2:故事中的人物性格鲜明

生 3:故事的矛盾冲突尖锐

师:故事性强,人物形象鲜明和矛盾冲突尖锐这些课本剧的特点都是我们选剧本的依据。

PPT 出示:怎样选择课本剧

故事情节性强

人物形象鲜明

矛盾冲突尖锐

师：让我们带着理解一起来读一读。

【点评6：通过交流所观察到的特点，学生兴趣盎然，各抒己见。这样的"填一填"，让学生对课本剧的特点了解更加直观、深入，记忆犹新。】

四、感受思考，总结回顾

今天，我们一起走近了课本剧，明白了什么是课本剧，并初步了解了课本剧剧本的格式和课本剧的特点。那怎样才能将一篇课文改编成一个好剧本，演员怎样表演才能达到预期的效果？这些都将在以后的课堂之中一一深入学习，今天我们就先上到这里，谢谢！

【点评7：经过这一堂课的学习，让接触课本剧较少的农村孩子不光光只是停留在观看视频上，而是对课本剧有了一个崭新的认识。这一堂课的学习，老师带领着学生真正跨入了课本剧的第一道门槛，为以后的学习开启了良好的开端，奠定了扎实的基础。】

【总评】

1. 激活动热情

课本剧让孩子从课内走向课外，孩子们喜欢看，也喜欢演，这对课本剧产生了浓浓的热情，孩子们都喜欢在同伴面前展示自己的才华，表演欲望也会随着强烈起来。在编排表演课本剧的途中，孩子们变成了主人，展现了自己的自主学习的能力，从着手准备到排演，需要孩子认真阅读文本，查阅相关文本资料，熟知历史背景，弄清人物性格特征，孩子在深入解读文本的同时，还可以创造性地活化人物形象，极大地增强了孩子的热情。课本剧用孩子喜闻乐见的方式走进课堂，这种形式大大地增强了语文课堂的艺术效果，变要我学为我要学，展现了孩子的主体地位，也激发了孩子活动的热情。

2. 掘内在潜能

课本剧表演是一次艺术的实践，是针对孩子表现欲强、想象力丰富的心理、年龄特点，创设的一种生动活泼、轻松愉悦的学习课堂。课本剧表演让"死"的课本变"活"起来，使"静"的课堂"动"起来了，孩子们对表演的兴趣也随之转化为对语文学习的热情。随着时代的发展、教育的进步，如今对孩子的培养已不再仅仅是语文课堂中的朗读、理解加记忆的学习模式。为了拓宽他们的思维，将表演艺术有机地融合到学生所学课本剧中，这对挖掘学生的认知力、观察力、想象力、注意力、记忆力、模拟力、创造力等潜能都有极大的帮助。都说"麻雀虽小，但五脏俱全"，课本剧表演也是如此，它犹如给孩子另一个成长的舞台，让孩子通过表演的形式，使他们品尝到了人生的酸甜苦辣、悲欢离合，从而走进人物内心，了解社会历史，启迪人生真谛。

3. 促合作意识

孩子们课本剧的编排和排演是个不断摩擦、合作的过程，无形中增加了孩子们之间的相互沟通，相互了解，相互交流，相互补充，相互提建议，相互帮助，提高了自我认识。在课本剧的整个过程中，自主选择适合自己的任务，有个性、大胆，有表现力，爱表演的孩子就担任演员；性格内敛的就主动担任群众演员；爱奇思妙想、喜欢创造的孩子就编写剧本，动手能力强，爱绘画就做道具。虽然分工不同，但都为表演课本剧出谋划策，各尽所能，每个孩子都有了用武之地。孩子们之间的相互合作，加强了友谊和团结，拥有一种快乐积极的心态，表演就更尽善尽美了。当表演成功时，孩子们之间相互鼓励赞赏，当表演失败时，孩子们之间相互查找自己的不足。在课本剧的合作中，孩子们在自己同伴的提醒下重新认识了自我，在肯定声中看到了自我的价值，树立了信心，课本剧成为了孩子之间良好人际关系的纽带。

（设计者：金华市婺城区蒋堂小学姚晓芳
点评者：金华市婺城区蒋堂小学雷俊华）

第15例 绘本读写

一、课程背景

绘本，英文名"PictureBook"，也有翻译成"图画书"，是由图像或者图像搭配文字共同叙述一个故事，是国际公认的最适合幼儿园与小学低年级学生阅读的图书。

绘本以其贴近儿童的独特优势，成为低年级读写教学的首先媒介。

1. 激发言说的欲望

绘本的语言风格多样，或优美生动，富有诗意；或幽默诙谐，想象奇特；或思辨深刻，颇有张力。绘本不拘一格的语言特色、表达方法值得学习、借鉴。

2. 丰富习作的题材

学生绘本读写的过程就是潜移默化地培养语感，学习和提高语言表达能力的过程。不同形式的绘本拓展了学生的生活面，绘本关注生活、情感、态度、心理，涉及生命、为人处世等各个方面，种类繁多，内容丰富。真实丰富的生活，新鲜灵动的语言，唤醒了学生的生活体验，为他们提供了源源不断的习作素材。

3. 提供技法借鉴

绘本是文学的创作，可以从中发现、学习、借鉴写作的技法。结构的设置，情节的铺展，人物的刻画，环境的渲染等写作技巧都可以从绘本中找到，经过教师分类整合、增添删减，精心设计，都能很好地为习作教学所用。

二、课程规划

（一）课程主题

绘本读写，创意无限。

（二）课程理念

"绘本读写"课程是基于小学语文国家课程，精选优秀绘本资源，构建低年级绘本"读说写"一体的教材，通过教师导读激发阅读兴趣，指导学生在读中说演，读中学写，全面培养低年级学生的听说读写能力，提高语文素养。并在图文并茂的绘本世界中感受生活的美好，世界的多彩，人性的真善美，培养儿童健全的人格，为学生的全面发展和终身发展打下基础。

1. 培养学生的阅读兴趣

让学生在阅读过程中感受阅读的乐趣，感受阅读带来的成就感，从而爱上阅读。同时，阅读课程丰富的人文内涵对学生精神世界的影响是广泛而深刻的，学生对阅读材料的感受和理解又往往是多元的。因此，应该重视阅读课程对学生思想情感所起的熏陶感染作用，注意阅读课程内容的价值取向，尊重学生在阅读过程中的独特体验。

2. 养成学生的读写习惯

生活中阅读资源和阅读机会无处不在，要善于因地制宜为学生创设综合阅读活动平台。丰富多彩的阅读实践有助于培养学生热爱阅读的良好习惯。发挥绘本图文并茂、生动形象等特点，引导学生进行听说读写训练，逐步养成持之以恒、专心致志的读写习惯。

3. 鼓励学生创意表达

绘本读写充分尊重儿童的个体差异，从儿童的角度出发设计读写活动，引导学生从多个角度、多种途径进入绘本世界，与作者对话，与故事中的人物对话，获得丰富的情感体验，开展富有创意的读写活动。让每个学生都能在活动中打开心扉，产生言说的兴趣和冲动，尊重儿童在读写中存在的差异，认同并鼓励他们用自己的方式走进故事，走进自己，享受读写的快乐。

（三）课程目标

1. 喜欢绘本，感受绘本阅读的乐趣，学习阅读绘本，掌握阅读绘本的基本方法，养成良好的阅读习惯。

2. 结合绘本阅读开展口语交际训练，提高学生的看图说话能力、观察能力、想象能力和思维能力。

3. 利用绘本实现读写迁移，开展形式多样的绘本写话活动，习得绘本中的语言，并尝试运用，激发写话兴趣，提高语言表达能力。

4. 一、二年级精读绘本 32 本，泛读百本，并尝试整本书阅读，课外阅读总量不少于 20 万字。

5. 在绘本阅读中，获得美的享受，润泽心灵，陶冶情操，培养学生健全的人格。

（四）课程内容

一年级上学期绘本阅读的设计主要以教师导读为主，借助绘本进行口语交际，自一年级下学期开始逐步过渡到凭借绘本说话、写话，二年级开始正式启动绘本写话，学生独立阅读。统筹规划四个学期的阅读序列，做到主题突出，循序渐进，保证阅读时间（每个单元穿插 1 课时的绘本阅读教学），有序推进"绘本阅读"的开展。

"绘本读写"课程内容安排

单元	一上教材主题	配套绘本	口语交际	读写目标
一	入学教育	《大卫上学去》	XXX，上学去	1. 激发绘本阅读的兴趣，初步了解绘本的特点，如封面、蝴蝶页、扉页、正文等。2. 通过画画、演演、做做、说说等多种方式表达自己阅读中的发现、感受、体会等。3. 结合绘本开展口语交际，初步尝试用一句话仿写绘本中典型的句子。
二	识字（一）	《不学写字有坏处》	介绍我喜欢的书	
三	汉语拼音	《字母树》	复习巩固汉语拼音	
四	自然	《和我一起玩》	我们做朋友	
五	识字（二）	《我爸爸》	画爸爸，介绍自己的爸爸	
六	想象	《月亮的味道》	想吃的味道	
七	儿童生活	《笨拙的螃蟹》	介绍我喜欢的海底动物	
八	观察	《雪地里的脚印》	仿编《雪地里的小画家》	

续表

单元	一下教材主题	配套绘本	口语交际及写话	读写目标
一	识字（一）	《花婆婆》	美丽的春天	1. 对绘本阅读活动有兴趣，学会观察绘本中的图画，发现绘本图像与文字之中藏着的"细节"。2. 对绘本写话有兴趣，能用读、说、演、写等多种方式表达自己阅读中独特的想法。3. 能用一两句话说说、写写阅读绘本后引发的联想或想象。
二	心愿	《逃家小兔》	仿写句子	
三	伙伴	《爱心树》	神奇的树	
四	家人	《云朵面包》	学习用"先……再……"写话	
五	识字（二）	《端午节》	画画节日，配上一、二句话	
六	夏天	《小黑鱼》	学习写比喻句	
七	好习惯	《你看起来好像很好吃》	想象写话，续编绘本	
八	问号	《在月球上跳高》	假如（　）来到了月球上	
单元	二上教材主题	配套绘本	绘本写话	读写目标
一	动植物	《蚯蚓的日记》	了解日记格式，尝试记录。	1. 喜欢参加绘本阅读活动，对绘本阅读有较浓厚的兴趣。2. 继续学习观察绘本中的图像，初步理解不同色彩、线条等表达的故事情趣。能运用推测、联结等阅读策略阅读绘本。3. 通过读、说、演、写等多种形式，创编属于自己的绘本故事片段。
二	识字（一）	《四季转啊转》	学习用总分结构写喜欢的季节	
三	亲情	《彩虹色的花》	仿写故事，创编绘本	
四	祖国	《小房子》	画一画"老房子"并配上文字	
五	勤劳	《蚂蚁和西瓜》	看图写话：团结力量大	
六	伟人	《尼尔森老师不见了》	画画老师，给画配文	
七	冬天	《小猪变形记》	仿写故事	
八	机智	《爷爷一定有办法》	老鼠一家有办法	
单元	二下教材主题	配套绘本	绘本写话	读写目标
一	春天里的发现	《巨人和春天》	美丽的春天	1. 对绘本阅读活动有浓厚的兴趣，能进行整本书阅读。2. 对绘本写话有兴趣，能通过读、说、画、演、写等多种形成表达自己的发现与看法，创编属于自己的绘本故事片段。3. 鼓励模仿迁移创作和自由创作。
二	奉献与关爱	《彩虹鱼》	彩虹鱼历险记	
三	爱祖国、爱家乡	《荷花镇的早市》	夸夸我的家乡	
四	用心思考	《想吃苹果的鼠小弟》	借助绘本，创编故事	
五	热爱自然	《鸭子骑车记》	仿写故事：（　）骑车记	
六	培养优秀的品质	《大脚丫跳芭蕾》	绘本名片	
七	正确看待问题	《三只小猪的真实故事》	改编第三版：三只小猪的故事	
八	走进科技的世界	《追寻恐龙》	恐龙的阅读记录表	

（五）课程资源

1. 部编本小学语文一、二年级教材。

2. 国内外优秀绘本资源。

3. 彭懿图 . 画书阅读与经典 [M]. 二十一世纪出版社。

4. 曹爱卫 . 玩转绘本创意读写 [M]. 浙江少年儿童出版社。

5. 各类小学语文教学杂志上有关绘本读写的资源。

（六）课程实施

1. 开设年级：一、二年级

2. 课时安排：两学年共 32 课时，配套每个单元 1 课时。

3. 活动形式：自由报名，小班教学。

4. 教学策略：读一读，说一说，演一演，写一写等。

（七）课程评价

1. 代币制奖励。建立"绘本阅读章""小书虫章"，读完一本绘本得一枚绘本章，读完整本书得一枚小书虫章。每学期结束，根据获得奖章的总数，评出班级前 20% 为"阅读明星"。

2. 五星写话制。每篇绘本写话作品最高为五星，获得五星的作品可以打印展览，并由老师投稿。期末得星最多的学生，可以获得"写话小能手"称号。每学期末将优秀的绘本写话作品编辑成册，分发给每个学生。

三、教学设计

本课程按照国家教材的编排体系，分为一上、一下、二上、二下四个层次设计，通过读、说、演、写等策略，设计一上表格中 32 个绘本内容的读写训练。

1.《大卫上学去》

2.《不学写字有坏处》

3.《字母树》

4.《和我一起玩》

5.《我爸爸》

6.《月亮的味道》

7.《笨拙的螃蟹》

8.《雪地里的脚印》

9.《花婆婆》

……

下面是二上第三单元《彩虹色的花》的教学设计。

彩虹色的花

活动目标

1. 通过教师激情导读，引导学生预测、想象、表演，在师生共读中了解故事内容。

2. 运用图文结合、边读边想的方法，进一步感悟绘本语言简洁但意蕴深刻的特点，感悟"施比受更快乐"的意义。

3. 通过写一写彩虹花与小动物之间的故事，让学生续编故事"第二朵彩虹花"，体验如何去帮助别人。

活动准备

1.《彩虹色的花》12 本，每小组 1 本。

2. 前后四人小组，有组长、汇报员、记录员、朗读员等分工。

3. 课件、写话纸、故事情节表、记号笔等。

活动过程

（一）阅读封面，激发兴趣

1. 出示花儿。你看到了什么？引导用"这是一朵（＿＿＿＿＿＿）花儿"说话。

2. 揭示课题。屏幕出示绘本封面，读题：彩虹色的花。

3. 阅读封面。关注作者。

（二）导读故事，教给方法

1. 介绍环衬。教师介绍环衬（蝴蝶页）、扉页。从扉页上我们看到一朵彩虹色的花开在黑黑的泥土上，故事就从这里开始了。

2. 感受心愿。教师配乐读绘本 2、3 页：彩虹色的花有个什么心愿呢？出示：我想跟每一个人分享我的快乐。指名读——齐读（彩虹色的花想和每一个人分享她的快乐，这是一个多么美好的心愿呀！她实现了吗？）

3.看看图画。师继续讲述第4、5页内容，小蚂蚁遇到了什么困难呀？引导学生仔细观察6、7页画面，说说蚂蚁是怎么过河的呢？

（1）自由说话。先让学生看图自由说一说。

（2）说得完整。引导学生用上"先——然后——再"等表示先后关系的词，把画面上的内容说完整。

（3）说得生动。引导学生展开想象，抓住小蚂蚁的表情、动作说生动。

4.读读文字。欣赏8、9页蜥蜴图：又过了几天，一个很舒服的晴天，好像又有谁走过。是谁来了？自己读读配文，蜥蜴遇到什么困难了？

5.大胆猜测。

（1）预测。请你想一想蜥蜴会摘什么颜色的花瓣呢？

（2）验证。出示10、11页图画：绿色的蜥蜴披上红色花瓣可鲜艳了，你看它现在的表情。引导学生关注细节。那谁能把这幅图说得更生动呢？

6.总结方法。

（三）合作共读，悦读分享

1.小组合作。四人小组合作共读（13～25页），请打开绘本翻到13页，四人小组合作读一读接下来发生的故事，合作完成情节表。

2.集体交流。

（1）尝试复述。借助故事情节表，尝试复述故事。借助故事情节表，能够帮助我们很快地掌握故事内容，这可是读绘本的一种好方法。

（2）聚焦画面。那13到25页中哪幅画面给你们留下了最深的印象？

预设：小老鼠   有趣好玩

       小鸟   开心得意

       小刺猬   不会被雨淋湿了

       紫色花瓣   伤心

3.引导回顾。

小朋友们，彩虹色的花先后和小蚂蚁、蜥蜴、小老鼠、小鸟、刺猬分享了自己的快乐，最后连紫色的花瓣也被风吹走了。那最后彩虹色的花到底怎么样了呢？

（四）图文并茂，续编故事

1.深情叙述。师配乐深情讲述27到32页内容。彩虹花被覆盖在白雪下面，但她的希望和梦想还在继续。当春天来到时，新的花朵又在阳光下绽放……她又会怎样和别人分享她的快乐呢？

2.仿写故事。让我们自由想象，续编故事，并给你的文字配上一幅画。如果把大家的合起来，就又是一本图画书啦！（出示练习纸）

冬去春来，彩虹色的花又盛开在原野上。有一天，_____从彩虹色

的花身边经过，他唉声叹气地说："＿＿＿＿＿＿＿。"彩虹色的花听了把自己的

＿＿＿＿＿＿花瓣送给他当 ＿＿＿＿＿＿。

　　3. 学生练写。

　　4. 集体交流。请六名学生，写不同颜色花瓣的上台交流。

（五）温情回顾，感悟爱心

　　1. 回顾提升。小朋友们，故事读到这儿，你们觉得这仅仅是一朵外表漂亮的彩虹色的花吗？她还是一朵（善良、有爱心、乐于助人……）的花。

　　2. 再读心愿。感谢彩虹色的花让我们明白了快乐与别人分享是一件多么幸福的事情。齐读句子。

　　3. 出示封底。让彩虹色的花这种精神像太阳一样永远温暖着我们。

四、实录点评

彩虹色的花

（一）阅读封面，激发兴趣

　　1. 出示花儿。

　　师：小朋友们，今天老师要和你们一起来分享一本好看的绘本，这个故事里有这样一朵花儿，仔细观察一下，这是一朵怎样的花儿呢？板贴：这是一朵（＿＿＿＿＿＿）的花。

　　生 1：这是一朵五彩缤纷的花。

　　生 2：这是一朵又美又香的花。

　　生 3：这是一朵五光十色的花。

　　生 4：这是一朵五颜六色的花。

　　师：是呀，这是一朵五颜六色的花儿，有红、橙、黄、绿、蓝、紫六片花瓣，就像彩虹一样绚丽，难怪作者给她取了一个好听的名字——彩虹色的花，这就是咱们今天要一起分享的绘本。

　　2. 揭示课题。屏幕出示绘本封面，读题：彩虹色的花。

　　3. 阅读封面。师：这本绘本的图画作家是麦克·格雷涅茨，细野绫子配文，蒲蒲兰翻译。

　　【点评 1：封面是绘本的眼睛，这朵彩虹色的花共有红、橙、黄、绿、蓝、紫六种颜色，每一种颜色都跟后面的故事密切相关，为此在导读封面的时候，教

者就引导学生仔细观察，让学生感受到这朵花的与众不同之处，激发了学生的阅读期待。】

（二）导读故事，教给方法

1.介绍环衬。

师：打开绘本，我们首先看到的是——，你看它和封底前面这一页是相对称的，和在一起就像蝴蝶的一对翅膀，所以我们叫它蝴蝶页，也叫环衬，这是前环衬，这是后环衬。

师：蝴蝶页上的彩虹和这本绘本有什么关系呢？

生：都是像彩虹一样的颜色。

师：是呀，蝴蝶页可以告诉我们很多信息，阅读绘本的时候一定也要好好读读。

【点评2：每本绘本都有匠心独运的蝴蝶页，而往往我们在阅读绘本的时候会忽略它，在阅读的初始阶段引导学生关注蝴蝶页，感受其内在意蕴。】

2.感受心愿。师：从扉页上我们看到一朵彩虹色的花开在黑黑的泥土上，故事就从这里开始了。

师（配乐读绘本2、3页）：太阳升起来，把原野照得亮亮的。他吃了一惊：昨天还是一片积雪的原野上，竟然开着一朵花！"早安！你是谁？"太阳问。花儿回答说："早安，我是彩虹色的花。冬天的时候，我一直待在泥土里，可我再也等不及了。现在终于见到你了，我多高兴呀！我想跟每一个人分享我的快乐。

师：彩虹色的花有个什么心愿呢？

生：我想跟每一个人分享我的快乐。

师：彩虹色的花想和每一个人分享她的快乐，这是一个多么美好的心愿呀！她实现了吗？

【点评3：教师深情的导读，加上清新的音乐，唯美的画面，把学生一下子带入了故事的情境之中，感受到彩虹色的花美好的心愿。】

3.看图说话。

师（配乐读4、5页）：过了几天，好像有谁从花儿的身边走过。"早安，我是彩虹色的花，你是谁呀？"彩虹色的花问。"我是蚂蚁，我现在要去奶奶家。可是，雪融化了，原野中间有一个很大的水洼。我怎么才能过去呢？""是这样啊。那你爬上来，摘一片花瓣试试看，说不定能用得上呢。"

师：小蚂蚁遇到了什么困难呀？

生：过不了水洼。

师：（出示6、7页画面）请你仔细观察，说说蚂蚁是怎么过河的呢？

生1：小蚂蚁乘在花瓣上，拿了一根树枝当船桨划过河。

师：这个小朋友把话说得很完整，如果你能用上"先……接着……然后"这样的词语一定会说得更好。

生2：小蚂蚁先摘下一片橙色的花瓣当小船，接着找来了一根小树枝当船桨，然后划过了大水洼。

师：小朋友们说得越来越棒了，你再看看小蚂蚁的表情和动作，加上去一定会说得更有趣。

生3：可爱的小蚂蚁先拿了一根细细的树枝当船桨，再乘上橙色的花瓣，然后开开心心地划过这个大水洼。

师：这幅图上虽然没有一个字，但是通过仔细观察，加上自己的想象，把它说得那么有意思，你们真厉害！

【点评4：绘本阅读以读图为主，引导学生仔细看图，关注"蚂蚁"的动作、神态，加上合理的想象，把画面说生动，培养学生的观察能力和语言表达能力。】

4.读读文字。

师：又过了几天，一个很舒服的晴天，好像又有谁走过。是谁来了？听听小蜥蜴和彩虹花在说什么呢？谁来为大家读读配文。

生："你好，我是彩虹色的花。你是谁呀？你为什么那么难过呢？"彩虹色的花问。"我是蜥蜴，今天我要去参加宴会，可是没有合适的衣服。怎么办呢？""哦，也许我的哪一片花瓣会与你的绿色相配。你看呢？"

师：谢谢，读得真好。没有合适的衣服参加宴会的小蜥蜴多难过呀！正当小蜥蜴愁眉不展的时候，彩虹花要送他一片花瓣当衣服。

【点评5：绘本中的文字非常精练，但往往能起到画龙点睛的作用，在阅读绘本的时候，借助文字能够把故事叙述得更加完整，清楚。】

5.大胆预测。

师：想一想这绿绿的蜥蜴会摘什么颜色的花瓣呢？

生1：黄色的花瓣，因为绿色上加点黄色很漂亮。

生2：绿色的花瓣，因为它身上的颜色也是绿色的。

生3：蓝色的花瓣，蓝色与绿色更相配。

生4：红色的花瓣，因为绿色加红色很像超人身上的衣服。

师（出示画面）：看看谁猜对了，你看绿绿的蜥蜴穿上红色的衣服特别得鲜艳了，你看刚才还是愁眉苦脸的蜥蜴，这会它怎么样了？

生1：小蜥蜴穿上红色的衣服，心里特别高兴。

生2：小蜥蜴穿上红色的衣服，高高兴兴地去参加宴会。

生3：小蜥蜴开开心心地去参加宴会，它心想：我穿得这么漂亮，别人一定会很羡慕我呢！

【点评6：预测是绘本阅读中非常重要的一种策略，让学生根据画面大胆猜

测接下来可能发生的事情，让阅读充满惊喜与趣味。】

6. 总结方法。

师：刚才我们通过观察图画，读读文字，再合理想象，读懂了彩虹色的花和蚂蚁、蜥蜴一起分享了她的快乐。那后来彩虹色的花又和谁分享了她的快乐的呢？

【点评7："授人以鱼，不如授人以渔"，及时总结绘本阅读的方法"仔细看图，读读文字，合理想象"，以指导学生开展自我阅读。】

（三）合作共读，悦读分享

1. 合作阅读。

师：请打开绘本翻到13页，四人小组合作读一读接下来发生的故事，看完后请大家一起讨论，哪幅图给你们留下了最深的印象，令你们小组觉得特别有趣、好玩、感动、伤心……请你们把复读书签夹在那一页，然后大家反复读一读、评一评，合作完成情节表。

《彩虹色的花》故事情节表

彩虹花把（ ）花瓣	送给（ ）	当（ ）
chéng 色	小蚂蚁	小船
红色	xīyì	衣服

生：合作共读（一人当组长，一人当朗读员，一人当记录员，一人当汇报员）完成情节表。

2. 集体交流。

师：小朋友们，刚才大家读得非常认真，哪个小组上来交流？

生（四人上台汇报）：彩虹色的花把蓝色的花瓣送给小老鼠当扇子，把黄色的花瓣送给小鸟当礼物，把绿色的花瓣送给小刺猬当雨伞，最后紫色的花瓣被风吹走了。

师：借助故事情节表，能够帮助我们很快地掌握故事内容，这可是读绘本的一种好方法。

【点评8：通过小组合作，借助"情节表"共读接下来发生的故事，引导学生使用"复读书签"关注绘本中的图画，反复欣赏品味，然后集体交流，取长补短，共同读懂故事，分享阅读的喜悦。】

师：那在那13到25页中哪幅画面给你们留下了最深的印象？

生1：我觉得小老鼠这幅最有趣，它把蓝色的花瓣系在尾巴上，走路的时候尾巴一摇一摇的，可凉快啦！

生2：我为鸟妈妈开心，本来千辛万苦也没找到礼物，现在有黄色的花瓣给小鸟当被子，小鸟一定会喜欢的。

生3：我看了小刺猬这幅图很感动，彩虹花已经很虚弱了，但它为了不让小刺猬淋湿，送给它绿色的花瓣。

生4：我看到紫色的花瓣被风吹走，我特别难过，彩虹花真善良啊！

……

师（深情地诉说）：太阳隐去了自己的光芒。彩虹色的花也折断了，但她仍然静静地站在那儿。雪花仿佛要拥抱彩虹色的花，轻轻地，轻轻地飘落下来……

【点评9：引导学生关注图画中的细节，给予学生自由言说的空间，让他们走进故事，与绘本中的人物一起感同身受，获得美好的情感体验。】

（四）图文并茂，续编故事

1. 配乐叙述。

师配乐深情叙述（27～32页）：很快，大雪覆盖了所有的东西，一片白茫茫的。谁会想到，在这里曾经开过一朵彩虹色的花呢！就在这时候，从雪中升起一道耀眼的彩虹的光芒，把天空照亮了。蚂蚁、蜥蜴、老鼠、小鸟和小刺猬都从远处跑了过来。他们看着光芒，心里渐渐温暖起来。大家都想起了彩虹色的花曾经给过自己的帮助。

师：彩虹花被覆盖在白雪下面，但她的希望和梦想还在继续。当春天来到时，新的花朵又在阳光下绽放……她又会怎样和别人分享她的快乐呢？

2. 续编故事。

师：好，让我们自由想象，来创编属于你自己的彩虹花的故事。（出示练习纸）

> 冬去春来，彩虹色的花又盛开在原野上。
> 有一天，_____从彩虹色的花身边经过，他_____地说："_____。"彩虹色的花听了把自己_____的花瓣送给_____当_____。

生：自由写话。

3. 集体交流。

师：哪些小朋友愿意和大家分享你的故事？（邀请写不同颜色花瓣的六位同学上台）

生1：冬去春来，彩虹色的花又盛开在原野上。有一天，蝴蝶妹妹从彩虹色的花身边经过，她难过地说："我的一片翅膀受伤了，不能飞行了。"彩虹色的花听了把自己绿色的花瓣送给蝴蝶当翅膀。

师（帮忙串词）：又有一天……

生2：蚯蚓弟弟从彩虹色的花身边经过，他唉声叹气地说："我要去参加朋友的宴会，可还少了一顶帅气的帽子。"彩虹色的花听了把自己橙色的花瓣送给蚯蚓当帽子。

师：一个阳光明媚的早晨……

生3：小乌龟从彩虹色的花身边经过，他慢吞吞地说："我想去参加跑步比赛，可是我爬得太慢了。"彩虹色的花听了把自己紫色的花瓣送给小乌龟当滑板。

师：一个下雨天……

生4：蚂蚁妈妈从彩虹色的花身边经过，她伤心地说："我的宝宝们总是吵吵闹闹，如果有个摇篮那就好了。"彩虹色的花听了把自己蓝色的花瓣送给蚂蚁妈妈当摇篮。

师：秋天来了……

生5：小青蛙从彩虹色的花身边经过，他低着头说："冬天马上就要来了，可是我还少一条过冬的被子呢。"彩虹色的花听了把自己黄色的花瓣送给小青蛙当被子。

师：漫长的冬天来了……

生6：一个小朋友从彩虹色的花身边经过，他着急地说："我堆了一个雪娃娃，可还少了一个漂亮的鼻子。"彩虹色的花听了把自己红色的花瓣送给雪娃娃当鼻子。

师：小朋友们，你们太了不起了，把你们的故事合在一起，再配上图画，就是第二本彩虹色的花啦！

【点评10：故事的结尾给人无限遐想，老师抓住绘本中这一留白，巧妙地设计了续编故事的练笔，这既是对绘本语言的运用，又潜移默化地让学生体验了帮助他人是件快乐的事情。孩子们的想象力是无限的，他们的创作令人惊喜。】

（五）温情回顾，感悟爱心

师：小朋友们，故事读到这儿，你们觉得这仅仅是一朵外表漂亮的彩虹色的花吗？她还是一朵……

生：善良。

生：有爱心的。

生：助人为乐的。

师：感谢彩虹色的花让我们明白了快乐与别人分享是一件多么幸福的事情。（出示封底）彩虹花这种精神像太阳一样永远温暖着我们。下课！

【点评11：此处与开课相呼应，读完绘本，在孩子们心目中这朵彩虹色的花不仅仅是一朵外表漂亮的花了，更是一朵心底善良、乐于助人、无私奉献的花，它的这种精神也正像封底上那个光芒万丈的太阳一样永远温暖着孩子们，这也正是此绘本的意蕴所在。】

【总评】

1. 兴趣为先

低年级学生识字量少，注意力集中时间不长，以形象思维为主，如何让这个年龄段的孩子爱上阅读？李老师把图文并茂、形式有趣、想象奇特的绘本引进了语文课堂，这是十分适合这个年龄段的孩子阅读的。李老师执教的《彩虹色的花》，是配套二上第三单元"亲情"这个主题拓展的绘本。彩虹色的花对待身边的小伙伴不是亲人胜似亲人，所以这个绘本是非常契合这个主题的。要让学生爱上绘本，"深情朗读"成了绘本阅读的重要策略，教学开始，老师让学生欣赏电子绘本，教师配上清新的音乐，用深情的朗读把学生带进绘本的情景之中，在一幅幅唯美的画面中，学生感受到了彩虹色的花美好的心愿。在故事的结尾，教师又一次深情诵读，那略带忧伤的音乐，彩虹花那种无私奉献的精神把孩子们小小的心都融化了。

2. 方法引路

教给学生阅读绘本的方法很重要，我们要教会学生读懂绘本的封面、扉页、蝴蝶页和封底等，引导孩子品味绘本中经典的语言，感悟绘本中蕴含的真善美。在《彩虹色的花》中老师教给学生三个法宝"仔细看图，读读文字，合理想象"。在绘本阅读过程中，注重学生读图能力与想象能力的培养。选择最富想象、最动人的图画引导学生细细地观赏图画中的形象、色彩、细节等。《彩虹色的花》这个绘本中的图画是非常漂亮和清晰的，像"小蚂蚁过河"这幅图上没有一个字，李老师引导学生仔细观察，并用上"先……接着……然后"等表示先后顺序的词，让学生把画面说生动。当欣赏到彩虹色的花想送一片花瓣给小蜥蜴当衣服这幅图时，引导学生大胆猜测。预测是绘本阅读中非常重要的一种策略，让学生根据画面大胆猜测接下来可能发生的事，让阅读充满惊喜与趣味。因为《彩虹色的花》这个绘本的故事情节是反复的，所以故事后面部分采用了四人小组合作学习的形式，借助故事情节表帮助梳理故事内容，培养学生独立阅读的能力，使学生的合作学习有了一个很好的载体。

3. 发展能力

李老师的这节绘本课跟以往班级读书会上的绘本课有所不同。应该说，这节绘本课更具"语文味"。因为"绘本读写"课程的核心理念就是借助绘本激发低年级学生的阅读兴趣，指导学生在绘本阅读中进行口语交际、写话训练，以培养学生听说读写能力，提高语文素养。绘本画面的丰富性，绘本情节预留想象空间的广阔性，绘本内容的生活性，正符合了《语文课程标准》写话教学的新理念。所以在今天的绘本阅读课上，老师更多的是注重学生说话、写话能力的培养。通过看图说话，引导学生关注蚂蚁、蜥蜴的表情、动作等。绘本的结尾又给人无限遐想，来年春天又有一朵彩虹色的花绽放在了原野上。老师抓住绘本中这一留白，设计了续编故事的练笔，让学生仿照绘本中的语言来创编故事，有的学生说彩虹色的花把自己的花瓣送给蚯蚓当帽子，送给蝴蝶当翅膀，送给小蚂蚁当摇篮，送给小乌龟当滑板等。孩子们的想象力是奇特的，思维的火花是绽放的，语言的增量是明显的，情感的提升是显而易见的。

（设计者：桐乡市实验小学教育集团春晖小学李萍

点评者：嵊州市教育局特级茹茉莉）

第 16 例　民间故事

一、课程背景

　　民间故事作为民间文学中一种重要的、独立的艺术形式，是劳动人民创作并传播的，具有虚构内容的散文形式的口头文学作品。民间故事作为文学艺术活动首先体现在叙事艺术和语言艺术。因为"民间文学首先是一种语言艺术，但它又不同于后起的文学，它曾经是而且仍然是一种综合的艺术。在这种艺术中，语言因素、音乐因素和表演因素，相互作用，在不同的体裁中各自消长。但是在大多数情况下，语言的因素总是占据着决定性的地位"。所以，民间故事的学习作为语文活动内容离不开对语文要素的学习。

　　《义务教育语文课程标准（2011年版）》在第三部分"实施建议"中的"课程资源开发与利用建议"中指出——"语文课程资源包括课堂教学资源和课外学习资源，例如教科书、相关配套阅读材料、其他图书、报刊、工具书……自然风光、文化遗产、民俗风情、方言土语，国内外的重要事件，日常生活的话题等也都可以成为语文课程的资源"。在我们的日常课堂中，语文课程资源的开发相当薄弱甚至是空白。很多老师不知道如何开发课程资源，也不清楚什么样的内容能成为课程资源。使得学生学习语文的兴趣不浓，知识面不广，阅读能力不强，语文素养不高。这些都说明语文教师在日常教学中没有把语文作为学生终生必需的文化素养来培养，只是应对日常作业和考试要求。注重传授知识，要让学生将知识内化为应用，尤其是作为今后不断丰富自己的学习动因。因此，我们决定进行以民间故事为载体的小学微课程开发与研究。

　　"家乡的民间故事"微课程的开发，强调以"家乡的民间故事"为抓手，激发学生对家乡的热爱，对祖国语言文字的喜爱，充分体现课程的故事味和语文味；同时，教师针对教学重点或难点，设计具有操作性的趣味任务，在学生从易到难完成任务的过程中，达成对文本知识的内化，也体现了课程的乡土味和口语味。课程的开发立足于教师的用心搜集，将家乡的民间故事汇编成孩子们喜欢的微课程教材，进而通过教师们对微课程教材的创新教学，充分挖掘民间故事的"乡土味""故事味"和"口语味"，让学生在课程的学习中，爱上家乡的民间故事，成为民间故事口口相传的又一代传播者。

二、课程规划

（一）课程主题

学习民间故事，了解民间故事的文化内涵。

（二）课程理念

1. 体现故事味、语文味。以"家乡的民间故事"为抓手，激发学生对家乡的热爱，对祖国语言文字的喜爱，是本课程的设计理念之一。故事是学生十分喜爱的文学形式之一，本课程从小学生的心理和年龄特点出发，搜集整理了一批耳熟能详、富有趣味、形象生动的民间故事，让学生对课程产生十足的兴趣，使学生在学校的起始阶段，有一个良好的心理状态，积极地投入到课程学习活动中。

2. 体现乡土味、口语味。设计具有操作性的趣味任务，是本课程的又一设计理念。在课程实践过程中，教师根据学习任务中的重点或难点，设计一个个具体明确、操作性强的学习任务，既能化解教学的重难点，又能让学生在由易到难的任务完成中，达成本课程的学习目标。

（三）课程目标

1. 通过"家乡的民间故事"的微课程学习，学生不仅对国内外的知名民间故事了然于心，对家乡当地的民间故事也能够耳熟能详。

2. 通过"家乡的民间故事"的微课程学习，学生在故事学习中"发现文学的奥秘，发现阅读的方法，发现故事的力量"。

3. 通过"家乡的民间故事"的微课程学习，学生在民间故事的学习过程中培养积极的人生态度、健康的情感、高尚的道德品质。

（四）课程内容

"家乡的民间故事"课程内容与课时安排

课程名称	《家乡的民间故事》		备注
板块设计	1. 热爱家乡 2. 造福人民 3. 自强自立 4. 人间真情	4 课时 4 课时 4 课时 4 课时	均采用长短课相结合的方式，组织教学。
课时任务	第一课时：读故事 这一课时主要收录贴合单元主题的民间故事二至三个，其中包括一个大家耳熟能详的民间故事，中外均可，另外的一至两个民间故事为衢江当地的民间传说。	通过对微课程文本的阅读，学生在故事的阅读中了解家乡，也能受到故事的影响，塑造正确的人生价值观。	一般采用长课的方式，组织教学。
	第二课时：赏故事 通过故事欣赏课的方式，把对家乡的民间故事的学习，贯穿到学生的日常学习生活中。	采用邀请民间老人、非遗传人、故事达人，以及教师、学生、家长讲故事的方式，欣赏家乡的民间故事。	采用 2 至 3 次，短课的形式，组织教学。
	第三课时：写故事 采用读写结合课的模式，从某一个故事的某一个点入手，开展读写结合训练。	采用故事擂台赛、故事接龙、故事点赞台等方式，展示学生创作的民间故事。	可灵活采用长课或几次短课的方式，组织教学。
	第四课时：讲故事 针对各单元的不同主题设计相应的实践活动，以实践活动来深化故事的主题，使其内化为学生的自身素养。	采用进社区讲故事、校园广播员、班级故事大王、家校故事时空等方式，培养学生讲故事的能力。	可灵活采用长课或几次短课的方式，组织教学。

（五）时间安排

在微课程的实施方面我们通过对国家基础课程和地方课程的课时调整，合理地对相关教学内容进行整合，灵活性地采取"长短式结合"的授课时间来打破壁垒，落实课程。所谓"长短式结合"就是指每月一次长课，长课内容一般以微课程教材上的内容为主；每周两次短课，短课一般安排在晨阅和午写时间，一般是与微课程相关的综合性实践活动等。

（六）课程实施

1. 开设年级：五年级（上下学期均可）。

2.课时安排：4个专题，一学期共16课时，每周一课时。

3.活动形式：自由选课，小班教学。四人小组分组学习，搜集资料、小组合作探究、分组汇报、分组展示等方式进行学习。

（七）课程评价

以学校"学广美美章"的方式进行评价，积满两个"学广美美章"，课程评价为合格。（以"家乡的民间故事"第二板块"造福人民"为例）

（1）阅读《神农尝百草》《神针杨继洲》，并做相关的批注。（必做，每五条批注可得一枚"学广香香章"，最多不超过五枚。）

（2）讲述《神针杨继洲》的故事，做到声情并茂。（必做，视听众评价可得1～3枚香香章。）

（3）课内提交当堂作业，"学习杨继洲，我能做什么？"（必做，完成得两枚香香章。）

（4）课外积累"造福人民"的相关名言警句、故事等。（选做，积累一则得一枚香香章，最多五枚。）

（5）搜集《神针杨继洲》的相关资料一份，或研究《神针杨继洲》的资料。（选做，搜集的资料准确并有一定的价值，可得1～3枚香香章。）

三、教学设计

本课程按照"热爱家乡、造福人民、自强自立、人间真情"四个板块设计，每个板块又分四个课时进行教学。

下面是第二板块"造福人民"的第一课时"读故事"的教学设计。

神针杨继洲

教学目标

1.通过学习，了解家乡"神针"杨继洲的故事，知道杨继洲医术精湛，医风严谨，医学成果显著。

2.通过朗读、合作探究等方法，感受民间故事"来源于民间，情节生动夸张"等特点。

3.通过学习讨论，走近家乡神医，体会其造福百姓的伟大精神，树立为群众着想的信念。

教学过程

一、激趣导入，走近故事

1.播放民间故事图片，学生猜故事名称，并说说自己印象中的民间故事是什么样的故事。

2.播放《神农尝百草》视频，学生说说观后感受，初步体会"造福人民"的伟大精神。

3.我们衢州人杰地灵，历史上也曾出过一位神医，他医术高超，名震四方，尤其擅长针灸，造福了广大百姓，名叫"杨继洲"。

二、学会阅读，走进故事

（一）了解故事内容

1.一般我们拿到新的阅读材料，首先要做的就是通过阅读，了解主要内容。课前请同学们预习了，现在请同学们用自己喜欢的方式说说你都知道了哪些内容。

2.出示几位同学的主要内容，读一读。

3.请同学说说感受。

4.小结。

（二）熟悉主要人物

1.同学们，通过你们的阅读，"神针"杨继洲给你留下最深的印象是什么呢？

医术高超：

引导学生通过文中的事例以及关键词句来感受，如"他随即拿出一枚银针，让病人侧过身子，往他臀部的环跳穴扎去，果然针起病除，病人立刻能起来走路了！""只用几针就把锦衣卫张少泉的夫人患了二十多年的癫痫病治愈了"等。

医风严谨：

引导学生通过杨继洲"用羊眼试验，且选择无风无雨天气，清戒三天，安心定志之后再扎针人眼"的事例，以及杨继洲本人的话语来体会。

成果显著：

学生自主梳理杨继洲的著作，细数其著作被翻译成几种语言，有几种版本，流传到了多少国家等，用直观的数字说明一切。

2.小结：高超的医术，严谨的医风，还有为后世留下的珍贵成果，杨继洲无论生前死后，都是为民造福的伟人啊！

（三）探究民间故事特点

1. 情节夸张

杨继洲艺术高超，称得上是一名"神针"，你认为他最"神"的是什么？

（1）"针到病除"

（2）救人无数

2. 口口相传

古时候想要记载事件没有现代这么方便，杨继洲出诊时，也不能时时带着纸笔以记之。他救过的人上到皇亲国戚，下到黎民百姓，数不胜数，那么，他治病救人的这些美事又是如何流传至今的呢？

三、回顾总结，学会读故事

1. 根据板书回顾，今天我们是怎样来阅读的？

2. 通过今天的学习，今后同学们自己阅读民间故事或课外书籍，准备怎样阅读呢，把你的收获和大家一起分享。

四、实录点评

神针杨继洲

一、激趣导入，走近故事

1. 播放民间故事图片，学生猜故事名称，并说说自己印象中的民间故事是什么样的故事。

师：上课之前，我们先来放松放松，玩一个猜一猜的游戏《大小故事我知道》：根据老师出示的图片猜出相对应的故事。

生：《牛郎织女》《女娲补天》《天仙配》……

师：（翘大拇指）了不起，小小年纪竟然知道那么多，课外书肯定看了不少。今天老师还要告诉你，这些故事有个共同的名字叫民间故事，谁能说说在你的印象中民间故事是什么样的故事呢？

生1：我觉得民间故事应该是在我们民间广为流传的故事。

生2：我觉得民间故事可能和我们的生活息息相关。

生3：我读过《牛郎织女》，感觉故事里人物都有超能力，他们都要和别人抗争。

……

师：你们说的都很有道理。把你们的回答综合起来，就能够很好地解释民间故事是什么样的故事了。民间故事就是劳动人民创作并口口相传的，具有虚构内容的口头文学作品，情节往往夸张，充满幻想，但大都表现了人们的良好愿望。今天老师也给大家带来一个民间故事，我们一起来欣赏。

【点评 1：民间故事源于生活，通过课堂游戏让学生看图片说故事，可以对这一文化形式有个初步的认知。通过课堂谈话，了解到学生对民间故事的原有认识，可以提升教学的针对性和有效性。】

2. 播放《神农尝百草》视频，学生说说观后感受，初步体会"造福人民"的伟大精神。

师：短短几分钟的视频，你能说说你的观后感受吗？

生 1：我觉得神农真勇敢，他也不知道那些草有没有毒，但是他都敢大胆尝试。

生 2：我觉得神农真了不起，就因为他遍尝百草，所以谱写了《神农本草经》，这样万一人们中毒生病了，就可以根据《神农本草经》对症下药了。

生 3：我觉得好可惜，神农在一次试药的过程中中毒身亡了，但是他又好伟大，因为他是为了老百姓才去试药的。

生 4：我发现神农不光光试药，他还教老百姓种粮食，让大家都不再饿肚子了。

……

师总结：是啊，为了造福人民，神农不惜以身试药，曾经有一次他一天就中了 70 多次毒，幸亏及时服下解药，才得以保全性命；他还教会人民耕种收割，为人类做出了巨大的贡献。神农，他为了人类健康而死，我们永远纪念他。

3. 师：我们衢州人杰地灵，历史上也曾出过一位神医，他医术高超，名震四方，尤其擅长针灸，造福了广大百姓，他就是"杨继洲"。

今天就让我们一起走近《神针杨继洲》，了解神医造福百姓、名震四方背后的故事。

【点评 2：《神农尝百草》是耳熟能详的故事，通过对这一"大故事"的学习，学生对这一类故事有个初步的了解。然后导入新课学习家乡的"小故事"，激发了学生的学习兴趣和自豪感。】

二、学会阅读，走进故事

（一）了解故事内容

1. 初读阅读资料

师：一般我们拿到新的阅读材料，首先要做的就是要通过阅读，了解主要内容。课前请同学们预习了，现在请同学们用自己喜欢的方式说说你都知道了哪些内容。

生1：我知道了杨继洲医术非常高超，他用针灸治好了很多疑难杂症，甚至有些病在很多医生看来都必死无疑的，到了杨继洲手上就能马上治好。（板书：医术高超）

生2：杨继洲不光治病厉害，他的医风也很严谨，在治病前，他用羊眼来做试验，还经常批评那些边看病边说笑的医生。（板书：医风严谨）

生3：杨继洲编成了10卷20余万字的《针灸大成》，该书自刊行以来，平均不到十年就出现一种版本，至今已有日、法、德、拉丁等7种文字、46种版本，传播到140多个国家和地区。（板书：成果显著）

2.师小结：同学们通过自己的阅读获取了有用的信息，知道了故事的主要内容，也初步了解了杨继洲这位"神针"，我很欣赏大家的阅读能力和概括能力。

【点评3：通过学生的合作学习，基本梳理出了文本的主要内容和人物的主要品格。】

（二）熟悉主要人物

1.师：通过阅读，"神针"杨继洲给你留下最深的印象是什么呢？

生1：杨继洲给我留下最深刻的印象是医术高超。

师：你是从哪些地方感到他的医术高超的？

师引导学生通过文中的事例以及关键词句来感受，如"他随即拿出一枚银针，让病人侧过身子，往他臀部的环跳穴扎去，果然针起病除，病人立刻能起来走路了！""只用几针就把锦衣卫张少泉的夫人患了二十多年的癫痫病治愈了"等。

生2：杨继洲给我留下最深刻的印象是他医风严谨。

师引导学生通过杨继洲"用羊眼试验，且选择无风无雨天气，清戒三天，安心定志之后再扎针人眼"的事例，以及杨继洲本人的话语来体会。

生3：杨继洲给我留下最深刻的印象是他成果显著。

师引导学生自主梳理杨继洲的著作，细数其著作被翻译成几种语言，有几种版本，流传到了多少国家等，用直观的数字说明一切。

2.师小结：高超的医术，严谨的医风，还有为后世留下的珍贵成果，杨继洲无论生前死后，都和神农一样，是为民造福的伟人啊！

【点评4：在学生对文本和人物有了初步认识的基础上，教师深入引导学生从语言文字的角度，探究作者是用怎样的方式来呈现出人物的这一特点的。从关注"写什么"，到关注"怎么写"。】

（三）探究民间故事特点

1. 情节夸张

师：杨继洲医术高超，称得上是一名"神针"，那你认为他最"神"的是什么？赶快去课文当中找一找。

生 1："这御医走近一看，胸有成竹地说："这病扎一针就能好了！"他随即拿出一枚银针，让病人侧过身子，往他臀部的环跳穴扎去，果然针起病除，病人立刻能起来走路了！"我觉得很神。

师：的确很神。还有吗？

生 2："杨继洲帮她做了针灸治疗，当天就身轻手举不怕冷了。"

生 3："只一顿饭工夫，李夫人就苏醒了，肿痛也消了。"

……

师总结：刚才同学们所说的这些，用一个词语概括就是"针到病除"。（板书：针到病除）

生 4：在我们的阅读资料中"医术高超，名扬朝野"那一段，全部都写杨继洲以针灸治愈的疑难病例，我想那么难治的病都被他治好了，那平时一般的病对他更是小菜一碟，不知道治好多少人了。

师：（率先鼓掌，带动全班鼓掌）掌声送给你，你不光光会读书，还会想象，你就像穿越到杨继洲生活的年代，真真切切地看到了杨继洲救了无数人的生命。（板书：救人无数）

师：事实上，真有那么神吗？针一扎下去，病马上好了，可能吗？（不可能）不管是生什么病，都有一个恢复的过程，所以这就是故事，他的情节总是要比我们现实夸张一点的。（板书：情节夸张）

【点评 5：紧抓一个"神"字，教师引导学生深入体会"民间故事"的语言特色，准确地把握了民间故事"情节夸张"这一特点。】

2. 口口相传

师：杨继洲救人无数，被他救过的人上到皇亲国戚，下到黎明百姓，数不胜数，而古时候想要记载事件没有现代这么方便，杨继洲出诊时，也不能时时带着纸笔以记之。那么，他治病救人的这些美事又是如何流传至今的呢？

生 1：老百姓会相互说的。

生 2：被他治好过病的人很感谢他，肯定会把给他治病的事情传出去，然后大家一传十、十传百，最后大家都知道了。

师：这就是"口口相传"。（板书：口口相传）

师小结：民间故事情节生动，具有传奇色彩，流传于民间，以人民群众口口相传的方式延传至今，是中华文学宝库中一颗璀璨的明珠。

【点评6：执教者立足文本实际，让学生了解"民间故事"往往反映了人们对真善美的追求和对假丑恶的鞭挞，准确地把握了民间故事"口口相传"的特点。】

三、回顾总结，学会读故事

1. 师：今天我们一起走近了《神针杨继洲》，也大致了解了民间故事的特点。那你能根据板书回顾一下，今天我们是怎样来阅读这个故事的？

生：首先我们先了解故事内容，熟悉杨继洲的人物特点，然后从故事中体会民间故事的特点。

2. 师：通过今天的学习，今后同学们自己阅读民间故事或课外书籍，准备怎样阅读呢，课后把你的收获和大家一起分享。下课！

【点评7：从"大故事"的欣赏，到身边"小故事"的学习，学生对民间故事的认识从模糊到具体，为以后的民间故事的学习开启了良好的开端，奠定了扎实的基础。】

【总评】

---

1. 呈现了民间故事的特性

（1）故事情节的传奇性。民间故事把壮丽山河、名胜古迹、独具特色的民俗风情等加以神奇化，给这些山川、人物、风情涂抹上一层神奇浪漫的幻想色彩，故事情节曲折离奇，既有现实情景，又有奇情异事，以充满魔幻的形式传达人们的心声，满足民众的美好愿望。

（2）传说故事的附着性。家乡的民间故事以特定地方的地名、地貌特征为反映对象，故事往往发生在固定的地点，流传在一定区域，具有浓郁的地方特色和乡土气息。"传说的创作一般都有相应的附着物。也就是说，它的产生有一定的事物做依托，或历史人物，或山川风物，或名胜古迹，或文化创造，或动物植物，或风俗习惯等。传说的创作者往往根据一定的附着物想象构思，形成关于各种人物和事物的优美的解释性故事"。传说的内容虽然有较强的虚构性，但是都与实有的人物、事件和地方风物相联系。

（3）传播方式的口语性。民间故事是一种口头文学，主要靠人们的口传心授播布民间。口耳相传的传播方式，最大限度地保存了口头语言的原始风貌，语言风格清新质朴，浅显流畅，多用简练朴素的白描手法，特别适宜讲述。

2. 体现了民间故事的价值

（1）道德传承功能。民间故事字里行间洋溢着对人民群众伟大创造力的浪漫想象，充满着对中华民族传统美德的颂扬，以虚构的传奇故事寄寓了多重而丰厚的文化价值和深邃的精神内涵，铭刻着民族文化的基因，反映了人们对真善美的追求和对假丑恶的鞭挞。它以喜闻乐见、易于接受的方式，潜移默化地影响着儿童的价值观、道德观和伦理观的形成。

（2）文化浸润功能。民间故事的深层结构中，常有特定的民俗传承贯穿其间，丰富的文化内涵是人们从心底流露出的文化倾向，深深地蕴藏了人们对自己家园、民族的深厚感情，有利于儿童深刻理解乡土文化和民族精神，陶冶情操，涵养身心，从字里行间升腾出热爱故园的乡土情结，受到优秀传统文化的浸润与滋养。

（3）审美体验功能。具有浓郁地方特色的民间故事在描述景物、叙述故事、解释风俗时，语言来自于生活，吸收了当地的俗语、谚语，生动活泼，充满了乡土气息，儿童听来倍感亲切。故事情节曲折动人，充满了紧张激烈的矛盾冲突，儿童易被故事牢牢吸引。故事表现了民间英雄的勇敢与智慧，正义总能战胜邪恶，大都有圆满的结局，符合儿童的心理预期。

（4）语言发展功能。民间故事明白晓畅的口语表达风格，悬念迭出的故事情节，基本稳定的结构线索和叙事方式，鲜明而又单一的人物形象，都是学生语言能力的生长点，为教学内容的选择提供了丰富的可能性。所以传说的教学一般都设计了复述故事、讲述故事的语言训练，让学生听故事，读故事，讲故事，演故事，在言语实践活动中感悟、理解、积累、内化语言。

3. 实践了民间故事的教学

（1）从原点出发，指导阅读。我们的教学不应仅仅局限于词句的训练，而应该站得更远一些，要借助一两篇民间精髓，教会学生阅读这类故事的方法。叶老说："作者思有路，遵路识斯真。"民间百姓们心中的"路"，就是他们的伦理判断、价值取向和追求向往。只有沿着这条路走进故事的情节，从百姓的角度读懂每一个人物，才能帮助学生读懂一系列的民间故事，读懂民间群体的心声，看到他们的生存状态与渴求。所以，教学民间故事除了把握好具体故事本身所具备的内容以外，我们更要把学生引向民间文学自主阅读的道路之上，实现民族精神的星火相传。

（2）从文学出发，进行赏读。可以尝试着将文学理论的火花渗透到教学的小细节中，让学生初步感知文学作品的基本表现手法。此外，大胆奇特的想象更是故事的亮点。故事中凡胎最终的"神化"，物体的"人化"，神又可以"人化"。借助这样奇特的情节，可引发学生无限的好奇与幻想，引导他们进行感情阅读，补充情节，大胆续写创编，使教学既得其"意"，又得其"言"，言意皆得，达到赏读的目的，站在文学创作方法的高度，进行简单的文学基本理论的鉴赏。

（3）从拓展出发，群文共读。民间故事教学理应摒弃字斟句酌、咀来嚼去的精致细腻的课堂，而走向"以一带全、群文阅读"的课堂阅读方式。这就要构建"以一定议题为依托，以粗读略读为主法，以分享感悟为核心，以探索发现为乐趣"的群文阅读，最大限度地解放与培养学生的阅读能力。从"一篇"到"一群"，群文阅读的教学价值绝不只是课堂阅读形式的革新，它的内涵也不限于阅读文本进入"课堂"后的简单叠加，它的背后，是教师对语文阅读教学独到而深刻的理解。学生会在比较中读懂民间故事，读出民族文化。

（设计者：衢州市衢江区实验小学邵建刚

点评者：衢州市衢江区教育局教研室吕虹）

第17例　演讲与口才

一、课程背景

　　自古以来，沟通和交流就是人们生活的主旋律，而人与人之间沟通思想、交流感情，最直接、最方便的途径就是语言。语言是人与人之间沟通的桥梁，是人类最重要的交际工具，是人们进行沟通交流的各种表达符号，人们借助语言保存和传递人类文明的成果。所以，能说会道的语言艺术历来就被古今中外的贤人重视。中国古代就有"一言可以兴邦，一言可以误国"的说法，而西方口才训练大师卡耐基更是强调："现代成功人士80%都是靠舌头打天下。"可见，拥有一张能说会道的嘴是每一个人更好地与人交流、表达观点的有利武器。

1. 人的培养的需要

　　有人曾经说过："人才不一定有口才，但有口才的人一定是人才。"从呀呀学语起，人就开始说话。话说得好，说得精彩，说得恰到好处，就是有口才。作为一名主持人，必须要有较强的语言表达能力，才能把信息准确无误、到位地传达给观众。

2. 现代社会的需求

　　上课发言需要口才，竞选学生干部、升学面试、交友、求职、竞聘、开会发言、谈判、学习、生活、职场、社交，口才无处不在！口才并非天生的，好口才是练出来的——练胆量、练技巧、练修养！激情、出色、感召、震撼的演讲是立场坚定的族群领导者、斗志坚强的族群保护者、满怀希望的族群理想主义者、激情四射的族群英雄，成为一个族群、一个行业崇拜、拥戴、追随的领袖的重要手段。

3. 传统教育的弥补

　　语言是人的社会活动的最重要的交际工具。儿童时期是语言发展的关键期，语言发育是智力发育最基础、最重要的的组成部分。而在传统的语文教学中，对于语言的培养却缺乏一定的层次性，特别是对于一部分具有语言天赋的孩子，缺少一种针对性。

可以预见：训练演讲与口才，就是投资未来！一个想要具备好的演讲能力的人，必须要从孩童时代就为其创造好的条件与环境，发掘和引导孩子在口才方面的能力与潜力。

二、课程规划

（一）课程主题

演讲与口才

（二）课程理念

1. 演讲有助于学生语文素养的提升

叶圣陶先生曾多次强调，语文教学"听、说、读、写四项应该同样看重，都要让学生受到最好的训练"，指出"语文学科不该只用心与眼来学习，须在心与眼之外加用口与耳才好"。开设此课程，可以给每一个学生提供固定的时间和地点，让他们勤动口，多思考，在不断的指导和强化中，学生就能够逐渐抓住事物内涵，同时也增强倾听的能力。演讲内容通过多样化题材的训练，孩子们谈社会，谈理想，讲兴趣，讲故事，说笑话，评时政，从而启发了学生的心智，开阔了视野，扩大了知识面，提高了语文素养。

2. 演讲有助于学生思维能力的提高

常言道"处处留心皆学问""悟性就在你的脚下"，学生在准备演讲稿的过程中，为了能搜集有意义的题材，在同学们面前露一手，随时随地地收集、分析、总结所见所闻，这就锻炼了他们观察问题和思考分析问题的能力。在演讲活动中，学生学会组织自己的演讲内容，同时尽量让自己的演讲更精彩，只有如此，才能获得同学的认可。长此以往，快速应变、有条不紊，让外在的强制规范变为学生的内在品质，思维能力也相应得到了提高。

3. 演讲有助于学生胆魄的增强

演讲在人类口语中是最高级、最完善、最具有美学价值的一种口语表达形式。演讲者在特定的情境中，借助以有声语言为主和以态势语言为辅的艺术手段，针对社会的现实和未来，面对广大听众发表意见抒发情感，从而达到感召听众并使其行动的一种现实的信息交流活动。在不断地演讲过程中，演讲者就会克服心中的恐惧和自卑，面对众多的听众也不会胆怯，无形中培养了学生独立发表见解的胆量。

（三）课程目标

1.掌握如何说规范的话，如何说好听的话，如何说有逻辑的话，提升口语交际能力。

2.学会正确地发音，培养孩子扎实的语言基础。

3.学会演讲的形体、礼仪，初步掌握演讲的技巧，提高在公众场合说话、沟通的能力。

4.具备积极的心态和良好的语言习惯，克服恐惧和自卑，建立自信心。

（四）课程内容

层次	活动主题	活动内容	活动目标	课时安排
初级	1.自信秀自我	自我介绍	进行简单的自我介绍，了解每位学生的学习起点。	1
	2.演说的魅力	培养兴趣	运用趣味儿歌、简单的绕口令、简短的寓言、故事，在肢体动作的模仿表演与夸张的语言表演中，提升孩子的学习兴趣与热情。	2
	3.洗耳恭听	语音训练	加强呼吸练习、声带练习、共鸣练习、吐字练习、读句练习。	5
中级	4.声音的魔力	音变训练	加强练习演讲过程中孩子的音响、音高、音色的训练，使嗓音更好地适应现场的需要，以取得最佳的演讲效果。	4
	5.身价倍增	形体语言训练	克服紧张心理，站姿、眼神等形体语言加强训练。	3
	6.能言善辩	即兴演讲训练	叙述性语言和评论性语言的表达。一分钟演讲训练，两分钟即兴训练。	3
高级	7.我的演讲稿	学写演讲稿	收集信息，设计好开场白和结语，学写演讲稿。	3
	8.有备无患	演讲的准备	学会选择合适的视觉辅助器具，学会利用合适的服饰和体态语。	3
	9.我是小小演说家	掌握演讲要领	学会营造演讲的氛围，解答观众的提问，处理棘手的问题，掌握演讲技巧。	4

（五）课程资源

1. 教育部《义务教育语文课程标准（2011 年版）》规定的有关口语交际的内容。

2. 曾致 . 小主持人技能训练 [M]. 北京：中国传媒大学出版社，2012.1。

3. 曾致 . 小记者训练教程 [M]. 湖南：湖南文艺出版社，2011.4。

4. 闫耀东 . 语言表演 [M]. 山西：山西教育出版社，2014.6。

5. 有关小学语文教材上的口语交际教育专题方面的资源，如有关演讲稿的撰写、辩论会等资料。

（六）课程实施

1. 开设年级：五年级

2. 课时安排：9 个专题，一学年共 28 课时，上册和下册分别 14 课时，每周一课时。

3. 活动形式：自由报名，小班教学。四人小组分组学习，搜集资料、小组合作探究、分组汇报、分组展示等方式进行学习。

4. 教学策略：读一读，练一练，演一演，写一写，说一说。

（七）课程评价

1. 课程评价采用等级制。评价系统是基于表现的、情景化的、过程性的，采用过程性评价与终结性评价相结合，分为合格、良好、优秀，特别好的赋予"小小演说家"的称号。

2. 评级办法。根据《演讲评价细则》进行打分，90 分以上被赋予"小小演说家"称号，80 ～ 90 分以上为优秀，70 ～ 80 分为良好，60 ～ 70 分为合格。

附：演说评价细则（100 分）

评价项目	评价要点
演讲内容（35 分）	1. 思想内容能紧紧围绕主题，观点正确、鲜明，见解独到，内容充实具体，生动感人。（15 分）
	2. 材料真实、典型、新颖，事迹感人、实例生动，反映客观事实，具有普遍意义，体现时代精神。（10 分）
	3. 讲稿结构严谨，构思巧妙，引人入胜。（5 分）
	4. 文字简练流畅，具有较强的思想性。（5 分）

续表

评价项目	评价要点
语言表达（25分）	1. 演讲者语言规范，吐字清晰，声音洪亮圆润。（10分）
	2. 演讲表达准确、流畅、自然。（10分）
	3. 语言技巧处理得当，语速恰当，语气、语调、音量、节奏张弛符合思想感情的起伏变化，能熟练表达所演讲的内容。（18分）
	4. 脱稿演讲。（2分）
形象风度（15分）	1. 演讲者精神饱满，能较好地运用姿态、动作、手势、表情，表达对演讲稿的理解。
形象风度（15分）	2. 眼神能注视观众。举止自然得体，有风度，富有艺术感染力。
综合印象（5分）	演讲者着装朴素端庄大方，举止自然得体，有风度，富有艺术感染力。
会场效果（10分）	演讲具有较强的感染力、吸引力和号召力，能较好地与听众感情融合在一起，营造良好的演讲效果；演讲时间控制在6分钟之内。

三、教学设计

本课程按照初级、中级、高级三个层次设计，通过读一读、说一说、练一练等策略，设计以下 9 个内容。

1. 自信秀自我（同学之间进行自我介绍）

2. 演说的魅力（培养学生演讲的兴趣）

3. 洗耳恭听（语音训练）

4. 声音的魔力（音变训练）

5. 身价倍增（形体语言训练）

6. 能言善辩（即兴演讲训练）

7. 我的演讲稿（撰写演讲稿）

8. 有备无患（演讲的准备）

9. 我是小小演说家（掌握演讲要领）

下面是第 7 个内容《我的演讲稿》第一、二课时的教学设计。

学写演讲稿

活动目标

1. 搜集"祖国在我心中"的有关素材，指导学生围绕主题选择材料，表达观点。
2. 通过微课了解演讲稿的特点和基本格式。
3. 能根据一定的场合和内容要求，写一份内容具体、感情真实的演讲稿。
4. 鼓励学生乐于表达，自由表达，充分表达。

活动准备

1. 学生搜集"祖国在我心中"的有关素材，打印或记录在作业纸上。
2. 前后四人小组，有组长、汇报员、记录员等分工。
3. 做好有关演讲稿的微课。
4. 制作好有关PPT。

活动过程

（一）创设情境，激趣导入

1. 创设小小演说家训练营情境，引入演讲稿。
2. 简单介绍演讲稿，引入主题——祖国在我心中。
3. 向演讲高手梁植学习，观看视频《回家》。通过交流观看视频的感受，了解演讲稿结合具体材料表达情感或提出观点的特点。

（二）指导选材，突破难点

1. 学校这次演讲的主题是"祖国在我心中"，（师板书），你想到了什么呢？
2. 小组交流选材。

昨天让你们去搜集了有关材料，你认为可以选择哪些材料来体现这个主题呢？

小组代表交流。归纳：铭记历史、缅怀先烈（名人事迹……）；我骄傲，我是中国人（悠久历史，灿烂文化，伟大成就、壮丽山河……）；从身边小事做起（弘扬传统文化、培养传统美德……）

3. 比较选材

这里有演讲稿的两个文段，假如你是听众，你更喜欢哪段话？

（三）微课学习，了解文体特点

1. 师制作的微课包含了演讲稿的特点和结构。
2. 听了老师讲解，看了视频，知道怎么写演讲稿了吧？还有什么困难吗？

（四）自由习作，尽情表达

1.出示友情提示：

格式正确，结构完整；

结合具体材料把表达的观点写清楚。

温馨提示：这次演讲面对的听众是全校学生，如果选材贴近学生生活，可能更受欢迎哦！

2.生撰写演讲稿，师巡回指导。

（五）交流欣赏，相互评议

1.生生评议

师出示评价清单：

（1）你做到格式正确，结构完整了吗？

（2）你的观点（主题）明确吗？

（3）你用具体材料说明观点了吗？

（4）你运用排比、反问、引用等方法增强文章感染力了吗？

2.读文展示

现在，小小演说家的舞台是你们的了，哪位小演说家想上场呢？

结合评价清单，你最欣赏哪一点？对这篇演讲稿，你还有什么修改建议呢？对两篇不同的演讲稿进行比较阅读。

3.自我评议

根据"习作修改清单"，修改自己的习作。

（六）情境延续，总结提升

1.同学们，演讲稿在我们日常生活中的使用范围很广泛，要想写好一份演讲稿，需要我们依据当时的具体情境和具体要求，以理服人或以情动人，做到内容具体，感情真实，语句通顺。

2.分享周小平的一段话。

3.讲好中国故事需要更多演说家。

四、实录点评

学写演讲稿

（一）创设情境，激趣导入

师：最近有个节目特火，来，一起看。

生看录像片段。

师：看，超级演说家们侃侃而谈，激情澎湃。今天我们的课堂就变成了"小小演说家"的训练营，开营第一课：学写演讲稿。

师板书：学写演讲稿

师：演讲稿就是演讲者向听众表达观点，交流思想，在情感上引起共鸣的讲话文稿。平时我们在班干部竞选、国旗下讲话时都能用到它。今天，我们来写写以"祖国在我心中"为主题的演讲稿。

师板书，生齐读：祖国在我心中。

师：这个主题的演讲稿写什么，怎么写，有一定的难度。今天我们向演讲高手梁植学习，看看他怎么讲。

生观看视频《回家》。

师：同学们，梁植的演讲感情特别真挚。那么在他的演讲中，你印象最深的是什么呢？

生：我印象最深的是他说的一句话：回乡、回家不需要理由，不回乡、不回家才需要理由。我体会到了他对家乡的热爱。

师：是啊，他对祖国的热爱就是他在演讲中要表达出来的情感。

生：令我印象最深的就是他在演讲中讲的一个故事，部落首领为了回家点着了自己的宫殿，从中感受到了部落首领很爱国，也让我十分敬佩。

师：说得真好，演讲稿中蒙古族回到祖国的事例，还讲述了香港、澳门回归的事例，这些都是他演讲的具体材料。同学们，你们真会听。这次演说就是抓住了演讲的窍门，结合具体材料表达情感。

【点评1：顺应儿童的心理需求，从孩子们熟悉的《超级演说家》的节目开始，通过多元信息的引入，为学生的写作提供一个良好的氛围，营造一种轻松愉悦的教学环境，不仅使学生从内心消除对作文的恐惧心理，而且产生一种积极表达的欲望，让学生乐于表达，易于动笔。】

（二）指导选材，突破难点

师：梁植把祖国放在心中，那份热爱之情，溢于言表，打动人心。那么你们把祖国放在心中，你又想到了什么呢？谁先来说一说。

生：我想到了桂林，那里山清水秀，景色十分优美。

师：嗯，祖国的大好河山，令我们感到骄傲。

生：我想到了2015年的那次大阅兵。那次大阅兵展示了我国的强大，感到十分骄傲。

师：扬我军威，立我国威，令国人骄傲。

生：我想到了中国申办奥运会的场景。2015年，我国又申请冬季奥运会成功。作为中国人，我很自豪。

师：刚才同学们说得都很好，昨天老师请同学们搜集了有关资料，请大家在四人一小组里交流一下，能不能概括地说说哪些材料能够表现这个主题。

学生四人一小组交流学习，师巡回指导。

师：哪个组的代表来汇报一下。

生：我们组经过讨论，可以选关于爱国的一些故事，比如董存瑞、邱少云等事例。

师：你们组觉得一些伟人为祖国的发展作出了贡献，所以我们要铭记历史，缅怀先烈，是吗？

师板书：铭记历史、缅怀先烈（名人事迹……）

生：我们组觉得可以从中国的弱小到现在的进步，比如说奥运会的时候，原先没有的到现在拿到好多冠军。

师：也就是我们取得的成就。

生：还可以从那些伟大的建筑，比如故宫、长城等来写写。

师：我们祖国有悠久的历史、雄伟的建筑、壮丽的山河，我们为此而感到骄傲。我骄傲我是中国人。

师板书：我骄傲，我是中国人（悠久历史、灿烂文化、伟大成就、壮丽山河……）

师：祖国在我心中，说大可大，说小可小，作为小学生，你又想到的是什么呢？

生：当国旗在我们校园中冉冉升起的时候，我们肃然的表情就是对爱国最好的诠释。

师：你说的那份骄傲与自豪之情，就表达了你的爱国之心。

生：我们要学好字，做好人，认真学习，长大了好好建设祖国就是爱国的表现。

生：我们勤奋地学习，然后在生活中帮助他人这些事情。

生：我们可以学习书画作品，发扬我国的传统文化。

师：心怀理想，从自己能做的事情做起，做好自己能做的事，就是把祖国放在心中。比如我，一个老师，我就应该好好教书。医生呢？

生：就应该救死扶伤。

师：那么你们呢？

生：好好学习。

师：是啊，学习是我们的本分，爱国不是口号，祖国就在我们每个人的内心深处，从未离开。国家大事固然引人注意，身边的小事同样牵动人心。

师板书：从身边小事做起（弘扬传统文化，培养传统美德……）

【点评2：通过学生课前资料的搜集、小组之间的互相学习，引导学生发掘"材"源，很好地解决写什么的问题，并鼓励学生表达个性化的思考。】

师：老师这里有两个演讲稿的文段，假如你是听众，你更喜欢哪段话？自由地读读两个文段。

师出示：

文段一：

> 我想起了许许多多的英雄，有"人生自古谁无死，留取丹心照汗青"的文天祥，有"苟利国家生死以，岂因祸福避趋之"的林则徐，有舍身炸碉堡的革命烈士董存瑞，还有"永不生锈的螺丝钉"雷锋。听着雄壮的国歌，看着猎猎飘扬的国旗，我仿佛听见了这些爱国英雄们忧国忧民的心声，似乎目睹了他们气壮山河的英雄壮举。

文段二：

> 我有个朋友，他是个吹笛能手，常与他的团队一起到各地演出。他的笛声悠扬动听，忽而明朗，忽而轻柔，忽而带着悲调，能将你的心一起牵动起来：他的笛声像少年轻快的小调，像少女优美的歌谣，又像声音低沉洪亮的叔叔们在咏唱着大悲调。演出结束，许多观众都对传统文化——竹笛有了更深的了解，许多本来就会吹笛的观众更热爱它了。
>
> 这，是爱国吗？是，当然是！弘扬国粹，牵动人们心底的爱国之心，激发人们心底的爱国之心，这就是我们小学生可以做到的爱国！

生自由阅读。

师：谁来说说。

生：如果我是听众，我更喜欢文段二。文段二讲的是名人的事例，更具体详细，更能够表达爱国之情。

生：我更喜欢文段一。因为文段二没有文段一那么有说服力。文段一都选的古代名人，更有说服力。

生：文段二写出真实的感受，更能够打动人心。

师：其实我们在写演讲稿，既可以像文段一这样列举许多名人事例，增强说服力；也可以像文段二这样用一个具体事例来说明演讲的观点，易于接受。那么到底采用哪种写法，选择哪个内容呢，要根据演讲的具体内容而定。

【点评3：比较法是最常用也是最有效的学习方法，通过两个文段的比较，学生能较清楚地明白演讲稿的写作要求，从而掌握演讲稿的写作技巧。】

（三）微课学习，了解文体特点

师：刚才我们学习了演讲稿的选材，那么演讲稿到底怎么写呢？我们来看个视频。

生观看教师制作的微课，此微课包含了演讲稿的特点和结构。

师：看了这个视频，知道怎么写演讲稿了吧？我来考考大家。

第一个问题：演讲稿由哪几个部分组成。

生：演讲稿由标题、称呼、正文几部分组成。

师：正文部分怎么写？

生：开头点明观点，提出问题；中间运用材料说明观点；结尾发出号召，深化主题。

师：刚才同学们学得都特别好。

【点评 4：微课短小精悍，使用方便。利用微课进行学习，以方法学习为主线，训练有度，以语言学习为核心，关注表达，让学生在一种毫无写作障碍的过程中学会写演讲稿，大大地提高了课堂的教学效率。】

（四）自由习作，尽情表达

师：祖国就在每个人的内心深处，她富有生机又如此壮丽，我们对她有份喜悦，有份热爱，又有份忠诚，祖国在我心中，你会写些什么呢？又会怎样写呢？闭上眼睛，静静地想一想。

也许出现在你眼前的是祖国的大好河山，也许浮现在你脑海里的是祖国巨大的变化，也许是此刻最能触动你的人和事……此时，你的内心涌动着怎样的情感？你要用哪些具体材料表达这份情感呢？同学们，睁开眼，把你的所思所想写下来。注意演讲稿要格式正确，结构完整，并结合具体材料把表达的观点写清楚。温馨提示：这次演讲面对的听众是全校学生，如果选材贴近学生生活，可能更容易听懂，更容易接受哦！

师边讲边出示友情提示：

1. 格式正确，结构完整；

2. 结合具体材料把表达的观点写清楚。

温馨提示：这次演讲面对的听众是全校学生，如果选材贴近学生生活，可能更受欢迎哦！

生自由习作，师巡回指导。

【点评 5：遵循了作文教学从说到写的基本原则，利用大段的引语为孩子打开思维，明确要求，让学生更好地进行习作。】

（五）交流欣赏，相互评议

师：这次习作我们有个评价清单，请大家拿出来。

师出示评价清单：

（1）你做到格式正确，结构完整了吗？

（2）你的观点（主题）明确吗？

（3）你用具体材料说明观点了吗？

（4）你运用排比、反问、引用等方法增强文章感染力了吗？

师：根据评价清单，给自己评一评，在评价栏上打上勾。

生自由评价。

师：好，小组同学每两人一组互相交换，读读对方的文章，在互评一栏给对方打上勾。

生同桌互评。

【点评6：三分文章七分改，利用评价清单让孩子明白习作的评改要求，采用自由评价、同桌互评等评价方式，进行生生互动，让所有的同学都参与进来，最重要的是学生在相互赏析时也能相互学习，取长补短。】

师：好，小小演说家的舞台就是你们的啦，谁愿意先来。

师指名一生读。

师：我们知道三分文章七分读。那么，现在，你说，我们听！同学们，你们也要认真听哦！

生读作文：

尊敬的老师、亲爱的同学们：

大家好！今天，我演讲的题目是"祖国在我心中"。

中华古国，悠久历史，在漫长的岁月长河中，她拥有了无数的瑰宝和无限的魅力，但是也浸透着无尽的磨难。翻开历史的上一页，血迹斑斑。清政府的腐败无能，八国联军侵略我国土，抢夺我财宝。更有日本侵略者雪上加霜，让我们中华大地血流成河。

终于，当"为中华之崛起而读书""天下兴亡、匹夫有责"……等爱国人士站出来时，中国这头沉睡着的东方雄狮苏醒了！她一跃而上，将那些甜言蜜语、欺软怕硬的帝国主义者一一驱赶。中国从那时开始在无边的噩梦中奋起向前！最终，屹立在世界的最顶峰！

北京奥运会的成功举办，奥运健儿胸前那一枚枚明晃晃的奖牌，京沪、京张、青藏铁路顺利修筑，长征、神州系列火箭的成功发射，让我们大中国13亿人民的爱国之心、自豪之情一次又一次地被点燃。记得2015年4月25日14时11分尼泊尔发生了8.1级大地震，8000多人在地震中丧生。中国得到消息后，马上出动东航、南航、国航接回出国华侨，而且最令人感动的是不管有没有机票，只要持中国护照就能上飞机。相反，其他国家的公民都还滞留在机场，这正是我们国家强大的象征啊！

同学们，不忘国耻，振兴中华！我们应该铭记曾经的血泪，不让历史重演。今天的我们，将是焊接历史与未来的使者，新时代的接力棒由我们紧握，我们要一次次谱写世界最美丽、最璀璨的诗篇！

谢谢大家！

师：她的演讲稿哪些地方值得我们欣赏啊？

生：他的演讲稿格式正确，结尾点明主题，发出了号召。

师：你关注到了演讲稿的特点，有称呼，而且在结尾的时候向听众发出号召的话。

生：把中国人与外国人进行了对比，还把曾经的屈辱与当今的辉煌进行了对比，写出了作为中国人的自豪。

师：你觉得对比的手法值得欣赏。还有吗？

生：她能结合尼泊尔地震时，中国发专机进行接送，表达了十分自豪、十分骄傲之情。

师：也就是我们今天学习的一个窍门，结合具体事例来表达情感，好，掌声送给她。

生鼓掌。

师：那还有什么地方需要修改的吗？

生：我觉得在尼泊尔大地震中中国人的描写应该更细致些，这样更能突出中外两国人民的不同，突出祖国的强大。

师：刚才在巡视大家的时候，发现了另一篇文章。有请这位同学。

生读文章：

敬爱的老师、亲爱的同学们：

大家好！

今天我要演讲的题目是"祖国在我心中"。

中国自古以来便是赫赫有名的东方大国，夏、商、周拉开了五千年悠久历史的序幕；秦朝始伊，定下了几千年后才打破的皇帝制度，历史因此而有声有色，无数重臣、明主因此诞生；唐朝曾风光一时，大气大度的国风、诗词与丰富的人才物资引得无数国家联谊进贡；带着传奇色彩的明朝更是名将、人才辈出，安定了无数大乱；直至经历了短暂的没落与战争时期，中国又以全新的面貌展现在世人面前——中华人民共和国的成立，给无数炎黄子孙带去了幸福安康。新中国成立已六十七周年了，作为新一代中华少年，我为之自豪！

五千年悠久历史，沉淀了灿烂的文化结晶，从古老的《诗经》开始，从圣人老子、孔子开始，中华便开启了文化之旅，伟大的爱国诗人屈原，"乐府双璧"都深得百姓心。建安风骨与五柳先生各具特色。张若虚与王杨卢骆引领唐朝文学，大小李杜的诗脍炙人口，济南二安一婉约，一豪放。散曲、戏剧，渐渐让文学走进了平民的心。中华的文化传统凝结了多少人的智慧，才成了至高无上的瑰宝！"李杜诗篇万口传，至今已觉不新鲜"。是呀，"江山代有人才出，各领风骚数百年"。我相信中国会有更多伟大的人，伟大的诗歌作品出现，长江后浪推前浪，青出于蓝而胜于蓝，一代代的崛起，都将中国文化发扬光大！

在这片神州大地上，发生过多少传奇事迹。中华，经历了风风雨雨，依然崭新如初，对世界展示自己的强大繁荣。我骄傲，我是中国人，我自豪，祖国在我心中！

谢谢大家！

师：我们来比较这两篇文章，他们在情感和表达上有什么不一样的地方呢？

生：第一篇不仅表达了作者骄傲的情感，还表达了一份责任与担忧；而第二篇则充分赞扬了祖国的伟大，表达了作者自豪的情感。

师：哦，同一个主题下可以有不同的情感表达，还有吗？

生：一篇是结合了具体的事例来描写的，另一篇则是以排比的方式铺陈而写的。

师：表达方式的不同，第一篇是用一个具体事例来进行描写的，第二篇则是以铺排的方式呈现，同学们可以把两种方式结合起来写，这样我们的文章会更加精彩。

师：请大家根据"习作修改清单"，结合刚才我们的方式再次来修改我们的文章。

【点评7：展示学生作品，采用学生点评法，重点集中在演讲稿的写作方法上，旨在强调这种描写的方法及其表达效果，再次突出了本文的重难点。】

（六）情境延续，总结提升

师：同学们，演讲稿在我们日常生活中的使用范围很广泛，要想写好一份演讲稿，需要我们依据当时的具体情境和具体要求，以理服人或以情动人，做到内容具体，感情真实，语句通顺。

师：今天我们的演讲稿唤起了大家心中的那份爱国热情，我们不禁想起了这样一句话：这个世界上有很多东西你都可以给予他人，却唯有热爱却很难给予的。今天的课即将结束，但讲好中国故事却需要很多演说家。让我们一起运用语言的力量，守护我们脚下的土地！

下课！

【点评8：课堂结尾对演讲稿的写法进行了概括性总结，并对演讲主题也进行了有效的升华，遵循学理，让方法与情感共存。】

【总评】

小学教育是整个国家教育体系的基础阶段，具有基础性的特性。越是基础性课程越具有拓展性，因而，在小学阶段重视拓展性课程尤为重要。"演讲与口才"这个主题从语文学科特质出发，充分关注到了语文学科的核心素养，从语文课程的留白中发现了新的价值，并将之提炼成小学语文拓展性课程，很有价值。

1. 课程的目标定位准确

拓展性课程要求学生必须通过自己储备的关联性知识来创造出问题解决的方法，以此表明自己的学习过程和结果，这样，学生对学习目标才能做到持久性的理解。本课程的目标整合了知识与能力、过程与方法、态度情感价值观三维目标的学科要义，充分关注学生语言的训练，让学生在演讲学习与尝试中提升综合能力，具备积极开朗的心态。这一目标的确立，既切合学生实际，指向学习与尝试，同时，又指向语文能力的提升和语文素养的形成与发展。

2. 课程的内容选择适切

"演讲与口才"课程内容的选择，力求为不同层次的学生提供不同的学习资源，设计不同的学习经历，突出兴趣性、活动性、层次性和选择性，满足学生个性化的需求。注重实践能力的培养，让学生在拓展课程的学习中发现问题，解决问题，培养实践能力。该课程在内容设置上，分为初、中、高三个级别，从最基本的自我介绍关注学生自信表达开始，进行语音、语调、体态语言等一系列演讲技巧的训练，让学生在观察、倾听的过程中受到感染，激发兴趣，在实践操练中学习演讲。在此基础上，让学生学写演讲稿，感受演讲稿与语文课中学到的其他文体的不同，学习演讲稿文体的表达特色，尝试演讲稿的撰写与运用。各个主题既相对独立又逐层递进，能力的培养呈阶梯式螺旋上升。课程内容的设置，重在让学生在具体情境中灵活运用知识、提升技能，具有超越教材的功能，让教材的留白发挥应有的价值，更好地发挥学生的语言潜力，激发内在的表达欲望，力求在演讲实践中提升语言能力，让"口若悬河"成为现实。

3. 课程的活动实施有效

在课程实施上，没有什么比学生全身心完整地"在场"更重要。"演讲与口才"课程的最大特征并不给学生"灌输"所谓的说话技巧或演说"秘籍"，在于理念指导下的实践性和操作性。本课程的实施重在通过一系列实践性活动的开展，让学生初步展现表达能力，明晰自己的定位，在主动尝试、深入参与，甚至是快乐的"玩耍"中，将语言能力的提升与自我生命的悄然绽放有机地融合起来。

该"演讲与口才"课程的价值追求，力求培育学生的主体意识，完善学生的认知结构，提高学生自主选择能力，让学生的日常言说得以优化，革除说话的随意性、散乱性。在语言的习得上，促进学生个性的发展，培养能适应未来复杂社会，具备解决实际问题等实践能力的人。

（设计者：台州市学院路小学李敏珍
点评者：台州市教育局教研室特级李彩娟）

第 18 例 童话文学社

文学社，是一个包含着文学阅读、文学欣赏、文学创作的综合体。它既是享受快乐阅读的家园，也是尽显才情的天地，更是孕育文化人生的舞台。如今，校园文学社遍地开花，在提高学生文学修养、繁荣校园文化等领域发挥着极大的作用。

童话是一种特殊的文学体裁，《大不列颠百科全书》对它的解释是"带有奇异色彩和事件的神奇故事"。这种深受儿童喜欢的文学样式，既古老又年轻。说它古老，是因为在古老洪荒的上古时代，原始人类对于天地万物的幻想式解释创造的"女娲补天""上帝造人""普罗米修斯盗火"等，就是它的前身；在漫长的农耕年代，口耳相传的具有浓厚奇幻色彩的民间传说，如"田螺姑娘""阿凡提的故事"等，是童话的第二个阶段。说它年轻，是因为在 17 世纪时，还没有"童话""儿童文学"之类的概念，儿童并不作为"儿童"这个群体看待，只是作为"大人前期"、大人的玩具和附属品一样的存在。一直到了近现代，约两三百年前，童话才真正演变为一种由儿童文学作家专为少年儿童创作的幻想故事，诞生了安徒生、林格伦等大师。无论现代科技怎样发达，童话这一古老的文体始终没有泯灭，那是因为：幻想，始终都是人类童年的活力与美好愿望的结晶。

由于年龄小，生活经验相对较少，童话的夸张、象征、拟人、神化、变形、怪诞的艺术特征与小学生易将对象世界人化的思维特点，找到了一个最佳结合点。童话能与他们已有的经验世界连接，又能在此基础上进行拓展。因此，童话无疑是最契合他们的文学样式。此外，童话还具有十分丰富的"综合性"结构生成的可能性，有利于素质教育的实施及作为拓展性活动的依托。

我们认为，通过童话文学社拓展性课程，依托文学社开展的阅读、品味、创作、表演等多种方式，可以帮助小学生吸收古今中外优秀文化，品味童话的无限魅力，提高思想文化修养，促进自身精神成长。

二、课程规划

（一）课程主题

阅读童话，表演童话剧，创作童话，建设富有活力与魅力的文学社。

（二）课程理念

童话是在现实生活的基础上，以符合儿童想象力的情节，采取拟人、夸张、象征等表现方法编织而成的一种富于幻想色彩的故事。通过开展童话文学社拓展性课程的学习，帮助小学生将童话与他们已有的经验世界连接，通过读、创、演等方式习得阅读技巧，内化语言。童话的语言浅显、生动，保持了口语的特点，通过朗读、复述等方式，可以积极发展小学生的语言能力；童话最基本最突出的特点就是幻想、虚构，教师在教学中，注重引导学生在理解情节的基础上恰当引导分清幻想、虚构部分和真实、现实部分，关注童话如何通过幻想手段实现对现实生活的表现、审视和评价，可以很好地提高学生的思辨能力。

童话文学社的学习，旨在通过文学社的活动，引导小学生识别语言符号，学习语言，感受童话文学的语言美；再现文学形象，培养想象能力，体悟童话文学的形象美；挖掘文学内涵，培养思维，理解童话文学的意蕴美……建设开放而有活力的文学社课程。

（三）课程目标

1.通过文学社开展阅读活动，引导学生感受童话的特点，了解童话的类型，受到文学熏陶与情感陶冶，激发参与文学社活动的热情。

2.通过"朗读""复述""表演""创作"等实践活动，内化童话语言，培养丰富的想象力，全面提高学生的语文素养，建设开放、有活力的文学社。

3.倡导自主探究与伙伴合作相结合的学习方式，分享阅读感受，习得阅读方法，尝试童话创作，体验成功的喜悦，营造良好的社团氛围。

4.引导学生认识真善美，感受美的熏陶，提高表现美的能力，形成正确的价值观和积极的人生态度，激发学生求真、求善、求美的欲望。

（四）课程内容

层次	活动主题	活动内容	活动目标	课时安排
初级	1.我和我的文学社	了解文学社，激发参与学习的兴趣。	1.了解文学社活动目标，合作制定文学社的章程。2.在此基础上，形成文学社健全、富有活力的组织。	2
	2.我的名字叫童话	知道什么是童话。	梳理幼儿园至今阅读过的课内课外童话，了解"童话"这一文学样式。	1（设计见下面《三、课程设计》
	3.童话从哪里来	探究童话的来源。	（1）探索童话的来源，了解童话的发展历程。（2）激发阅读童话的兴趣。	2
	4.幻想的魔力	了解童话最大的特点：幻想。	阅读浅近童话，感受其鲜明的幻想特色。	2
中级	5.各种各样的童话	了解童话的类型。	（1）了解童话可以按照作品来源、人物形象等分成不同的类型。（2）温故曾经阅读的童话，尝试分类。	3
	6.童话怎样读	掌握童话的阅读技巧	掌握一定的阅读技巧，开展文本读写、故事复述、寓意理解等活动，提升童话阅读的能力。	3
	7.童话怎样写	了解童话的表现手法。	（1）了解拟人、象征、夸张、反复等常见的表现手法。（2）感受表现手法对塑造人物形象、推动情节发展等的作用。	3
高级	8.趣读童话	朗读、表演童话。	通过分角色朗读、故事复述、绘制连环画、童话剧表演等方式，感受童话情节的趣味，内化童话语言。	4
	9.创编童话	创编童话。	（1）尝试运用习得的童话表现手法，改编、续编、原创童话。（2）鼓励学生将本地流传的富有地域特点的民间故事改编成有趣的童话。	4
	10.我的成果	展示学习成果	1.采用多种方式展示一学年学习成果，体验成功的喜悦。2.根据期初制定的文学社评价体系，评选优秀学员、精品活动等。	4

（五）课程资源

1.《小学语文》1～6 年级教材中的童话。

2. 格林兄弟 . 格林童话 [M] 北京：商务印书馆，2012.7。

3. 安徒生 . 安徒生童话全集 [M]. 译林出版社，2010.10。

4. 吕伯攸 . 中国童话 [M]. 海豚出版社，2013.1。

5. 汤锐 . 童话应该这样读 [M]. 接力出版社，2012.2。

（六）课程实施

1. 开设年级：三年级。

2. 课时安排：10 个专题，共 28 课时，每学期 14 课时，每周一课时。

3. 活动形式：自由报名，小班教学。四人小组分组活动，搜集资料、小组合作探究、分组汇报、分组展示等方式进行学习。

4. 教学策略：读一读，讲一讲，演一演，画一画，编一编。

（七）课程评价

1. 课程评价采用学分制。建立"童话王国积分卡"，分值卡达到 80 分为合格，100 分以上的为"童社精灵"。

2. 积分办法。阅读古今中外 20 篇童话，每篇积 2 分，共 40 分；分角色朗读、复述童话、绘制连环画、表演童话剧各 10 分，共 40 分；童话改编剧本、原创童话各 20 分，共 40 分；成果展示 20 分，完成一份研究小论文 30 分（选题可以是课堂师生研讨的主题，也可以自己另外选择）。

三、教学设计

本课程按照初级、中级、高级三个层次设计，通过读读童话、讲讲童话、演演童话、画画童话、编编童话等策略，建设一个组织健全、活动精彩、收获丰满的文学社。设计以下 10 个内容。

1. 我和我的文学社（了解文学社，制定章程，健全组织。）

2. 我的名字叫童话（初步了解童话这一文学样式。）

3. 童话从哪里来（了解童话的历史变迁。）

4. 幻想的魔力（初步感受童话的幻想特点。）

5. 各种各样的童话（了解童话的类型。）

6. 童话怎样读（掌握一定的童话阅读技巧。）

7. 童话怎样写（了解夸张、拟人、象征等表现手法。）

8. 趣读童话（分角色朗读、复述、绘制、表演童话。）

9. 创编童话（采用续编、改编、原创等方式创作童话。）

10. 我的成果（展示中分享收获，评选"精品活动""优秀社员"。）

下面是第二个内容《我的名字叫童话》的教学设计。

我的名字叫童话

活动目标

1. 梳理教材中曾经学过的童话，温故课外阅读的童话，借助思维导图，初步感知童话的一般特点。

2. 激发学生参与文学社童话学习活动的兴趣。

活动准备

1. 学生准备一个课外童话，要求是迄今为止自己阅读过的、最喜欢的童话。

2. 前后四人小组，有组长、汇报员、记录员等分工。

3. 教师准备 1 ~ 3 年级语文教材与《安徒生童话》《格林童话》。

活动过程

（一）谈话揭题，激发兴趣

1. 课件展示一组图画：白雪公主、丑小鸭、夸父逐日、普罗米修斯盗火。

2. 你认识他们吗？指名答。

3. 你是通过什么途径知道他们的？

指名答。

4. 这些都是童话中的人物。板书：童话

5. 我们读了那么多童话，那么，到底什么是"童话"呢？

（二）分享资料，手绘导图

1. 出示资料。

2. 自己读读，说说你从中得到了哪些信息？引导逐句分析和纵横对比概括。

3. 小组合作，手绘思维导图。（教师提供以"童话"为核心的 Bubble·Map 气泡图，引导学生小组合作，概括"童话"的基本特点。）

4. 小组汇报交流，师生合作完成气泡图。

5. 看气泡图，引导学生概括"什么是童话"。

6. 你们喜欢阅读童话吗？为什么？指名答。

7. 同学们，你们知道吗？世界上最早的童话故事得益于两个人，并非我们所常说的格林兄弟，而是一个意大利人和一个法国人。

自己读读，说说你的感受。

8. 小结。

（三）温故整理，引导探究

1. 你们看，这是我们从一年级至今的语文书课文目录。（出示 1 ~ 5 册人教版教科书目录）我们来找一找，哪些课文就是一篇童话呢？

2. 圈一圈，小组交流汇报。

3. 从幼儿园至今我们阅读过最多的儿童文学样式就是童话了！谁愿意和大家分享你最喜欢的一则童话故事呢？

4. 指名答。

5. 童话吸引大家的理由有很多，但是最重要的原因就是它语言浅近，容易读；情节曲折，很好听。那么，这些动听的故事是谁创作的呢？

6. 指名答。

7. 出示《安徒生童话》和《格林童话》封面：这是全世界最著名的两种童话，从封面上看，他们有什么不同呢？

引导学生发现安徒生是原创童话，而格林兄弟是搜集整理了流传于民间的各个童话故事，编成了《格林童话》。

四、实录点评

我的名字叫童话

（一）谈话揭题，激发兴趣

课件展示一组图画：白雪公主、丑小鸭、夸父逐日、普罗米修斯盗火。引导学生猜图，激发兴趣。

师：同学们，欢迎你加入童话文学社这个集体。老师准备了一组照片，作为第一次正式活动的见面礼。

课件出示：白雪公主、丑小鸭、夸父逐日、普罗米修斯盗火。

师：你认识他们吗？

生 1：第一幅图是白雪公主和七个小矮人。

生 2：第二幅图是丑小鸭，它后来变成了美丽的白天鹅。

生 3：第三幅图是夸父追日。

生 4：第四幅图是希腊的普罗米修斯盗取火种。

【点评 1：从熟悉的童话形象导入，贴近学生的生活，呼应阅读经历，激发了拓展性课程学习的兴趣。】

师：同学们真了不起！这些图上的人物你们都认识！能不能告诉大家：你是通过什么途径知道他们的？

生 1：我家里有一本《格林童话》，里面有《白雪公主和七个小矮人》。

生 2：在哥哥的语文书上，我看到过这个故事：《普罗米修斯》。

生 3：《夸父逐日》，我小时候读过这个连环画的！

生 4：《丑小鸭》，就是我们曾经学过的课文呀！

生 5：《白雪公主》的动画片我也看过！

师：我们在书上、动画片里看到过这些人物，了解了这些故事，他们有一个共同的名字，就是——

生齐答：童话。

教师板书：童话。

师：在课内课外，我们读了那么多童话，还阅读过部分童话的连环画，观看过一些由童话改编的动画片和电影。童话人物都是那么可爱，童话故事都是那么有趣！可是，到底什么是"童话"？

【点评 2：进一步让学生感受到童话就在我们身边，唤起他们美好的阅读体验，初步了解童话具有很强的故事性和画面感，既能进行文字阅读，也可改编成连环画、动画片等，为拓展性课程后续的"画、编、演"等奠定基础。】

（二）分享资料，手绘导图

师：谁来说说：你认为什么是童话？

生 1：童话，就是动物也会说话的。

生 2：童话，有很多有趣的想象，很多生活里不会有的，但是它里面会变成真的。

生 3：很多童话都会告诉我们一个道理，让我们明白不能做坏事。比如《三只小猪》就告诉我们不能懒惰。

师：同学们，让我们来读读这些资料吧。

课件出示资料：

> 童话：童话是儿童文学的一种。这种作品通过丰富的想象、幻想和夸张来塑造形象，反映生活，对儿童进行思想教育。语言通俗、生动，故事情节往往离奇曲折，引人入胜。童话又往往采用拟人的方法，如鸟兽虫鱼，花草树木，整个大自然以及家具、玩具都可赋予生命，注入人的思想感情，使它们人格化。（百度百科）
>
> 童话：儿童文学的一种体裁，通过丰富的想象、幻想和夸张来编写适合于儿童欣赏的故事。（《现代汉语词典》，商务印书馆，2016 版）
>
> "童话"一词最早出现在我国清代末年，即 1909 年孙毓修主编的《童话》丛书。
>
> 童话：英语中称为"FAIRYTALE"，意思就是妖精的故事或者神仙的故事。

学生自由读。教师巡视。

师：谁来说说，读了这些资料，你觉得"童话"到底是什么？你可以说一说从某一条资料中掌握的信息，也可以把这些资料联系起来，对比分析，谈谈到底什么叫"童话"。

生 1：我知道在英语中"童话"的意思就是关于妖精或者神仙的故事。

师：我们在回答时，不要重复资料的内容，而要用自己的语言来表达。我想你是读了第四条资料，明白了英语中的"童话"，最初都是关于妖精或者神仙的故事，对吗？

生 1：对。

生 2：童话是一种文学体裁，它和儿歌、剧本一样，都是我们喜欢的。

生 3：童话的内容总是很有趣，第一、二条资料都说它想象力丰富，有幻想，还有夸张。

生 4：童话是写给我们儿童看的故事，在我们中国，"童话"出现得比较晚。

师："童话"这一名称，在我国出现得晚；可是，"童话"在中国出现得并不晚：你们读过的《女娲补天》《精卫填海》《夸父逐日》都已经有上千年的历史了。

刚才同学们的发言说出了"童话"的基本特点，下面请小组合作，参考上面的四条资料，结合你平时阅读童话的体会，完成气泡图。

学生小组合作，手绘思维导图。（教师提供以"童话"为核心的 BubbleMap 气泡图，小组合作，概括"童话"的基本特点。）

师：各小组都完成了一个思维导图，请小组上来展示，汇报人可以利用实物展示台，与大家分享你们对"什么是童话"的思索。

分组投影展示，师生合作完成气泡图。

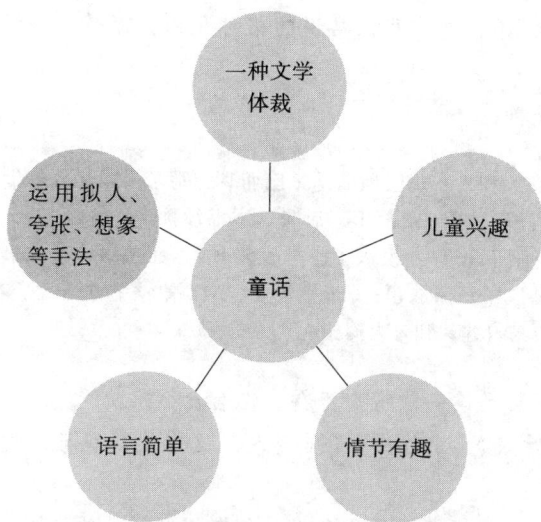

师：看着气泡图，谁能来说一说"什么是童话"呢？

生1：童话是一种文学体裁，它运用了拟人、夸张、想象等手法，语言很简单，情节却很有趣，适合我们儿童阅读。

生2：童话语言简单，情节有趣，运用拟人、夸张、想象等手法，我们儿童喜欢阅读。

师：你看，有了思维导图，我们同学的概括真全面！（指气泡图）童话，指的是在现实生活的基础上，以符合儿童想象力的情节，采取拟人、夸张、象征等表现方法编织而成的一种富于幻想色彩的故事。

【点评3：通过联系生活实践、阅读课外资料，引导学生搜集信息、整合信息，小组合作梳理出童话的一般特点，并用气泡图进行归纳，总结出"什么叫童话"这一较为理性的概念。】

师：同学们，你们喜欢阅读童话吗？

生齐答：喜欢。

师：能不能告诉大家，你为什么喜欢阅读童话呢？

生1：因为童话很有趣！

生2：因为童话里很多平时不可能的事情都可以实现，比如《阿拉丁神灯》，我看了很多遍！

生3：我从小就读童话，童话让人心里很温暖。

师：说得真好，美好的童话确实会让我们的心像沐浴着阳光一般，变得柔软芬芳。

同学们，你们知道吗？世界上最早的童话故事得益于两个人——

生齐答：格林兄弟！

师（摇头）：不，并非我们常说的格林兄弟，而是一个意大利人和一个法国人。

课件出示资料：

> 1636年，意大利人吉姆巴地斯达·巴西耳，写了一本《故事集》的书，用西西里一带的方言编成的50篇故事，后来这本书被称为《五日谈》。另一个法国人查尔斯·佩罗特则于1697年发表了一本故事书，里面有8个小故事。令人吃惊的是，其中7个都成了经典故事：《灰姑娘》《小红帽》《蓝胡子》《穿长靴的小猫》《睡美人》《钻石与青蛙》和《大拇指》。

师：请大家自己读一读这则资料。你有什么感受呢？

生1：《灰姑娘》《小红帽》《睡美人》这些故事我都读过，原来不是格林兄弟写的啊！

师：是啊，这些故事都是这个叫查尔斯·佩罗特的法国人写的呢！长知识了吧！

生2：《五日谈》是用西西里方言编的，里面会讲什么故事呢？

师：老师跟你一样，对这本书很感兴趣。课前在很多网上查找过都找不到这本书，后来，我在当当网上看到了这本书的电子稿，它是2014年由中信出版社出版的。

课件出示封面。

课件出示资料：

> 吉姆巴地斯达·巴西耳（意大利语：GiambattistaBasile）他出生于1575年，死于1632年，是意大利诗人、朝臣及童话搜集者。巴西耳出生于意大利那不勒斯的一个中产阶级家庭，担任过多位意大利王子的朝臣及雇佣兵。
>
> 《五日谈》中的许多故事是很多故事现今所知的最古老版本。比如《灰姑娘》就是其中《Cenerentola》这一故事；《睡美人》也源自此书中的《Sun, Moon, and Talia》。

师：大家一定很好奇，急着去阅读吧！可惜，我们无法找到这本书的纸质版本。只有等待中信出版社什么时候可以再版此书啦！

在当当网上，老师还看到了很多买了这本书的人评论说："这里的故事完全不对，要么不讲完或者情节根本不对！"可是，编书的人一定觉得很冤枉：因为，其实这些童话最初就是长这样的呀！

全班学生大笑。

师：很多童话就是在一代又一代人的改编中，经过时光的沉淀，变得更加有趣，更加有意义了！这一学年，我们"童话文学社"拓展性课程就要一起去阅读很多童话故事，深入了解童话的特点。而且，我们不仅要读童话，还要演童话，画童话，编童话呢！好吗？

生齐答：好！

【点评 4："童话"是一种既古老又年轻的文学样式，对于学生来说，引入这个故事，一是让学生对童话的起源有所了解，二是进一步了解童话作为一种特殊的文学样式，很多童话故事并不是单一的作者，而是一代代人共同创作的结晶。】

（三）温故整理，引导探究

师：同学们，其实我们已经阅读过很多童话，不要说在妈妈的怀抱中你就开始阅读童话，就说读了一年级到现在，我们已经读过不少童话了！

出示 1 ~ 5 册人教版教科书目录。

师：让我们一起去找一找，到底哪些课文就是童话呢？

小组合作圈一圈，交流汇报。

生 1：我们发现，第一册里有很多童话，比如第八单元除了《雪地里的小画家》，每一篇都是童话！

师：是吗？那你还记得你最喜欢哪个故事吗？

生 1：《雪孩子》！这个童话最美，记得读到最后我还哭了呢……

师：是啊，连环画式的童话《雪孩子》和《小熊住山洞》都非常感人，大家都非常喜欢呢！

生 2：第二册的语文书里童话更多，我们数了一下，总数超过 20 篇！每一篇的故事情节都非常有趣，我们还记得很清楚！

师：能不能说说你最喜欢其中的哪个故事，为什么？

生 2：我最喜欢《松鼠和松果》，它还告诉了我们一个道理：要环保！

生 3：我想补充，我最喜欢的是《春雨的色彩》，读起来很美！

生 4：我最喜欢的是《小蝌蚪找妈妈》，这个故事还包含着科学道理！

师：大家看过根据这则童话创作的水墨电影吗？这是由上海美术电影制片厂 1960 年制作的中国第一部水墨动画片。里面的鱼虾都取材于大画家齐白石作品！让我们一起来欣赏一个片段吧！

生观看动画片片段：《小蝌蚪找妈妈》。

师：原来，一则有趣的童话不仅可以用来阅读，还能改编成这么美的动画片呢！

生 5：我发现，从二年级到三年级，我们书中的童话明显变少了！

师：请你们小组汇报一下，你们在第五册里找到了哪些童话？

生 5：《找骆驼》好像可以算童话，《科里亚的木匣》，应该不是。

师：《科里亚的木匣》是左琴科创作的小说。

生 6：《盘古开天地》应该是。

师：确实，这是中国古代人民创作的童话。

生7：第五册里的童话很少……

师：简直可以说：屈指——

生齐答：可数。

师：从你们的表情看起来，对于到了三年级童话减少，觉得很失落，对吗？

生齐答：是！

师：孩子们，教材里的童话减少了，并不意味着你们在三年级读的童话就少了。因为，我们可以在课外阅读童话。比如，在我们的童话文学社里，你们就可以大量阅读哦！

生齐答：好！

【点评5：了解了童话的概念，再引导学生梳理教材中学过的那些童话，进一步激发学生阅读的兴趣；通过观看动画片，初步感受童话的故事性和画面感，为今后的"演一演""画一画"活动奠基；第五册童话故事的锐减，让学生颇感失落，但是也能较好地激起学生参加拓展性课程学习的兴趣。】

师：其实，从幼儿园至今我们阅读过最多的儿童文学样式就是童话了。谁愿意和大家分享你最喜欢的一则童话故事呢？

生1：我读过《笨狼的故事》系列童话，里面的那只笨狼虽然看起来很傻，但是却让我们觉得它也很可爱！

师：汤素兰的童话，我也喜欢看！

生2：自从学了《从现在开始》，我就在老师的推荐下读了管家琪阿姨的很多童话故事，尤其是她的《管家琪幽默童话》，每一个都那么有趣！

师：管家琪阿姨的讲座你听过吗？她软软糯糯的台湾腔普通话，就和她的故事一样温暖！

生3：我喜欢张天翼的童话，老师上次带我们看了电影《宝葫芦的秘密》，我觉得好看，所以就去找来书读了！

师：嗯，看到一部电影就会去找来原作读一读，对比一下，你会收获更多！这样的习惯真好！

师：以上同学说的都是国内的作家写的童话，有没有同学喜欢国外的童话呢？

生4：我喜欢安徒生的童话。

生5：我喜欢林格伦的《长袜子皮皮》！

……

师：童话吸引大家的理由有很多，但是最重要的原因就是它语言浅近，容易读；情节曲折，很好听。所以，童话是最适合我们阅读的呢！

【点评6：教师的多元回答，可以唤起学生阅读的热情，可以引导学生关注童话的特点，也是在帮助学生总结童话的特点。】

师：那么，这些动听的故事，到底是谁创作的呢？

生1：童话作家，如安徒生。　生2：我觉得有些不是由一位作家创作的……

师：哦，你的想法与众不同。举个例子说来我们听听？

生2：比如《盘古开天地》这样的童话，一看就知道原来是古代的人不懂科学，他们幻想有一个叫盘古的巨人……这样的童话我读到过很多，而且有些细节内容不太一样……所以我猜，这些童话不是由一个人创作的。

师：你有自己的思索，真了不起！

那么，到底童话是谁创作的呢？我看到有些同学在喊着"童话都是一位作家写的！"到底是不是这样呢？事实胜于雄辩。我们来看两本经典童话的封面吧！

课件出示《安徒生童话》和《格林童话》封面。

师：这是全世界最著名的两种童话，从封面上看，他们有什么不同呢？

生1：安徒生是一个人，格林是兄弟俩。

师：确实。再仔细看看，读一读封面的字，你会找到更多的秘密！

生2：《安徒生童话》上写着"丹麦安徒生著叶君健译"，而《格林童话》上写的是"德国格林兄弟编"我想，这个"著"和"编"好像不太一样……

生3：我知道，《安徒生童话》都是安徒生写的，而《格林童话》是格林兄弟编的！

师：孩子们，你们的猜测没有错：安徒生原创了《安徒生童话》；而《格林童话》是德国的民间文学研究家格林兄弟将各种流传的民间故事，经过搜集、加工、整理而成。《格林童话》是欧洲各国中搜集、编写最早，篇幅最长，系统性最强的一部童话集，也是世界儿童文学作品中最著名的童话全集之一。

明白了吗？

生齐答：明白了！

师：从这两种大家耳熟能详的童话中，我们发现了原来有些童话是一位作者创作的，而有些童话是口耳相传一代代流传下来，经过后人整理记录的。那么，童话到底是怎么来的呢？课后，请以小组为单位，通过上网、图书馆查资料、采访调查等方式分工合作，进行探究，下节课我们一起分享，揭秘"童话从哪里来"。

这节课就上到这里。下课！

【点评 7：引导学生通过阅读书籍封面，掌握关键信息，体会"著"和"编"的细小区别，并为下一节课"童话从哪里来"设疑。学生对童话的认识由表及里，为以后的学习开启了良好的开端，奠定了扎实的基础。】

【总评】

童话的动人故事和优美语言，总能把人带入美好的情境，使我们享受"真、善、美"的熏陶。所以，童话文学社的拓展性课程学习，就是带领学生走进奇妙的童话世界，了解童话的情节内容，学习童话的语言，感受童话的气氛，使学生扩大视野，丰富其精神世界，从而真正喜爱上童话。因此，童话文学社这一拓展性课程，就是基于学生核心素养培养而开发的。

汪潮教授将小学生的语文核心素养分成态度素养、语言素养和文化素养三个维度。态度素养是必备的品格，语言素养是核心中的关键，文化素养是重要保证。纵观本课，教师专注于学生喜爱童话态度素养的培养。

1. 唤起体验，培养学生钟爱童话故事的态度

课中，教师通过"看图片，猜童话主角""分享你读过的一则最喜欢的童话"等，帮助学生唤起曾经阅读童话的美好体验，交流丰富的感悟，在愉悦的情感中，开始期待接下去即将学习的一系列童话文学社课程。

2. 多元撞击，培养学生喜爱童话文体的态度

在教学中，教师通过"词条阅读，小组合作绘制气泡图"，引导学生抓住童话独特的文体特征，又通过回顾根据童话改编的动画片与观看水墨电影，进一步让学生感悟童话充满故事性与画面感的特点，从而喜欢上这一符合小学生年龄特点的文体。

3. 启发引领，培养学生喜欢童话活动的态度

课中，当学生对"第五册童话课文锐减"表达不满时，教师的导语较好地激发了学生对未来课程学习的合理期待；在教师的引导下，学生发现了部分童话并非作者独创，而是口耳相传整理记录的。"那么，童话到底是怎么来的呢？"教师的引导，能使学生主动参与到后续课程学习与研究中去。

"态度决定人生"，这是对"态度"重要性的经典阐述；"素养＝（知识＋能力）×态度"，态度是语文素养形成极其重要的、必备的品格。相信，这样的第一堂课，对童话文学社拓展性课程实施的意义不言而喻。

（设计者：湖州市南浔开发区实验学校宋国萍
点评者：湖州市南浔实验小学褚红霞）

第 19 例　小播客成长营

随着互联网技术和移动通信技术的高速发展，以 facebook、twitter、BBS、博客、微博、播客、维客、QQ、微信为代表的"自媒体"正呈爆炸性增长，渗透到了每个使用电脑或智能手机者的生活中。输送多元文化，创新话语空间，改变社交生态，整合人际互动，成为自媒体的关键词。自媒体时代对人们的语言文字运用能力和文化选择能力提出了更高的要求，也给语文教育的发展提出了新的课题。

1. 宏观："自媒体"对人们文化生活的影响

"自媒体"（英文名：WeMedia）又称"公民媒体"或"个人媒体"，是指私人化、平民化、普泛化、自主化的传播者，以现代化、电子化的手段，向不特定的大多数或者特定的单个人传递规范性及非规范性信息的新媒体的总称。我们熟悉的自媒体平台包括博客、微博、播客、微信、官方贴吧、论坛/BBS 等网络社区和各种平台。这些自媒体平台对我们的生活已经产生了深远的影响，人们用碎片时间阅读各类微博、微信公众号，收听喜马拉雅、荔枝 FM 等播客节目，了解时事动态，参与学习、娱乐，同时也使用这些平台，用文字或声音传递自己的思想。可以这么说，自媒体激活了人们语言创新及其传播的热情。

2. 中观："播客"对校园文化的影响

"播客"一词来源自苹果电脑的"iPod"与"广播"（broadcast）的混成词。由于英文中的 Podcast、Podcaster 或 Podcasting 等词的相关性，中文往往统称为"播客"。台湾直接称为"Podcasting"，是指一种在互联网上发布文件并允许用户订阅 feed 以自动接收新文件的方法，或用此方法来制作的电台节目。这种新方法在 2004 年下半年开始在互联网上流行以用于发布音频文件。如"喜马拉雅""荔枝 FM"等都是受众面很广的中文播客平台。"播客"是自媒体平台的一种有声语言传播途径，深受年青人的喜爱。

在本课程中的"小播客"指的就是利用"荔枝FM"APP软件制作、发布的儿童个人电台节目，指导学生运用"播客"平台进行语言文字的综合实践，目前以制作、推送学生的朗读作品为主。

2015年3月，我们开始了市级课题"故事播客：自媒体环境下的儿童阅读指导实践"的研究。课题组老师在最大的中文播客平台"荔枝FM"注册了儿童阅读推广公益播客"冯老师的故事屋"，从学校制定的"彩虹糖经典儿童文学必读书目"挑选中外儿童文学名著录制成电台节目连播，化无声的文字为有声的语言，供第一学段学生先收听后阅读，第二学段学生边收听边阅读，以此降低阅读难度，培养倾听与阅读习惯，提升阅读能力。并利用"播客"的网络社区、论坛进行即时的阅读交流。在"听读"的过程中，学生不仅爱上了阅读，养成了每天"听读"的习惯，有些同学还注册了自己的个人电台，自己录制读书节目，与听众分享自己的阅读所得。学生个人播客节目的推送激发了更多学生对阅读、朗读、网络交际的兴趣，他们渴望能有一个平台进行这样的语言实践。因此，"小播客"成长营拓展课程应需而生。

3. 微观："播客"对学生语文能力的高要求

成为一名播客，成立个人电台，制作推送自己的音频节目，并非易事，这需要小播客们有优秀的语文综合素养：能选择优秀的阅读材料，能根据自己的理解，运用多种表达技巧将无声的文字转化成富有感染力的有声语言，能运用互联网媒体发布、推送自己的有声作品，能在留言区与听众作出得体的应对交际等。

因此，我们需要一门将语文、音乐、信息等多学科进行整合的新课程——"小播客"成长营来帮助学生学习语音、朗读技巧，结合学校的另一拓展课程——儿童文学经典导读，进行不同类型作品的朗读解析，学习给朗读作品配乐，学习音频制作等多项技能，以提高学生的综合能力，提升核心素养，成为名副其实的"小播客"。

二、课程规划

（一）课程主题

通过本课程的学习，学生将提高普通话水平，习得朗读技巧，掌握不同文体的有声表达方法，学会运用电脑与手机录音软件录制有声节目，学会根据所朗读作品的特色选择相契合的配乐，提升审美情趣。

（二）课程理念

1. 课程价值追求：生本。本课程以学生的需求为原点，以学生为主体，谋求学生语言能力的发展。让播客这一网络新生自媒体平台走进校园，走进课堂，让学校师生了解播客的传播特点与作用，利用播客平台收听中外经典儿童文学作品与优秀语言作品。部分学生能成为熟练掌握这一互联网媒介，并利用它锻炼自己的播音主持能力、音频节目制作能力。

2. 课程路径选择：开放。体现为课程时空的开放（课堂网络双向），课程资源的开放（学校资源网络资源共享），课程形态的开放（经典导读、语言表达、网络技术、音乐欣赏等课程和融共生）。

3. 课程终极使命：发展。整个课程的实施围绕发展以学生语言能力为基础的综合艺术素养而展开。通过课程学习，提升学生的文学欣赏能力，提高学生有声语言的表达能力，在学生学习运用网络新资源的过程中，培养学生勇于实践、敢于创新的精神。

（三）课程目标

1. 了解、欣赏不同类型的语言类播客音频，营造浓郁的文学欣赏氛围，享受汉语言的优雅，感受汉语言的魅力，生发对祖国语言的热爱之情。

2. 通过学习普通话的声韵调及相关的朗读技巧，感受汉语言在表情达意上的博大精深，激发热爱祖国语言文字、热爱祖国的情感。

3. 通过播客音频节目制作学习，掌握相关的互联网应用技术，能熟练运用互联网自媒体平台为自己的学习服务。

4. 在学习、欣赏经典语言节目过程中，培养对语言的欣赏能力，在学习播客音频制作过程中，培养声音表现能力以及创新能力；在播客平台播送节目，与听众进行网络交流，参加线下主持等实践活动中，学会展示自我，学会合作，学会交往，增强社会实践能力。

5. 体会播客学习的快乐，陶冶审美情趣，提高文学艺术修养及科学素质，使新生的网络自媒体平台成为自我成长的助推器。

（四）课程内容

本课程的教学内容由"语音基础篇""表达技巧篇""作品演绎篇""音频制作篇"四大板块组成，共计 64 课时。为方便表述，教材分四大板块呈现，但在教学中，我们将四大板块进行融合，将"表达技巧""音频制作"根据学生的进度糅合到"语音基础"与"作品演绎"中进行学习。

（五）课程资源

1. 网络实践资源：手机 APP 荔枝 FM，喜马拉雅 FM。
2. 课程学习资源：根据各类少儿播音主持教程改编的拓展课程教材，优选的儿童文学经典。

（六）课程实施

1. 开设年级：三、四年级。
2. 课时安排：4 个专题，一学年共 64 课时，第一学期和第二学期分别 32 课时，每周 2 课时。
3. 活动形式：自由报名，小班教学。专业知识学习与实践操作相结合。
4. 教学策略：趣味学语音，活动学表达，实践学播音。

（七）课程评价

课程评价采用学分制。根据课堂学习量化表与网络实践操作量化表进行自评、他评与师评，最终取综合成绩。

具体见下表：

学生课堂学习评价量化表

姓名		班级		学科		日期	
评价目标		评价标准		权重	得分		
					自评	互评	师评
学习态度		尊重他人意见，不固执己见		5			
		善于发现合作伙伴的长处		5			
		遇到挫折相互鼓励，并群策群力		5			
		回答问题的仪表仪态，语气语速，口头表达能力		5			

续表

姓名		班级		学科		日期	
评价目标		评价标准		权重	得分		
					自评	互评	师评
学习能力	发现问题	对于课堂上不明白的问题能主动向老师请教		5			
		主动观察和思考本知识在生活中的应用，并向老师提出有创意的问题		10			
		主动思考问题，积极提出问题或主动回答老师提出的问题		10			
	探究问题	对课堂中出现的问题敢于质疑或对某些结论敢于去否定		10			
		有"金点子"：有高于一般同学的看法和建议，并得到师生的认同被采纳和实施		10			
		有"金钥匙"：有化难为易，事半功倍的好办法被采纳使用		10			
学习方法		上课不是被动听课，而是主动学习，会记录学习要点，会主动思考，积极发问		5			
		与老师的双向交流情况		5			
学习方法		在小组里的表现情况		5			
学习目标		在知识或技能的某些方面获得进一步的拓宽或提高		5			
		综合实践能力得到提高		5			
总分				等级			

说明：总分 = 自评 + 组评 + 师评，其中自评占自评总分的 20%，组评占组评总分的 40%，师评占师评总分的 40%。等级分为四等级，标准如下：

A 等：总分 90 分以上；B 等：总分为 80 ~ 89 分；

C 等：总分为 70 ~ 79 分；D 等：总分为 60 ~ 69 分；

学生网络实践评价量化表

姓名		班级		学科		日期	
评价目标		评价标准		权重	得分		
					自评	互评	师评
实践态度		按要求完成录制任务		5			
		录制节目时准备认真、态度严谨		5			
		遇到退稿能适时修改		5			
		遇到问题及时向指导老师请教		5			

续表

姓名		班级			学科		日期	
评价目标	评价标准				权重	得分		
						自评	互评	师评
节目质量	普通话标准，无明显语音错误、系统语音缺陷				20			
	表达流利，语调得当，无明显方言语调				10			
	能根据作品特点进行有声演绎，比较适恰地传达出作品的情感				10			
	录音清晰，无杂音				10			
	选择的配乐与作品特质相符				5			
	受到听众喜欢，点播率超过 1000 以上				10			
论坛互动	每周参加一次播客论坛的互动，能有礼有节地答复听众留言				5			
论坛互动	善于倾听，能虚心接受听众提出的意见				5			
	在自己的能力范围内满足听众的点播要求				5			
总分					等级			

说明：总分 = 自评 + 组评 + 师评，其中自评占自评总分的 20%，组评占组评总分的 40%。师评占师评
    总分的 40%。等级分为四等级，标准如下：
    A 等：总分 90 分以上；B 等：总分为 80 ~ 89 分；
    C 等：总分为 70 ~ 79 分；D 等：总分为 60 ~ 69 分；

三、教学设计

本课程按照学习内容进行板块式设计，由"语音基础篇""表达技巧篇""作品演绎篇""音频制作篇"四大板块组成，共计 64 课时。为方便表述，教材分四大板块呈现，但在教学中，我们将四大板块进行融合，将"表达技巧""音频制作"根据学生的进度糅合到"语音基础"与"作品演绎"中进行学习。

（一）语音基础篇

1. 双唇音（2 课时）
2. 唇齿音与舌尖中音（2 课时）
3. 舌根音与舌面音（2 课时）

4. 翘舌音与平舌音（2 课时）

5. 单韵母（2 课时）

6. 复韵母（2 课时）

7. 鼻韵母（2 课时）

8. 声调（2 课时）

9. 语流音变（4 课时）

（二）表达技巧篇

1. 情景再现（2 课时）

2. 内在语（2 课时）

3. 对象感（2 课时）

4. 停连（3 课时）

5. 重音（3 课时）

6. 语调（3 课时）

7. 节奏（3 课时）

（三）作品演绎篇

1. 诗歌（2 课时）

2. 散文（2 课时）

3. 寓言（2 课时）

4. 动画配音（4 课时）

5. 童话（4 课时）

6. 儿童小说（4 课时）

（四）音频制作篇

1. 初识 CoolEditPro（2 课时）

2. 录制自己的声音（2 课时）

3. 美化声音（4 课时）

下面是第三板块"作品演绎篇"《动画配音》第 2 课时的教学设计。

$$快乐配音秀$$

活动目标

1. 复习停顿与节奏，通过实践慢慢熟练掌握表达技巧。

2. 通过配音练习，学习根据内容需要运用不同的停顿方式与节奏类型。

3. 尝试完成一个动画片配音片段。

活动准备

1. 学生收看动画片《狮子王》，找找自己喜欢的角色。

2. 小组合作，讨论角色的性格特点与说话的特点。

3. 熟记两段台词：辛巴来到秘密的地方台词片段，伤心的辛巴台词片段。

4. 下载手机 APP 配音秀。

活动过程

（一）热身活动

1. 呼吸练习。所有学员靠墙站立，老师用计时器记录学员呼气时长。

2. 绕口令比拼。比谁能一口气背完《数枣》，要求气息匀，吐字清。

3. 趣味模仿。

（1）模仿一下你的好朋友或者爸爸妈妈的声音。

（2）用各种声音来刻画人物：奶声奶气的小娃娃，发火的人，贪吃的人，爱睡觉的人，没有牙齿的老奶奶，边吃东西边说话的人等。

（二）技巧复习

1. 趣练停顿。阅读故事《下雨天留客》。

预设：读了这个故事，你有什么感受？根据不同的停顿，你能将"下雨天留客天留人不留"这句话读出哪几种形式？

2. 趣练节奏。

（1）复习节奏口诀。"欲升先降，欲降先升；欲快先慢，欲慢先快；欲重先轻，欲轻先重；实能转虚，虚能转实"。

（2）复习节奏类型。根据人物形象分节奏类型，根据心情变化分节奏类型。

（三）配音实践

1. 角色分析，确定节奏类型。

（1）观看微视频：《狮子王》之"辛巴来到秘密的地方"片段。

（2）角色讨论：从他们的对话中，你听出了辛巴、娜娜、沙祖分别是怎样的人？他们说话的节奏有什么特点？

2. 台词分析，找准逻辑停顿，把握正确的节奏。阅读《狮子王》之"辛巴来到秘密的地方"片段的台词。

（1）停顿分析。选择自己喜欢的一个角色，反复读读他的台词，找到适合停顿的地方。如果拿不准该在什么地方加停顿，你可以多加尝试。

（2）交流反馈。指名读台词，按照自己划分的停顿，读出节奏。其余学生认真倾听，并提出自己的修改建议。

3. 合作配音。按照自己选择的角色，自由组合成三人小组，尝试配音。

（1）小组练习。小组合作，自行练习台词，做到熟读。

（2）小组展演。抽取一个小组，分角色进行配音。其余学员静听，然后进行点评。

（3）再读练习。根据交流的意见，再次小组合作练习。

（四）课堂小结

配音要让自己的角色台词性格化，台词是人物性格的不同表现。配音语言要做到"宛如其人""说一人像一人"。这些不同，具体地表现在声音、音色、说话时的习惯、节奏、语气、语调等方面。所以，配音，要动用这一切技巧结合你对角色的理解，对声音进行"化妆"。

（五）课后实践

选择自己喜欢的一部动画片片段，完成自己的一个配音秀，上传手机APP"配音秀"，与大家分享。

四、实录点评

快乐配音秀（第三课时）

（一）热身活动

1. 呼吸练习。

请所有学员靠墙站立，背立直，肩下沉，小腹微收，双手扶肋骨末端。吸气时，想象胸腔像一个圆球不断向四周鼓出，肋骨推动双手外扩，将气吸满后，由腹部往外吐气，吐气时肚脐微微内陷，肋骨随着气流的吐出慢慢回复原位，同时，嘴巴发出"wu"音，老师用计时器记录学员呼气时长。这口气呼完，就停下来，记住老师报出的数字，即为你的呼气时长。

评判标准：坚持 20 秒，说明还要多加强呼吸练习；坚持 30 秒，说明你的吸气量很好，只需再练习一小段时间；坚持40秒以上，说明你的吸气量非常好，又多又深，此关已过，可练习其他内容。

师：这次的考核结果显示，我们比上一周又有了进步，今天已经有8个同学达到了40秒以上，其余的也都在30秒以上，祝贺大家！有了绵长的呼吸，我们在说话、朗诵时的语流就会非常稳定，吐字也能更清晰。不会出现气息不稳，导致滑音吃字的现象。

2.绕口令比拼。比谁能一口气背完《数枣》，要求气息匀，吐字清。

师：下面，我们再来试试绕口令《数枣》，看看你能不能用两口气背完。

学生背诵《数枣》：一个枣儿，两个枣儿，三个枣儿，四个枣儿，五个枣儿，六个枣儿，七个枣儿，八个枣儿，九个枣儿，十个枣儿，／十个枣儿，九个枣儿，八个枣儿，七个枣儿，六个枣儿，五个枣儿，四个枣儿，三个枣儿，两个枣儿，一个枣儿。这是一个绕口令，一口气说完才算好。

师：谁能挑战一下，中间不换气，用一口气背完？

学生自己练习后，一个男生、一个女生主动上台展示。

师：能一口气说下自然厉害。还不行的，也别气馁。除了正常的呼吸和换气之外，有时候我们可以用上以前学习的"偷换气"。

3.趣味模仿。

师：常规的热身活动结束，让我们进入今天的"快乐配音秀"。挑战开始。

（1）模仿一下你的好朋友或者爸爸妈妈的声音。

你最熟悉的人是谁？他说话时有什么样的特点？请你模仿他最经典的一句话。

生（大声模仿妈妈急躁的催促）：小米，再不起床你要迟到啦！

师：很好！这是被你的拖延急得火冒三丈的妈妈。你能模仿一下妈妈早上第一次叫早时温柔的催促吗？

生（用一种轻柔的语调亲切地说）：小米，亲爱的宝贝，起床喽！

师：你看，同一个人物，在不同的情绪下说话，语气、语调、音高就完全不一样啦！

（其余模仿略）

（2）用各种声音来刻画人物：奶声奶气的小娃娃，发火的人，贪吃的人，爱睡觉的人，没有牙齿的老奶奶，边吃东西边说话的人等。

师：故事中的角色各不相同，那么，怎样用我们的声音来表现这种不同？请你挑选上面的一个角色，自己试试。

学生模仿不同人物的说话方式。

师：刚刚，同学们其实是用了许多的语音技巧将你的声音进行了"化妆"，除了我们以前学习的音长、音强、重音、停顿之外，还需要多关注语言的节奏。

【点评1：此热身活动包括三项内容：呼吸练习、绕口令比赛与人物角色说话模仿。4分钟的呼吸与绕口令练习为播客课程的常规训练项目，课课练，练好扎实的基本功。而角色模仿为下面的角色配音做好了铺垫，使学习充满了趣味性。】

（二）技巧复习

1. 趣练停顿。阅读故事《下雨天留客》。

师：读了这个故事，你有什么感受？

生：故事里的书生真是厉害，他用有利于自己的方法来停顿，让他的富亲戚不得不留下他。

师：是啊，停顿不同，产生的意义就不同。由语言逻辑和思维逻辑产生的停顿叫"逻辑停顿"。（教师板书：逻辑停顿）

师：读长句子进行这样的停顿就能把意思表达得更清楚，更准确。"下雨天留客天留人不留"这句话还可以做出其他的不同形式的停顿。你能试试吗？可以找自己的小组成员讨论讨论。

学生小组讨论后，反馈出如下停顿方式：

* 下雨天留客，天留，人不留。
* 下雨天留客，天留人不留。
* 下雨天，留客，天留，人不留。
* 下雨天，留客，天留人，不留。
* 下雨天留客，天留人不？留！
* 下雨天，留客天，留人不留？
* 下雨天，留客天，留人？不留！
* 下雨天留客，天，留人不？留！
* 下雨天，留客。天！留人不留？

师：不同的停顿产生了不同的情感，它可以准确地传递说话者的感情。停顿得恰到好处，可以引起听者的期待，期待下一句话、下一个动作或其他人的反应，正所谓"此时无声胜有声"。

【点评2："逻辑停顿"对于第二学段学生来说，学习起来颇有难度。但老师用一个关于停顿的小故事进行此项训练，整个学习过程就变得趣味盎然。学生积极主动地去发现不同的停顿产生的不同表达效果，发现的过程即是学生揣摩角色台词后面的心理活动、思想感情的过程。一项练习达到了多项功效。】

2. 趣练节奏。

（1）复习节奏口诀。"欲升先降，欲降先升；欲快先慢，欲慢先快；欲重先轻，欲轻先重；实能转虚，虚能转实"。

（2）复习节奏类型。根据人物形象分节奏类型，根据心情变化分节奏类型。

师：当我们把握了重音和停顿，对有声语言作了各种不同的设计和处理，就让台词在语言节奏和语调上发声了变化。我们说话之所以不像机器人那样让你听着昏昏欲睡，就是因为有了节奏。请你给这些角色选择一种节奏类型：

性格泼辣、急性子（ ） 性格柔弱、慢性子（ ）

一个活泼的男孩（ ）一位体弱的老人（ ）

生1：性格泼辣、急性子的人说话也急，像炒豆子似的。

生2：这样的人还特别能说，总是抢着说话。（众生大笑）

师：你观察得非常仔细，确实是这样。那么，性格柔弱的呢？

生1：说话轻声细语的，就像我们班上的彦兮，语速很慢。

生2：像老师这样很耐心、很亲切的人，说话也是轻声细语的。

生3：活泼的男孩子说话声音响，节奏快，热气腾腾的。

师：好个热气腾腾，散发着阳光的味道呢。

生4：体弱的老人说话不但语速慢，声音小，还可能说一句话要喘几口气，这样的节奏不知叫什么。（众生大笑）

师：你的描述比我们一般说的节奏弱要生动100倍。就是这样，好样的！

师：亲爱的小播客们，声音形式的高低、快慢、强弱、虚实等不停地组合，让节奏丰富起来。不同的人说话时有不同的节奏类型。不同的心情、不同的场景说话的节奏也不尽相同。有时轻快，有时凝重，有时低沉，有时高亢，有时舒缓，有时紧张，等等。

【点评3：此环节分两个层面进行了节奏练习，先是通过复习口诀回顾了节奏表达的方法，然后又具体到一个个实例中去发现语言节奏的丰富性。这样专业的节奏训练是我们平时语文课堂所没有的，对学生朗读能力的提升影响是深远的。】

（三）配音实践

1.角色分析，确定节奏类型。

（1）观看微视频：《狮子王》之"辛巴来到秘密的地方"片段。

（2）角色讨论：从他们的对话中，你听出了辛巴、娜娜、沙祖分别是怎样的人？他们说话的节奏有什么特点？

生1：辛巴"初生牛犊不怕虎"，他就是一个爱冒险，无所畏惧的小男孩。所以他说话时语调轻快，满不在乎。

生 2：所以，在沙祖提醒辛巴的时候，辛巴还嘲笑沙祖呢！

师：无所畏惧，所以满不在乎，你们对辛巴的角色分析很到位。

生 3：娜娜虽然对辛巴的冒险有些担心，但是她一直陪在辛巴身边，她说话时有点紧张，但也很坚定，就是，辛巴要干什么她都陪着。

师：你可真是娜娜的知音！

生 4：沙祖是很小心谨慎的。他像老师一样引导着辛巴，不断提醒他，所以他说话时就是老师说的"凝重"型的节奏。

师：分析得太精彩了，此处应该有掌声！

师：说了这么多，我们得练起来。请你读读刚刚视频中的这段台词。

PPT 课件呈现：

2. 台词分析，找准逻辑停顿，把握正确的节奏。阅读《狮子王》之"辛巴来到秘密的地方"片段的台词：

辛巴：就是这里，我们成功了。

娜娜：这里阴森森的。

辛巴：是啊！不是很棒吗？

娜娜：我们可能会有大麻烦哦！

辛巴：我知道，呵呵。

娜娜：不知道他的脑袋还在不在那儿？

辛巴：只有一个办法能知道，走吧，我们去看看。

沙祖：不对！你们唯一该做的事情就是立刻离开这里。

辛巴：你好烦耶！

沙祖：我们已经超出荣耀石的范围太远了。

辛巴：你看那个尖嘴的老头害怕了。

沙祖：不管我是不是尖嘴小老头，小毛球，我告诉你，我们的处境真的是很危险。

辛巴：危险？哈哈。我在荒野中行走，我会当面嘲笑危险，哈哈哈。

PPT 课件呈现要求 1：

（1）请你选择自己喜欢的一个角色，反复读读他的台词，批注出自己的感受，读出停顿与节奏。

学生自己读，划分停顿。有疑虑的请求老师帮助。

（2）交流反馈。指名读台词，按照自己划分的停顿，读出节奏。其余学生认真倾听，补充并完善自己的批注。

经过学生讨论修改后，台词批注呈现如下：

辛巴：就是这里，我们成功了。（辛巴很兴奋，此处节奏欢快、激昂）

娜娜：这里阴森森的。（紧张，语调压抑）

辛巴：是啊！不是很棒吗？（对辛巴来说，这是一场冒险，压抑的语调中透着兴奋）

娜娜：我们／可能会有／大麻烦哦！（娜娜对辛巴的提醒，紧张、透着担心）

辛巴：我知道，呵呵。（兴奋）

娜娜：不知道／他的脑袋／还在不在／那儿？（凝重，压抑）

辛巴：只有一个办法能知道，走吧，我们去看看。（无畏的，干脆的，低沉中透着力量）

沙祖：不对！你们／唯一该做的事情／就是／立刻离开这里。（低沉，凝重的）

辛巴：你好烦耶！（不耐烦的）

沙祖：我们／已经超出／荣耀石的范围／太远了。（低沉中透着担心）

辛巴：你看／那个尖嘴的老头／害怕了。（轻快的，满不在乎的）

沙祖：不管我是不是／尖嘴小老头，小毛球，我告诉你，我们的处境／真的是／很危险。（生气，由高亢转向低沉）

辛巴：危险？哈哈。我／在荒野中／行走，我／会当面嘲笑／危险，哈哈哈。（自信，有力、高亢）

师：小播客们真是厉害，通过我们的讨论分析，这三个角色的性格特点都在他们的台词中表现出来了。那现在，你能试试选择一个角色，用你的有声语言让这个角色"活"起来吗？找小伙伴一起来秀秀吧。

3. 合作配音。按照自己选择的角色，自由组合成三人小组，尝试配音。

（1）小组练习。小组合作，自行练习台词，做到熟读。

教师巡视，到各组聆听，给出建议。

（2）小组展演。抽取一个小组，分角色进行配音。其余学员静听，然后进行点评。

请一个小组上台，给微视频配音。其余学生倾听，并点评。

生1：我觉得张予的"辛巴"配得非常棒，他把小狮子那种富有冒险精神、天不怕、地不怕的特点给表现出来了。而且，他的语速跟画面非常配。

生2：我觉得陈琪给"娜娜"的配音还要改进，娜娜此时应该是非常紧张的，陈琪过于平静了，似乎不害怕。

生3：我觉得"沙祖"的台词虽然只有两句，但是很难读的。第一句应该很严肃，但因为这里危险，所以声音是低沉的，而第二句他是强压着怒火，辛巴对他很不礼貌，但他还是尽责地劝辛巴离开，很难读。

师小结：同学们点评得太到位了。配音一定要让自己的角色台词性格化，台词是人物性格的不同表现。配音语言要做到"宛如其人""说一人像一人"。这些不同，具体地表现在声音、音色、说话时的习惯、节奏、语气、语调等方面。所以，配音，要动用这一切技巧结合你对角色的理解，对声音进行"化妆"。思考一下，刚才位同学的点评，再试试改进你的配音。

（3）再读练习。根据交流的意见，再次小组合作练习。

【点评 4：此环节是本堂课的学习重点，老师总共花时 22 分钟。一共分四步循序渐进：一是通过微视频揣摩角色形象，因为有课前观看了《狮子王》整部动画片，在这一环节中学生对角色形象的把握非常准确，为下面的配音实践找准情感基调；二是小组合作讨论台词中的停顿与节奏类型，为下面的配音实践找出表达方式；三是配音实践，充分利用小组合作的模式，使学生能人人参与练习；四是展演点评。三位学生的点评这样中肯、到位，前面第一、二两个步骤的练习是功不可没的，而老师的点评虽是寥寥数语，却巧妙地将学生的点评进行了总结，同时又对下一次练习提出了更高的要求。学生的能力就是在这一环紧扣一环的练习中得到了提升。】

（四）课后实践

师：这节课我们就练习到这里。下节课，大家可以选择自己喜欢的一部动画片片段，完成自己的一个配音秀，上传手机 APP "配音秀"，与大家分享。下课！

【点评 5："小播客"成长营的显著特征是教师将语文实践与当下发达的自媒体平台进行了高效的整合，使网络真正成为学生学习实践的工具。据老师介绍，每周的课程是分两课时进行的，第一课时进行相关内容的学习，第二课时就让学生马上进入到实践操作中，学生兴趣盎然。】

-------- 【总评】 --------

1. 课程具有前瞻性

随着互联网技术和移动通信技术的高速发展，"自媒体"正呈爆炸性增长，渗透到了每个使用电脑或智能手机者的生活中。输送多元文化、创新话语空间、改变社交生态、整合人际互动，成为自媒体的关键词。这些新的交流媒介不断出现，给社会语言生活带来巨大变化，也给语文教育提出了新的课题。而本课程准确地找到了语文学习与网络世界的一个契合点，给学生的语文实践打开了一扇新的窗，具有前瞻性。

2. 课程具有实效性

观览整个课程框架，我们可以发现，课程注重培养小播客们的语文综合素养：能选择优秀的阅读材料，能根据自己的理解，运用多种表达技巧将无声的文字转化成富有感染力的有声语言，能运用互联网媒体发布、推送自己的有声作品，能在留言区与听众作出得体的应对交际等。

虽然只是一节课，但我们依然可以清晰地看到这些目标是怎样在实践中一步步达成的。这节课中既有气息训练、绕口令等播音课程中的基本功训练，有角色模仿等生活经验的唤醒，又设计了丰富的、具有梯度性的配音专项实践活动——角色分析、台词品析、配音练习，最终完成一个配音作品。这锻炼的是学生对语言文字（台词）的分析能力，将文字化为有声语言的运用能力，将一段台词变成一段配音作品的实践创新能力。而更难能可贵的是，这样的学习过程是学生主动的、兴致勃勃地去实践的。长此以往，学生语文能力、综合素养将得到提升。

3. 课程具有推广性

此播客课程乍一看，似乎对教师、对学校有很高的要求，但细细一品，当能发现其有很强的推广性。

首先，课程内容大多是语文课程的一部分：语音基础、表达技巧、作品演绎。这些都是学生在长期的语文学习中习得的，而播客课程将这些内容进行了整合性的学习，使学生语文综合能力得到了再一步的提升。其次，学生进行课程实践的工具是简单的：一部智能手机、一个 APP 软件荔枝 FM，一个手机自带耳机，一个相对安静的空间。在老师的指导下，学生几次就能录制出个人有声作品，并通过网络自媒体平台发布，与所有关注他的人分享。这样的成就感成为学生不断学习、不断实践、努力追求更高品质的动力。因此，这样的拓展课程是有意义的，也具有很大的推广价值。

（设计者：宁海县实验小学教育集团金桥校区冯旭霞
点评者：宁海县教研室徐长军）

第四部分　语言文化

第 20 例　文言文

很多学生对我国许多传统文化所知甚少，对西方的某些文化倒是娴熟得很。对于目前以学习现代文为主的小学教材和阅读范围，这文言的内容确实不易学习。因此，文言文的学习就成为中小学语文教学的重要任务之一。

1. 母语元典的化育功能的弱化

我们在切肤地感叹整个社会审美能力丧失之际，还得无奈地承受那些曾经甚至永远靠几千年中华文化滋养的外国国民的蔑视。我们的近邻如日本、韩国以及东南亚的一些国民可以公然讥讽当今的中国人汉语水平低下，世界上许多的人在嘲笑或唾骂当今的中国国民素养，而我们却任由我们的孩子把人生最珍贵的年华在日本卡通漫画或是在贴满外文标签的大裤腿中高歌"我爱你，就像老鼠爱大米"。出现如此尴尬的局面，实在是我们这个曾经以君子之风、任侠之气为荣的国家的不幸！

2. 民族信仰的缺失

让我们重新认识经典，背诵经典，信赖经典，不是要找回经典中倡导过的那个"君君臣臣父父子子"的旧时代秩序，而是要找回中国人忠与孝、仁与义、信与礼、智与勇的国民精神。比如时至今日，在基督教国家读《圣经》，在伊斯兰国家读《古兰经》，这成为每个人必须要接受的基本教育。这种教育绝非为了培养虔诚的神职人员。它培养的是民族的文化信仰，建立的是有关人生的信念，奠定的是人的价值观，这是有关立身之本的基础教育，是杜绝民族信仰丧失的最好途径。

3. 与初中的教材衔接失衡

现在的初高中，文言文的学习占有相当大的比重。我们过去的人教版语文教材只选用了《杨氏之子》《伯牙绝弦》《学弈》《两小儿辩日》四篇文言文，六年级学生毕业后一下子接触选材大而长的文言文是非常吃力的。还有古诗词和学习园地中的"日积月累"部分及"趣味语文",这些内容显得散乱而稀少,往往会出现学过忘记的现象。而且仅仅靠这些还是不能很好地与初中教材相衔接。

二、课程规划

（一）课程主题

初学文言文,感受古文学的魅力。

（二）课程理念

1. 文言文是学好语文的基础

文言文是我国古典文化的瑰宝,现代汉语是从古汉语发展来的,语义和语法系统虽有变化,但古汉语的许多现象多保留在现代汉语中。学生已有一定的现代汉语语感,如果把古今打通,激活学生沉淀在大脑中的不清晰的语感,新的知识和旧的感知结合,为更好地学习现代汉语打下坚实基础。

2. 文言文学习激发学习主动性

语文教学应激发学生的学习兴趣,语文拓展性课程的学习也是如此,注重培养学生自主学习的意识和习惯,改变学生的学习方式,由被动的接受学习,转变为主动的探究学习。教师应创设能引导学生主动参与的教育环境,激发学生学习的积极性。

3. 文言文学习要遵循"先疑后学"原则

教师的首要任务是营造一个接纳的、支持性的、宽容的课堂氛围,创设能引导学生主动参与的教学环境。在新课程的实施过程中,教师必须由过去的"教师中心"、居高临下,变为以学生为本,构建民主、平等、合作的教室"文化生态",创设融洽和谐的学习氛围,学生自由表达和自主探究性学习才可能成为现实。

"学贵于思,思源于疑",教师只有成为学生学习活动的"组织者、参与者、帮助者、引导者、促进者",学生才能将心中所疑、所思、所感畅快地表达出来,才能形成真正的学习。大力表扬学习过程中敢于质疑、善于质疑的学生,鼓励学生大胆提问,使学生产生独立见解,实现思维个性化。

（三）课程目标

1.通过阅读有关书籍、资料，初步了解文言文表达的语言规律，培养语感。

2.理解部分文言文常用字的意思，对比古今文章同字的不同用法，促进对汉字起源、发展的了解。

3.通过读一读、猜一猜、诵一诵、演一演等方法学习文言文，积累优秀篇章，开展积极用语训练。

4.通过"文白互现""给长辈讲故事""小组合作释疑"等活动，理解文言文大意，学习古人智慧。

5.激发对文言文的学习兴趣，感受经典文化的魅力，继承优秀传统文化。

（四）课程内容

层次	活动主题	活动内容	活动目标	课时安排
四年级	1.神话传说	《盘古开天地》《嫦娥奔月》《女娲补天》《共工触山》《夸父逐日》《牛郎织女》等	（1）与已知的神话故事结合学习文言。 （2）学学古人来讲一讲故事。	6
	2.天时妙语	《雨》《雪》《日月星》《日时》《春》《夏》等	（1）体会古人是怎么表达天气的。 （2）初步了解古代的时间。	5
	3.古代寓言	《守株待兔》《揠苗助长》《画蛇添足》《滥竽充数》《郑人买履》《刻舟求剑》《纪昌学射》《鹬蚌相争》等	（1）了解寓言故事的大意。 （2）理解寓言中蕴含的道理。	8
	4.智慧少年	《称象》《破瓮救友》《孔融让梨》《道边李苦》《未若柳絮因风起》等	（1）明白故事中少年的智慧体现在哪里。 （2）表演故事体会文言文的精练。	5
五年级	5.百味趣事	《性缓》《北人不识菱》《活见鬼》《截竿入城》《吾腰千钱》《宋定伯捉鬼》等	（1）感受文言文笑话的魅力。 （2）用自己的话把这笑话讲给长辈听。	6
	6.读书之法	《读书有三到》《读书须有疑》《铁杵磨针》《凿壁偷光》《老而好学》《师旷论学》等	（1）感受古人读书智慧，领悟读书真谛。 （2）背一背、记一记。	6
	7.颜氏家训	《人生小幼》《古之学者》《人在少年》《名之与实》《施则奢，俭则吝》《人之爱子》等	（1）学习做人的道理，明白珍惜的重要。 （2）严于律己，对自己要严格要求，自我约束从小做起。 （3）感受家训的语言表达的精妙。	6

续表

层次	活动主题	活动内容	活动目标	课时安排
五年级	8. 写景状物	《浙江之潮》《兰亭集序（节选）》《爱莲说》《陋室铭》《小石潭记》《承天寺夜游》等	（1）读诵古文，文白互现，初知大意。 （2）欣赏精巧语言描绘的美景。	6
六年级	9. 历史故事	《破釜沉舟》《扁鹊见蔡桓公》《祁黄羊举荐》《晏子使楚》《管宁割席》《指鹿为马》《曹刿论战》等	（1）在历史故事中去了解中国悠久的历史文化，去认识一个个鲜活的极具魅力的历史名人。 （2）在传统文学中，在文言语言中积累、运用。	6
	10. 人物传记	《卧薪尝胆》《纸上谈兵》《多多益善》《苏武牧羊》《李广射虎》《张良遇师》等	（1）历史故事的延伸，感受不同人物的特点。 （2）学习语言表达的同时，赞一赞、评一评、学一学。	6
	11. 山川大地	《山川之美》《春日寻芳》《苏堤杂花》《滕王阁序（节选）》《桃花源记（节选）》等	（1）读读背背美丽的语言。 （2）通过改写、改编等方式学习文言文。	6
	12. 著述节选	《论语》十五则、《孟子》三则、《劝学（节选）》《教学相长》《上善若水》《北冥有鱼》《国之器用》《业精于勤》等	（1）初步学习感知传统文学精髓。 （2）积累一些诸子百家的经典言论。	6

（五）课程实施

1. 开设年级：五年级。

2. 课时安排：12个专题，每学年四个专题24课时，每学期12课时，三个学年共72课时。

3. 活动形式：自由报名，小班教学。四人小组分组学习，搜集资料、小组合作探究、分组汇报、分组展示等方式进行学习。

4. 教学策略：读一读，查一查，议一议，诵一诵。

（六）课程评价

1. 课程评价采用学分制。建立"文言学霸卡"，分值卡达40分为"文言王子（公主）"，60分为"文言将军"，80分为"文言大帅"，90分为"一级文言学霸"，100分以上的为"高级文言学霸"。

2. 积分办法。熟读文本 20 分，利用工具书查找释疑 20 分，能复述故事 10 分，背诵文言文 30 分，完成小组任务 10 分，小组展示获优秀 10 分，撰写一篇读后感 10 分（选题可以是课堂师生研讨的主题，也可以自己另外选择）。

三、教学设计

本课程按照四、五、六三个年级设计，通过读诵、查找工具书、联系上下文、猜测、讲故事等策略，设计以下 12 个主题。

1. 神话传说（《盘古开天地》《嫦娥奔月》《女娲补天》《共工触山》《夸父逐日》《牛郎织女》等）

2. 天时妙语（《雨》《雪》《日月星》《日时》《春》《夏》等）

3. 古代寓言（《守株待兔》《揠苗助长》《画蛇添足》《滥竽充数》《郑人买履》《刻舟求剑》《纪昌学射》《鹬蚌相争》等）

4. 智慧少年（《称象》《破瓮救友》《孔融让梨》《道边李苦》《王冕好学》等）

5. 百味趣事（《性缓》《北人不识菱》《活见鬼》《截竿入城》《吾腰千钱》、《宋定伯捉鬼》等）

6. 读书之法（《读书有三到》《读书须有疑》《铁杵磨针》《凿壁偷光》《老而好学》《师旷论学》等）

7. 颜氏家训（《人生小幼》《古之学者》《人在少年》《名之与实》《施则奢，俭则吝》《人之爱子》等）

8. 写景状物（《浙江之潮》《兰亭集序（节选）》《爱莲说》《陋室铭》《小石潭记》《承天寺夜游》等）

9. 历史故事（《扁鹊见蔡桓公》《祁黄羊举荐》《晏子使楚》《管宁割席》《指鹿为马》《曹刿论战》等）

10. 人物传记（《卧薪尝胆》《纸上谈兵》《多多益善》《苏武牧羊》《李广射虎》《张良遇师》等）

11. 山川大地（《山川之美》《春日寻芳》《苏堤杂花》《滕王阁序（节选）》《桃花源记（节选）》等）

12. 著述节选（《论语》十五则、《孟子》三则、《劝学（节选）》《教学相长》《上善若水》《北冥有鱼》《国之器用》《业精于勤》等）

下面是第五个主题"百味趣事"中的《活见鬼》的教学设计。

活见鬼

活动目标

1.读通文言文，对照译文理解大意。

2.感受文言文表达的精练，明白其中一些字词的意思。

3.读一读，背一背，在趣味中体会文章含义，不迷信鬼神。

活动准备

1.古代关于破除"鬼"的迷信的故事等资料。

2.前后四人小组，有组长、汇报员、记录员等分工。

3.学生准备《新华字典》或《古汉语字典》。

4.教学PPT。

活动过程

（一）猜字聊"鬼"

1.出示"鬼"的象形字，请学生猜一猜这是什么字？

2.聊聊你所知道的"鬼"。

（二）读文看"鬼"

1.借助拼音，自由朗读，读不通的地方多读几遍。

先自己读，读完后在四人小组中读，交流自己的读音是否正确，再推荐一位同学在全班同学面前读，大家来听听断句是否可行。

2.推荐朗读，正音断句。

3.小组交流，说说大意。

小组长分工，安排组员说说大意。

（1）可以是一人说一句，可以是说自己读懂的地方，可以是说自己读不懂的地方。

（2）其中一人将疑问记录下来，以便全班交流。

（三）释疑识"鬼"

1.各小组派代表提出疑问。

（1）结合译文来解决提出的疑问。

（2）这里有哪几个人？（赴饮夜归者、投伞下同行者、炊糕者）

2.交流疑为"鬼"的证据。

3.出示结尾，到底有几个"鬼"。

（四）总结笑"鬼"

1.如果你是炊糕者，你想对这两位互疑为鬼者说什么呢？

2.学生写下来，互相说一说。

四、实录点评

活见鬼

（一）猜字聊"鬼"

师：同学们，咱们中国的汉字历史悠久，几乎每个字的背后都有其变化的历史和故事，有些字演变到后来与原意大相径庭的也有。

1. 出示"鬼"的象形字，请学生猜一猜这是什么字？

师：大家来看看这个字，猜一猜这是什么字？

生：这是个"畀"字。

生：我也觉得这是个"畀"字。

师：这个字与我们现在的"畀"字很像，但其实是"鬼"字。这是"鬼"的象形字：甲骨文 🦗 ＝ 田（田，面具）＋ 🧍（大，巫师），像戴着面具田的人 🧍，表示祭祀仪式中头上戴着恐怖面具的巫师。

【点评1：文字的起源变化，是件很有意思的事，我们的老祖宗在造字的时候的确充满了智慧。这个"鬼"字的字理分析不但牢牢吸引了学生的注意力，更为下文对"鬼"的释义作了较好的铺垫。】

2. 聊聊你所知道的"鬼"

师：你觉得鬼是什么样的？你是从哪里得知的？

生：电视上播放的鬼都是头发遮着脸，很可怕的。

生：电视剧里，电影里都看到过鬼，脸很白很白，手指长长的，阴森森的。

生：我们人看不见鬼，但鬼会坏我们的事。

师：你是怎么知道的？

生：听大人说的，听奶奶说鬼会附上身。

师：看来，大家多多少少都对鬼有所认识，总之，在人们的印象中，鬼总是青面獠牙、面目狰狞，阵阵阴风飘来，让人毛骨悚然的。

今天这则文言文中也提到了"鬼"，这文中的"鬼"是什么样的呢？大家赶紧来看看。

【点评2：聊天的方式让学生易于接受并乐于参加，许多孩子对于谈起自己的生活实际还是津津乐道的，这样进入课文不仅使拓展课程富有乐趣，也与接下去的文言文学习形成对比，让课堂充满趣味。】

（二）读文看"鬼"

1. 借助拼音，自由朗读，读不通的地方多读几遍。

师：大家先自己读，读完后在四人小组中读，交流自己的读音是否正确，再推荐一位同学在全班同学面前读，大家来听听断句是否可行。

2. 推荐朗读，正音断句。

（1）通过三位学生的朗读，出示正确的断句：

有／赴饮／夜归者，值／大雨，持盖／自蔽。见一人／立檐下，即投伞下／同行。久之，不语，疑为鬼也。以足／撩之，偶不相值，愈益恐，因／奋力／挤之桥下／而趋。值／炊糕者／晨起，亟（jí）奔／入其门，告以遇鬼。

（2）用猜一猜，联系上下文，查找工具书等方法释疑。

师：文言文，往往读对了，意思大概也理解了。可是我们毕竟对文言文比较陌生，所以肯定会有不理解的字词，我们一起来交流一下。

生："持盖自蔽"是什么意思？

师：正在下大雨，我们猜猜，这"持盖自蔽"大概是什么意思？

生：撑着伞

生：我想"蔽"就是遮蔽的意思，所以应该是打着伞遮挡着自己。

师：大伙儿很能干，有不少同学都在查字典了。还可以借用《古汉语字典》来查一查不理解的字。

生：我查了"愈"就是更加的意思。

生：我知道"恐"就是害怕的意思。

生：我查了"亟"就是急忙、赶快的意思。

师：嗯，你们真厉害，通过查找工具书就明白了这么多。

生：我查了"值"，有好几种意思，我认为在这里是"遇到，碰到"的意思。但是我不明白"偶"的意思。

师：你还能在多种意思中进行选择，不错不错。虽然我们现在学文言文只知道大概意思就行，但遇到疑问敢于提出来是很可贵的。咱们就把疑问来理一理吧。

【点评3：释疑过程中，教师始终站在学生后面，让学生自己出面来解决问题，既突出学生主体地位，同时又将文言文的学习方法逐渐渗透，通过猜一猜，联系上下文，查找工具书等方法，学生自己找到了问题的答案。】

3. 小组交流，说说大意。

小组长分工，安排组员提出疑问。

（1）组员提出疑问，组内成员能解决并且大家认为解决得没有错误就不必提交班级交流了。如果大家都解决不了或者存在歧义的请记录员记录下来。（老师巡视，打分记在每个小组的记分卡上。）

【点评4：这个过程看似平常，却是学习习惯的体现。小组之间贵在合作，学习中小组长能利索地进行成员分工，从朗读者到记录员，再到汇报者，每个成员都有表达的机会，并且都需要思考着完成任务，这是全员参与的有效教学。老师根据小组的学习情况进行当堂评价，这种机制效率高且能促进学生学习热情。】

（2）班级交流：

生：他们有没有见到鬼？

师：嗯，大家有的说没有，有的说见到了，看来这个问题有歧义，那这个问题就有价值，好，先记录下来（板书：有没有鬼？）

生：投伞下同行，为什么"久之，不语"？

生：因为那个人不说话，他也不说话

生：因为他们互不相识，没什么话可说。

师：总之，他们之间没有说话。（板书：不语）

生：最后一句"告以遇鬼"，是谁告诉谁遇到了鬼？

学生各抒己见，各执一词。

师：好，这个问题激起了大家的争辩，那我们就先来解决这个问题。

【点评5：语文拓展课程的开发，很重要的一点就是让学生参与得有价值，有兴趣，有视野。这个交流过程显现出语文拓展课程学习中的语文味，让学生觉得自己的提问都是有价值的，教师的点拨更需要引向语文的学习。】

（三）释疑识"鬼"

1. 这里有哪几个人？

师：到底是谁告诉谁遇到了鬼？要解决这个问题，必须弄清楚文中到底有哪几个人？

生：有赴饮夜归者

师：作何解释？

生：去和别人喝酒晚回家的人

生：去赴宴回来晚的人

师：是的，我们可以简称其为？

生：夜归者。

生：赴饮夜归者。

生：也可以是持盖自蔽者。

师：对，可以。还有谁呢？

生：见一人立檐下，即投伞下同行。这里有一个人站在檐下。

师：这个人站在屋檐下，立即干了什么？

生：立即跑到撑伞者的伞下。

师：所以这个人我们可称其为？

生：投伞下者。

生：立檐下者。

生：投伞下同行者。

师：行。还有人吗？

生：还有炊糕者？

师：这又是谁？

生：我猜是做糕点的人。

生：文中说是"值炊糕者晨起"，这么早起来做糕点，我想应该是做早点买卖的人。

师：联系上下文来理解，赞一个！早上做糕饼的人。那么还有其他人吗？

生：没有了。

师：既然只有这三人，那鬼从何来？

生：没有鬼，是其中两个人怀疑对方是鬼，其实不是鬼？

师：说得好，另一个疑问也解除了（擦去板书"有没有鬼"）。那么另一个疑问：为什么久之不语？其实就是为什么会怀疑对方是鬼？

【点评6：看似简单的问题却是学习的关键。一边设疑一边猜测，一边质疑一边引导，如剥丝抽茧般地理清思路，让那些还是满脑子浆糊的学生也渐渐明朗。】

2. 交流疑为"鬼"的证据：

生：久之，不语，疑为鬼也。这人很长的时间都不说话，鬼是不说话的。

师：这人是谁？

生：即投伞下者。

师：你猜一猜他为何不语？

生：其实他也在怀疑持伞者，黑不隆咚的，看都看不清这人的脸，我跑到他伞下躲雨，他居然吭都不吭一声，会不会是鬼啊。

师：真有意思。于是，两人互疑为鬼。还有什么理由怀疑是鬼呢？

生：以足撩之，偶不相值。用脚去碰他的脚，却碰不到，脚都没有，会不会是鬼呢？

生：我听说鬼的脚是离地的。

师：怪不得。还有吗？

生：这是在晚上，鬼不在白天出现。

师：时间也对得上。

生：下着大雨，看不清楚，更让人怀疑。

师：增加可能性。

生：持盖自蔽，鬼鬼祟祟的，阴森可怕。

师：环境也衬托了。这是谁在怀疑谁是鬼？

生：赴饮夜归者怀疑投伞下同行者为鬼。

生：投伞下同行者也怀疑赴饮夜归者为鬼。

【点评 7：刚才"有几个人"的问题解决了，这个"为何疑为鬼"的问题就容易多了。虽说这部分是文言短文的重点部分，但学生这个时候已经略知一二了，通过大家一讨论，明白也是顺理成章的事。】

师：嗯，同学们说得到底对不对？请看结尾：

出示结尾：俄顷，复见一人，遍体沾湿，踉跄而至，号呼有鬼，亦投其家。二人相视愕然，不觉大笑。

学生也笑。

做一做题目：

读短文，说说自己的理解。

①选择：此人是谁？（　　）

A. 赴饮夜归者 B. 投伞下同行者 C. 炊糕者 D. 被奋力挤之桥下者

②填空：疑为鬼？

原来，投伞下同行者也怀疑赴饮夜归者为鬼，两人互疑为鬼。

（四）总结笑"鬼"

1. 如果你是炊糕者，你想对这两位互疑为鬼者说什么呢？请写下来：

学生小练笔后交流

生：两位客官，世上本无鬼，是人的心里有鬼。

生：两位先生，你们两个是心中有鬼呀。

生：这位先生，你去人家伞下躲雨怎么不吭一声？还有这位先生，人家来躲雨，你问都不问就把人家挤下河里也太不厚道了。只要两位其中一个吭一声，这个误会就不会有了嘛。

【点评 8：这最后的练习既是学习的小结，也是语言理解与习得的检验。学生写得很有意思的话语其实也是这则文言文的主题。】

【总评】

1. 化难为易，课程有吸引力

文言文的学习是语文拓展课程中比较难的学习，中国语言发展历史悠久，从千年前老祖宗的文字到现在的白话文，不说其表达的方式方法几经变化，就说这文字的意思也多种引申，要学生喜欢这个课程内容是不容易的。首先得从"懂"字入手，只要学生觉得文言文并不难，那事情就好办多了。初学文言文的课程设计由易入门，循序渐进，符合学生认知规律，而且从设计的内容、课程结构、教学策略等各角度来讲，处处秉着化难为易的原则，吸引学生往下学。就从这一点来讲，课程设计就已经成功了一半，更何况优秀的传统文学是学好语文的良师益友，在小学里打下文言文的基础，对于更高学段的语文学习有着事半功倍的作用。孔子云："知之者不如好之者，好之者不如乐之者。"文言文的学习，一定要化难为易，虽然一时半会不能让学生"乐之"，但至少一进门就别让学生害怕。

2. 变教为议，课堂有创新力

虽说文言文拓展课程学习跟平时上语文课没什么大的区别，也是在教室里，也是有这么多同学，但如果能注重动态地把握过程，引导学生自主选择，引领学生思维发展，就会凸显出拓展性课程的特点。文言文的学习让学生自己来组织学习，变老师教为学生自主学，变老师问为学生议，使课堂与平时的上课发生根本性改变，让学生觉得新鲜不断，与众不同，自然会对课程学习颇感兴趣。在学习中，学生不断提出问题，又不断自我解决问题，通过读一读、查一查、议一议等方法促进学生去思考，去追思，去反思，去感悟。

3. 积累为用，学习有推动力

文言文的学习是推动语文学习的有效助力，在培育与激发学生热爱祖国语言文字的同时，也培育着学生语文能力，最突出的就是语用能力。这些古代优秀传统文学的精髓渗入到学生的语言细胞中去后，形成一定量的积累，这些积累在课程学习过程通过各种活动和方式进行表达运用，从而促进学生的语言表达，无论是写作还是口语表达。

事实上，只有做到课外迁移，学生才能真正成为语文学习的主人。文言文的学习迁移要难于白话文的学习迁移，影响学习迁移的条件有很多，其中老师对于文言文的学习指导及活动安排至关重要，想方设法地使学生在活动中不知不觉地将所学词语、语句运用到自己的表达中去。同时，文言文课程的活动带动学习的方式极大地体现了学生的差异性，在关注到每一个学生的同时也运用了因材施教的原则，多元的评价机制使得每一个学生都有成就感，促进学生下一次有继续学习的欲望。

（设计者：绍兴市柯桥区实验小学车霞萍
点评者：绍兴市柯桥区教师发展中心罗丹红）

第 21 例　诗意四季

中国古诗内容丰富，有寄情山水的，有借物抒情的，有叙事说理的……分类也多种多样，如格律、年代、流派、表达方式等。其中编入小学语文教材中的古诗，很多都与四季相合，应时应景。四季的景物、四季的风俗、四季的文事、四季的节气……

1. 四季的节日

"遥知兄弟登高处，遍插茱萸少一人。"王维的一首《九月九日忆山东兄弟》写出了重阳登高的思家之情。佳节，往往是家人团聚的日子，而且往往和对家乡风物的许多美好记忆联系在一起，所以"每逢佳节倍思亲"就是十分自然了。

经典诗词中，常常会出现很多传统的节日，这些节日既有思乡会有的共性，又有独特的风情节俗，是我们少年儿童认识中国传统文化，感受博大精深的民族智慧不可多得的财富。

2. 四季的花卉

爱花之人，必会倾尽心力为花做名；惜花之人，更会耗尽才思解花之情。

中国的花多，咏花的诗作多，爱花的诗人也多。陶渊明爱菊，陆游爱梅，周敦颐爱莲，黄庭坚爱水仙。

中国的花多，花的内涵丰富，花的物语也多。牡丹雍容华贵，花开富贵；梅花气度高洁，俏不争春；桂花枝繁烂漫，花好月圆……

中国的花多，花的别称多，花的意象更多。凌波仙子、金盏银台、水芝芙蕖、莲华溪客、水华玉环、江离余容，每一个别称都是那么诗意盎然。

咏梅之高洁，咏柳之生机，咏荷之清纯，咏竹之刚正，诗人的笔下，花非花，雾非雾，人如花，花似玉，随性把玩之际，便流情于诗文。

理解和运用四季的花卉在诗文中的意象，不仅能够提升表达的情趣，更能丰富表达的方式。

3. 四季的文事

和诗人一起，"春听鸟声，夏听蝉声；秋听虫声，冬听雪声；白昼听棋声，月下听箫声；山中听松风声，方不虚生此耳。"——张潮《幽梦影》

还记得赵师秀的那首《约客》吗？"有约不来过夜半，闲敲棋子落灯花。"其实，黄梅时节，正是弈棋的好时候。

松下听琴，和风赏花，黄梅弈棋，秋雨检藏，一年四季，文人墨客总有许多的闲情雅致与特有的逸趣文事结合在一起。

在四季的文事中，寻求人生的乐趣，感受自然的哲思，我们的人格修养和审美情趣都会得到更大的提升。

二、课程规划

（一）课程主题

诗意四季四季诗意

（二）课程理念

1. 日积月累、传习文化

中华经典诗文是中华民族宝贵的文化财富，开展经典诵读活动，有助于学生日积月累的诵读，养成诵读习惯。通过日积月累，体会中国传统文化的家国情怀，汲取民族精神的源头活水，增强民族自信心和自豪感。

四季诗文诵读，还有助于让学生在经典诗文熟读成诵的过程中陶冶性情品德，逐步树立社会主义核心价值观，形成自信自强的人格、和善诚信的品质。

2. 寻脉研究，发展思维

四季诗文诵读，有助于让学生广泛而深入地撷取国学精华，在记忆的黄金时代增加经典储备，更有助于进一步提升文化素养、审美品位及语言文字应用能力。2013年，《浙江省贯彻〈国家中长期语言文字事业改革和发展规划纲要（2012—2020年）〉的实施意见》，要求中小学（幼儿园）全面开展经典诵读活动。省语委、省教育厅研究制定了《中小学（幼儿园）中华经典诵读活动指导纲要》。

选入本课程的诗文，是以四季为线索进行材料重组的，通过材料重组，可以透过诗文，研究诗文背后的诗理、诗情、诗境。整体提升研究性学习的能力，发展思维，培养审美情趣。

3. 拓展实践，写意人生

以学程的概念引领拓展活动，通过四季诗文诵读，实施拓展性活动，进一步拓展语言实践和社会实践。如晨诵、表演、朗诵、课本剧、小报、微信网页制作、环境美化等。通过各种新模式和新途径的探索，在新课程背景下，培养诵读习惯，提升核心素养。在拓展活动中，培养习惯，培育智慧，培植审美，写意人生。

（三）课程目标

1. 通过搜集、阅读有关书籍、资料，搜集四季古诗词，并进行整理。
2. 诵读四季古诗，交流分类标准，感受分类的规律。
3. 通过比较阅读，理解古诗的"借景抒情、借物抒情、托物言志、叙事说理"等各种表达方式，并积累名句。
4. 通过各种拓展性实践活动，表现古诗的画面，感悟古诗的意境，培养审美情趣和实践能力。

（四）课程内容及课时建议

年级	活动主题	活动内容	活动目标	课时安排
四年级四季花卉	1. 花开四季	了解二十四节气和各种应时的花卉	（1）搜集和背诵关于花卉的古诗。 （2）通过游戏，巩固二十四节气和相关花卉的知识。	3
	2. 四季花语	感受花的情感和背后的语言	（1）分类整理古诗，感受各种花表达的情感和品格。 （2）根据自己的特点，选择一种花，并能种植或养护，开展"借花献诗"的活动，巩固诗词的综合运用。	3
	3. 君子爱花	探究借物抒情、借景抒情、托物言志的表达方式	（1）通过比较阅读，探究借物抒情、借景抒情、托物言志的表达方式。 （2）开展"君子爱花"的诗词大会，提高综合表达运用的能力。	4

续表

年级	活动主题	活动内容	活动目标	课时安排
五年级四季佳节	4.每逢佳节倍思亲	了解节日和节气的由来	（1）搜集和背诵关于传统节日的古诗。 （2）通过"每逢佳节倍思亲"的活动感受中国传统文化中节日的重要意义。	3
	5.遍插茱萸少一人	感受不同节日的风俗	（1）整理资料，通过"思维导图"的方式了解节日的风俗。 （2）创设情境，背诵古诗，感受不同节日风俗的应景应时之趣。	3
	6.春风送暖入屠苏	探究节日诗词中的物象	（1）通过资料的搜集整理，交流节日中不同物象的多样化名称。感受和理解借物抒情的表达方式。 （2）开展"佳节美食"的学程周活动，学习制作一种节日美食，并用诗句来进行推广，提升综合应用能力。	4
六年级四季文事	7.自然之道	感受四季变化的规律	（1）搜集整理不同诗文中出现的天气现象，了解四季变化规律。 （2）复习巩固"四季花卉""四季佳节"，感受自然规律和花语、节日的关系。	3
	8.文事之趣	了解文人的雅事	（1）通过诗句的拓展小古文（序、铭、记、表、说），感受文事的趣味。 （2）通过资料搜集和诗句想象，写一写文事活动。	3
	9.格物修身	拓展自己的文事兴趣	（1）形成一份有关"四季诗意诗意四季"的小论文，展示、评价学习成果。 （2）通过长久诵读，热爱生活，选择自己喜欢的"花卉、节日习俗、文事活动"长久坚持去实践，开展学程季活动，提升审美情趣和人格修养。	4

（五）课程资源

1.浙江省教育厅 2013 年印发的《中小学（幼儿园）经典诵读活动指导纲要》及建议篇目。

2.浙江文艺出版社 2014 年 8 月出版的《中华经典诵读》。

3.小学教材和初中教材中出现的诗歌及文言文作品。小学各学科教材中出现的诗文作品和四季知识。

4.各旅游景点的诗词、楹联、书画、碑刻作品。

5.各种传统节日活动的四假两游活动。

6.各种媒体录制的相关视频，如《舌尖上的中国》《中国诗词大会》《百家讲坛》等。

（六）课程实施

1.开设年级：四～六年级。

2.课时安排：9 个专题，一学年共 30 课时，每学年 10 课时，每个季度一次教学活动，暑假除外。

3.活动形式：全体参与诵读，自由选择课程，分为晨诵活动（不计课时，与学校已有的经典诵读活动相结合）、拓展性活动指导课、拓展活动实践课（学程周活动，不计入课时）、拓展性活动展示课。

4.教学方法：读一读，背一背；搜一搜，理一理；比一比，谈一谈；画一画，书一书；做一做，演一演。

（七）课程评价

课程评价采用过程性评价和展示性评价相结合的方式。评价对象可以是学生个体，也倡导以团队为单位的评价。

1.过程性评价，背诵一首古诗积分 5 分。建立"四季诵读"积分卡，分值卡达到 60 分为合格，80 分以上为"小诗人"。

2.展示性评价，在学程周活动中，每个学程安排 3～4 次比赛（如诗词大会、节日食品制作、四季诗词海报、文事技能展示、琴棋书画展示等），比赛的总获奖面达到 150%，以保证每个学生都能获奖。

3.评价对象除了学生个体之外，还可以以家庭为单位、以小组为单位、以班级为单位展开团队评价。

三、教学设计

本课程按照四年级、五年级、六年级三个年级设计，设计以下 9 个主题活动。

活动主题	活动内容	可拓展活动
1. 花开四季	了解二十四节气和各种应时的花卉	赏花会、花卉种植、插花比赛、花的物语、国画欣赏……
2. 四季花语	感受花的情感和背后的寓意	
3. 君子爱花	探究借物抒情、借景抒情、托物言志的表达方式	
4. 每逢佳节倍思亲	了解节日和节气的由来	节日食品制作、节日物品制作、节日气氛布置、节日书画作品展示……
5. 遍插茱萸少一人	了解不同节日的风俗	
6. 春风送暖入屠苏	探究节日诗词中的物象	
7. 自然之道	感受四季变化的规律	特长展示（棋琴书画）、文事活动流程主持（如茶艺）、文事情境模拟、四季诗词大会……
8. 文事之趣	了解文人的雅事	
9. 格物修身	拓展自己的文事兴趣	

君子爱花（学程活动设计）

活动目标

1. 通过资料搜集，制作二十四节气话语诗集，了解二十四节气的花卉。

2. 通过比较阅读，探究借物抒情、借景抒情、托物言志的表达方式。

3. 开展"君子爱花"的诗词大会，提高综合表达运用的能力。尝试通过对对子、飞花令等方式，了解各种花卉的别称，提升积累运用的情趣。

4. 编写"君子爱花"的主题小报、微信推送，综合提升学生审美、哲学、艺术素养。

活动准备

1. 准备二十四节气的微信推送，建立"花非花，雾非雾"学习网站。

2. 以 4 ~ 6 人为单位，组织好合作小组。

3. 制作任务单，明确学习任务导图。

4. 在信息学科中学习好 PPT 制作和微信推送。

活动课时及步骤

课时及课型	活动步骤	资料备注
任务分配指导（普通教室）	一、《二十四节气歌》，激发情趣 1. 读读背背《二十四节气歌》。 2. 猜猜下面两首古诗写的是什么节气？ 二、微信推送，了解二十四节气的各种花卉 1. 花卉之最：在中国传统文化中，有很多花都代表着特别的精神，我们来填一填，写一写。	1.《二十四节气歌》。 2. "花卉之最"活动单。

续表

课时及课型	活动步骤	资料备注
任务分配指导（普通教室）	最有气节的花—— 最富贵的花—— 最高洁的花—— …… 2. 反馈交流。 3. 读读二十四节气各种花卉的诗歌，你能圈出诗中的花吗？ 三、任务单分配选择 1. 明确目的：今天我们就要通过小组选择任务的方式，选择自己喜欢的任务。 2. 请根据选择的任务，制作行动方案。 四、行动方案反馈 1. 说说选择任务的原因。 2. 展示自己的行动方案图。	3. 微信推送二十四节气。 4. 二十四节气连线题。 5. 任务单（以花为名）及行动方案图示、组内分工图示、展示效果图示。
活动过程指导（阅览室）	五、活动展示方案预期讨论 1. 在行动方案程序讨论的基础上，明确自己组的展示方案。 2. 组内分工。 六、在阅览室图书区和电子阅览区搜集信息，整理打印资料。 七、对资料进行整理，得出观点。【60 分钟】 排练展示过程【60 分钟】	
活动探究分享	详见——《"君子爱花"诗词大会》教学设计	

活动探究分享教学过程设计——"君子爱花"诗词大会

1. 诵读积累，激发情感

（1）音乐配诗，导入：PPT 出现三首写雪的诗，读一读，读正确。

春雪【作者】韩愈【朝代】唐代

新年都未有芳华，二月初惊见草芽。

白雪却嫌春色晚，故穿庭树作飞花。

苑中遇雪应制【作者】宋之问【朝代】唐代

紫禁仙舆（yù）诘旦来，青旂遥倚望春台。

不知庭霰今朝落，疑是林花昨夜开。

春日西湖寄谢法曹歌（节选）【作者】欧阳修【朝代】宋代

万里思春尚有情，忽逢春至客心惊。

雪消门外千山绿，花发江边二月晴。

（2）探究引导。

①发现了什么相同或相似的地方？

②反馈引导：都是写雪的，都把雪比作了花，都写到了花。

③质疑：奇怪，都是写雪的，为什么要写花呢？再把这几首诗读读，哪些诗写的是写实的花？哪些诗写的是想象的花？

④看来，无论是什么季节，诗人在写景的时候，总是愿意写到花。我们搜集的诗中，有哪些写到花的诗呢？

2.分组分享，聚焦导向

（1）大家可以在前期搜集资料的基础上，进行分工，一起来吟诵分享写花的诗吧。

（2）教师相机点评，生生互评，逐步聚焦：这些花，都和季节、节气有着密切的联系。

3.诗词大会，提升审美

我们背了很多二十四节气的花，诗词大会现在开始！

【游戏一】猜花谜。谜面是一首诗，你根据你的积累和思索，猜猜是哪朵花？说出花名，并说说你是怎么猜到的。

诗歌准备	引导方向
☆ 金英翠萼带春寒，黄色花中有几般？ 凭君与向游人道，莫作蔓菁花眼看。 【打立春时节的花】	知道这首诗的题目吗——《玩迎春花赠杨郎中》白居易 哪里看出是迎春花？——节气提示、颜色和形状。
☆ 花落花开无间断，春来春去不相关。 牡丹最贵惟春晚，芍药虽繁只夏初。 唯有此花开不厌，一年长占四时春。 【打惊蛰时节的花】	知道这首诗的题目吗——《月季》苏轼 哪里看出是月季？——关键句"唯有此花开不厌"。 谜面中出现的花肯定不是谜底
☆☆ 石梁茅屋有弯碕，流水溅溅度两陂。 晴日暖风生麦气，绿阴幽草胜花时。 【打立夏时节的花】	说说这首诗的作者——王安石《初夏即事》 见过铃兰花吗？PPT
☆☆ 怨粉愁香绕砌多，大风一起奈卿何。 乌江夜雨天涯满，休向花前唱楚歌。 【打小满时节的花】	见过虞美人吗？PPT
☆☆☆ 雨露盈怀情已醉，风华绝代态犹慭。 芳心若许长相对，开饱春秋莫笑贪。 【打立秋时节的花】	这是一种非常奇特的花，不过我们已经知道了，了不起——看看蓝雪花吧！
☆☆☆ 奈何桥前可奈何，三生石前定三生。 【打霜降时节的花】	信息越来越少了，能背出前两句话吗？——彼岸花开开彼岸，断肠草愁愁断肠。

【游戏二】飞花令

刚才我们猜彼岸花的句子，是不是读起来特别有趣，是回环式的对子，这就是古人的一种文字游戏。我们也来玩一种有趣的文字游戏，这个游戏叫作"飞花令"。

（1）视频链接。中央电视台《中国诗词大会》关于"飞花令"的简介。

（2）第一级。PPT 出示，要求"花"出现在与上句相同的位置上。

甲：梨花一枝春带雨

乙：桃花潭水深千尺

丙：乱花渐欲迷人眼

丁：梅花香自苦寒来

……

（3）第二级。PPT 出示，要求"花"出现在与上句顺延的位置上。

甲：花开堪折直须折。花在第一字位置上

乙：落花人独立。花在第二字位置上

丙：感时花溅泪。花在第三字位置上　……

以此类推，花在第七个字位置上则一轮完成，可继续循环下去。答不上的下一位同学答，答上人数最多的小组获胜。

资料准备：

"花"字出现的位置	诗句
第一字	花钿委地无人收，花冠不整下堂来，花重锦官城，花开不并百花丛，花木成畦手自栽，花市灯如昼，花落草齐生，花近高楼伤客心，花入金盆叶作尘，花深迷路晚忘归，花落黄陵庙里啼
第二字	梨花一枝春带雨，乱花渐欲迷人眼，烟花三月下扬州，无花无酒过清明，桃花潭水深千尺，枳花明驿墙，桃花依旧笑春风，稠花乱蕊畏江滨，山花红紫树高低，菊花何太苦，菊花须插满头归，五花连钱旋作冰，我花开后百花杀，傍花随柳过前川，荷花深处小船通，无花只有寒，此花此叶常相映，山花拂面香，迷花不事君
第三字	感时花溅泪，雪肤花貌参差是，云鬓花颜金步摇，月照花林皆似霰，柳暗花明又一村，朵朵花开淡墨痕，树头花落未成阴，春去花还在，山青花欲燃，且向花间留晚照，月移花影上栏杆
第四字	对镜贴花黄，待到山花烂漫时，映日荷花别样红，人闲桂花落，飞入菜花无处寻，竹外桃花三两枝，山寺桃花始盛开，自在飞花轻似梦，寒梅著花未，采得百花成蜜后，绣羽衔花他自得，万树桃花映小楼
第五字	春风桃李花开日，还来就菊花，无可奈何花落去，能开二月花，不知近水花先发，只恐夜深花睡去，秋来未著花，强看秋浦花，二月江南花满枝，春心莫共花争发，千壶百瓮花门口
第六字	牧童遥指杏花村，千树万树梨花开，东风无力百花残，玉蟾清冷桂花孤，沾衣欲湿杏花雨，麦花雪白菜花稀，出门俱是看花人，兰溪三日桃花雨，秦城楼阁烟花里，兰溪三日桃花雨

续表

"花"字出现 的位置	诗句
第七字	昨夜闲潭梦落花，故穿庭树作飞花，化作春泥更护花，春城无处不飞花，此花开尽更无花，闲敲棋子落灯花，多事红花映白花，闲看中庭栀子花，偷看吴王苑内花，深巷明朝卖杏花，闲看儿童捉柳花

4. 探究花语，感悟意向【详见教学实录】

①今天，老师带来了一首诗：《江畔独步寻花》"黄四娘家花满蹊……"
——杜甫

②其实，杜甫一共写了七首七绝《江畔独步寻花》，那杜甫寻的是什么花？为何要写七首呢？来看看当时杜甫的心境吧！

③出示《江畔独步寻花》七首。

④合作任务。

• 读七首诗，读正确。

• 借助注释和资料，读懂意思。

• 画下写花的句子。

• 作者寻到花了吗？

• 作者寻到的是什么花？

• 作者寻花的过程中，有什么是相同的？有什么是不同的？

⑤展示成果、评价激励。

首先，"朗读者"活动，读一读，个别展示。

其次，"诗词小报"，小组合作，编一个关于"君子爱花"的古诗小报。要求有 4 种以上不同花卉的诗句，每种花卉有 1 个名人故事。诗句和故事之间最好有联系。

四、实录点评

江畔独步寻花

（一）古诗复习引入

师：孩子们，我们已经背过很多与花有关的诗句，请同学们看图背诗（出示桃花）：

生：人面不知何处去，桃花依旧笑春风。

师：声音响亮，字正腔圆，还有吗？

生：竹外桃花三两枝，春江水暖鸭先知。

师：这是——苏轼的——

生：《惠崇春江晚景》

师：关于这幅图呢？（出示菊花）

生：采菊东篱下，悠然见南山。

师：这是——陶渊明的《饮酒·其五》，还有吗？

生：待到重阳日，还来就菊花。这是孟浩然的《过故人庄》

师：真棒，能够一下子把这首诗的出处也背出来。我们一起来背——

生（齐）：《过故人庄》……

师：这是关于冬天的一种花，有关于它的诗句吗？——（出示梅花）

生：墙角数枝梅，凌寒独自开。——这是王安石的《梅》

师：带我们来背背这首诗吧！

生：墙角数枝梅……

师：还有呢？

生：已是悬崖百丈冰，犹有花枝俏。这是毛泽东的《卜算子·咏梅》

师：真棒，这是一首词，很有意境。我想起了一句"十年不到香雪海——"

生（齐）：梅花忆我我忆梅。

师：嗯！吴昌硕的！

师：春看桃花，夏赏荷花，秋品菊花，冬忆梅花，一年四季，诗人的情感往往会寄托在各种各样的花上面。今天，我们就来讨论一组诗——（出示课题）《江畔独步寻花》。

【点评 1：通过看图说诗句的方式，强化了诗句中的意象，为学习和感受借景抒情的方式做好了思维上的准备。】

（二）重点赏析《江畔独步寻花》其六

师：《江畔独步寻花》是杜甫的诗，一共有七首，有一首你们一定会背。我们一起来：黄四娘家花满蹊……

生（齐背）：黄四娘家花满蹊……

师：（出示古诗）：从诗题中你读懂了什么？

生：诗人在江边独自一个人在寻花。

师：从哪里读出来？

生：江畔说明在江边，独步说明一个人，寻花说明是在寻找花。

师：对，题目中包含着地点、人物、事件。你能读好吗？

生：江畔独步寻花。（朗读中关注了"江畔""独步""寻花"）

师：咱们一起读题目，六个字，三个词，都很重要！

生（齐读）题目：江畔独步寻花。

师：可是时间在哪里呢？

生：春天

师：直觉是对的，但是从哪里读出来的？——我们来完成品读学习单。

（出示学习单）

师：请同学们读读这首诗，找找关键词，写写你的赏析。

生：诵读，搜集信息，完成学习单。

【点评2：学习单的设计，抓住关键词写赏析。符合课程标准提出的根据重点词句形成自己感受的能力要求。】

（三）初次交流汇报，理解诗意

师：请这位同学出示他的学习单，并说说你的感受。

生（展示学习单）出示学习单：

生：我找到了四个关键词"满""千朵万朵""戏蝶""娇莺"，一个"满"字，写出了诗人徜徉在花的海洋中，花非常多。只有春天才有这么多

花。"千朵万朵"也写出了花的多，而且开得很灿烂。只有春天才有这么多的蝴蝶，"戏蝶"不仅写出了蝴蝶多，还从一个侧面写出了花很多。"自在娇莺恰恰啼"一句中的"娇莺"，以声音为画面，写出了春天的生机勃勃。

师：同学们，这位同学不仅会搜集资料，更重要的是他会整理资料。汇报交流的时候先整体说，然后再一条条说，清楚明白！你能把这首诗读一读吗？注意你找的关键词。

生：《江畔独步寻花》……

师：读得真好，你找的这些景物有的是正面写花多，有的是侧面写花多。同学们能梳理出来吗？

生："花满蹊""千朵万朵"是正面写的；"戏蝶"和"娇莺"是侧面写的。

师：很好，那我们读的时候，要把前两句连在一起，形成关照；后两句连在一起，形成关照再读——黄四娘家花满蹊……

生（齐读）：黄四娘家花满蹊……

师：有一位诗人说读着一首好诗，就如同看到一幅美的画，轻轻读读这首诗，让我们走进那美丽的画里，感受画的美。——（出示学习要求）请同学们再审视自己的学习单，找一找，你的画面上有颜色吗？有声音吗？请在学习单上做上标注。

生：再学，再找。

1.二次审美，感悟意境，形成朗读表达。

生轻读课文，边读边想象画境。

师：谁愿意出示自己的学习单？

生：我！（出示学习单）

生：我找的关键词和刚才的 *** 同学差不多，我写上了四个词语：五彩缤纷、花香四溢、舞姿优美、恰恰。

师：说说你的理解。

生：我觉得在作者眼里，这就是一幅五彩缤纷的画卷，作者目不暇接。这幅画不仅可以看得到，还有声音和香味。

师：哦！声音和香味在哪里？

生：娇莺的"恰恰"是声音，戏蝶是被香味吸引来的。

师：说得真好，看你的关键词还写出了舞姿呢！看来，作者笔下的春天，真是一幅活的画！能读好吗？

生：黄四娘家花满蹊……

师：读得太好了，这幅画可见、可闻、可听！向我们展现了生机勃勃的春天。

2. 三次赏析，结合背景，感受意境。比较赏读。

师：各种各样的花，通过作者的描绘，会说话，会传情。到底作者想表达怎样的情感，仅仅是为了表达春天的烂漫与生机吗？请看资料：

《江畔独步寻花》的背景

✓ 这首诗作于杜甫定居成都草堂之后，唐肃宗上元二年（761年）或唐代宗宝应元年（762年）春。

✓ 杜甫在饱经离乱之后，寓居四川成都，在西郊浣花溪畔建成草堂，暂时有了安身的处所。

✓ 所以，时值春暖花开，更有赏心乐事，这首诗说明了：_____

师：要想了解诗的意境，就必须要了解诗的背景，请读读背景，在横线上你会填写什么？

生：我觉得是作者对生活的满足和喜爱之情！

师：说的好，你能把自己当作杜甫，经历过离乱，更是珍惜这一份春光！

生：我感受到作者对春天的热爱，仿佛就是那首《绝句》，经历过安史之乱的杜甫，更是有一种内心的豁达与感恩。

师：太棒了，你还会把两首诗连起来感悟，这种比较法很好！你来读读。

生：我感受到了作者对生活的感恩……

师：同学们，在读懂诗意、读出情感的基础上，我们更感受到了这些花对于作者表达热爱生活、感恩生活的重要意义，诗的意境也由此而生！让我们一起读（配音乐）。

【点评3：两次审美品鉴的过程，充分体现了学生自主探究感悟的学习方式，以学生间的交流为主，体现了拓展性学习方式的要求，更进一步体现了以生为本的教学理念。所以学生的交流质量就比较高。】

（四）联系阅读《江畔独步寻花》七首

师：同学们，作者在这样的心境下，一连写了七首《江畔独步寻花》，这七首总体上都是表达对生活的热爱和对春天的喜爱之情，但是有什么不同呢？你能抓住花的不同意象来体会和感受吗？让我们一起来"寻花"！

（出示学习要求）

①借助注释读读七首诗，读通诗句，读懂诗意。

②运用思维导图，从正面和侧面去寻找花的关键词，写写花的花语。

③选择一首朗诵，可以配上喜欢的音乐。

④画画作者寻花的情感图。

（出示资料）

江畔独步寻花七首——唐·杜甫

其一

江①上被花恼不彻②，无处告诉只颠狂③。

走觅南邻④爱酒伴，经旬⑤出饮独空床。

其二

稠⑥花乱蕊畏江滨，行步⑦欹危实怕春。

诗酒尚堪驱使在⑧，未须料理⑨白头人。

其三

江深竹静两三家，多事⑩红花映白花。

报答春光知有处，应须美酒送⑪生涯。

其四

东望少城⑫花满烟，百花高楼更可怜⑬。

谁能载酒开金盏⑭，唤取佳人⑮舞绣筵。

其五

黄师塔⑯前江水东，春光懒困⑰倚微风。

桃花一簇开无主⑱，可爱⑲深红爱浅红。

其六

黄四娘⑳家花满蹊，千朵万朵压枝低。

留连㉑戏蝶时时舞，自在娇㉒莺恰恰啼。

其七

不是爱㉓花即肯死，只恐花尽老相催。

繁枝容易纷纷㉔落，嫩蕊㉕商量细细开。

注释：

①江：指作者在成都的草堂边的浣花溪。独步：独自散步。

②彻：已，尽。

③ 颠狂：放荡不羁。颠，即"癫"。

④ 南邻：指斛斯融。诗原注："斛斯融，吾酒徒。"

⑤ 旬：十日为一旬。

⑥ 稠：密。畏（wēi）：通"隈"，山水弯曲处。一作"里"。

⑦ 行步：脚步。欹（qī）：歪斜。实：一作"独"。

⑧ 在：语助词，相当于"得"。一说"在"相当于"时"。

⑨ 料理：安排、帮助。白头人：老人。诗中是作者自指。

⑩ 多事：这里有撩人之意。

⑪ 送：打发。生涯：生活。

⑫ 少城：小城。成都原有大城和少城之分，少城在大城西面。《元和郡县志》载，少城在成都县西南一里。

⑬ 可怜：可爱。

⑭ 盏：一作"锁"。

⑮ 佳人：指官妓。秀筵：丰盛的筵席。

⑯ 黄师塔：和尚所葬之塔。陆游《老学庵笔记》：余以事至犀浦，过松林甚茂，问驭卒，此何处？答曰："师塔也。"蜀人呼僧为师，葬所为塔，乃悟少陵"黄师塔前"之句。

⑰ 懒困：疲倦困怠。

⑱ 无主：自生自灭，无人照管和玩赏。

⑲ 爱：一作"映"，一作"与"。

⑳ 黄四娘：杜甫住成都草堂时的邻居。蹊（xī）：小路。

㉑ 留连：即留恋，舍不得离去。

㉒ 娇：可爱的样子。恰恰：象声词，形容鸟叫声音和谐动听。一说"恰恰"为唐时方言，恰好之意。

㉓ 爱：一作"看"。肯：犹"拼"。一作"欲"，一作"索"。

㉔ 纷纷：多而杂乱。

㉕ 嫩蕊：指含苞待放的花。

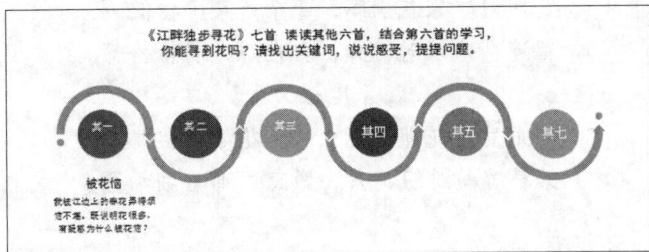

《江畔独步寻花》七首 读读其他六首，结合第六首的学习，你能寻到花吗？请找出关键词，说说感受，提提问题。

【点评4：这块活动设计空间大，综合性强，便于学生选择学习内容和学习方式。学习单的设计，有一个范例提供，便于学生循证、比较、研究。】

（五）反馈学习单，深入交流

师：好，下面我们来交流第一张学习单——"寻了什么花？"

师：请小组讨论，结合第六首的学习，你能寻到花吗？请找出关键词，说说感受，提提问题。

（生小组讨论，师巡视指导，生汇报。）

师：请这一小组汇报交流。

生：我们在每首诗里都能找到花，感觉到春花很烂漫，很多。奇怪的是，作者心情很好，为什么会"被花恼"呢？

师：这个问题提得好，这是关于表达方式的问题。

生：我们也在诗中发现了很多花，这是我们的学习单：

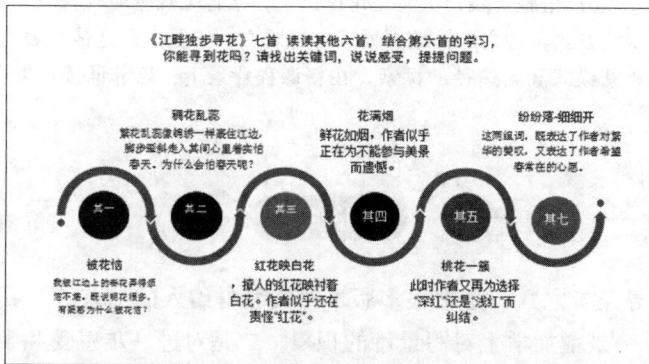

生：我们感受到作者寻花时的情感确实有变化。

师：看来，看不到春，作者很难受，很悲愁。我们一定还记得杜甫写的《春望》，一起来背背吧！

生（齐背）：《春望》，国破山河在，城春草木深……

师：而今，春天就在眼前，作者却也恼、愁、怨、恨……这是为什么呢？你能根据杜甫这个人说说感受吗？

生：他其实是很爱春天的，但是他又怕这样好的春光会失去。

生：他看来是愁、恼，其实更进一步表达了对春天的含蓄的赞美。

生：俗话说，美景总是很快会消失，作者是不是还有点惆怅呢？

师：你们说的都很好，或许，作者这种恼、愁，正是对春光无限留恋的表达。春暖花开的时节，杜甫本想寻伴同游赏花，未能寻到，只好独自在成都锦江江畔散步，每经历一处，写一处；写一处，又换一意；是一幅独步寻花图。正如大家所说，这或许是表现了杜甫对花的爱惜，在美好生活中的留连和对美好事物常在的希望。

【点评 5：学习单的反馈，紧紧围绕"被花恼"进行统整提升，进一步把停留在花上的情感，深入到诗人内心，与诗人交流，因人而动，产生多元解读。】

（六）拓展实践

师：同学们，一首诗，意境无穷，一组诗更是意味变幻。今天我们抓住一首诗中的"花"，进行了研究，拓展到一组诗，深深地感受到了杜甫内心对安定生活的强烈渴望。或许，这就是一种对国家、人民的热爱。请大家选择一个诗人为核心，展开研究，看看他喜欢什么花？有哪些诗，完成一份小报。要求：

①找到相关诗句，以书法作品的方式进行呈现；（可以使用照片、截图）

②摘选相关赏析，以图文并茂形式进行呈现；

③深入作家内心，以背景资料的方式，用自己的话写写感悟；

④融入自己情感，设计二维码，在微信上诵读，使读者能听到相关诵读。

【点评6：拓展实践，从文化角度出发，结合大数据时代背景，引导学生用自己喜欢的方式，持之以恒地去诵读古诗之文，感受古诗之情，表达古诗之美。通过各种新模式和新途径的探索，在新课程背景下，培养诵读习惯，提升核心素养】

【总评】

《江畔独步寻花》之六，是被很多版本语文教材编入的一首诗。其教材安排具有以下两个作用：一是增加学生对写景诗的积累，二是对进一步感受和掌握借景抒情的表达方式。基于这样的教材分析和要求，本组拓展性课程中的《江畔独步寻花》的学习，不再囿于一首诗的积累和理解，更是由一首诗扩展到一组诗，在比较中发现、归纳出写景诗的一般特点和规律。特别要关注到以杜甫这个诗人为核心，以时代为背景，借景抒情的写作手法，并细细品读加深感悟。正是基于这样思考，在反复斟酌后，我确定了以读代讲、以景生情、以比知类的教学思路。反观整个课堂，有以下三个特点。

1. 唤醒与构建共生

学生在几年的学习中已经积累了一定量的古诗，这些诗中很多带有"花"这一意象。

如《赠刘景文》《春晓陵》《春望》《九月九日忆山东兄弟》等。因此，让学生通过回顾以前学过的别诗，唤醒其对含有四季花卉的诗的回忆和感觉，并进行横向的比较、归纳和总结，逐步从"一首"构建到"一组"，在构建的过程中对"这一首"与"这一组"带有春花的诗的共同点与不同点，进行一定的整体感知和把握，从而顺利实现由一首诗带一组诗，一组诗促进一首诗的拓展学习。

2. 对话与探究互补

春暖花开的时节，杜甫本想寻伴同游赏花，未能寻到，只好独自在成都锦江江畔散步，每经历一处，写一处；写一处，又换一意；一连成诗七首，共成一个体系，同时每首诗又自成章法。第一首写独步寻花的原因从恼花写起，颇为突兀，见出手不凡。第二首写行至江滨见繁花之多，忽曰怕春，语极奇异，实际上是反语见意。第三首写某些人家的花，红白耀眼，应接不暇。第四首则写遥望少城之花，想象其花之盛与人之乐。第五首写黄师塔前之桃花。第六首写黄四娘家尽是花。第七首总结赏花、爱花、惜花。这组诗脉络清楚，层次井然，是一幅独步寻花图。它表现了杜甫对花的爱惜，在美好生活中的留连和对美好事物常在的希望。

所以，揭示《江畔独步寻花》一诗与其他几首诗同样具有写景抒情的特点并不难，关键在于如何引导学生自主发现"这一首"与"这一组"之间的不同之处。即诗人在每一首诗中所表达的似嗔实喜、似怨实爱的喜爱、留恋之情。

教学中两次运用导学单，设计极为精妙。第一次抓意象，理解诗意；第二次做比较，感受情感变化。两次导学单的设计，都具有很大的实践空间，使学生第一次这么系统、大量地接触一组诗。同时适时引入背景的介绍，不断引导学生思维的深入，从而真正理解作者想要表达的真意。从一首诗的意境走向一个人的心境，这样的对话与探究，是有建构意义和实践空间的。

3. 积累和传承同进

古诗是一种文化形式。如何将古诗"文而化之"，是本课着重意欲突破的。从学生角度来说，高段的学生已经具备一定的诗歌诵读积累的能力。在诵读上，学生已掌握通过一定的节奏和停顿的方法读出古诗的韵味。除以此外，可还有其他的形式让学生进一步触摸古诗文化的灵魂？教学中通过系统诵读、做小报等方式，进行引导和拓展，了解文学作品引用本诗的现象，静心誊抄古诗名句等形式，使得《江畔独步寻花》一组诗真正植入学生的心灵，更让"君子爱花"作为一种文化符号化为学生生命中的深刻印迹。

同时，在做小报的要求中，明确了书法作品截图、二维码听诵读等多种有趣而时尚的方式，很好地诠释了文化的传承与发扬，真正体现了继承与发展的语文态度。

（设计者：杭州市景华小学王红霞　　点评者：杭州市澎博小学楼翀）

第 22 例　中国书法

一、课程背景

　　汉字是中华五千年文化的载体，具有很强的社会性，也是传播文明信息的工具，而书法艺术是我国的国粹，蕴含着丰厚的民族文化和深刻的民族精神，影响着一代又一代人。无论是在世界的认同中，还是在国人的民族情结里，书法一直是最能够代表中国的文化符号。在中国众多艺术门类中，没有比书法能够更直接、更全面地表现中国文化本质和精髓的了。热爱书法养成良好的写字习惯，具备熟练的写字技能，并有初步的书法欣赏能力，是现代中国公民应有的基本素养。

　　当前的教育对传统文化越来越重视，书法也单独成为了一门学科，有了国标教材。在技法教育上已经有了完善的教育体系。而在学生书法审美创造能力的培养上相对而言还比较薄弱。书法教育不能停留在在技法的层面上，更要从深层次去培养学生的审美创造能力，为学生今后形成良好的审美价值观打下良好的基础。

二、课程规划

（一）课程主题

了解中国书法，深刻体悟中国书法的传统文化内涵。

（二）课程理念

1. 传承文化

书法以汉字书写作为表现形式，是汉字文化的重要载体，充分展示出汉字艺术美学意蕴与文化内涵。书法是中国哲学思想影响下的艺术形式与文化形态，秉承东方审美理念，具有东方文化气质，承载着中国的艺术精神以及中华文化的深厚内蕴，与中华民族的内在生命精神血脉相连，融为一体。书法不仅仅是"技"，是"艺"，更是"道"，几千年来，中华民族文化源远流长，薪火相传，书法的代代承接起了关键的作用。全面构建青少年书法教育体系，最大的目的不是培养书法家，而是关乎中华文化的传承。

2. 人格塑造

书法是讲究法度的，如果不认真细致，往往会差之毫厘，失之千里，只有写好一笔一画，逐字逐篇地写好，才能掌握书写技法，从而形成学生严谨的治学态度和坚毅耐心的优良品质。

书法教学中，书法练习，很讲究头正、身直、臂开肩平、足安。执笔时，指实掌虚，挥笔时手臂、手腕、手指随机活动，可以调节手部肌肉和神经，使指、腕、臂和腰部得到锻炼。练习书法，其心态安稳，宁神息虑，修心养性，神定志安，即我们平常所说的"心理平衡"，从而促进人的身心健康。

练字主要是让学生动手练习，尤其是在临帖时要做到眼到、心到、手到，这样学生眼、脑、手并用，进入积极的观察、分析、思考状态，并通过自己动手把自己理解的对象表现出来，这对学生的思维、记忆、操作等方面都有好处，可以锻炼一个人做事认真、沉稳、有始有终的品格。日复一日，学生的良好行为习惯便会在不知不觉中养成。良好习惯、意志品质都属于非智力范畴，非智力因素的健康发展可以使人心态良好，有充沛的能力、浓厚的兴趣、饱满的热情和较强的恒心毅力，对个人的成功有良好的促进作用。

3. 提高书写

电脑与键盘输入汉字的普及给人类带来方便、快捷的同时，也让越来越多的人忘记了怎样书写美观大方的汉字。由于书写时间的减少，当前人们对汉字把握出现了弱智化倾向（错别字多，字体缺乏美感），许多人"有书无法"。青少年开始练习书法时，可以领略前人的用笔技巧，掌握汉字的间架结构，自然可以使钢笔字等硬笔书写能力得到提高，作为中国人，日常生活总离不开书写汉字，有一手漂亮的字，总能给人好的第一印象。因此在中小学开设书法课，提高书写能力将使学生终身受益。

（三）课程目标

1. 通过搜集、阅读有关书籍、资料，了解中国书法的发展：书法的起源在哪里？是怎么样发展的？

2.了解篆隶楷行草五体书法，掌握其中一体的书写方法。

3.通过对经典作品的赏析，感受作为造型艺术的书法之美。

4.通过"参观""临摹""创作"等实践活动，了解书法的社会实用性以及作为书法载体的文字之美。

5.激发学生对中国书法的文化自信，感受传统书法的文化思维，接受书法艺术美的熏陶。

（四）课程内容

层次	活动主题	活动内容	活动目标	课时安排
	1.书法的起源与发展	初步感知传统书法的博大精深	（1）搜集和阅读资料，了解书法的产生、演变以及发展。（2）写写甲骨文，初步感知书法之美。	1（设计见下面《三、课程设计》
	2.书法的艺术性	了解最具传统文化书法的艺术性	（1）了解书法这一词语的出现，以及对书法的定义。（2）书法成为一门艺术的必备条件。	1
	3.书法的社会性	学习了解书法的实用功能	（1）书法与文字的关系。（2）书法在社会实践中的运用。	2
	4.书法的审美要素	感受作为艺术形式的书法的美	通过对书法本体的认知及分析，感受作为最具传统性艺术的书法之美。	2
	5.书法的工具	探究书法工具的多样性	通过收集实物、网络检索、书籍介绍等了解跟书法有关的文房器具，直观感受工具的重要性和多样性，并初步了解熟悉工具的使用。	3
	6.书法的基本功	学习并掌握书法的用笔及结字安排	从书法的本质来结构书法的技法要素，从笔法到结构以及章法进行训练，感受书为心画的艺术表现手法。	5
	7.书法的大家族	了解书法中的篆隶楷行草五种书体	通过书体的演变过程进一步了解篆隶楷行草五体书法的特点，从书法的本体出发找到其共性，从而掌握书写技能。	42
	8.书法的"字外功夫"	感悟学识与书法的关系	书法不仅仅是"技"，是"艺"，更是"道"，从中进一步感受中国传统文化之博大精深。	1
	9.我的成果	展示中享受成果	（1）创作一幅完整的书法作品。（2）通过展览既收获自信，同时在参观的过程中进一步感受书法之美。	3

（五）课程资源

1.《中国书法史》江苏教育出版社，七卷本。

2. 王镛著《中国书法简史》，高等教育出版社。

3. 陈振濂著《书法史学教程》，中国美术学院出版社。

4. 齐儆著《中国的文房四宝》，商务印书馆。

5. 书法作品、碑刻、题词、对联等实物以及各类经典碑帖资料，博物馆藏品以及网络资源。

6. 文房用具实物。

7. 有关中国书法专题方面的资源，如《中国书法五千年》、书法家的故事、汉字演变等资料。

（六）课程实施

1. 开设年级：五、六年级。

2. 课时安排：9 个专题，二学年共 60 课时，每学期 15 课时，每周一课时。

3. 活动形式：自由报名，小班教学。四人小组分组学习，搜集资料、小组合作探究、分组汇报、分组展示等方式进行学习。

4. 教学策略：观察，临摹，对比，创作，展示。

（七）课程评价

1. 课程评价采用学分段位制（50 分为一段，55 分二段，60 分三段，65 分四段，70 分五段，75 分六段，80 分七段，85 分八段，90 分九段，95 分以上十段）。

2. 计分方法：资料准备 20 分；了解书体的演变 10 分，掌握基本笔法 20 分，成果展示 50 分（五种书体的作品创作，完成一种记 10 分）。

三、教学设计

本课程通过了解中国书法史以及相关的审美评判基本书写技能的训练，创作完整的书法作品等策略，设计以下 9 个内容。

1. 书法的起源与发展

2. 书法的艺术性

3. 书法的社会性

4. 书法的审美要素

5. 书法的工具

6. 书法的基本功

7. 书法的大家族

8. 书法的"字外功夫"

9. 我的成果

下面是第一个内容《书法的起源与发展》的教学设计。

书法的起源与发展

活动目标

通过收集资料，了解书法的起源和发展，初步认识传统书法文化，加深对悠久丰富的中华文明的情感，通过汉字的欣赏，提高文化素养和审美情趣。尝试认一认、写一写古文字，直观感受书法的特点。

教学准备

1. 学生搜集、准备各种书体的图片或者实物，下面小字注明简化字什么字体。

2. 前后四人小组，有组长、汇报员、记录员等分工。

3. 搜集简单的甲骨文字每组 3 个。

4. 学生准备笔墨。

活动过程

一、交流、尝试、分享

1. 小组竞猜。四人小组轮流猜一猜搜集到的是什么字体的书法作品。

2. 小组交流。从哪里搜集到的书法作品？

3. 交流小结。通过搜集和观察之后，你对书法有了一个怎么样的了解？

二、探寻书法的起源

1. 小组讨论交流，尝试了解文字的起源。

2. 阅读材料提取信息。

三、理清书体演变的脉络

1. 观看纪录片《书法五千年》。

2. 古文字包括哪些文字？今文字包括那些文字？

3. 小组交流讨论，小结。

四、小篆通用的原因

投影：秦李斯小篆《峄山碑》。

小组交流讨论小篆的特点。

五、小篆向隶书的转变

小组讨论。

六、草书、楷书和行书的排位

投影展示楷行草三幅书法作品。

1. 今文字中的三种书体各有什么特点？

2. 按照文字演变的顺序会是一个怎么样的排序？

七、课堂小结

投影汉字的演变过程（请按顺序填写）。

楷书、大篆、小篆、甲骨文、金文、隶书、草书、行书

小组讨论并就上面的书体进行排序。

四、实录点评

书法的起源与发展

一、交流、尝试、分享

1. 小组竞猜。四人小组轮流猜一猜搜集到的是什么字体的书法作品。

师：前几天老师布置大家去收集各种不同的书法作品图片，大家找到了吗？

生：找到了！（大家纷纷举起手中的图片）

师：大家看看手中的书法作品，相互猜猜对方的书法作品是什么书体？（相互竞猜）

2. 小组交流。

师：同学们都是从哪里搜集到的书法作品？

生：我在书法的字帖上找到的。

生：我在公园的亭子的柱子上发现的。

生：我在网上找到的。

生：我在美术馆的展厅里看见的。

……

师：同学们真厉害，能用这么多的方法找到书法作品。

3. 交流小结。

师：刚才我们看了同学们收集的这么多的作品，你对书法有了一个怎么样的认识呢？

生：书法是多种多样的，有各种各样的字体。

生：书法是用毛笔写的，跟我们现在用的笔不一样。

生：书法的字大大小小的，有浓的有淡的。

……

师：刚才同学们讲了很多自己对于书法的认识，今天我们就来了解一下中国书法这一传统艺术。

【点评1：艺术来源于生活又高于生活，书法作为实用与艺术相兼顾的一门具有中国特色的传统文化。学生通过多渠道搜集书法作品，可以对这一陌生的文化领域有个初步的感知。再通过小组之间的交流，使接触面加以开阔，更提升学生对书法这一门艺术的兴趣。】

二、探寻书法的起源

师：我国的汉字从它的出现到成熟经历了一个漫长的演变过程，在这个演变过程中，我国古代劳动人民显示出了神奇的智慧。同学们，你们对汉字的演变过程知道多少呢？首先，让我们一起了解汉字的起源。在屏幕上，这几幅图片，它们给我们展现了汉字的起源信息。（大屏幕展示文字起源的图片）

师：大家看看从这些图片中你看到了最早的人类是怎么样进行记录的？（小组讨论交流，尝试了解文字的起源）

生：画图画。

生：用绳子打结的办法。

……

师：在没有出现图画文字之前，人们为了记事，就在绳子上打结，历史上称"结绳记事"。在中国古代的传说中，人们普遍流传汉字是一个叫仓吉的人创造出来的，这就是仓吉造字的说法。随着考古的不断发现，科学家在古代的陶器上发现了类似文字的图画符号，这被很多人认为是今天汉字的雏形。

投影：学生所找到的甲骨文图片。

思考：为什么很多材料上描述的最早的文字是甲骨文呢？它又是一种怎么样的文字呢？

师：在古老的中国文字发展历史进程中，最神奇的要数甲骨文了。下面就让我们一起了解甲骨文的知识。

小组讨论甲骨文字的特征，找一找有没有你认识的字。

生：他的笔画两头尖尖的。

生：字大大小小的。

生：上下左右也没有对齐。

……

师：甲骨文，是刻在龟甲兽骨上（主要是牛肩胛骨上的文字）。它是我们今天所能看到的最早的成体系的相当成熟的汉字。它的字形有大有小，笔道很细，每个字都像是一幅小孩子画的画，是典型的象形文字。（投影：十二生肖的甲骨文）

小组讨论这是什么字，找到自己的属相，尝试书写。

展示学生习作。

小结提升：从已经发现的文字数量和结构方式来看，甲骨文已经是发展到了有较严密系统的文字了。汉字造字的"六书"原则，在甲骨文中都有所体现。但是原始图画文字的痕迹还是比较明显，因此甲骨文还是属于典型的象形文字。所以说文字的起源一般来说还是从象形开始的。

【点评 2：文字学的研究是枯燥无味的，而寻找跟自己有关的内容，学生的兴趣则大增。并且通过实践书写展示，让学生更加直观地感受到距今三千多年的古文字的真实存在感，体会到与古人对话的乐趣。】

三、理清书体演变的脉络

1. 古文字与今文字的区别

（1）观看纪录片《书法五千年》。

（2）古文字包括哪些文字？今文字包括那些文字？

师：从刚才的视频中大家可以看到文字可以分为古文字和今文字两大类，书法中的篆隶楷行草五种书体各属于什么文字呢？

（3）小组交流讨论发言。

生：篆书属于古文字，隶楷行草属于今文字。

师：汉字的演变可划分为古文字阶段和今文字两个阶段，在隶书阶段对古文字形体进行了重大变革，因而成了古今文字的分界线。隶书以前是古文字阶段，主要包括殷商甲骨文，西周金文，战国文字以及秦代小篆；隶书以后是今文字阶段，包括隶书和楷书；至于草书和行书可说是书体的演变，而不是字体的演变。

【点评 3：文字的演变有一个非常大的时间跨度，如何使学生对这个框架有一个大致的了解，是较难解决的问题。把文字进行高度的概括，通过视频这一手

段，使学生一目了然，短时间内在学生心目中构建了一个书体演变的大框架。并通过分类，使知识点更为清晰明了。】

四、小篆通用的原因

师：在古文字体系中有多重篆书体系并存，对不同地域的文化交流造成了一定的阻碍。秦始皇统一后，采纳了丞相李斯的意见，推行"书同文字"的改革，统一了文字，把小篆作为通用字体。这是我国历史上第一次重大的文字改革。小篆是汉字第一次规范化的字体。

投影：秦李斯小篆《峄山碑》。

小组交流讨论小篆的特点。

生：小篆的字形都是长方形的。

生：他的笔画粗细是一模一样的。

生：小篆很多字都是左右对称。

……

师：秦代的统一文字：小篆，使汉字的笔画和结构得到定型，奠定了汉字方块形的基础，标志着汉字的统一。

五、小篆向隶书的转变

师：小篆字形规整，美观，书写简单。是什么原因促使它向隶书转变呢？（大屏幕展示＜曹全碑＞）

小组讨论

生：小篆太难写了。

生：小篆写得太慢了。

……

师：小篆由于笔画复杂，书写缓慢，出于书写速度的要求小篆便简化成了新的字体隶书。它变无规则的线条为有规则的笔画，奠定了现代汉字字形结构的基础。

六、草书、楷书和行书的排位

师：在我们如今的日常生活中最常用的书体有几种？

生：楷书和行书。（投影展示楷行草三幅书法作品）

（1）今文字中的三种书体各有什么特点？

小组讨论发言。

生：楷书端正美观，行草书能写得比较快。

师：按照文字演变的顺序这三种书体会是一个怎么样的排序？

生：应该是楷、行、草，这样排列，因为隶书演变为楷书，楷书写快点就是行书，行书写得更快就是草书了。

师：其实这三种今文字都是从隶书演变而来，这三者之间并无前后的关系。且草书和行书严格意义上来讲只能是一种书体，并不能说是字体。从产生的时间来说，草书略早于楷书，而楷书又略早于行书。

【点评4：作为拓展课程，书法史讲解的难度在于如何理清脉络，使学生能清晰而直观地感受。这其中每个节点的选取，材料的合理运用，都是很考验教师的。从课堂上看，书体演变的每个节点选取准确到位，材料运用合理。通过层层推进，形成一条清晰的脉络。】

七、课堂小结

师：今天我们学习了书法的发展，下面请同学们把下列书体按照演变的过程进行排序（大屏幕展示汉字的演变过程）

楷书、草书、金文、行书、甲骨文、小篆、隶书

小组讨论并就上面的书体进行排序。

甲骨文、金文、小篆、隶书、草书、楷书、行书

【点评5：结尾的设计又回到了本课的主题，书法的起源与发展，通过排序在学生心目中形成了一条书法发展之路。为后续的教学打下了基础。】

总结：本课我们学习了"书法的起源与演变"，了解结绳记事和仓颉造字是文字起源的传说。我国文字是由刻画符号逐渐演变而来的，是典型的象形文字。甲骨文是一种比较成熟的古文字，与我们今天的汉字一脉相承。甲骨文后字形发生了很大变化，产生了古文字和今文字，但汉字的核心仍然没变。正是先民们的智慧，得以使我们中国的传统文化在传承的过程中不断地得以发扬光大！

【总评】

1. 课程的设置有意义

书法艺术是中国传统文化的典型代表，因此各级教育部门也一再发文要重视书法教育，开设书法课。书法因此也单独成为了一门学科，有了专门的教材。而作为语文课程的拓展来设置书法教学也不失为一个比较好的切入点。作为书法教育的补充而言，关键点不在于如何让学生成为书法家，而在于激发学生的兴趣，初步形成书法观，培养学生的审美创造能力，为进一步感受、传承中华优秀文化传统打下扎实的基础。从这一点来看，中国书法这门拓展课程在小学阶段开设还是比较有意义的，也真正体现了艺术教育是"以艺术为媒介，培养人的艺术能力与艺术境界的自由有序的系统活动"。

2. 课程的目的是明确的

既然已经有了写字课，为何还要设置拓展性质的书法教学？有时候很多的所谓的

拓展课程的开设，往往是为了课程而课程，搭起框架，具体如何落实，要有什么效果全不在考虑范围之内。从本课程的设置来看，具体的指向明确，也具有切实可行的可操作性。具体的就本课的定位而言，更偏向于"道"的指引，教材中的书法课堂教学更偏重于"技"的传授，相对于"道"的指引和学生兴趣的培养则相对比重较小。在本课中，通过学生资料的收集，视频资料的观看，甲骨文的识读，从简单的层面来讲是让学生直观地感受书法的魅力，培养学生对书法的兴趣，从深层次来讲更是让学生增加对书法课的期许，恢复传统文化的基因。因此从本课来看，本拓展课程的目的定位相当明确，就是对于书法技能教学的补充，从而让整体的书法教育真正做到"技道并进"。

3. 教学策略是妥当的

相对于小学生来说，有几千年历史的书法艺术显得过于高大上，如何让学生深入浅出地接受，教学策略就显得尤为重要。

在本课的教学安排中，老师采用的策略则较为妥当，就书法的发展史而言，往往会使人觉得枯燥无味，但在本课中老师采用收集作品、尝试书写、观看视频等学习方法来了解书法的发展。特别是尝试书写自己属相的甲骨文字的时间，让学生愉快地接受认识高深的古文字。并且在整个书法发展过程中用演变的图示来演示，让学生的形象思维与复杂的中国书法史找到了契合点，这样的契合，让学生对博大的中国传统书法则更为容易接受。这样的学习方式或许更有助于我们留住文化的基因。

（设计者：宁波市黄鹂小学杨柳　　点评者：宁波市荷花庄小学石军海）

第23例 中国节日与节气

一、课程背景

中国传统文化源远流长，留存着人类对文化的独特记忆。因此，在语文拓展性课程中融入传统文化教育，浸润节日与节气文化，建立孩子家国情怀的同时，进一步提高孩子的语文素养。

1. 作为文化传承的载体

节日文化与节气文化是传统文化的重要组成部分，是培养民族文化意识的重要途径，是我们民族的根。传统节日的形成是历史文化的积淀过程，是古代先民社会生活的活化石。传统节日的起源、发展与演变过程，是一个潜移默化、节奏缓慢的发展过程，渗透在人们生活方式的细枝末节，表现了一定时期人们心理特征、审美情趣和价值观念。我国的传统节日有着很强的内聚力和广泛的包容性，这与我国多民族和谐相处、源远流长的历史文化一脉相承，成为中华大家庭一份宝贵的精神文化遗产。聆听二十四节气，带领孩子感受传统文化和自然科学之美，以及古老农耕文明的"时间智慧"。传统节日和二十四节气中承载着中华民族的文化记忆，包含着博大的中华文化，以此为载体，弘扬中华民族的传统文化不失为一种好途径。

2. 作为文化积淀的精髓

弘扬传统文化是时代的强烈呼唤，也是语文"寻根"教学的迫切需求。春节、清明节、端午节、中秋节……一个个传统节日，一道道风景，浓墨重彩，散发着历史与文化的芳香。每一个传统节日与节气，都有着它的历史渊源、美丽传说以及蕴含着的美好寓意。中国更是诗歌的国度，与节日、节气有关的古诗词、谚语、对联等更如璀璨的夜明珠。通过理解、感悟、欣赏、体验、积累等语文实践活动，增加学生的文化底蕴。每位语文教师都应该在教学过程中大胆实践、积极探索、不断创新，努力将传统文化的文学种子播撒在每一个学生的心灵深处，让每个孩子在提升语文素养的同时，都能拥有一个开满传统文化之花的精神家园。

二、课程规划

（一）课程主题

中国节日与节气。

（二）课程理念

1. 传统文化弥补学校教育的短板

节日文化与节气文化是中华传统文化的精髓，它能有效弥补以往学校传统教育中的短板，让中华优秀传统文化在孩子心中生根。

2. 传统文化蕴含着丰富的文化内涵

节日是文化传播和传承的重要载体，承载了厚重的文化内涵。中国的传统节日经历了漫长的发展过程，积淀了形式多样、内容丰富的文化资源，是中华民族悠久历史文化的一个组成部分。在漫长的历史发展进程中，中华民族许多优秀的文化都沉淀在其中，对于整个民族来说是一笔巨大的精神财富，对于塑造民族品质、培育民族精神都有积极作用。如春节、清明、端午、中秋等，从节日由来、传说、相关习俗，到与节日相关的古诗等，都蕴含着丰富的文化内涵，这些宝贵的文学财富正是提升孩子语文素养一个很好的载体。

3. 传统文化涵养优秀品质

用中华传统文化为孩子的道德修养、文化修养和良好生活习惯涵养起优秀品质，这才真是对文化传统的赓续。

（三）课程目标

1. 通过搜集、阅读有关书籍、资料，了解中国传统节日的来历、习俗以及蕴含的美好寓意。

2. 知道二十四节气的基本知识，了解与二十四节气相关的民俗和文化，感受传统文化和自然科学之美。

3.借助传统节日与节气的相关诗句、对联、谚语增进对中华传统文化的了解，增强学生的文化底蕴，提高学生的语文素养。

4.依托主题式的语言材料，运用"看""诵""用""品"四步法，进一步提升学生阅读的理解、欣赏和品鉴能力。

5.激发学生学习传统文化的兴趣，培养学生的家国情怀。

（四）课程内容

1.中国的传统节日——民族精神和情感的重要载体

序号	传统节日	活动主题	活动内容	课时安排
1	春节	辞旧迎新	（1）了解春节的由来、传说、习俗。 （2）春节的诗文赏读。 （3）赏读春联，初步了解春联的特点，以及蕴含的美好寓意。	2课时
2	元宵节	火树银花	（1）了解元宵节的由来、传说、习俗。 （2）元宵节的诗文积累和赏读。 （3）搜集有趣的灯谜，猜灯谜，制作灯谜。	2课时
3	清明节	慎终追思	（1）搜集描写清明的古诗或春天的成语、古诗或诗句，并积累。 （2）开展班级小小"春之歌"朗诵会。 （3）体验清明活动，写下体验日记。	1课时
4	端午节	忠魂千古	（1）搜集资料，了解端午节的由来、传说、习俗。 （2）观看《端午节》微视频。 （3）开展端午节赛诗会。	2课时
5	七夕节	鹊桥相会	（1）搜集资料了解七夕节的由来、传说和习俗。 （2）七夕节诗文赏读。 （3）班级故事会：牛郎和织女	1课时
6	中秋节	月满人圆	（1）搜集资料了解中秋节起源、习俗以及传说。 （2）《水调歌头》读、唱、演。 （3）对比阅读，古今作家笔下的中秋。	2课时
7	重阳节	敬老爱亲	1."百善孝为先"语文实践展示活动。（课本剧、讲故事、朗读者等形式呈现） （1）传说篇（2）习俗篇（3）诗词篇 2."假如我也老了"片段征文活动。	2课时

2.二十四节气——传统文化的智慧结晶

序号	活动主题	节气	活动内容	课时安排
1	春种细语	立春雨水惊蛰春分清明谷雨	1.搜集资料，了解每个节气的特点以及自然风物的至真至美。 2.了解每个节气的相关习俗，以及每个节气家乡的习俗，感受生活的趣味。 3.积累相关节气的成语、诗句、谚语、俗语等，增加文化底蕴。 4.借助语言材料，感悟古人蕴含在文字背后的生活情怀以及古老农耕文明的"时间智慧"与自然科学之美。	3课时
2	夏长欢歌	立夏小满芒种夏至小暑大暑	1.搜集资料，了解每个节气的特点以及自然风物的至真至美。 2.了解每个节气的相关习俗，以及每个节气家乡的习俗，感受生活的趣味。 3.积累相关节气的成语、诗句、谚语、俗语等，增加文化底蕴。 4.借助语言材料，感悟古人蕴含在文字背后的生活情怀以及古老农耕文明的"时间智慧"与自然科学之美。	3课时
3	秋收乐曲	立秋处暑白露秋分寒露霜降		3课时
4	冬藏箴言	立冬小雪大雪冬至小寒大寒		3课时

（五）课程资源

1.王立浩：《中国传统节日》，北京教育出版社，2016年2月。

2.《时间之书》余世存说二十四节气，中国友谊出版公司，2016年8月。

3.蕾玲：《聆听二十四节气》，北方妇女儿童出版社，2017年。

4.有关小学语文教材上的传统文化专题方面的资源，如诗歌主题的综合性学习以及传统节日类的课文等。

（六）课程实施

1.开设年级：四年级。

2.课时安排：11个专题，一学年共28课时，四上和四下分别14课时，每周一课时。

3.活动形式：语文拓展性课程社团报名，小班教学。自学、互学、合作学等方式相结合，并通过搜集资料、合作交流、分组汇报等方式来开展学习。

4.教学策略：说一说，背一背，演一演，唱一唱，写一写，用一用。

（七）课程评价

1. 课程评价采用学分制。建立"文化寻根财富卡"，分值卡达到 80 分为合格，100 分以上的为优秀。

2. 积分办法。分学习评价和活动评价两大块。学习评价中，每学期共 14 课时，每完成一次专题的学习得 4 分，学习评价共 56 分。参与活动的评价，课程在每个专题的学习前都设计了阅读、搜集资料的活动，认真准备的得 1 分，共 14 分，活动中，能积极参与小组讨论，发表见解的得 1 分，共 14 分，期末，完成一篇研究小论文 16 分。

三、教学设计

本课程按照传统节日与二十四节气两个专题设计，根据时间排序，设计了以下内容：

（一）中国的传统节日——民族精神和情感的重要载体

1. 春节——辞旧迎新　　　2. 元宵节——火树银花

3. 清明节——慎终追思　　　4. 端午节——忠魂千古

5. 七夕节——鹊桥相会　　　6. 中秋节——月满人圆

7. 重阳节——敬老爱亲

（二）二十四节气——传统文化的智慧结晶

1. 春种细语：立春雨水惊蛰春分清明谷雨

2. 夏长欢歌：立夏小满芒种夏至小暑大暑

3. 秋收乐曲：立秋处暑白露秋分寒露霜降

4. 冬藏箴言：立冬小雪大雪冬至小寒大寒

下面是节气专题《走近"秋分"》的教学设计。

走近"秋分"

活动目标

1. 搜集"秋分"的相关知识，感受自然的变化，了解"秋分"的民俗以及蕴含的美好寓意。

2. 积累"秋分"的成语、诗句、谚语，感受"秋分"文化。

3. 对比阅读古今作家笔下的"秋"，体会意象背后表达的不同情感，从而增强学生对优秀传统文化的热爱。

活动准备

1. 学生搜集"秋分"的知识，以及关于"秋"的成语、诗句和谚语等。

2. 四人小组，确定组长、汇报员、记录员等。

3. 准备采蜜积累本。

活动过程

板块一　微课引节气，初识"秋分"

1. 猜一猜：为什么叫"秋分"？

2. 看一看：观看《走近"秋分"》微课，初步了解"秋分"这个节气。

3. 说一说：看完后，你对"秋分"有什么新的认识？

4. 师小结。

（预设板书：平分秋季昼夜均等）

板块二　民俗知多少，走近"秋分"

1. 小组交流：课前，咱们搜集了关于"秋分"的资料，把你的收获和同学交流交流。

2. 聚焦民俗：你最感兴趣的"秋分"习俗是什么？为什么？

预设1：竖蛋——秋分到，蛋儿俏。如果在秋分日那一天，你能把蛋儿竖起来，来年就会有好彩头。

预设2：送秋牛：过去在民间有挨家送《秋牛图》的习俗。人们在红纸或黄纸上印上全年的农历节气表和农夫牵牛耕田的图样，然后由能言善唱的人负责赠送，他们每到一家就会说一些吉祥的话，以赢得主人的欢欣而获赠钱物。

预设3：祭月——在古时候，秋分曾是传统的"祭月节"。当明月从东方冉冉升起时，人们便在庭院设案祭拜月亮，供品以月饼为主，另加瓜果之类，而柚子是必不可少的。祭品多是圆形，是取团圆之意。

3. 师小结：拜神、吃秋菜、竖蛋、祭月等，多有意思的习俗呀！不一样的节气，会有不一样的习俗。但是相同的就是，人们通过这些习俗，是为了表达对大自然的尊敬和热爱。

板块三　文化中积累，玩转"秋分"

1.唤醒积累：聊起"秋分"，你们搜集了与它有关的哪些成语和谚语？

【成语篇】

（1）成语搜集组：把搜集到的成语端正、正确、美观地写在组内的磁卡上。

（2）自读，积累，多形式地检查积累情况。

（3）师补充成语，并试着让孩子说说两组成语有什么不同。

第一组（与气候有关）：

第二组（与景象有关）：

（4）在采蜜本上，积累自己最喜欢的成语。

2.学以致用：选择合适的成语填写在相应的括号中。

【谚语篇】

1.从爷爷、奶奶那搜集关于"秋分"的谚语。

2.出示"秋分"的谚语，说说你的了解。

课件呈现：白露早，寒露迟，秋分种麦正当时。（北方）

秋分天气白云来，处处好歌好稻栽。（南方）

板块四　对比促阅读，诗里感"秋"

1.走近古人笔下的"秋"，感受秋中的不同情感。

（1）抓住诗眼，感受《秋词》的赞美之声。

（2）抓住意象，感受《秋思》的悲凉之声。

2.走近作家笔下的"秋"，感受秋的活泼和惊喜。

师总结：走近"秋分"，聆听古老农耕文明的"时间智慧"；走近"秋分"，带给我们的是古今作家对于秋独有的情怀。如果我们有机会，我们能走进山林，用自己喜欢的方式去倾听秋日私语，去记录丝丝感悟，这也会是"秋分"带给你的最真挚的回忆。

四、教学实录及点评

走近"秋分"

板块一　微课引节气，初识"秋分"

师：上节课，我们走近了"白露"这个节气，说说你的收获。

生1：我知道了"白露"在每年的9月7日~9日。到了这个节气，昼夜温差大，夜间空气中的水汽遇冷凝结成小水滴，早晨起来，露珠晶莹剔透，洁白无瑕，所以叫"白露"。

生2：杜甫在《白露》这首诗中写到"白露团甘子，清晨散马蹄"。

师：这节课，让我们走进"秋分"这个节气去学语文。（板书：秋分）

师：你们来猜一猜，为什么叫"秋分"？

生1："秋分"表示秋天里昼夜平分。

生2："秋分"就是把秋天分一分。

师：老师搜集了和"秋分"有关的视频资料，让我们一起来看看。

（学生观看《走近"秋分"》微课）

师：看完视频，你对秋分有什么新的认识？

生1："秋分"是在农历的八月。

生2：秋天有90天，"秋分"正好在秋天的中间，"秋分"有平分秋季的意思。（板书：平分秋季）

生3：我还知道了"秋分"这一天，白天和黑夜一样长。（板书：昼夜平分）

师小结：我国古籍《春秋繁露·阴阳出入上下篇》中说："秋分者，阴阳相半也，故昼夜均而寒暑平。"秋分一般在每年公历9月22日~24日，居秋季90天之中。在这一天，地球上绝大部分地区24小时昼夜均分，各12小时。秋分之后，太阳直射点逐渐南移，北半球各地的白昼短于黑夜，南半球各地的白昼长于黑夜。

【点评1：以《走近"秋分"》微课为载体，揭开"秋分"的神秘面纱。视觉与听觉相融合的阅读材料，既能很好地激发孩子的学习兴趣，又能培养筛选、提取、归纳"秋分"有效信息的能力，并通过孩子们碎片化的回答，进行信息的有效统整，做到语意连贯，这便形成了对"秋分"的初步认识。】

板块二　民俗知多少，走近"秋分"

师：课前，同学们搜集了关于"秋分"的资料，把你的收获和同学交流交流。

（四人小组分享）

师：谁来分享一下，你搜集到了与"秋分"有关的什么知识？

生："秋分"的习俗有很多：秋祭月、竖蛋、吃秋菜……

师：你最感兴趣的习俗是什么？

生：竖蛋。

师：民间有个说法：秋分到，蛋儿俏。如果在秋分日那一天，你能把蛋儿竖起来，来年就会有好彩头。

师：这习俗好寓意！哪位同学还有补充？

生1：过去在民间有挨家送《秋牛图》的习俗。人们在红纸或黄纸上印上全年的农历节气表和农夫牵牛耕田的图样，然后由能言善唱的人负责赠送，他们每到一家就会说一些吉祥的话，以赢得主人的欢欣而获赠钱物。

生2：秋分这一天农民都按习俗放假，每家都要吃汤元，而且还要把不用包心的汤元十多个或二三十个煮好，用细竹叉扦着置于室外田边地坎，名曰粘雀子嘴，免得雀子来破坏庄稼。

师：竖蛋、送秋牛、粘雀子嘴等，多有意思的习俗呀！但是尽管习俗不一样，你会发现这些习俗之间有什么相同点吗？

生1：这些习俗都是为了来纪念这个"秋分"这个节气的。

生2：不管是"竖蛋"还是"送《秋牛图》"都可以看出人们对未来的生活充满了美好的向往。

师小结：同学们真会思考！人们通过这些习俗，都是为了表达对大自然的尊敬和热爱，以及对未来美好生活的憧憬。

【点评2：习大大说："中华传统文化是我们最深厚的软实力。"传统文化是民族的根，抛弃了传统文化就相当于割弃了自己的精神命脉。节气是中国古代订立的一种用来指导农事的补充历法，是古代汉族劳动人民长期经验的积累和智慧的结晶。人们很重视这个节气，于是民间形成各种秋分习俗。交流搜集秋分的习俗，学生们趣味盎然。本环节的设计，让孩子们对"秋分"的习俗文化有一定形象的感知，从而走近它背后更多的文化。】

板块三　成语与谚语，玩转"秋分"

师：除了习俗，你搜集到了关于"秋分"的哪些成语？请记录员把小组同学搜集到的成语有选择地写在磁卡上（记录好后，各小组把磁卡有序地贴在黑板上）。

师：老师在课外也搜集了两组成语，请你仔细观察，你发现了什么？

课件呈现：第一组

秋风送爽　天高云淡　秋高气爽　秋色宜人

秋风习习　秋雨绵绵　金风飒飒　秋水长天

第二组

平分秋色　叶落知秋　五谷丰登　层林尽染

丹桂飘香　五彩斑斓　金桂飘香　硕果累累

生：我发现第一组成语好像都是在写秋天的天气，而第二组是在写秋天的景色。

师：了不起的发现。打开积累本，把你最喜欢的成语积累在本子上，并把它背下来。

师：学习成语贵在运用，大屏幕上的成语"迷路"了，相信聪明的你一定能把它带回家。

生1：爸爸的车子被偷了，多亏警察叔叔（明察秋毫），才找回来了。

生2：（春去秋来），这不就暗示着夏天过去了，秋天来临了吗？

生3：我有意见。我觉得应该用"叶落知秋"，因为句子里写暗示着春天过去了，应该是树叶飘落了。

师：思考有理有据，真棒！

生4：晨晨擅长弹钢琴，木木擅长爵士舞，他们俩比起来，真是（各有千秋）！

生5：今天，真是（秋高气爽）的好天气，我们一起出游吧！

生6：晚上，见到从杭州出差回来的妈妈，真有一种（一日不见如隔三秋）的感觉。

【点评3：成语所承载的人文内涵非常丰富和厚实，代表着中华文化当中最生动、最智慧、最具魅力的那一部分语言，是中华文化的"活化石"，历经千年仍然被广泛地使用在我们日常生活的各种语境当中。谚语从搜集成语到分类，到积累，到运用，无不践行着"语用"的理念。】

师过渡：如果成语是一块宝石，那么谚语就是一块璞玉，反映了中华民族的智慧，是我国劳动人民独创的文化遗产。关于"秋分"的农谚，你从爷爷、奶奶那搜集了吗？

生1：秋分天晴，必久天旱。

生2：秋分麦粒圆溜溜，寒露麦粒一道沟。

生3：秋分不收葱，霜降必定空。

师：老师也找了北方和我们南方比较典型的两句农谚，说说你的理解。

白露早，寒露迟，秋分种麦正当时。（北方）

秋分天气白云来，处处好歌好稻栽。（江南）

生：南北方的农作的时间不一样。在北方，秋分正好是小麦最佳的播种时间；在我们南方秋分刚好是水稻的播种时间。

师小结：正因为这些农谚是老百姓口耳相传的经验总结，浅显易懂，透过这些宝贵的节气谚语，我们可以了解到每个节气的气候特点和农事。

【点评4：节气谚语是我国古代劳动人民智慧的经验总结。通过让孩子们去调查爷爷、奶奶所了解的农谚与作用，孩子们了解到古代劳动人民的智慧和创造。】

板块四　对比促阅读，诗里感"秋"

师：古往今来，多少文人雅士见秋霜而悲华发，望归雁而思故乡，听寒蝉而叹人生。他们用笔记录了秋天的故事，让我们一起走进诗人笔下的秋。对照着注释，自己读一读这首《秋词》。

师：哪位同学先来读一读这首诗？

生：自古逢秋悲寂寥，我言秋日胜春朝。

晴空一鹤排云上，便引诗情到碧霄。

师：从这首《秋词》中你读出了什么？

生 1：我读出了诗人对秋天的喜爱。

生 2：我觉得这首诗有作者刘禹锡对秋天的赞叹。

师：哪里藏着"赞叹"？

生："我言秋日胜春朝"，春天已经很美了，但是诗人刘禹锡觉得秋天比春天还要美呢！

师：有这么丰富的感受，一定能读好这句诗。

生 1：（赞叹的语气）自古逢秋悲寂寥，我言秋日胜春朝。

生 2：（情绪激动，加了手势，并仰头）自古逢秋悲寂寥，我言秋日胜春朝。

生 3：（平静的语气）自古逢秋悲寂寥，我言秋日胜春朝。

师：相同的一句话，你们却读出了不同的感受，有的喜欢淡淡的，藏在心里；有的是对秋日胜景的狂喜。真了不起！（板书：赞美）

师：在作家的眼里，秋也有一种不同的感觉，比如说这首《秋思》。

生：张籍的《秋思》描述了这样的一幅画面：秋风吹，吹得落叶满地飞，也吹起了诗人对家人的思念。

师：张籍见秋风，想起了亲人。作者对于秋天的感受，都是悲伤的。（板书：悲伤）

（配乐朗诵）

师：在刘禹锡的《秋词》中，我们还能读到这悲秋之情吗？

生："我言秋日胜春朝"中读出了作者对秋日的赞美。

师：带着喜爱，带着对秋天的赞美之情，一起读。

师：大家的朗读，把我带进了一个美丽、明亮、积极的秋天。

师：从悲秋到颂秋，这是古人对秋天的感悟，那么我们现代的作家对秋天又有着怎样的感悟呢？默读这两段材料，边读边思考：你能发现些什么？

（学生静默思考，在阅读材料上留下思考的痕迹。）

材料 1：秋天的雨，

在争论不停，

小水泡开始了旅行……——顾城《水泡的想象》

材料 2：黄色的花淡雅，白色的花高洁，紫红色的花热烈而深沉，泼泼洒洒，秋风中正开得烂漫。——史铁生《秋天的怀念》

生 1：我发现都是在赞美秋天的，顾城的《水泡的想象》写了秋雨的神奇，史铁生的《秋天的怀念》写出了他对秋天的怀念。

生 2：《水泡的想象》中的水泡会争论，能旅行，充满着童趣。

师：这么有趣，能读给大家听听吗？

生：《秋天的怀念》里秋天居然有那么多绚烂的色彩，所有尽管秋天让人感觉是萧条的，但是在作者的眼里，它好像我们孩子一样活泼。

师：那你能读出秋的活泼吗？

师：这么美的文字，让我们继续把它摘录在采蜜本上，细细品味。

师总结：走近"秋分"，聆听古老农耕文明的"时间智慧"；走近"秋分"，带给我们的是古今作家对于秋独有的情怀。如果我们有机会，我们能走进山林，用自己喜欢的方式去倾听秋日私语，去记录丝丝感悟，这也会是"秋分"带给你的最真挚的回忆。

【点评 5：中国古典诗词已经规定、铸就了中国人的心理结构。古典诗词的字句中联结着久远的文化底蕴，而这些文字早已铸就了中国人的心理结构，已经深深地融入了中国人的灵魂中。诗词，俨然是诗人表达情感的一种媒介，刘禹锡的《秋词》一反过去文人悲秋的传统，唱出了昂扬的励志高歌，张籍的《秋思》见秋风思故乡。从古人笔下的"秋"走到现代作家笔下的"秋"，那又是别有一番情趣。在这一环节，对比教学策略的有效运用，让孩子对古今文人的心理结构有了一定的了解，作为文人往往将一种情寄托于或山，或水，或时令当中，以此含蓄地表达自己的情感。"秋"带来的丰富情感，孩子们也会在反复品读中，不断丰盈。】

【总评】

1. 课程应为传统文化代言

一个国家、一个民族的强盛，总是以文化兴盛为支撑的。属于我们自己的传统节日与二十四节气是文化基因的纽带，家国情怀的相承，其背后承载着深厚的故乡情与家国情怀。但是，这些节日背后所凝聚的文化认同却被渐渐地淡忘。过七夕节，送巧克力和玫瑰花是年轻人的首选，已经很少有人去回味"迢迢牵牛星，皎皎河汉女"的美好传说，譬如穿针乞巧、喜蛛乞巧、拜织女等习俗更是鲜为人知。作为教育者，如何让传统文化散发新的生命力，根植孩子心间，便是我们应该深思的问题。而拓展性课程能很好地弥补基础性课程的缺失，开设"寻根系列"的语文拓展性课程，正是去找寻和发扬传统文化的魅力，从而找回一个民族的文化自信。

2. "寻根"课程的定位是准确的

作为一门语文拓展性课程，课程的设计与实施较好地体现了语文、语言的特点。课程内容的设计围绕文化的浸润与言语实践活动铺陈展开，并引导孩子走向纵深。这节课的定位比较切合语文学科的特点。首先，课开始的微课导入，让孩子在了解"秋分"的同时，又锻炼了有效提取并统整信息的能力，这样的引领对提高孩子阅读习惯及阅读品质有着很大的促进作用。其次，"秋分"成语的积累能很好地为运用服务，农谚的搜集，突出了语文拓展性课程的活动性和实践性，在活动中了解农谚是古代劳动人民智慧的结晶，以及感受农谚语言上浅显易懂的特点。最后板块的对比阅读，同样立足语言文字，感受着古今作家对于"秋"那独特的情怀。

（设计者：浦江县龙峰国际学校丁丽娜
点评者：浦江县教育研究与教师培训中心唐光超）

第24例 中国展馆

随着全国文化建设的快速发展，作为具有公益性的社会文化事业单位的博物馆、纪念馆等各类展馆迎来发展的高潮，其地位和作用已经越来越不可替代。展馆环境优美，信息丰富，专业性强，而且有很多展馆在当地长期存在，有着浓郁的地域文化，它们绝不仅仅是一个展示文物的场所，还承担着延续文化的使命。合理地开发和利用蕴含在其中的课程资源，将这些课程资源与语文学科课程进行整合，能更好地为语文教学及课程建设服务。

1. 深化课程改革，改进语文学习方式

学校应把立德树人作为教育的根本任务，培养学生社会责任感、创新精神、实践能力。所以要把语文学习与社会实践活动统一起来，坚持由浅入深、循序渐进的原则，引导学生走进社会、参与社会，在实践中学习，在社会中成长。展馆课程开发，主要是引导学生在实践中探究，在实践中感悟，学习的方式重在参与和体验。

2. 传承地域文化，培养语文核心素养

中国的地域文化源远流长，独具特色。只有继承和弘扬优秀传统地域文化，才能守住中华民族的根。为了大力弘扬和继承本地区地域文化，我们充分发挥本地具有地域文化特色的展馆的作用，开发利用这些校外展馆课程资源，寻找与小学语文课程内容相契合的、合适的资源进行嵌入式活动设计。通过看一看，听一听，说一说，做一做，写一写等活动，让孩子们在了解家乡历史，了解家乡文化的同时，培养语言运用、思维发展等语文核心素养，传承传统地域文化。

3. 发挥展馆资源，统整开发语文课程

展馆既是"育化民众"的公共教育机构，又是"传承文化"的社会文化机构，展馆资源以其形象具体、亲身参与等特点，带给学生多方面的信息刺激，因此，展馆教育是学校拓展课程开发的重要途径。根据本校实际和学生发展的需求，教师可以充分利用本地地域文化特色，寻找展馆资源与语文学科内容之间的联系，梳理和展馆资源结合的教学内容，寻找展馆资源与学科教学的结合点，创造性地运用家乡地域文化课程资源开发展馆课程，使课程的开发具有浓厚的"家乡气""乡土味"。

二、课程规划

（一）课程主题

参观当地特色展馆，了解展品文化特色，传承地域文化。

（二）课程理念

1.展馆凝结丰富的文化智慧

展馆是人类智慧的凝结，不仅保存着人类创造的丰硕成果，也预示着对未来发展的伟大构想。它的专业性、直观性是教科书、学校教师无法呈现的。展馆中的展品（藏品）具有丰富的文化内涵，使具有不同知识背景的人都可从中发现和获取有利于自身发展的信息，这使展馆成为终身学习的社会大课堂。

2.展馆体现独特的学习方式

（1）情境化的学习。情境学习理论的研究者认为，学习是处于某种情境中的学习，它是活动、情境和文化相互作用的结果。与传统的学校教学不同，展馆被称为"好奇心的陈列柜"，展馆利用其丰富的展品、多样的展示手段等，营造出教室无法提供的空间环境和学习中介。这对主要依靠纸质教材和网络资源的学校教学方式是很好的补充。

（2）自由选择的学习。学生是学习的主体，要关注个体差异和不同的学习需求。在展馆学习中，令人惊叹、海量的展项或可以动手操作的展品往往能激发起学生的兴趣。学生通常可以自由地选择学什么，怎么学，学多久，和谁一起学，因此，美国学者福尔克（Falk）也把展馆学习称为自由选择的学习。

3.展馆学习采用多样的活动形式

（1）馆内实践体验与校内学习相结合。展馆学习采用馆内实践体验与校内学习相结合的方式来进行。馆内实践体验的活动形式，主要包括聆听讲解、参观探究、合作交流、动手实践等方面。让学生主动地学习，在学习过程中发现问题并解决问题，加深对相关知识的理解与应用。校内学习主要是在老师指导下，策划展馆参观活动的前期准备，以及参观后续的展示活动。

（2）展馆巡展与网上学习相结合。展馆巡展是指展馆以流动的形式将展品送进学校，学生每个学期参观展馆的次数有限，但是展馆里的资源却是根据节日的变化、季节的变更不停地变化。学校与各场馆开展合作，让展馆教学以"展品进校园"的形式来开展，让学生在学校里也能进行展馆课程学习，体验展馆文化即时发生的特色变化。

数字化的普及不仅丰富了展馆课程的活动形式，更拓展了活动空间。各类展馆一般都有自己的网站，以高清图片、多轨音频、三维视频等主要形式来展示自己的资源，充分利用好这些资源，将其一并纳入学习视野。

（三）课程目标

1. 通过参观博物馆、展览馆、纪念馆等展馆，了解不同展馆的特点，感受家乡地域文化特色。

2. 通过聆听展馆微讲座，制订展馆学习单，激发展馆学习的兴趣，掌握最基本的展馆学习的方法，渗透文明参观的意识。

3. 通过实地参观考察，了解展馆"搜集、保存、修护、研究、展览、教育、娱乐"等基本功能。

4. 通过"展馆播报会、展馆解说员"等实践展示活动，了解展馆中各类展品的历史渊源、文化内涵等，培养学生的语言表达和综合素养。

5. 了解家乡的风土人情、历史文化，激发学生从小热爱家乡的情感，培育学生的文化自信。

（四）课程内容

阶段	活动主题	活动内容	活动目标	课时
馆前指导	前奏·走近展馆	1. 展馆微讲座	通过聆听有关展馆的讲座，激发参观兴趣，初步了解展馆知识。	1
	间奏·馆里馆外	2. 展馆筹备会	1. 初步认识展馆，了解展馆特点及概况。 2. 选择自己感兴趣的主题，学习运用基本的参观方法，制订展馆学习单。	1~2

续表

阶段	活动主题	活动内容	活动目标	课时
实地参观	主歌·走进展馆	3. 展馆半日行	1. 通过实地参观考察，开展实践探究活动，了解展馆"搜集、保存、修护、研究、展览、教育、娱乐"等基本功能。 2. 收集、积累资料。	4
馆后展示	尾声·快乐展示	4. 展馆播报会	1. 整理汇总收集的资料、拍摄的照片等，围绕研究主题，设计 PPT、手抄报等进行成果展示。 2. 筛选前期实践探究中产生的新问题，选择后续研究的主题。	3~4
		5. 展馆解说员	选择展馆中自己感兴趣的模块，准备解说词，向参观者进行介绍。	2
		6. 展馆参观记	写一写展馆的参观游记或者活动中的体会感受等。	2

（五）课程资源

当地的各类纪念馆、展览馆、博物馆及相关网站等。

（六）课程实施

1. 开设年级六年级。

2. 课时安排四个主题，一学期共 13 ～ 15 个学时，每周一课时。

3. 活动形式自由报名，小班教学。采用分组学习的形式，制订计划，实地参观，搜集资料，合作探究，展示交流等方式进行学习。

4. 教学策略听一听，看一看，玩一玩，做一做，说一说，写一写。

（七）课程评价

1. 课程评价采用星级评分制，通过学生自评、同学互评、教师总评的方式予以评价。

2. 评分办法。在四个专题的六项活动内容中，能按要求基本达成活动目标得★，参与热情高，目标达成好得★★，能创造性地达成目标得★★★。

三、教学设计

本课程按照馆前指导、实地参观、馆后展示三个阶段设计，通过听一听、看一看、说一说、写一写等策略，设计以下四个专题内容。

1. 前奏·走近展馆（展馆微讲座初步了解展馆概况）
2. 间奏·馆里馆外（展馆筹备会制订展馆学习计划）
3. 主歌·走进展馆（展馆半日行实地参观考察展馆）
4. 尾声·快乐展示（展馆播报会、展馆解说员、展馆参观记、展示学习成果）

下面是第二个主题《间奏·馆里馆外——展馆筹备会》的教学设计。

展馆筹备会

（一）图片导入，认识展馆

1. 认识展馆

（1）出示故宫博物院、上海科技馆、上海杜莎夫人蜡像馆、张元济纪念馆等展馆图片，说说分别是什么地方？

（2）小结。像这些专门用来举办展览的地方，我们称为展馆。里面展出的物品，我们称为展品。

2. 了解分类

交流自己知道的展馆类型。

（二）链接生活，渗透策略

1. 了解展馆特点

（1）如果说，读一本好书，就是和许多高尚的人对话，那么，进入展馆，就是和人类文明对话。你去过哪些展馆？看过哪些展品？

（2）学生交流，随机小结并板书展馆中展品丰富、专业性强的特点。

2. 猜测展品内容

出示展馆名字：南宋官窑博物馆、上海地震科普馆、中国茶叶博物馆、杭州苏东坡纪念馆、中国民族器乐博物馆、胡庆余堂中药博物馆、中国京杭大运河博物馆。

（1）读读这些展馆的名字，请你猜想一下，里面主要会展示些什么？

（2）学生交流。

（3）原来，从这些展馆的名字中，我们就可以大致了解展馆中陈列展品的内容。那如果我想要了解有关京杭大运河的历史文化应该去哪里参观？

如果想了解有关民族器乐知识，又可以去哪里参观？

（4）小结如果想要了解某一方面的知识，可以有针对性地选择对应的展馆参观。

3.梳理参观方法

（1）来到展馆，我们是怎么参观的？会用到哪些方法？

（2）结合学生交流，随机小结并板书听讲解、记信息、看介绍、动手实践、拍照片等方法。

（3）出示文字

我通过手熟知古代尼罗河流域男神和女神的塑像。我有几件帕台农神庙壁缘雕的复制品，我感觉到了冲锋中的雅典勇士的充满节奏感的美。阿波罗、维纳斯和萨莫色雷斯有翼胜利女神像都是我手指尖的朋友。——《假如给我三天光明》

◆这段话中用到了哪种参观方法？

◆小结并提示展馆中的有些模型、复制品我们可以用手摸一摸。但是也要注意文明参观，有些展品是不能触摸的。

（三）聚焦盐博，设计学习单

1.聚焦盐博

（1）出示海盐县博物馆图片，这座博物馆有同学去过吗？这是哪里？

（2）今天这节课我们跟着三毛，一起准备参观海盐县博物馆，召开一个展馆筹备会。

2.了解概貌

（1）播放录像，创设情境

Hi，大家好，我是三毛，欢迎大家来到我的家乡——海盐，跟着我一起参观博物馆，领略海盐历史文化吧。

（2）快速阅读，获取信息

出示阅读材料海盐县博物馆简介。

◆快速浏览海盐县博物馆简介，边读边圈画你了解到的信息。

◆学生交流自己了解到的信息。

预设博物馆的功能、地址、布展情况等。

◆出示海盐县博物馆内部展厅图片，随机简单介绍。

3.设计学习单

（1）自主选择，确定参观重点了解了海盐县博物馆的概况，你想去参观些什么？你对哪个展厅最感兴趣？说说理由。

（2）根据选择的参观内容完成分组。

（3）小组讨论，合作完成参观学习单。

学生分组讨论，完成参观学习单。教师巡回指导。

（4）各组汇报展示，师生评议。

（5）分小组修改完善学习单。

4.课堂小结，引发期待

四、实录点评

展馆筹备会

（一）图片导入，认识展馆

1.认识展馆

（1）出示故宫博物院、上海科技馆、上海杜莎夫人蜡像馆、张元济纪念馆等展馆图片。

师：你知道这是什么地方吗？

学生依次交流。

师：这些地方有什么共同之处？

生：这些地方环境都很好，走进去感觉很舒服。

师：环境优美。

生：地方很大。

生：都是展览一些东西的。

生：里面展览的东西很多，我们可以去参观。

（2）师小结。像这些专门用来举办展览的地方，我们称为展馆。里面展出的物品，我们称为展品。—板书展馆

2.了解分类

师：你知道的展馆有哪些类型？

生：纪念馆、博物馆、科技馆……

师：搜集、整理、收藏图书资料供人阅览参考的地方是—

生：图书馆。

师：以传播天文知识为主，从事天文普及活动的地方是—

生：天文馆。

师：主要保存或者展示绘画、雕塑等艺术作品的地方是—

生：美术馆。

【点评 1：借助图片，拉近展馆与孩子们的距离，激发学习兴趣，点燃学习热情。】

（二）链接生活，渗透策略

1. 了解展馆特点

师：如果说，读一本好书，就是和许多高尚的人对话，那么，进入展馆，就是和人类文明对话。你去过哪些展馆？看过哪些展品？

生：我去过北京故宫博物院，那里展出了很多的珍贵文物，有青铜器、玉雕、字画等。

师：故宫是中国最大的古代文化艺术博物馆，是在明清两代皇宫及其收藏的基础上建立起来的综合性博物馆，里面的展品极其丰富。去北京旅游，肯定要去故宫看一看。我们班还有哪些同学也去过故宫博物院，说说你参观后的感受？—板书展品丰富

生：那里的文物很多都是绝无仅有的国宝。

师：价值珍贵。

生：我参观时看到一个皇后戴的凤冠，上面不仅嵌满了珍珠、宝石，特别了不起的是用金丝做成九只凤凰，每只凤凰各顶一颗大珍珠，凤凰制作非常精美。

师：这些展品不仅价值珍贵，也让我们感受当时工匠制作的技艺非常高超。除了故宫博物院外，同学们还参观过哪些展馆？

生：爸爸妈妈带我去过上海科技馆，里面印象最深的是机器人，既可以陪人下棋，还可以给人理发什么的。

生：上海博物馆，里面有民族服装，各个时代的钱币、花瓶等。

生：我也去过上海科技馆，里面分了几个不同的展区，有的地方还可以自己动手做一做。

师：这些展区中你最喜欢哪个？

生：我喜欢热带雨林，那里有许多以前没有见过的植物。

师：这是上海科技馆的"生物万象"展区。

生：我去过上海自然博物馆，那里有很多珍贵的标本，特别是"黄河古象""马门溪龙"被称为"镇馆之宝"。

师：上海自然博物馆最吸引参观者的就是馆内数量众多的标本，专业性很强。—板书专业性强

【点评 2：生活中，孩子们都曾参观过各种各样的展馆。通过搭建交流平台，有效地唤醒孩子们的生活体验，在兴趣盎然的分享中，初步了解展馆"展品丰富、专业性强"的特点。】

2. 猜测展品内容

出示展馆名称：南宋官窑博物馆、上海地震科普馆、中国茶叶博物馆、杭州苏东坡纪念馆、中国民族器乐博物馆、胡庆余堂中药博物馆、中国京杭大运河博物馆。

师：看来，同学们去过的展馆很多，读读这些展馆的名字，请你猜想一下，里面主要会展示些什么？

学生交流。

生：胡庆余堂中药博物馆展出珍贵的中药材，中药的历史。

生：南宋官窑博物馆……（学生将"窑"误读成了"jiào"）

师：看看清楚，这个字读"窑yáo"，官窑，是指什么？

生：烧陶瓷的地方，南宋官窑博物馆展出一些有名的烧陶瓷的方法，展出南宋时代名贵的瓷器。

师"窑"是指烧制砖瓦陶瓷等物的建筑物；"官窑"是南宋宋高宗时期一些专为宫廷烧制瓷器的窑口。

生：杭州苏东坡纪念馆展出苏东坡写的诗，去过的地方，做的贡献。

师：还可能会有他的生平介绍。

生：中国茶叶博物馆，展出中国名茶，介绍名茶的特点。

……

师小结：原来，从这些展馆的名字中，我们就可以大致了解展馆中陈列展品的内容。那如果我想要了解有关京杭大运河的历史文化应该去哪里参观？

生：中国京杭大运河博物馆。

师：如果想了解有关民族器乐知识，又可以去哪里参观？

生：中国民族器乐博物馆。

师小结：如果想要了解某一方面的知识，可以有针对性地选择对应的展馆参观。

【点评3：展馆的名字往往契合每个展馆的历史和文化特点，引导孩子在生活中，可以根据自己的参观需求，有针对性地选择合适的展馆进行参观学习。】

3. 梳理参观方法

师：××同学参观上海科技馆时，自己动手做一做，这是一种很好的参观方法，除了动手实践外，我们在参观的时候还可以用到哪些方法？—板书动手实践

生：听导游的介绍。

师：或者是展馆中讲解员的讲解。—板书听讲解

生：我会看展品旁边的介绍。

师：展品的介绍要看，展品看不看？

生：也看的。—板书看展品（介绍）

生：用笔记一记。

师：记什么？

生：记录自己觉得有用的信息。

师：不仅用眼睛看，还可以把有用的信息资料记录下来。—板书记信息

生：带上照相机，需要的时候可以拍照片。—板书拍照片

出示文字：

我通过手熟知古代尼罗河流域男神和女神的塑像。我有几件帕台农神庙壁缘雕的复制品，我感觉到了冲锋中的雅典勇士的充满节奏感的美。阿波罗、维纳斯和萨莫色雷斯有翼胜利女神像都是我手指尖的朋友。——《假如给我三天光明》

师：这段话中用到了哪种参观方法？

生：用手摸。

师：有条件的可以用手摸一摸文物的模型，但刚才听到有同学说摸文物，文物能摸吗？

学生笑不能。

师小结并提示展馆中有些模型、复制品我们可以用手摸一摸。但是也要注意文明参观，有些展品是不能触摸的。——板书摸模型

【点评 4：参观展馆，必然需要一定的方法指导。勾连已有的参观经验，了解听、看、记、做、摸等基本的参观方法，初步学习从众多的展品中获取信息，积累资料。】

（三）聚焦盐博，设计学习单

1. 聚焦盐博

（1）出示海盐县博物馆图片

师：这座博物馆有同学去过吗？这是哪里？

学生反馈。（同学们都知道这是海盐县博物馆，但只有极个别同学去参观过，大部分同学都没去过。）

（2）揭示课题

师：看来，我们对身边的博物馆关注还不够多。不过，没关系，今天这节课我们跟着三毛，一起准备参观海盐县博物馆，召开一个展馆筹备会—揭示课题展馆筹备会

2. 了解概貌

（1）播放录像，创设情境

Hi，大家好，我是三毛，欢迎大家来到我的家乡——海盐，跟着我一起参观博物馆，领略海盐历史文化吧。

（2）快速阅读，获取信息

出示阅读材料海盐县博物馆简介。

师：快速浏览海盐县博物馆简介，边读边圈画你了解到的信息。

师：你了解了哪些信息？

生：海盐县博物馆有馆藏文物4105件，其中国家三级以上文物830件。

师：你了解了馆藏文物的数量很多，很珍贵。

生：博物馆主要工作职责是文物征集、文物收藏保管、陈列宣传、科学研究、传播并展出人类及人类环境的物质及非物质遗产。

师：你了解了海盐县博物馆的主要功能和职责。

生：海盐县博物馆展厅有三层三楼是基本陈列，二楼是临时展厅，一楼西侧是民间文化专题馆，里面有海盐腔展演馆和民间收藏展示馆两个特色展厅。

师：这是海盐县博物馆布展情况。

生：博物馆的地址在武原街道新桥北路122号，建筑面积10000余平方米。

师：告诉我们博物馆的地址、面积。在新华书店、大润发的旁边，交通非常方便。

……

【点评5：聚焦身边的博物馆，借助阅读资料，提取有效信息，了解海盐县博物馆的概况。】

3. 设计学习单

（1）自主选择，确定参观重点。

师：了解了海盐博物馆的概况，你想去参观些什么？你对哪个展厅最感兴趣？说说理由。

生：我想参观基本陈列，因为我看过《嬴政二十五年》这本书，想去看看博物馆里是怎样介绍的？

师：将课外阅读与参观结合起来，非常好。

生：我想去看看那里收藏的文物。

师：那应该到哪个展厅去参观？

生：临时展厅。

生：我也想去参观临时展厅，那里展示了古代的器用，我喜欢看手工制品。

生：我在南北湖旅游节上看到过海盐骚子歌的表演，觉得非常好听，我想去参观海盐腔展演馆。

……

（2）根据选择的参观内容完成分组。

师：同学们交流了自己最感兴趣、最想参观的展厅，下面我们就按照不同的展厅来分组，每个组的人数在 4～8 人左右。

学生自由分组。

（3）小组讨论，合作完成参观学习单。

师：我们全班分成了 8 个组，接下来请同学们小组合作，完成下面的参观学习单。

海盐博物馆参观学习单

_____ 小组

组长		组员	
主题			
想了解的内容	1. 2. 3. ……		
参观路线			
分工			
参观方法			

学生分组讨论，完成参观学习单。教师巡回指导。

【点评 6：展馆所提供的学习形态有其特殊性，学习方式通常是非结构化的，孩子们可以根据各自的经验、兴趣自由选择。通过设计"学习单"，运用问题引领的形式，引导孩子们在浩如烟海的博物馆展品中选择学习内容，有效地避免参观停留于走马观花式的春秋游模式。】

（4）各组汇报展示，师生评议。

师：大部分小组已经完成了，个别没有完成的小组要抓紧了。这次最先完成的是第二小组，我们奖励他们先上来展示。

生（实物展台出示学习单）

◆我们小组的组长是×××，组员有×××、……4 位同学。

◆主题是古韵悠悠—海盐腔研究。

◆想了解的内容有（1）海盐腔的历史背景；（2）海盐腔的创始人；

（3）海盐腔的曲目有哪些？（4）看一看海盐腔演出。

◆参观路线先去重点参观一楼的海盐腔展演馆，再去参观别的场馆。

◆我们的分工：×××和×××了解海盐腔的历史背景，×××了解海盐腔的创始人，×××、×××了解海盐腔的曲目。

◆参观的方法有听讲解、看介绍、记信息、看视频。

师：我们来发表一下意见，第二小组的参观学习单怎么样？

生：制定得很好，分工明确，每个人都派到任务，十分清楚。

生：先去重点了解海盐腔，再去参观别的场馆。

师：保证了重点参观的时间。

生：除了听讲解、记录资料外，他们还想到了观看博物馆里的视频。

生："古韵悠悠"这个名字取得很好。

师：给第二小组掌声，还有哪个组也上来展示？

生（实物展台出示学习单）

◆我们小组的组长是×××，组员有×××、……5位同学。

◆主题是"五个千年显文明"。

◆想了解的内容是"五个千年"即千年聚落、千年盐都、千年海塘、千年港埠、千年古刹。

◆参观路线先去三楼找到自己分配的"千年"进行研究，然后有时间就去一楼和二楼简单参观一下。

◆我们是这样分工的：×××千年聚落，×××千年盐都，×××千年海塘，×××千年港埠，×××千年古刹，×××负责拍照。

◆主要的参观方法是听讲解、看展品、记信息、拍照片。

师：我们也来评价一下。

生：路线很清楚，重点参观"五个千年"，就直接到三楼了。

生：他们安排了负责拍照的同学，这个办法很好。

师：拍照的确是积累资料的一个好办法。不过这里要提醒同学们，博物馆中有些地方允许拍照，有些地方是不允许拍照的，我们要注意遵守规定。最后再请一个小组上来展示。

生（实物展台出示学习单）

◆我们小组的组长是×××，组员有×××、……5位同学。

◆主题是传统艺术鉴赏—临时展厅。

◆想了解的内容有（1）绘画作品（风格、手法）；（2）器物（形状、时代、作用）；（3）手工作品（皮影、剪纸、编织品、泥人）。

◆参观路线：先参观一楼的海盐腔展演馆和民间收藏展示馆，再直接到三楼参观基本陈列，最后回到二楼参观临时展厅。

◆我们的分工：每个人收集一个方面的资料。

◆主要的参观方法是听讲解、看展品、记信息、数数量。

师小结：各个小组根据自己选择的主题，制订了参观学习单，听了前面三个组的交流，再看看自己小组的学习单，有哪些地方值得我们小组学习的，进行修改。

（5）分小组修改完善学习单。

师：我们来交流一下，你们修改了什么？

生：路线，原来只去二楼，现在有时间可以去参观别的展厅。

生：参观方法，还可以看海盐腔的介绍和视频，丰富对海盐腔的认识。

【点评7：这个环节为后续的展馆学习准备，因此，留足时间引导孩子们合作探究，汇报展示，修改完善。在交流中指导孩子们运用展馆学习的方法，培养乐于在展馆中学习的习惯，渗透文明参观的意识。】

4. 课堂小结，引发期待

曾经有人这样说，想了解一个国家的过去，从博物馆开始。我们要了解海盐的历史，也必然要从海盐县博物馆开始，今天这节课我们了解了海盐县博物馆的概况，制订了参观学习单，下周三的拓展课我们将一起走进海盐县博物馆，进行实地参观。

【点评8：在展馆课程中，可以突破传统课堂的局限，带领孩子们穿越古今，直面鲜活的文化、悠远的历史，接下来的"展馆半日行"活动中，孩子们将走进博物馆，触摸一个更为广阔的世界。】

【总评】

1. 突出自主性

学生是学习的主人。因此，在组织学生进行展馆筹备会学习时，应为学生创设良好的自主学习的情境，尊重学生的个体差异，鼓励学生选择适合自己的学习方式。在本教学课例中，让学生勾连生活，唤起经验，在自主、合作、探究的学习过程中领悟方法，通过交流展示自己的感受或收获，提高了学生自主学习的主动性和积极性。

2. 体现综合性

为了提高学生语文综合能力，在本教学课例中，安排了观察记录、说一说、读一读、写一写、评一评等内容，让学生在动口、动手、动脑中提高听说读写的综合能力。

3. 注重实践性

语文是实践性很强的课程，应培养学生的语文实践能力，而培养这种能力的主要途径也应是语文实践。语文拓展课程的学习给学生的语文实践提供了广阔的舞台。这次学习的过程就很好地体现了实践性的特点。在学习中，学生不仅要观察记录，还要采用多种方式交流展示自己在活动中的感受或收获，让学生在真实的实践情境中体验语文，学习语文。

（设计者：海盐县实验小学教育集团金玉芳
点评者：嘉兴教育学院特级刘晶）

第 25 例　班级辩论赛

一、课程背景

现代社会信息呈爆炸式飞速发展，面对铺天盖地而来的信息，读者要学会选择、整理，形成符合事实的观点，这是现代公民必备的能力。这种能力的形成需要训练，只有经过一定时间的训练，技能才能变成能力。俗话说"真理越辩越明"，因而，举行班级辩论赛是训练孩子搜集信息、整理信息，最终形成观点的最有效途径。

小学高段的学生逻辑思维慢慢形成，综合性学习也有条不紊地进行了，这一切都为班级辩论赛的开展奠定了坚实的基础。加上《语文课程标准》在口语交际中强调"能就适当的话题作即席讲话和有准备的主题演讲，有自己的观点，有一定说服力"。有自己的观点，有一定的说服力，正是辩论赛本身具有的特色。所以，我们以为通过开展班级辩论赛，能培养学生搜集信息、整理信息、形成观点、有效表达的能力，在他们的心灵中从小播下"辩论思维"的种子。

二、课程规划

（一）课程主题

了解辩论赛的一般规则，锻炼辩论的一般能力。

（二）课程理念

1. 辩论赛链接了校园生活和社会生活

学校小，生活大。学校的生活，其实也就是学生将来社会生活的缩影，学生在学校里遇到怎样的问题，他们是怎样解决的，这可能会影响到他们的生活品质。班级辩论赛就是虚拟一个个具有争议性的话题，让学生通过多种途径获取信息（书籍、网络、请教别人……），形成自己的观点并准确地表达。另外在倾听对方观点的过程中，还要不断修正自己的观点。这一过程就很好地链接校园生活和社会生活。

2. 辩论赛培养了学生阅读信息的能力

一场辩论赛从准备到开展辩论，是有一个过程的。在这一过程中，最关键的几点就是搜集信息、整理信息、形成观点。小学生的阅读能力是多方面的，但是提取信息，并根据所掌握的信息做出评价的能力是非常重要的。辩论赛准备的过程，就是根据所掌握的信息做出评价的过程。在这个过程中，学生要对各种信息进行比较、筛选、重组、整合……形成观点的过程也就是锻炼学生阅读信息的能力。

3. 辩论赛锻炼了学生语言思维能力

"中国学生核心素养发展"观照下的语文课程承担着怎样的作用呢？或者说，语文课程为人的发展提供怎样帮助呢？我们以为核心要素就是培养学生用语文的思维思考问题—学科思维特质。辩论赛的过程就是培养学生语文思维的过程。因为，提取信息，组织语言，语言表达，认真倾听，丰富的联想……一切都是把语文思维作为基础的。所以，辩论的准备到开展，无一不是在锻炼学生的语文学科思维的能力。

（三）课程目标

1. 通过了解、观看影视、实践操作，了解辩论赛的一般规则。
2. 确立主题，培养学生根据主题搜集信息、整理信息的习惯，并锻炼学生分析信息，对信息做出评价的能力。
3. 在辩论的过程中，锻炼学生学会认真倾听、得体表达、及时修正自己观点的能力。
4. 通过分工、策划辩论赛的过程，培养学生合作探究的能力。
5. 激发学生对辩论的兴趣，提高学生语文的综合能力，尤其培养学生语文思维的能力。

（四）课程内容

层次	活动主题	活动内容	活动目标	课时安排
基础篇	1. 认识辩论赛	初步了解辩论赛的样式	（1）搜集和阅读资料。（2）观看辩论赛影视作品。	2（设计见下面《三、课程设计》
	2. 信息来源的渠道	根据主题搜集信息	（1）分析根据主题应该找寻哪些材料。（2）材料来源有哪些途径。	1
	3. 组内分工	选择立场，分工合作	（1）如何依据组内成员的特点确定主辩、副辩。（2）分工合作，怎样应对现场针锋相对的现状。	1
实践演练篇	4. 模拟实战一	手机的利与弊	1. 选择观点。2. 自由组合。3. 搜集信息，整理信息，形成发言稿。4. 展开辩论（四人一小组，每组参与）。5. 终极 PK。6. 总结。活动要点：辩论过程中，教师参与辅导；终极 PK 阶段，班级形成两大阵营，注意 PK 中的言语文明；总结阶段要让学生明白辩论中的得失。	4
	5. 模拟实战二	读书是苦的还是乐的	1. 选择观点。2. 自由组合。3. 搜集信息，整理信息，形成发言稿。4. 展开辩论（四人一小组，每组参与）。5. 终极 PK。6. 总结。活动要点：教师放手，由学生组织开展；说清评分标准。	3
	6. 观看辩论赛录像	观看大学生现场辩论赛录像	1. 注意他们辩论的风采。2. 发现他们如何根据对方的观点然后形成有效的反击。3. 讨论，辩论赛中最重要的是什么。活动要点：作好笔录，充分讨论。	1
挑战篇	7. 选拔优秀辩手	班级辩论赛	围绕主题（网络世界的利与弊）开展辩论，选择班级优秀辩手。活动要点：自由组合小组，然后开展辩论，选出优秀的辩手。	2
	8. 展示风采	优秀辩手对决	（1）班级中两组对手对决，其他同学是观众。（2）再选出优秀的辩手，组成班级辩论团。活动要点：根据班级所需确定主题；开展辩论之后，要让观众充分表达自己的观点。	4
	9. 全校终极 pk	毕业季应该为学生留下痕迹吗？	（1）辩论团演练 pk。（2）最后终极 PK，全校参与。（3）成果汇报。活动要点：可根据学生实际设定辩论主题；先班级淘汰赛，然后总决赛；全校学生参与，形成成果。	6

（五）课程资源

1. 影视资料—大学生辩论赛。

2. 根据学生的实际生活，并与课文联系，确定辩论的主题—"手机的利与弊""读书是苦的还是乐的"……

3. 推荐书籍《优雅的辩论》。

（六）课程实施

1. 开设年级：五年级或六年级。

2. 课时安排：9 个专题，一学年共 24 课时，每学期十二课时，每周一课时。

3. 活动形式为班级组织。确定主题之后，小组配合，整理收集资料，展开实践活动。

4. 教学策略：找一找，议一议，辩一辩，评一评……

（七）课程评价

1. 课程评价采用学分制。根据学生在辩论过程中的表现，选出合格辩手、优秀辩手、金牌辩手。

2. 积分办法。搜集资料 20 分，参与积极 20 分，辩论精彩 40 分，完成任务（20 分）（提出辩论主题，策划辩论赛另行加分）。

三、教学设计

本课程通过了解、实践到提高的过程进行，主要采用独学、合学、探究等学习方式，设计了以下几个块内容。

1. 认识辩论赛（规则、流程、计分等）

2. 信息来源的渠道

3. 组内分工合作

4. 模拟实践演练一

5. 模拟实践演练二

6. 观看辩论录像，形成辩论的图示

7. 选拔优秀辩手

8. 风采展示

9. 成果呈现（校级汇报表演，形成物化成果）

下面是第一个内容《认识辩论赛》的教学设计。

认识辩论赛

活动目标

1. 观看辩论赛录像，初步了解辩论赛的规则、流程。

2. 小组交流谈论，发现辩论赛的核心要点：围绕主题有条理地发表观点。

3. 通过议一议、评一评，感知辩论赛的语言表达特点及独立思考的价值。

活动准备

1. 准备好辩论赛的录像。

2. 确定组别，分工合作。

3. 印制好辩论赛的规则和计分的表格。

活动过程

（一）板书辩论，感知特点

1. 板书辩论。请同学们猜一猜什么是辩，生活中有过辩论的经历吗？

2. 小组交流。回忆生活中常见的辩论，感知辩论就是证明自己的观点正确。

3. 观看故事。得体的语言不仅能表达自己的观点，而且还能让对方信服，我们来观看两个小故事：解缙劝说朱元璋、汤显祖讽宰相。

（1）观看故事。

（2）小组讨论。小组讨论，说说自己的发现。

4. 交流小结。精当妥帖的语言，往往充分表明自己的观点，让自己处于有利的位置。

（二）观看录像，发现规则

1. 引出主题。

2. 观看录像。中山大学与香港大学娱乐化辩论的利与弊。

（1）学生观看。让学生在观看的过程中注意辩论赛双方的成员组成情况。

（2）小组讨论。同学们，你们发现了什么？组员组成情况是怎样的？

（3）形成共识。双方由四名同学组成，分为反方和正方，根据自己的观点，陈述自己的理由。辩手分为一辩、二辩、三辩、四辩。

3. 再次观看录像。同学们，请你们再次观看录像，看看辩论双方的成员组成，然后想想他们的流程是怎样的。

（1）学生观看。然后进行讨论。

①流程规则。正方一辩，陈述理由，反方一辩陈述理由；正方二辩陈述，反方二辩陈述；正方三辩陈述，反方三辩陈述；自由辩论；正方四辩总

结陈词，反方四辩总结陈词。

②时间规定。各个辩手陈述的时间一般为 4 分钟以内；自由辩论时限较长（16 分钟左右），总结陈词 4 分钟左右。

③小结提升。

（2）主席团评定结果。根据双方辩手的表现，最终由主席团裁定胜负。

（3）评分标准。根据规则而定，我们辩论赛一般的评分标准是这样的，语言表达 40 分，观点成熟 40 分，现场表现（倾听、应答等）20 分。

（三）集体讨论，探寻规律

1. 话题讨论。同学们，刚才看了录像，我们都被选手的风采折服，那你们发现了吗？要赢得辩论的胜利，你们觉得应该掌握哪些技巧呢？集体讨论得出如下规律。

（1）明确观点。清晰自己持有的观点是什么？

（2）掌握信息。没有充分的准备，就不能赢得辩论的胜利，因而选定了观点之后，要积极搜集有关的信息。

（3）团队合作。辩论赛是集体的项目，同伴之间要团结合作，力证自己的观点是正确的。

2. 回顾小结。同学们，现在你们明白了什么是辩论赛了吗？辩论赛要注意什么呢？

3. 布置辩题，搜集资料。

四、实录点评

认识辩论赛

（一）板书辩论，感知特点

1. 板书辩论。

师：同学们，你们知道什么是辩论吗？

生：辩论就是争吵。

生：辩论就是吵架。

师：很好。看来辩论都是双方为某一个问题而争吵的，希望自己获得胜利。

【点评 1：辩论来自于生活，以聊天的形式揭题，拉近了学生与辩论的距离。】

2. 小组交流，回忆生活。

师：生活中，你们有遇到过为某一问题而与别人辩论的事吗？我们来聊一聊。

生：我和妈妈经常为去哪里旅游而争论。

生：课间，我和同学们为玩什么游戏而争论。

生：有时候，我和同桌因为"三八线"而争论不休。

……

师：原来生活中，为某一件事而争论，经常发生。老师问问你们，你们争论会有结果吗？

生：我和妈妈争论着去哪里玩，最终往往妈妈获胜。

师：可能妈妈具有话语权，又或者你没有说清你的理由吧。

生：和同学争论，最终往往是不欢而散，甚至两败俱伤。有些同学最后还大打出手。

师：这可不是君子所为啊。其实生活中，这样的事例举不胜举，不光是我们，一些名人也是如此的。

【点评 2：链接生活，处处感受争论是围绕一个话题而展开的，结果往往会是怎样的呢？这样一来，辩论的一般思路已经形成。】

3. 观看故事，谈发现。

学生默读下发故事材料：解缙劝说朱元璋、汤显祖讽宰相。

师：看完了吗？你们发现，这两个故事都围绕什么主题而展开的呢？结果是怎样的？小组同学门讨论一下。

学生讨论，然后集体交流。

生：解缙很聪明，他没有直接说朱元璋不对。

师：能具体说一说吗？

生：我们组发现，解缙说李尚书在家坐月子。这是不可能的，男人不会生孩子。

师：这样一来朱元璋就知道自己的荒谬了。那另外一个故事呢？

生：我们组发现汤显祖表面上在讽刺秦桧，实际上在说宰相。

生：我们也发现，汤显祖说秦桧那么坏，如果宰相也这样做，岂不是像秦桧一样了吗？

师：你们很会读书。发现了他们讲话的秘密了。那你们发现这两个故事有没有什么相同的地方吗？

生：：他们都是用巧妙的语言回击了不讲道理的人。

生：他们都用得体的语言化解了危机，而又让出题者哑口无言。

生：我发现都是当时发生了问题，然后当事人围绕主题，委婉地说出了自己的理由。

师：是的。同学们，发现了吗？当遇到一些棘手的问题，精当妥帖的语言，能让自己的观点成立。那这与辩论有关系吗？

生：虽然，这两个故事没有明显的争吵过程。但是也有辩论的一般的过程。围绕一个问题，说明自己的观点。

生：遇到问题，说明理由，可能就是辩论吧。

师：是的，这两个故事虽然没针锋相对地在语言上你来我往，但是也有了辩论的基本条件。那真正的辩论赛是怎样的呢？

【点评3：以两个故事引入，既引发了学生探究的兴趣，又为真正的辩论赛做了铺垫，可谓一举多得。】

（二）观看录像，发现规则

1. 引出主题。

师：刚才的故事中主人翁都用自己巧妙的语言化解了危机，但是都没有明显争锋相对的争论（板书针锋相对）。如果是辩论赛，那么双方就会唇枪舌剑的，在那种剑拔弩张的情况下，怎样才能做到得体表达呢？这节课我们就去研究研究。

2. 观看录像。

师：同学们，让我们先来看一场辩论赛的视频吧，老师稍作了剪辑。请你们注意看，辩论双方的组员组成情况及分工的状况。

学生观看，小组讨论后交流。

师：同学们，你们发现了什么？组员组成情况是怎样的？

生：双方均由四名同学组成，辩手分为一辩、二辩、三辩、四辩。分为反方和正方。

师：看得仔细，你们发现了吗？双方各有四名辩手，称为一辩、二辩、三辩、四辩。那他们的分工是怎样的，你们讨论出来了吗？

生：一辩先亮明自己的观点，二辩三辩陈述理由，四辩总结陈词。

生：就是这样的。

师：看来你们已经明白了辩论赛的成员的组成及分工状况了。

【点评4：观看录像，让学生形成直观的印象，辩论赛双方分为正方和反方，每一方有四名成员，而且分工明确。这为将来学生开展辩论奠定了基础。】

3. 再次观看录像。

师：同学们，你们发现辩论的成员组成及分工了。让我们再次观看录像，看看辩论的流程及时间是怎样规定的？

学生观看。然后进行讨论之后汇报。

生：老师我发现首先是每一方的一辩陈述观点，然后对方的二辩发言，三辩发言；接着自由辩论阶段，最后由四辩总结陈词。

生：老师就像刚才这位同学说的，分三个环节，第一环节双方陈述理由，第二阶段是自由辩论，最后由四辩总结陈词。

师：是的，你们发现了辩论赛的一般流程，老师将其板书在黑板上。那他们在辩论的过程中有时间的要求吗？请你们回忆一下。

生：刚才我听主持人说，一辩请你在 3 分钟内陈述理由。我想，每一位辩手的时间是应在 3 分钟左右。四辩总结陈词时，主持人说请在 4 分钟内完成。看来辩论的时间是有规定的。

生：自由辩论时，时间最长，也是最激烈的时候。

师：是的。自由辩论时间大约为 16 分钟左右。那你们从视频中还发现了其他一些细节吗？

生：他们好像准备得很充分。

生：他们的状态很好。

师：很自信，是吗？

生：他们对自己的和对方的观点似乎十分了解。

生：自由辩论的过程中，聆听很重要。

……

师：这就是辩论赛，围绕一个主题，分两大阵营对垒，且有时间上的规定，你们现在知道什么是辩论赛了吗？同桌互相交流一下。

同桌交流。

师：同学们，当然视频有一点还没有呈现，就是最终的结果评定，你们觉得决定胜负，看什么呢？

生：看看哪一方气势更盛。

师：可能有一点道理，自信度是吗？

生：我觉得谁的理由更有说服力。辩论是以理服人的。

生：我觉得语言表达也很重要。

……

师：同学们很棒，是的可能关乎这些方面。老师觉得，我们下次举行辩论赛就这样定分吧：语言表达 40 分，观点成熟 40 分，现场表现（倾听、应答等）20 分。

【点评 5：经过两个来回的小组讨论交流，同学们对辩论赛的基本状态已大致了解，这个过程就是学生感知辩论赛的过程。】

（三）集体讨论，探寻规律

1. 话题讨论。

师：同学们，刚才我们的讨论非常积极，那请你们四人合作交流，小结一下你们对辩论赛的认识。如果能用图示表示就更好。

学生讨论，画图。

生：我知道围绕主题要查找资料。

生：并且对资料进行整理，形成自己的观点。

生：注意聆听对方辩手的发言，若能听到他们的漏洞，然后予以回击，获胜的机会就更大。

生：团队合作很重要，语言表达也很重要。

……

师：你们说得好，图画得也棒。下次我们也举行一场辩论赛，辩论的主题就是"手机的利与弊"。请你们选好观点，课后自主成立小组，查找资料，形成明晰的理由吧。

【总评】

1. 课程是有意思的

辩论赛的主题来源于生活中的小事，与学生的生活息息相关，辩出个是非来，本身就显得十分有意思。小学生好胜心强，在辩论的的过程中，他们总显示出强大的自信心，这极大丰富了他们的校园生活。另外，选题本就充满意味，比如"手机的利与弊""读书的是苦的还是乐的"……在确定主题之后，他们"八仙过海各显神通"，搜集资料，整理资料，团队合作探究，俨然成为一个作战团队，经过他们的深思熟虑，对每一个主题都有了深入的理解，甚至可以说是这一主题的小专家了。辩论会上，他们一边积极聆听，一边畅所欲言，似乎成了真正的辩论家。这样的课程建设，不管是开始、过程还是结局都是有意思的。

拓展性课程建设就是为学生某一方面的发展提供可能，唯有学生喜欢这个课程，对这个课程感兴趣，他们才会全身心地投入学习。班级辩论赛开展的实践证明，学生觉得是有意思的，愿意投入时间去参与的。

2. 课程是有意义的

一门课程的建设光有意思，光好玩是远远不够的，它必须要有意义。小学语文课程有复杂的课程目标，听与说就是其中的两个根本目标。因而《2011课标》中对"口语交际"提出具体的要求和实施的方案。比如，认真倾听，得体表达，乐于发表自己的观点……这些都是"口语交际"中提出的具体要求，可是这些要求比较零散，没有形成系统，因而"口语交际"的教学浮于表面的较多。班级辩论赛的开展，就很好地实现了整合（听说各项的能力）。

另外，现代社会信息呈爆炸式发展，面对复杂的信息，如何做出判断甚至评价，成了一个现代公民共同面临的问题。班级辩论赛的开展又恰恰锻炼了学生提取信息、整理信息、对信息做出评价的能力。更重要的是在辩论开展的过程中，还综合考量学生的各项能力：肢体语言、临场调整、认真聆听、语言表达、思维方式……

3. 课程是有再生性的

一门课程的成功与否，看它是否具有发展性和再生性。班级辩论赛的课程建设就有强大的再生性。首先，课程内容具有再生性。当学生接触辩论赛之后，他们明白了世间的事物都有两面性，是矛盾统一的，只要愿意对某一事物作深入的研究，两面性就更加明显。在确定辩论主题的活动中，学生思维非常活跃，他们思维的触角延伸到生活的方方面面，比如网络世界的真与假，学习英语该还是不该，妈妈（学生）追星的利与弊……生活处处有题可辩。其次，课程实施过程也有再生性。每一次的辩论赛，学生都做了充分的准备，但是在辩论的过程中，往往会出现令人意想不到的精彩。在自由辩论阶段，很多学生聆听了对方辩手观点之后，会将计就计，讲出精彩的语句。每当这时，辩手会兴奋不已。最后，课程的成果具有再生性。当班级辩论赛形成物化成果之后，其他班级就可以借鉴模仿，但是面对不同的班级，不同学生，会出现不同结果，于是课程结果的再生性就得以体现。

（设计者：乐清市丹霞路小学牟原喜　　　点评者：乐清市城东第一小学冯仙敏）

第 26 例　大自然游学

1. 大自然存在丰富的教育资源

大自然对孩子来说是最好的教科书，也是最好的游玩场所。在这样一个广阔的天地里，孩子随心所欲地玩耍，在草地上，在阳光下，他会感到自由自在，心智就是这样得到了发展。一朵花，一棵树，一块岩石，一颗果子，一只鸟，一片云，一条小径，一弯湖泊，一个旅行者和他带来的故事，都能启发孩子的好奇心，锻炼他们的注意力，激发他们的创造力，对孩子审美情趣的培育也有着重要意义。一个人生活的广度决定了他的优秀程度。让孩子从小接触大自然，能够大幅度地扩展孩子生活的广度，让孩子得到有别于封闭空间下的"在路上"的教育，在自然中体验，在体验中学习，在学习中成长，在成长中感恩。

2. 学生活动内容和形式的单调

当前学生校园活动内容往往局限在课间随意又简单的游戏活动，时间上远远满足不了学生内心对活动的诉求。即使有些排入课表的综合实践活动课，也只是停留在简单的学科拓展活动上，在一定程度上作为任务而形式化的完成，而忘记了学生开展实践活动的真正目的和意义，导致这样的活动形式多数停留在口头活动，造成学生实践时空严重不足，实践能力严重低下，缺乏在与同伴的交流、玩乐、实践中获取快乐的能力。

3. 学生对假期闲暇生活的向往

现今的孩子大多乐于接受新事物，并勇于做新改变。但由于自小在家被细心呵护，在学校接受灌输式的教育。因此，对于周一至周五之间的校园生活没有太大期待，内心非常渴望摆脱父母、师长的看管式教育，渴望周末享受自主闲暇的生活，渴望体验以主体参与为特征的社会实践活动，寻求独立的自主空间。为此，如何提升周一至周五校园生活的丰富性、体验性、实践性、快乐性就显得特别重要。

二、课程规划

（一）课程主题

亲近自然，提升语文素养。

（二）课程理念

1. 梳理教材中的自然元素

作为语文素养提升取向的"大自然游学"，首先要立足教材。挖掘教材中存在的"自然元素"。充分研读教材后，结合各组课文的单元主题，经过梳理，发现各个年级的教材中都有这样带有"自然味道"的素材。这些内容都和自然的主题相关，基本上都以"山水风光、家乡、民间文化"呈现。

2. 运用自然中的语文因子

语文课程资源不只有课堂教学资源，还应该在课外开发。"自然风光、文化遗产、风俗民情、方言土语，日常生活的话题等也都可以成为语文课程的资源。"因此，课程的拓展除了在教科书之外，还应该根据教育环境进行延伸。

（1）山水自然。山山水水、竹林人家、田头地间，这些随处可见的自然条件就是很好的语文课程资源。语文教材中的自然风光主题的课程内容和这些自然山水风光不谋而合。

（2）户外体验。自然中的石磨、竹艺、陶土、石头画、树叶画……都可以引导孩子去实践，去体验。在动手制作的过程中无疑就是学生积累言语素材，了解实践劳作的过程。在这样的体验实践活动课程中为语文教学提供有意义的课程资源。

（3）农耕文化。有自然，必定伴随乡村。乡村藏着非常浓厚的地域农耕文化，这些文化有着鲜明的特征、独特的民俗风情。居民生活多以劳作耕耘为主。经久积淀的文化情感，对于土生土长的学生来说，有着较为密切的联系。对此，在教学过程中，可以充分利用地域文化这一课程资源，激发学生的学习兴趣。

（三）课程目标

1. 走近自然，感受自然之美，自然之活，灵活孩子内心的言语系统，让孩子在自然状态中情不自禁"有话想说，有语传达"。

2.亲近自然，学生语文的学习更接近生活，学习的状态也最自然。只有在最自然、最生活的语文学习过程中，才能算得上减轻孩子的负担，真正地快乐学习。

3.通过认识、体验、发现、探究、操作等多种学习和活动方式，发展实践能力，发展对知识的综合运用和创新能力，形成对自然、社会、自我之间内在联系的整体认识，进而养成良好的个性品质。

4.实践自然，让孩子获得了丰富的体验性情感、实践性能力，在体验、实践中，孩子们提升了表达自己的能力。

5.体验自然，增强了孩子对周围世界的感知力，对自然世界的无限热爱情感。

（四）课程内容

基于资源的整合，语文拓展课程包括"自然语文"—语文拓展之自然山水，"实践体验"—语文拓展之活动作文，"地方语文"—语文拓展之传统民俗文化，"生活语文"—语文拓展之活用语文。

附： 小学语文四～六年级课程拓展

教材主题	拓展主题
感受大自然的魅力	可爱的家乡
世界遗产导游词	我来介绍家乡
欣赏祖国的大好河山	亲近自然山水
走近乡下人家	走近田园，体验农耕
思念、怀念、赞美故乡	我爱你，故乡！
多彩童年	快乐童年，七彩世界
领略大自然风姿	亲近自然山水
各具特色的民俗	家乡的历史文化

层次	活动主题	活动内容	活动目标	课时安排
初级（自然山水语文）	1.图文拓展—欣赏家乡美	图文欣赏家乡美景	（1）利用文字和图片详细准确地介绍家乡的自然风光。从资料中先了解自己的家乡。 （2）在这些图片和资料出示的过程中创设口语交际的情境。	1
	2.游览风景—感受家乡美	实地游览家乡风光	完成游览过程中的"学习任务"：游览过程要记录路线图和时间，还要用笔来记录你看到了什么风景。	3

续表

层次	活动主题	活动内容	活动目标	课时安排
初级（自然山水语文）	3. 展示交流—记录家乡美。	展现家乡之美，表达内心之爱	（1）利用照片、文字、图画，运用多种形式来展示家乡的美。 （2）着重指导文字表达家乡美的方法。	2
中级（农耕体验语文）	4. 石头画系列活动	找石头画石头展石头	（1）通过野外寻找石头，石头画，展出等，让学生在自然中感受美。 （2）然后通过语言介绍表达石头的美，通过文字传递石头的美。	3
	5. 番薯系列活动	种番薯挖番薯煮番薯品番薯	（1）通过种植感受植物的变化。提升观察力，积累作文素材。 （2）挖、煮、品番薯过程，孩子体验农耕劳作的快乐，积累写作体验。	4
	6. 竹林课堂	识竹探竹颂竹	（1）通过寻竹、识竹、颂竹等活动挖掘各学科与竹有关的知识，在游戏中认识竹。 （2）在活动中培养学生各学科整合学习的运用能力。 （3）竹林课堂将竹文化与各学科知识进行整合，轻松学习。	4
高级（传统民俗语文）	7. 了解农耕文化	认识古农具，了解农业发展史、农业文化名人、五谷六畜起源以及二十四节气	（1）走进乡村，通过认识古农具，了解农业发展史。 （2）通过查阅资料了解农业文化名人以及二十四节气背后的文化。	3
	8. 了解特色民间文化	欣赏古民居参与民间文化	（1）欣赏家乡传统的古民居，提升乡土美感，增强乡土情怀。 （2）通过参观学习乡土艺术的历史，知道其工序，能小组合作简单制作。	3
	9. 自然游学成果	展示中享受成果	形成一份有关自然游学、乡村体验的小论文，图文并茂，展示、评价学习成果。	2

（五）课程实施

1. 开设年级：四～六年级。

2. 课时安排：8 个专题，一学年共 31 课时，每周一课时。

3. 活动形式：自由报名，小班教学。四人小组分组学习，搜集资料、小组合作探究、分组汇报、分组展示等方式进行学习。

4.教学策略：看一看，写一写，玩一玩，用一用。

（六）课程评价

1.课程评价采用学分制。建立"自然游学积分卡"，分值卡达到80分为合格，100分以上的为"游学小博士"。

2.积分办法。搜集资料20分，积极实践20分，表达自我20分，成果展示20分，完成一份研究小论文30分（选题可以是课堂师生研讨的主题，也可以自己另外选择）。

三、教学设计

本课程按照初级、中级、高级三个层次设计，通过"自然山水语文、农耕体验语文、传统民俗语文"等专题，设计以下9个内容。

1.图文拓展—欣赏家乡美。

2.游览风景—感受家乡美。

3.展示交流—记录家乡美。

4.石头画系列活动。

5.番薯系列活动。

6.竹林课堂。

7.农耕文化探究。

8.特色民间文化。

9.自然游学成果。

下面是《竹林课堂》的教学设计。

竹林野外课堂

课程目标

1.围绕"虚心、有节、向上"的育人目标，通过寻竹、识竹、颂竹等活动，挖掘各学科与竹有关知识，让孩子们在游戏中认识竹的知识和竹文化。

2.在活动中培养学生各学科整合学习的运用能力。

3. 轻松、自然的课堂学习中将竹文化与各学科知识进行整合，从而达到轻松学习的目的。

课程准备

1. 学生提前搜集关于竹的种类、生长习性、用途、成语、诗、词等知识；带便签纸和笔。

2. 教师各带队提前了解有关竹的知识。

3. 后勤保障编织带 3 个，小奖品若干，小黑板 2 块，青细竹枝若干，卷尺 6 个。

课程过程

（播放《吹起我的小竹笛》）

（一）寻竹

1. 全体学生分为 6 队，在带队老师的带领下向竹园出发，寻找竹园。

2. 途中学生开始构思创作整个活动中有关竹的诗歌。（注写在便签纸上，右下角写上小队名称和姓名。）整个活动结束后，带队老师收集上交评委参与评选，优秀者均可获得小奖品。

（二）识竹

以小队为单位，各带队老师带领学生挑选自己小队落脚场地。

1. 分队汇总。

2. 分类交流。队员们交流搜集到的有关竹的知识，主要围绕以下四点进行交流：竹子生长过程、生长环境、生长规律、种类等。

（三）探竹

1. 你知道竹子有哪些价值吗？竹制家具、竹乐器、竹建筑用品、竹生活工具、竹工艺用品、竹食品、竹文化用品、竹体育用品、竹医药用品、竹交通用品等。

2. 汇总报告。

（四）颂竹

你们看，小小的竹子中既有奥秘，又有趣味。还会有什么呢？让我们一起走进颂竹环节，体味竹子中蕴藏的语文浓浓人文情怀。

1. 竹子成语大接龙

各队按抽签顺序轮流说出 8 个成语，不得重复。（6 小队进行比赛，每队接龙轮流说，说出的通过并以在小黑板上画竹笋逐层升高的方式加 1 分）

2. 竹子诗词大比拼

关于竹子的成语如此多，那关于竹子的诗词是不是也有很多呢？你知道

的有哪些？（各队轮流朗诵，说出的加分，说不出的跳过，轮2轮）

3.竹子小诗我来作

（五）创竹

1.六小队选取新鲜细竹枝比赛制作竹帽子（装饰品自己就地搜集选取），推选一顶最漂亮的来参评。

2.自由创作。

3.评选展示（优胜组为小队加分）。

现在，就让我们一起戴上竹帽，跟着老师学唱竹林山歌吧！

4.戴着竹帽一起学唱竹林山歌（分数最高的小队为冠军队，将有机会摇竹许愿——摇竹娘、摇竹娘，来年长得同你一样长。）

（六）竹情

根据学生自己的实际情况将参加竹主题课堂的学习成果、内心感受用"研究报告"和"感受文章"的形式来展现。

1.以"竹文化系列活动研究报告"展示成果。

2.以"竹课堂深度活动作文大赛"抒发情感。

3.竹主题语文拓展作品班级展报。

四、实录点评

竹林野外课堂

（一）寻竹

（播放《吹起我的小竹笛》）

师：孩子们，你们听说过"四君子"吗？

生：听说过，古人把"竹"与"梅兰菊"喻为四君子。

师：我们身处淡竹，当然离不开与竹为友。下午，就让我们一起踏上寻竹之路，走进"竹林全课程"。等一下在寻竹的路上，同学们可要仔细观察，认真做笔记，因为我们有一个围绕"竹"展开的竹林小诗有奖创作活动。

生：好啊！太好了！

师：也许路边的一草一木，伙伴们的一举一动都会成为我们创作竹小诗的灵感，你们可要细细构思哦！现在就让我们一起向竹山出发吧！

生：老师，我发现小雨下的大山雾蒙蒙的，如丝如绸。

师：是啊，你善于观察，说话像诗人。

生：老师，远处的竹山好翠绿，翠绿，令人向往……

师：同学们，我们几个孩子已经开始构思小诗歌了，其他同学加油哦！

【点评1：在唯美的意境中导入，在明确的任务中导行，孩子们兴味盎然。一路上，思维打开，异常活跃。】

（二）识竹

师：现在，我们已身处竹海之中，你们知道这是什么竹吗？

生：不知道。

师：老师告诉你们这是毛竹。（一生举手）

生：老师，毛竹，我知道，仔细看它的身上会有一些绒毛。

师：你的观察很仔细。是呀！竹子的种类繁多，有紫竹、方竹、孝顺竹等1200多种，我国除黑龙江、内蒙古等少数北方城市没有竹外，其他各地均有竹子生长。你们看，竹子从外形上看，可以分为哪几个部分？

生：竹叶。

生：竹根。

生：还有竹竿。

师：竹根、竹鞭、竹竿、竹枝、竹叶。眼前这些苍天翠竹可藏着许多有趣的秘密呢！下面就请各小队带队教师组织队员围绕"竹子的生长秘密"和"价值秘密"展开讨论交流，8分钟后选取1个你们组最感兴趣的发现派代表来做汇报交流。

1.认识竹子的生命秘密。

竹子生长过程、生长环境、生长规律、种类等。

2.探究竹子的价值秘密。

师：你知道竹子有哪些价值吗？

生：我觉得竹子可以制成制家具。

生：我还知道一种乐器，叫竹笛。

生：夏天我们睡的竹席也是竹子做的。

师：是啊，别看竹子普通，它的作用可真不少。

3.汇总报告

师：同学们发现的竹子秘密可真多。老师查过资料，发现其实毛竹的生长过程可谓是自然界的一大奇观。该竹在种植期的前5年丝毫不长，到了第6年雨季到来的时候，它竟以每天1.8米的速度向上急窜，最后大约可以长到27米左右，并成为中国最高的竹子，而且更为奇特的是在它生长的那段日子里，处在它周围方圆10多米内的其他植物便停止生长，等到它的生长期结束后，这些植物才又获得了生长的权利。

师：为什么会这样呢？

生：在人们的寻根问源下，终于发现其实这前5年它一直在长，只是以一种不易被人发觉的方式在生长——向地下生根。一棵还未向上发芽的雏竹根系在5年内竟然可以向周围发展十多米，向地下深扎近5米，而且这根系还在第6年雨季来临的生长季垄断了其他植物的根系吸收营养，真可谓是博大精深。

【点评2：通过身临其境去观察竹，去触摸竹，去交流发现竹的秘密，孩子们打开了自己的五官，充分接触自然，接触世界，体验有了，并且深了，他们的思维、表达自然快速提升。】

（三）颂竹

师：同学们，你们看，小小的竹子中既有科学奥秘，又有数学趣味。还会有什么呢？

生：老师，我知道古人还写过很多关于竹子的诗歌呢！

师：哦，那你能不能给大家背几句？

生：咬定青山不放松，立根原在破岩中。

师：千磨万击还坚劲。

生（合）：任尔东西南北风。

师：哇，看来这首诗人人都会背，那现在让我们一起走进颂竹环节，体味竹子中蕴藏的语文浓浓人文情怀。先进入第一关——竹子成语大接龙。

1.竹子成语大接龙

师：我先来说比赛规则，每一个小队，按抽签顺序轮流说出和竹子有关的8个成语，不得重复。（6小队进行比赛，每队接龙轮流说，说出的通过并以在小黑板上画竹笋逐层升高的方式加1分）

生：青梅竹马

　　　罄竹难书

　　　胸有成竹

　　　势如破竹

　　　竹报平安

　　　丝竹管弦

　　　破竹之势

　　　茂林修竹

2.竹子诗词大比拼

关于竹子的成语如此多，那关于竹子的诗词是不是也有很多呢？你知道的有哪些？（各队轮流朗诵，说出的加分，说不出的跳过，轮2轮）

师：哇，关于竹子的成语如此多，那关于竹子的诗词是不是也有很多

呢？你知道的有哪些？（各队轮流朗诵，说出的加分，说不出的跳过，轮2 轮）

生：一节复一节，千枝攒万叶

一片绿荫如洗，护竹何老荆杞

举世爱栽花，老夫只栽竹

一竹一兰一石，有节有香有骨

师：你们背了那么多诗，看来都是准备充分，你知道中国古代哪个诗人写"竹"写得最多吗？

3. 竹子小诗我来作

师：不知道了吧，他就是郑板桥。郑板桥爱竹，一生写了很多和竹有关的诗。今天，我们身处竹林，不妨也来学学诗人作作诗。我先随性来一首，你听——高高低低处处竹，远远近近声声笑。白小孩子聚一堂，竹林深处把竹赏。不给我点掌声吗？哈哈！相信你们肯定比金老师更厉害，想不想也来做一首属于自己的竹小诗？好，请准备笔和纸，开始创作吧！做得好的可是有奖品的哦！加油！（得到奖品的队员可以为本队加上相应的分数）。

竹 云雾，细雨， 山路，孩子。 一路寻觅， 一道欢笑。 竹林课堂， 学味正浓。 ——"启航队"崔博智	竹颂 初夏刚至， 你舒展纤细手臂。 微风徐来， 你展现一片绿意。 啊，那挺拔向上的身影， 是，你独一无二的品性。 ——"飞虎小队"
看竹 蒙蒙细雨洒， 竿竿翠竹现。 高矮各不同， 醉在雨山中。 ——"梦想小队"李逸楚	竹 遥看翠竹林， 绿色翠屏镜。 近看竹竿挺， 瑶柱入仙境。 ——"飞虎小队"
探竹 雨中丈量竹子林， 课堂设在竹林深。 齐心协力把题答， 个个兴趣齐昂然。 ——"集结号小队"泮宇阳	学趣 我们雄鹰队， 雨中至竹林。 测量长宽高， 抢答竹诗句。 竞争好激烈， 个个笑开颜。 ——"雄鹰小队"赵雪萍

竹趣 天也苍苍， 雨亦蒙蒙。 看似阴沉， 实则心晴。 前往竹林， 竞技加分。 做数学题， 答竹小诗。 且看我们， 多么开心！ ——"集结号小队"蒋海威	**竹林所见** 蒙蒙细雨飘洒， 微风习习拂来。 鸟儿声声歌唱， 同学声声欢笑。 翠竹杨梅树旁， 丈量面积协力， 计算收入认真。 竹林课堂成趣， 我们学得开心！ ——"超能队"蒋卓能
寻竹 冒雨沿路来寻竹， 半路逢人问知晓。 上山来到竹林间， 野草山虫齐迎接。 翠竹竿竿入眼帘， 我们个个喜开颜。 ——"梦想小队"徐闻涛	**竹** 水畔竹林成相映， 高大挺拔趣竹影。 风吹竹舞绿纱飘， 一曲竹韵润竹乡。 ——"启航队"蒋岸余
观竹路上 当细雨落在河上， 激起层层波纹时。 小伙伴们齐出发， 滴滴滴，嗒嗒嗒， 雨水声，脚步声， 谱成欢乐交响乐。 一边走，一边看， 高高的竹子摇荡。 嘿嘿嘿，嘿嘿嘿， 伙伴们，快来呀！ ——"超能队"徐希羽	**雾中竹** 细雨纷纷， 微风习习。 山中翠竹， 雾中仙境。 翠竹节节高， 鸟儿声声唱。 竹儿如小诗， 雨雾如美画。 叶上叶，绿中绿， 竹围竹，画映画。 ——"集结队"李碧倩
竹 竹林逢细雨， 翠竹显生机。 雨连思乡情， 竹念感恩心。 ——"超能队"蒋泽坤	**竹** 冒雨前往翠竹林， 蒙蒙细雨景色新。 山雾茫茫， 溪水潺潺， 草木， 竹林， 一片欢声。 ——"启航队"蒋紫漪

竹诗 清晨去寻竹， 正逢小细雨。 半路见美景， 竹诗抒深情。 　　　——"梦想队"吴适宇	吟竹 细雨竹林， 翠绿万身。 课堂野外， 趣意成群。 　　　——"雄鹰小队"李佳妮
竹 翠绿一片片， 小雨细蒙蒙。 竹叶飘飘落， 胜过天上境。 　——"梦想队"周会阳、俞帅宇	竹林里 一带翠竹， 两三淡黄。 数声鸟鸣山谷， 万千笑声田间。 　　　——"集结号小队"陈芳宇

【点评 3：这是孩子们最兴奋的环节，活动前的竹主题诗词、文章及其他资料的搜集，让他们在此时的竹林课堂中"表达尽兴""诗意大发"。孩子们现场写下的一首首质朴的小诗，是他们内心真情实感的表达。】

（五）创竹

师：多美的小诗啊！谢谢你们让我在诗的海洋里了欢畅地遨游。要是此时我们能够戴上一顶自己制作的竹帽，那才算得上真正与竹为友啊！下面请各队队长来领取相应的竹枝，注意要想把竹帽做漂亮，还得就地取材，做一些装饰哦！

生：（六小队选取新鲜细竹枝比赛制作竹帽子）

装饰品自己就地搜集选取，推选一顶最漂亮的来参评。

1. 自由创作。

2. 评选展示（优胜组为小队加分）。

师：哇，孩子们，现在，就让我们一起戴上竹帽，跟着杨老师学唱竹林山歌吧！

3. 戴着竹帽一起学唱竹林山歌（杨慧萍老师指导）。

（分数最高的小队为冠军队，将有机会摇竹许愿——摇竹娘、摇竹娘，来年长得同你一样长。）

【点评 4：交流搜集到的繁体字，学生兴趣盎然。交流搜集繁体字的不同渠道，让学生初步感知繁体字并没有消失，而是实实在在地存在于我们身边，而且对我们的生活产生着影响。】

（六）竹情

根据学生自己的实际情况将参加竹主题课堂的学习成果、内心感受用"研究报告"和"感受文章"的形式来展现。

1. 以"竹文化系列活动研究报告"展示成果。

师：同学们，关于竹主题语文拓展课，咱们做了许多活动。关于竹，你们一定有了更全面、更深入的了解。现在请你们和同伴合作完成"竹主题研究报告"。

	活动过程记录	活动结果收获
竹子的观察		
竹用的调查		
竹文的收集		
竹艺的欣赏		
竹艺的欣赏		
竹味的品尝		
竹韵总感受		

2. 以"竹主题深度活动作文大赛"抒发情感。

师：竹主题系列活动大家内心肯定有许多丰富的感受，将你们的感受形成文字，参加班级的作文大赛。

3. 竹主题语文拓展作品班级展报。

师：咱们班级将要开展"竹主题活动成果展示"了。

生：老师，可以展示我做的手工"竹跳马"吗？

生：可以展示我和弟弟做的竹风筝吗？

生：我想展示我们的研究报告……

生：可以展示竹主题作文大赛的文章呢。

师：是的，孩子们，咱们可以展示的东西非常多，除了你们说的这些外，还可以展示你们相机里拍下的竹林照片、竹叶贴画、笋壳画，你们写下的竹林小诗等。

【总评】

1. 大自然活动，听懂孩子"行万里路"的内心渴望之声

如今的孩子大多乐于接受新的事物，乐于做新的改变。他们对于周一至周五之间的校园生活没有太大的期待，喜欢多样的实践活动与多彩的校园生活，更渴望能走出校园，拥有和同伴一起亲近自然、玩耍自然的愿望。他们渴望在自然中体验以主体参与为特征的各类实践活动，寻求独立的自主空间。他们渴望摆脱父母、师长看管式教育的束缚，去体验劳动的艰辛、成长的快乐、收获的喜悦，孩子们喜欢读万卷书，更喜欢行万里路。在真实的生活场景中，提高学生观察能力、实践操作能力以及创新能力。

2. 大自然课程，听懂周边"自然资源"等待开发的声音

那潺潺的溪水，两边罗列的奇峰，苍郁的树木，秀美的田园，丰富的自然生态资源是我们的课程资源；那质朴的乡村田舍，保留传统村落文化的同时又散发着时代气息，包括藏在村落里那浓浓的农耕文明都是我们的课程资源。大自然游学课程，就是需要我们老师能听懂这些自然之声，然后开发它们，利用它们，让这些美丽的自然课程资源带领孩子们打开五官去感受自然，欣赏美丽，表达美丽……

3. 大自然游学，听懂"有意思，有意义"的目标之导引

只有让学生喜欢，才能让他们接受，只有让他们接受，才能促使他们成长。大自然游学，把学生喜欢的作为课程内容选择出发点，把对学生有益作为课程设计的归宿点。"有意思，有意义"始终是课程的最终追求。而且大自然游学最难得的是课程落实前的这四步调查资源——将周边环境中可利用的树林、河滩、村落实地勘察；走访老农民、老艺人，收集农耕器具、传统习俗、乡村文化。整理归类——将各种资源归类成"自然风景资源""乡村文化资源""农耕文化资源"。设计活动——将这些资源开发设计成"民俗体验系列活动、传统游戏系列活动、乡土艺术系列活动、户外休闲系列活动、农耕劳作系列活动、自然探究系列活动、立志修身系列活动、乡间采风系列活动"等。了解学生——将活动做成调查表，让孩子们选择自己喜欢的活动。再以孩子们的选择最终确定每一次游学课程的活动内容，从而体现了课程很强的学生自主性。

（设计者：仙居县实验小学蒋燕萍　　点评者：仙居县教研室特级张志伟）

第 27 例　亲子绘本悦读

一、课程背景

1. 从国家层面看

从 2012 年 11 月党的十八大报告历史性地写入"开展全民阅读活动"，到国务院《政府工作报告》连续三年中均明确提出"倡导全民阅读"，以此传承和弘扬优秀传统文化，提高国民素质和社会文明程度，提升国家文化软实力。在这样宏大的背景下，用行之有效的举动引领孩子和家长一起读书，是推动"全民阅读"在基础教育领域落地生根最有效的手段。

2. 从国外的经验看

亲子阅读教学方式起源于新西兰，并在其得到有效地实施，后被西方国家采用，取得非常好的效果。亲子阅读其重点不是孩子在辅导中吸收多少文化知识，更重要的是，亲子共同在阅读辅导中进行精神交流，这种交流方式，可以给予孩子安全感，同时也对孩子身心健康有益发展起到良好的促进作用，帮助孩子树立正确的人生观、价值观。

3. 从家长的现状看

家长对语文教育目标不明确，只是单纯地认为语文教育是掌握知识，部分家长也开始重视阅读，但更看重语文阅读教学表面知识的积累，至于如何陪伴阅读，亲子阅读要怎么做，以及共同阅读的真正目的不明，亟待指导。

同时，选择绘本作为亲子阅读的媒介，是因为绘本是开启早期阅读最适合的读物。绘本不管是"语言""图像"还是"图""文"的关系结合，都为儿童习得语言发展，发展想象、创意表达等提供了优秀的资源，绘本以其贴近儿童的独特优势，成为低段儿童教育的首选。试想，如果把亲子绘本阅读课程化，让学生一面听着父母讲述幽默温馨的绘本故事，一面欣赏美丽的图画，在潜移默化中，为父母创造与孩子沟通的机会，分享读书的感动和乐趣；同时，又提高了语文素养，岂不是一举数得？

二、课程规划

（一）课程主题

亲子绘本悦读

（二）课程理念

1. 通过绘本，开启阅读之门。绘本运用各种手段，或水彩、或素描，或手绘，给孩子们呈现了一场场美不胜收的"视觉盛宴"，因此，绘本引入低段孩子的阅读，是开启孩子快乐阅读之旅的钥匙。

2. 通过绘本，开展亲子阅读。在亲子绘本阅读中，父母与孩子可以共同学习，一同成长。通过这个课程的实施，播下一颗幸福的种子，以书为媒，以阅读为纽带，让孩子和家长共同度过美好的"悦读时光"。

（三）课程目标

1. 培养孩子持续喜欢童书，感受亲子阅读的乐趣。

2. 序列化、趣味化地指导亲子阅读，初步掌握一些基本的阅读策略，提升阅读力。

3. 在悦读成长中促进亲子关系。

4. 在童书世界里，在生活实践中，让学生认识世界，润泽心灵，陶冶情操，培养健全的人格。

（四）课程内容

活动主题	活动内容	活动目标
1. 初识绘本	绘本阅读《我爸爸》	（1）了解绘本的基本结构。 （2）初步体验亲子阅读的一些常规方法与策略。 （3）感受爸爸的爱。
2. 绘本之封面的秘密	绘本阅读《大卫上学去》	（1）看封面，学习提取各种信息。 （2）认真读图，想象封面人物画一画。 （3）读绘本，学行为（与入学对接）。

续表

活动主题	活动内容	活动目标
3.绘本之环衬的秘密	绘本《爷爷一定有办法》结合《我爸爸》	（1）了解藏在环衬里的秘密。 （2）从环衬体会作家的巧心思。 （3）展开想象，老鼠一家的小蓝布还能变什么，体会创造的魅力。
4.绘本特点之色彩	绘本《逃家小兔》	（1）观察绘本，发现绘本色彩的变化。 （2）体会绘本利用色彩来表现节奏的美。 （3）感受绘本中隐含着的浓浓的爱。
5.绘本特点之文字排列	绘本《蚯蚓的日子》	（1）阅读绘本，发现绘本中文字的排列特点。 （2）学着绘本的样子，也来尝试写一写不同形式的文字。 （3）了解蚯蚓的生活习性。
6.绘本特点之语言	绘本《和甘伯伯去游河》	（1）感受语言的反复之美。 （2）学习绘本语言说一说，亲子合作记录。
7.绘本阅读之想象	绘本《最奇妙的蛋》	（1）感受绘本想象的魅力。 （2）大胆展开想象，并进行适当创作，学生绘画，家长可以记录。
8.绘本阅读之细节	绘本《鸭子骑车记》	（1）观察没有文字的图片藏着什么细节。 （2）看似跟故事无关的图片，又有什么秘密，亲子交流，学会在细节中发现绘本的秘密。
9.绘本阅读之演一演	绘本《彩虹色的花》	（1）小动物得到彩虹色的花帮助后都没有语言，可以补充语言。 （2）亲子合作制作头饰，选择适当的片段进行表演。 （3）续编故事，也可演一演。
10.绘本阅读之做一做	绘本《记忆的瓶子》	（1）不同的瓶子可以唤醒不同的记忆，读读看看。 （2）亲子一起合作做个记忆的瓶子。

（五）课程资源

1.《世界经典绘本》，二十一世纪出版社、明天出版社、新星出版社。

2.彭懿《图画书，应该这样读》，松居直《带领大人入门的图画书》《绘本之力》，彭懿的世界图画书《阅读与经典》，方素珍《创意玩绘本》。

3.方素珍《绘本读写课堂》，曹爱卫《玩转绘本创意读写》，李碧《学而悦儿童阅读手册》。

4.一年级教材中的《和大人一起读》。

（六）课程实施

1. 年级。一年级。

2. 课时。一个学年 10 个主题，一上、一下各 5 个主题，作为绘本阅读拓展性课程的补充。

3. 活动场地。教室或校图书馆。

4. 活动组织形式。亲子参与。

5. 活动方式。读读，画画，演演，做做，微视频、语音展示。

6. 前期准备。购买亲子阅读绘本，或制作电子绘本。

（七）课程评价

课程评价采取过程性量化评价和最后课程结束展示性评价相结合。

1. 阅读存折卡。过程性记录亲子阅读实况，坚持每天记录，一天的 5 分，一个月分值 200 分以上为优秀，一学期积分 1000 分为亲子阅读之星。

2. 每学期进行一次亲子绘本阅读展示，形式：绘本表演、绘本朗诵、绘本创作等形式。

（八）注意事项

1. 亲子阅读指导课和每周一次的课外阅读拓展课相互补充。

2. 亲子阅读指导课只是提供一种借鉴，更重要的是引导亲子阅读的理念，不断督促亲子阅读的进行。

3. 课程的评价应该是过程性的记录和最后的展示相结合。

三、教学设计

《我爸爸》教学设计

活动目标

1. 通过反复细化阅读绘本感受父亲的了不起，体会父亲的爱。

2.用表演、想象拓展绘本的含义，联系生活感受自己父亲的爱。

3.通过认识封面、扉页、环衬等了解绘本的基本结构，并初步学习亲子绘本阅读的基本策略。

活动准备

智慧树、纸张、随身贴、吸铁石、课件。

活动过程

（一）课前热身：聊聊我眼中的孩子

1.父亲在随身贴上写上两个最能代表孩子优点的词。

2.逐一上台交流。

（二）初识绘本

1.聊绘本明结构。

认识绘本的封面、扉页、环衬、封底。

看绘本要做到五看。

2.观封面知作者。

介绍：安东尼·布朗。

作者用画和文字来表达自己的感情。

3.看封面聊感受。

图中看出这是一位怎样的父亲？

4.蝴蝶页最走心。

蝴蝶页上画着什么？为什么要这样画？

（三）走进绘本故事

1.演一演：在大灰狼面前，爸爸怎么做？

2.猜一猜：爸爸吃得像（ ），游得像（ ）。

3.想一想：爸爸什么时候会像泰迪熊一样柔软？

你爸爸会做什么傻事？

4.说一说：你觉得书中的爸爸怎么样？

（四）发现绘本秘妙

1.安东·尼布朗的绘画充满创意。

2.找一找：和家长细细读图，看看书中你能找到几处太阳？

3.圈一圈：书中还藏着哪些小秘密。

4.谈一谈：互相交流自己的发现。

（五）回扣主题

1.为什么作者要这样画？

2. 聊一聊：你眼中的爸爸怎么样？

3. 用最真的方式表达你的爱。

4. 梳理。亲子一起读绘本可以演、猜、想、说、找、圈、聊……

（六）课后亲子实践：贴贴智慧树

把自己看过的书名说一说，家长写在树叶上，贴在大树上，看谁的大树枝繁叶茂！

四、实录点评

《我爸爸》教学设计

活动目标

1. 通过反复细化阅读绘本感受父亲的了不起，体会父亲的爱。

2. 用表演、想象拓展绘本的含义，联系生活感受自己父亲的爱。

3. 通过认识封面、扉页、环衬等了解绘本的基本结构，并初步学习亲子绘本阅读的基本策略。

教学过程

（一）课前热身：聊聊我眼中的孩子

1. 亲爱的小朋友家长们，大家好！这是一个温馨的下午，我们的桌上摆放着绘本、彩纸、彩笔，马上要开始我们幸福的阅读之旅了。首先，孩子们请给你身边的爸爸或妈妈一个深情的拥抱，感谢他们的陪伴，然后将座位调试到自己最舒服的位置，接下来的时间就完完全全属于我们了，让我们静心阅读，品味书香。

【点评 1：阅读是一生的计划，父母是鼓励孩子阅读的主要力量。课的伊始，让孩子感受父母陪伴阅读的快乐，营造浓浓的温馨环境，有助于促进亲子关系，提高阅读效果。】

2. 师：各位家长，今天和孩子一起上课，一定感觉特别不一样吧！你的桌上有一张便利贴，能用两个或三个词来夸夸你眼中的孩子吗？

3. 师：请爸爸们说一说，然后把便利贴贴在上面的"爱心"上。

家长 1：我的孩子性格开朗，爱说爱笑。

家长 2：我写的词是认真、开心、勤快。我这个女儿做什么事情都特别认真，要把事情做好，家里大人的事情也愿意帮忙。

家长 3：我没写出来，好像没什么优点，他就知道玩，喜欢玩。

师：玩是孩子的天性，玩也能玩出大名堂哦！

家长 4：聪明、爱看书。我孩子最喜欢看书，每天晚上总要看好书再睡觉。

……

师：爱看书的孩子自然聪明，真好！

家长陆续把便利贴贴到上面的爱心板贴上。

师：孩子们，原来在爸爸的心目中，你们是这么能干，这么优秀，那爸爸在你心目中又是怎么样的呢？今天，我们就要和爸爸一起阅读一个绘本，绘本的题目叫作？（读）

生：我爸爸。

师：很多小朋友一定会说，这个绘本你看过，那么好的绘本呀，值得一读再读，不管你以前读过没有，今天让我们一起读，看看会不会有不一样的收获。

【点评 2：和孩子一起读书，是融洽亲子关系，提高孩子阅读兴趣，提升儿童思维情感品质的有效途径。课前，从聊聊和孩子的那些事开始，一下子拉近孩子和家长的关系，让课变得情意浓浓】

4. 孩子们，平时在家里，你是怎么读绘本的？爸爸妈妈又带着你怎么读？

生 1：我是自己看的，先看看图，再看看字。

生 2：有的时候是妈妈读给我听的。

家长 1：有的时候，我读一面，他读一面。

师：嗯，看来孩子们在家的读书方式还是多种多样的。今天，老师就带着爸爸和你一起读绘本，看看老师教得哪些平时你还没有做到的，以后也可以用一用哦。

（二）初识绘本

1. 聊绘本明结构

（1）封面。

师：瞧，这就是我们今天要看的绘本。首先，让我们来看看封面。对，这就是封面。大家太熟悉了，拿起一本书，首先我们看到的就是封面。

师：那么，孩子们，你们知道封面上藏着很多秘密吗？看一本书，我们首先要看封面，那看封面要看什么呢？第一，当然要先看文字。你看，这本书的题目是？（板贴：看）

生：我爸爸。

师：对，除了看题目外，我们还要看什么呢？作者。那这本书的作者是谁呢？这本书的作者是英国的安东尼·布朗，你们知道吗？他可厉害了，他是英国绘画大师，人们称他为"天才画家"，他最敬佩的人就是他爸爸，所以这本书里的花格子睡衣，红棉鞋就是安东尼爸爸穿过的，原来当你非常喜欢一个人的时候是可以用画和文字来表达对他的喜爱的。

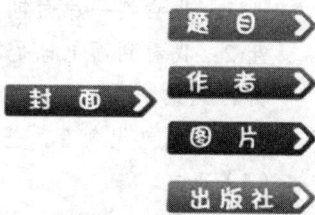

题 目
作 者
封 面
图 片
出版社

当然，看封面文字，除了题目、作者外，还要看出版社哦。这本书的出版社是河北教育出版社。

师：好了，孩子们，和爸爸说一说，封面上你看到的文字。

（亲子交流）

师：看了文字，当然很重要的，还要看图画。你们知道吗？封面上的图画，往往是这本书中最关键的部分，或故事中最重要的要素呢！瞧，图片，哇，满满一大张，爸爸站中央，呵呵，你见到了怎样的一位爸爸？

生1：我见到一位穿着睡衣的爸爸。

生2：我看到了一位搞笑的爸爸。

生3：爸爸在做鬼脸。

生4：爸爸真好玩！

教师板贴：搞笑好玩

（2）封底。

师：好，让我们再看看书的背面，是的，这叫书的背面，我们也送它一个名字——"封底"。合上一本图画书时，图画书的故事就已经讲完了。可有时候是这样，有时候却不是呢。所以，封底也不能落下看哦。

（3）蝴蝶页。

师：然后打开，你看到的是这样的一张图，哇，满满一页的花格子睡衣，绘本的最后也有呢，你们平时看绘本的时候有没有漏了这一页呀，（课件出示）瞧，它叫环衬，也有个好听的名字叫蝴蝶页。他是作者经过精心设计的，那么满满的花格子睡衣，在安东尼的心中，爸爸无处不在。多温馨呀！

（4）扉页。

师：让我们再翻一页，这一页又是叫什么呢？它叫扉页，也叫书名页，你们一听一定就知道了，这页一定是写书名的，是的，这页一般写着书名、作者、出版社的名称。当然，除了文字以外，很多图画书的故事就是从扉页的图画开始讲起的。仔细看这本书的扉页，你发现了什么？

生 1：我看到一片面包飞出来。

生 2：我看到面包也是花格子图案的。

师：是的，"砰"面包烤好了，从面包机里跳了出来，新的一天开始了。花格子面包代表着，爸爸一直和我在一起。

（5）正文。

师：接下来，后面就是正文了，故事就这样开始了。

2. 明结构学读法

孩子们，爸爸们，刚才，咱们聊了看绘本要先看什么，再看什么，赶紧和爸爸说一说，记住绘本的结构，以后所有的绘本都要这样看一看哦。

出示：绘本要五看——封面、扉页、环衬、封底、正文。

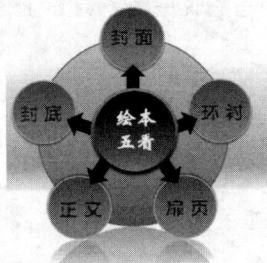

【点评 3：亲子绘本阅读，不仅仅是读，还要有方法的渗透，教会家长和孩子了解绘本的结构，看绘本的基本步骤，为后面的阅读打下良好的基础。】

（三）走进绘本故事

师：接下来听老师读吧！你们仔细看看图，可有意思啦！（课件出示画面）这是我爸爸，他真的很棒！我爸爸什么都不怕，连坏蛋大野狼都不怕！孩子们，你们看到那只大野狼了吗？他龇着牙，斜视着眼睛，它是多么凶恶啊，可是我爸爸呢，看看图，你能来把爸爸面对大野狼什么也不怕的样子演出来吗？可以加上动作语言哦。（板贴：演）

学生表演。

师：爸爸们，你觉得你的孩子演得怎么样？是呀，演得可真像，那爸爸给孩子竖个大拇指好吗？

师：孩子们演着演着，你觉得爸爸怎么样？

生 1：我爸爸很勇敢！

生 2：我爸爸真厉害！

生 3：我爸爸什么都不怕！

板贴：勇敢、厉害

师：我们继续往下看：他可以从月亮上跳过去，还会走高空绳索（不会掉下来）瞧，图上的爸爸，一跃而起，眯着眼睛，跳过月亮似乎还很享受呢。继续哦！他敢跟大力士摔跤。在运动会的比赛中，他轻轻松松就跑了第一名，我爸爸真的很棒！你知道吗？和爸爸一起跑步的是世界短跑健将刘易斯呀！这会儿你觉得爸爸这样？

生 1：我爸爸是超人！

生 2：我爸爸棒极了！

师：这么棒的爸爸，我们夸一夸好吗？好，竖起拇指，一起对着爸爸说："我爸爸真的很棒！"

齐生：我爸爸真的很棒！

师：爸爸们，你看读读书，演一演，说一说，这样多有意思呀！

师：我们继续听故事哦！爸爸吃得像马一下多，游得像鱼一样快。他像大猩猩一样强壮，也像河马一样快乐。这几张图片特别有意思，你发现什么了吗？

生 1：我发现安东尼让爸爸直接变成了这一动物，还是穿着黄格子睡衣。

生 2：我发现凳子的腿变成了马腿。

师：你观察真仔细。

师：这画面太精彩了！我爸爸真的很棒！爸爸棒吗？一起来夸一夸，读读这句话。

齐生：我爸爸真的很棒！（比刚才声音更响亮了。）

师：接下去，你们不翻页，老师说，你猜猜？

出示：我爸爸像房子一样（　　　），有时又像泰迪熊一样（　　　）。

师：来根据前面读到的句子，看看图，猜一猜，安东尼·布朗会说什么？先和身边的爸爸说一说。

生 1：我爸爸像房子高。

师：高大，真好，还有继续的吗？

生 2：我爸爸像房子高大，有时又像泰迪熊一样温柔。

生 3：有时像泰迪熊一样温暖。

生 4：我爸爸像泰迪熊一样软软的。

师：爸爸们，瞧，有时读绘本，可以先不看后面的，让孩子根据前面部分猜一猜哦！（板贴：猜）

师：孩子们，你们说得真好，赶紧看看书上又是怎么写得呢？和爸爸一起读读，看看。

师：这么温柔的泰迪熊，这么柔软，舒服，你能想想爸爸什么时候会像泰迪熊一样柔软？（板贴：想）

生 1：我做了好事时，爸爸会像泰迪熊一样温柔。

生 2：我乖乖的时候，爸爸会像泰迪熊一样柔软。

师：你看边上的爸爸都笑了，这时候的爸爸就像泰迪熊一样柔软。你平时一定都很乖。

生3：我爸爸一直像泰迪熊这样柔软。

师：哇，你有一位温柔的好爸爸。

生4：我做好事的时候，爸爸像泰迪熊一样柔软。

师：当你们刚才夸爸爸的时候，老师发现你们的爸爸就像泰迪熊一样柔软。

师：让我们继续看故事。他像猫头鹰一样聪明，有时候也会做一些傻事？看看图，哈哈，爸爸做什么傻事？悄悄告诉你们哦，老师小时候也常常看见我爸爸做傻事，比如：只要我不开心，想哭，他总会做着各种各样的鬼脸，看上去，傻极了，你的爸爸呢？（板贴：说）

能说说你爸爸会做什么傻事？

生1：我爸爸做的傻事就是做鬼脸。

师：哦，和书上的爸爸一样呀。

生2：我爸爸很傻很傻，常常对着我傻笑。

师：哈哈，你知道为什么嘛？因为爱。看，这时的爸爸也在对你笑呢！

生3：我妈妈也经常说爸爸傻，把我背起来乱转。

师：你觉得那样快乐吗？

生3：很快乐！

……

师：看到一位幽默的爸爸，一位搞笑、好玩的爸爸，我们一起来说：我爸爸真的很棒！

【点评4：故事围绕着书中的爸爸展开，教学中却让孩子紧紧结合自己的爸爸来聊，在层层推进中感受爸爸的勇敢、厉害、能干、强壮……同时，也不断向家长渗透阅读绘本的方法，让亲子在阅读中体验快乐，并在阅读中学习阅读。】

师：接着看吧，我爸爸是个伟大的舞蹈家，也是个了不起的歌唱家，看，爸爸的舞姿，你们都笑了，你知道吗？安东尼·布朗，在爸爸的身后画了世界著名的男高音帕瓦罗蒂和多明戈，可图上的爸爸，张开嘴，仰起头，多自信呀，我爸多了不起。

师：他踢足球的技术一流，也常常逗得我哈哈大笑。哇，你发现什么图画的秘密吗？

生：这一张和封面图画是一样的。

师：是的，你真会发现。这真是个了不起的爸爸！看到这儿，你觉得这是个怎样的爸爸？

师：和边上的爸爸说说，让爸爸帮你把这些词语写在阅读单左上角的太阳"光芒"上好吗？看看谁读出的最多。

生：快乐、能吃、幽默、搞笑、滑稽、多才多艺……

师：那么你能来夸夸你的爸爸吗？也可以学着绘本的样子来说哦！

出示：

> 我爸爸是个，也是个。＿＿＿＿＿＿
>
> 我的爸爸像，也像。＿＿＿＿＿＿
>
> 我爸爸有时，有时。＿＿＿＿＿＿

当然也可以自己说。好，让我们再一起说：我的爸爸真的真的很棒。好，现在爸爸就在你身边，赶紧用行动表示一下，爱是要表达的。

师：最后两页让我们一起来读吧！（板贴：读）：我爱他，而且你知道吗？他也爱我！永远爱我！

师：各位爸爸，孩子们绘本读完了，刚才，我们看看，读读，演演，想想，猜猜来阅读绘本，是不是觉得很有意思呀。平时，在家里，我们也可以用这样的方法来阅读哦！

【点评 5：大人和孩子结伴走向阅读世界的总和，是让阅读从课堂延伸到课外，延伸到家庭的美妙路径。在教学绘本的过程中，教师不仅让这种温暖的氛围一直在持续，还不断引导阅读的方法，相信会对家长亲子阅读指明方向。】

（四）发现绘本秘妙

作者安东尼·布朗可是个天才画家，他的作品有最大的特点，就是很有创意，藏着很多秘密，细细读，我们还会有很多发现。赶紧跟着老师再来看看。

师：瞧，这一页除了爸爸和大灰狼以外还有谁？

生 1：还有三只小猪。

生 2：还有小红帽。

师：爸爸们看到了吗？孩子是天生的读图师，你发现了吗？所以以后不要说，我不会讲，不会读，你不会，你的孩子会呀，说不定，孩子有时就会给你惊喜。

师：现在我们知道了，这只狼就是要吃掉三只小猪的大灰狼，这只狼就是吃掉小红帽的大灰狼。

师：那么面对这么凶恶的大灰狼，爸爸是怎么做的？看看爸爸的表情，都不怕，更了不起吧。

师：还有，这幅图中藏着一首儿歌呢！《鹅妈妈童谣》

嘿！滴兜，滴兜，

猫咪伴着小提琴，

母牛跳过月亮；

看到这么好玩的事儿，

小狗笑了，

盘子也跟着汤匙跑了。

师：还有，瞧，你看出什么了吗？这幅图中除了爸爸踢的球外，你还见到了什么球？

生1：橄榄球

生2：足球

生：篮球

生4：垒球

生5：网球

……

师：再来看这个绘本，这个绘本最大的秘密是藏着？

生：太阳。

师：对了，每张图中基本都出现了"太阳"。赶紧和爸爸从头到尾细细读图，看看书中你能找到几处"太阳"？（板贴：找）

师：关于"太阳"，你能找到几处？读图高手在哪里？让我们试着比一比，看谁找得多。找到五个"太阳"，是三级读图师，找到八个"太阳"是二级读图师，找到十二个是一级读图师，找到十五个以上"太阳"就是特级读图师。找到一个用爱心在图中画出，老师已经画了两个。看到了吗？可以是彩色的哦！开始和爸爸妈妈认真找找吧！

配乐，亲子阅读，寻找"太阳"。

师：最温馨的画面，是和爸爸妈妈一起读书的画面，最美丽的姿势，就是你们静静阅读的姿势，真好，都画了几颗爱心，用数字写上来好吗？

反馈：一页页看。

师：大猩猩这一页，有找到吗？

师：联系后面的幕布和地板看看，瞧，有孩子举手了，真是聪明。

生：红幕布是太阳，地板是放射的光芒！

师：想象力丰富，恭喜你，答对咯！

师：了不起的歌唱家这一张，你找到太阳了吗？

生：我看到了影子，有影子就有太阳。

师：那不是太阳的影子哦，那是灯光。

师：老师提醒一下在座的爸爸，"我爸爸"身后的是著名男高音帕瓦罗蒂，呵呵，马上有爸爸猜到了。

家长：帕瓦罗蒂的成名曲《我的太阳》。

师：太了不起了，看，孩子们，当你不知道的时候，家长就帮助了你。绘本不仅要看出图，看懂字，当然还要会听出声哦！

（五）回扣主题

1. 为什么作者要这样画？

师：太阳，到处都是太阳，只有细心阅读，你才会发现。那你们知道为什么，作者要画这么多的太阳吗？

是呀，你们读读懂了，爸爸，就是安东尼心中的太阳。

2. 梳理阅读方法。

师：看黑板上，今天我们一起用演、猜、想、说、找……的方法来阅读，是不是和以前看到的不太一样啊？最后，老师给变了个魔术，瞧一只"阅读小虫宝"，你们也可以试试，根据阅读单填一填。以后阅读，你可以带着这只"阅读小虫宝"，一定会更有收获。

（六）课后亲子实践：贴贴智慧树

师：孩子们，今天这节课，是第一节由家长和孩子组成的亲子阅读课，你们上得可认真了。

师：接下来，把自己看过的书名说一说，爸爸帮忙写在"树叶"上，贴在"大树"上，看谁的大树枝繁叶茂！

师：好了，孩子们，读了这么久的故事，你发现读绘本的秘密了吗？要怎么读呢？以后带着它，课后可以读读安东尼的《我妈妈》和其他绘本，一定会收获更多。

【总评】

"亲子绘本阅读指导课"，听到这个课型时，我就被深深吸引。现如今，低段绘本阅读逐渐成为学生阅读的重要组成部分，被大家接受，而亲子绘本阅读指导课则听到不多，把家长请进教室，共读共学共指导，这是一种新的尝试，作为一种全新的语文拓展性阅读形式，李碧老师是有想法的，我想这将是推动家庭阅读的一种重要的手段，也是推进学生语文阅读的一项重要的教学补充。

李碧老师的这堂课，很好地体现了三个关键词"亲子、绘本、指导"，在整节课的教学过程中，不停营造亲子阅读的氛围，不停渗透亲子阅读的方法，当然，不忘引导发现绘本这特殊的媒介特点，可谓精心、精巧、精致。

1. 初读：识得绘本新面目

李碧老师的这堂课，作为亲子绘本阅读指导的首课，她的设计显得特别有层次感，初识绘本——共读绘本——回读绘本，用一个个阅读活动设计，让阅读回归阅读本身。通过阅读，学习阅读。

先识绘本结构，遵循学习规律，从最初步入手，从封面到封底，从环衬到扉页，从扉页到正文，李碧老师如层层拨笋式的，向学生和家长讲述他们平时阅读不太关注的地方。原来，我们熟悉的封面上涵盖着故事中最关键的要素；原来，我们常常忽视的环衬，有一个好听的名字叫"蝴蝶页"；原来看似毫无简单的环衬（甚至有时只有颜色没有文字的蝴蝶页）还藏着作者的秘密；原来扉页上的图片有时应该是故事的开始。随着李碧老师的娓娓道来，孩子们和家长们，表示出惊讶，又不时点头，或是恍然大悟，这一环节的设计，初衷是为了更好地学习，初衷是为了提高学习绘本的兴趣，当然初衷也为家长在亲子绘本阅读中指明相应的阅读方法。

2. 共读：感受温暖"在一起"

李老师用心地选择了《我爸爸》这一绘本，这是一个学生都很熟悉的绘本，但百读不厌。因其非常贴近孩子的生活，又让爸爸陪伴着一起阅读，所以课堂的呈现显得如此温馨，一切都是这么顺理成章。

当上课伊始，李老师让学生和爸爸都先互相说说优点，然后再走进书中的"我爸爸"，老师一边读，一边问："那么你的爸爸怎么样的？你爸爸会做傻事吗？你的爸爸什么时候像泰迪熊一样柔软……"一个个问题的抛出，唤醒了孩子已有的、与阅读这一文本相关的经验。孩子们的话匣子一下子就打开了。

边读边讨论，边交流，孩子在交流中，不仅看到了书中的爸爸很了不起，而且也感受到了自己的爸爸，傻是为自己，温柔是为自己，勇敢也是为自己，这样的文本与生活对接，丰富了爸爸在孩子心中的形象，此时一旁陪伴的爸爸显得格外温柔，眼里流淌的都是浓浓的爱。当李老师用导图请孩子用几个词表达自己心中的爸爸时，孩子的情感一下子被激活，从原来的一两个优点，到此时的一连串优点，这就是增量，教育的功能是那么的无痕。李老师，又不断点拨，这么好的爸爸就在我们身边，我们该怎么表达自己的爱呢？只见孩子们或是拥抱，或是竖起大拇指，或是亲着爸爸的脸颊，那么温馨的无法用言语形容。

3. 再读：寻到秘妙享乐趣

绘本是用"图画"来"讲述故事"的。孩子们往往是天生的读图高手，他们不仅能根据图画看懂故事，而且可以忘我地走进那个"故事世界"，进行"快乐探秘"。在阅读完整个故事后，李碧老师引导学生发现书中第一个秘密，就是图中，藏着很多的太阳，让亲子合作去寻找，让亲子体验到阅读和发现的快乐。

先从"太阳"着手，李老师抓住孩子天生好玩、好胜的性格，布置任务："找到五个"太阳"，是三级读图师，找到八个"太阳"是二级读图师，找到十二个是一级读图师，找到十五个以上"太阳"就是特级读图师。"放手让亲子自己再阅读，一起阅读中，他们不断找到绘本的秘密，感受发现的快乐，并体验亲子阅读的快乐。在亲子找到图画中不少的"太阳"后，老师又再一次推进，加以引导，绘本图画上隐含着的秘密（影子表示有太阳），绘本图画背后可能藏着的秘密（帕瓦罗蒂的《我的太阳》），还让学生联系以往阅读过的（《小红帽》《三只小猪》《鹅妈妈童谣》）来进一步感受绘本的奇妙之处，一次次的回读，一次次的发现，一次次的惊喜，学生真正感受了"太阳无处不在"，爸爸是作者安东尼·布朗心中的太阳。这种意义的建构，丰富了孩子情感的体验，真实有意。

最后，纵观整课教学，"读故事，听故事，猜情节，演故事，找秘密"，李老师巧妙地在教学中渗透阅读方法，最后用一条形象的"绘本小虫宝"，让亲子在阅读中学习阅读，学得开心，学得扎实，学得有效。

（执教者：温州市百里路小学李碧　　点评者：温州市鹿城区教研中心余佳莉）

后 记

浙江省教育厅 2012 年启动"浙派名师、名校长培养工程"。这对于名师、名校长的成长具有划时代意义，功德无量。我已成功申报了其中四期的小学语文名师培训班，大约 80 多位青年名师参加了为期二年的省级培训。我们的培训既有前沿的理论学习，又有扎实的实践训练。《语文拓展性课程设计——课程规划与课程实施》一书就是小学语文名师第三期全班学员学习和实践的成果。这个成果具有三个特点。

1. 理念前瞻

当下的小学语文已进入深度课改时期。如果说，学科整合是小学语文课程改革的主旋律，那么，小学语文拓展性课程就是改革的方向，它直面学生语文学习的延伸、选择和个性。所以，小学语文拓展性课程的设计和实施一定是弥足珍贵的。

2. 顶层设计

小学语文拓展性课程不只是说说、唱唱、玩玩，它的建设离不开顶层的决策和整体的设计。课程目标、课程内容、课程实施和课程评价都需要立足顶层和全局。之所以要对拓展性课程设计进行专题研究，就是出于整体观和系统的思考。

3. 学理依据

小学语文拓展性课程的设计要努力基于学理和学情，既要考虑学习的特点和规律，又关照学生的现实基础。这为小学语文拓展性课程的实施提供了坚实的学理依据和实践依据。当经验和学理结合起来之时，就是小学语文拓展性课程建设成熟之日。

从某种意义说，这本书是中国小学语文拓展性课程建设和研究的端倪和标志。借此机会，我想把为这个成果付出辛勤劳动的青年名师的名字记载下来（依章节的先后顺序）：朱红、祝响响、汤金波、李菲、钟玲、汤佳绮、臧学华、唐光超、屠素凤、吴森峰、陈小红、周沁、徐宏燕、姚晓芳、李萍、邵建刚、李敏珍、宋国萍、冯旭霞、车霞萍、王红霞、杨柳、丁丽娜、金玉芳、牟原喜、蒋燕萍、李碧。

也要为参与本书课例试教、研讨和点评的各位老师表示感谢。他们是陈永华、朱柏烽、蓝雪霞、王群华、施民贵、魏丽君、王焱媛、毛玉文、邵芳娟、莫国夫、郑亚君、姚国娟、楼翀、雷俊华、茹茉莉、吕虹、李彩娟、褚红霞、徐长军、罗丹红、石军海、唐光超、刘晶、冯仙敏；张志伟、余佳莉等（以章节为序）。

炎炎夏日，温度超 40℃，但为语文之事，我心里清凉一片。

浙江省中小学名师名校长工作站
小学语文工作室主持导师、首席导师
汪潮 教授
2017.7.20 于杭州